Inventaris van het Archief der Gemeente Leyden, bevattende hare Charters en Privilegœn, alsmede die van den Burg, van der Kerken, Gasthuizenen voormalige Kloosters, 1240-1644 (hare Registers en Bescheiden van algemeenen aard, etc.).

W J. C. Rammelman. Elsevier

*Inventaris van het Archief der Gemeente Leyden, bevattende hare Charters en Privilegœn, alsmede die van den Burg, van der Kerken, Gasthuizenen voormalige Kloosters, 1240-1644 (hare Registers en Bescheiden van algemeenen aard, etc.).*
Elsevier, W J. C. Rammelman.
British Library, Historical Print Editions
British Library
1863
2 deel. ; 8°.
9415.c.16.

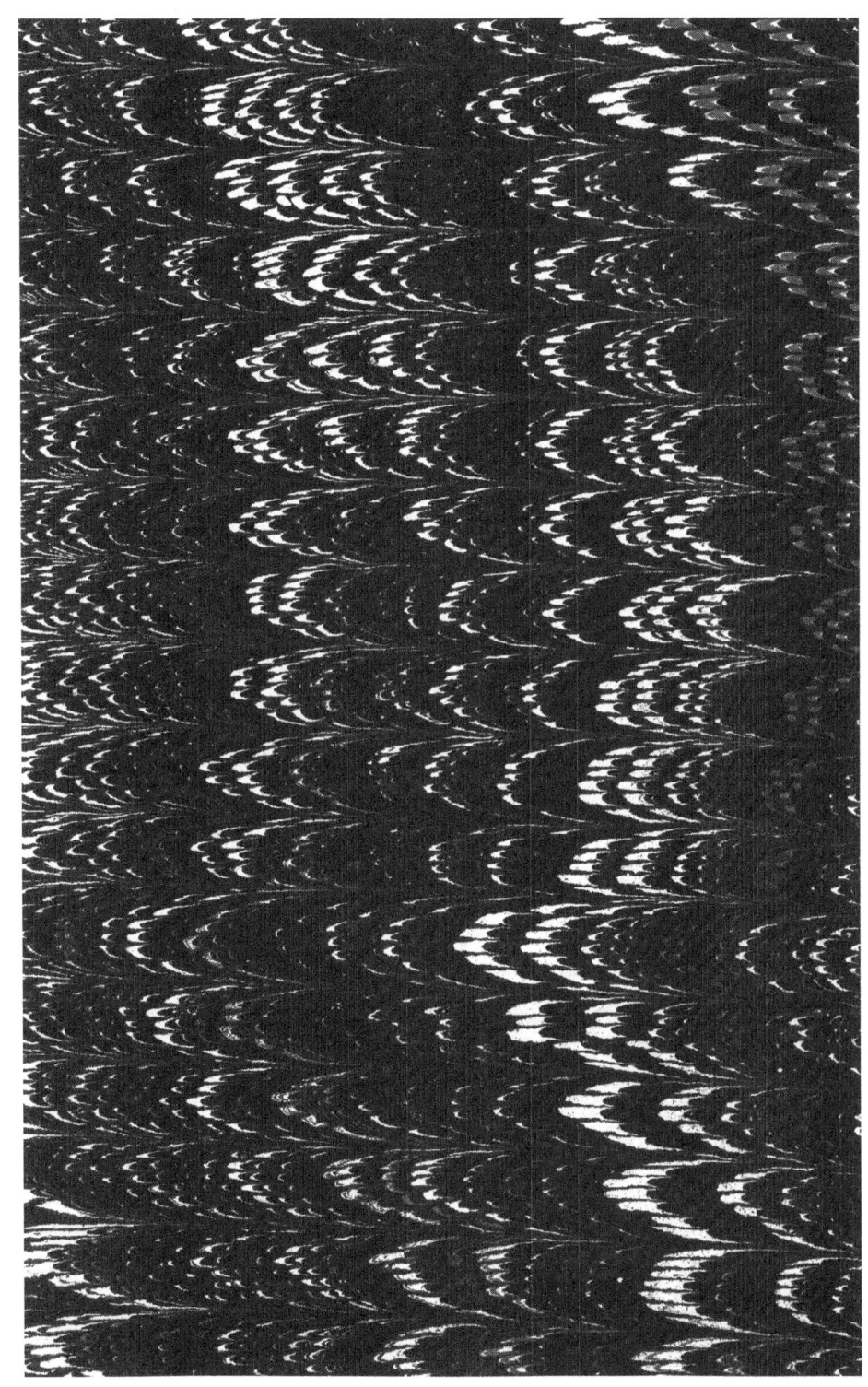

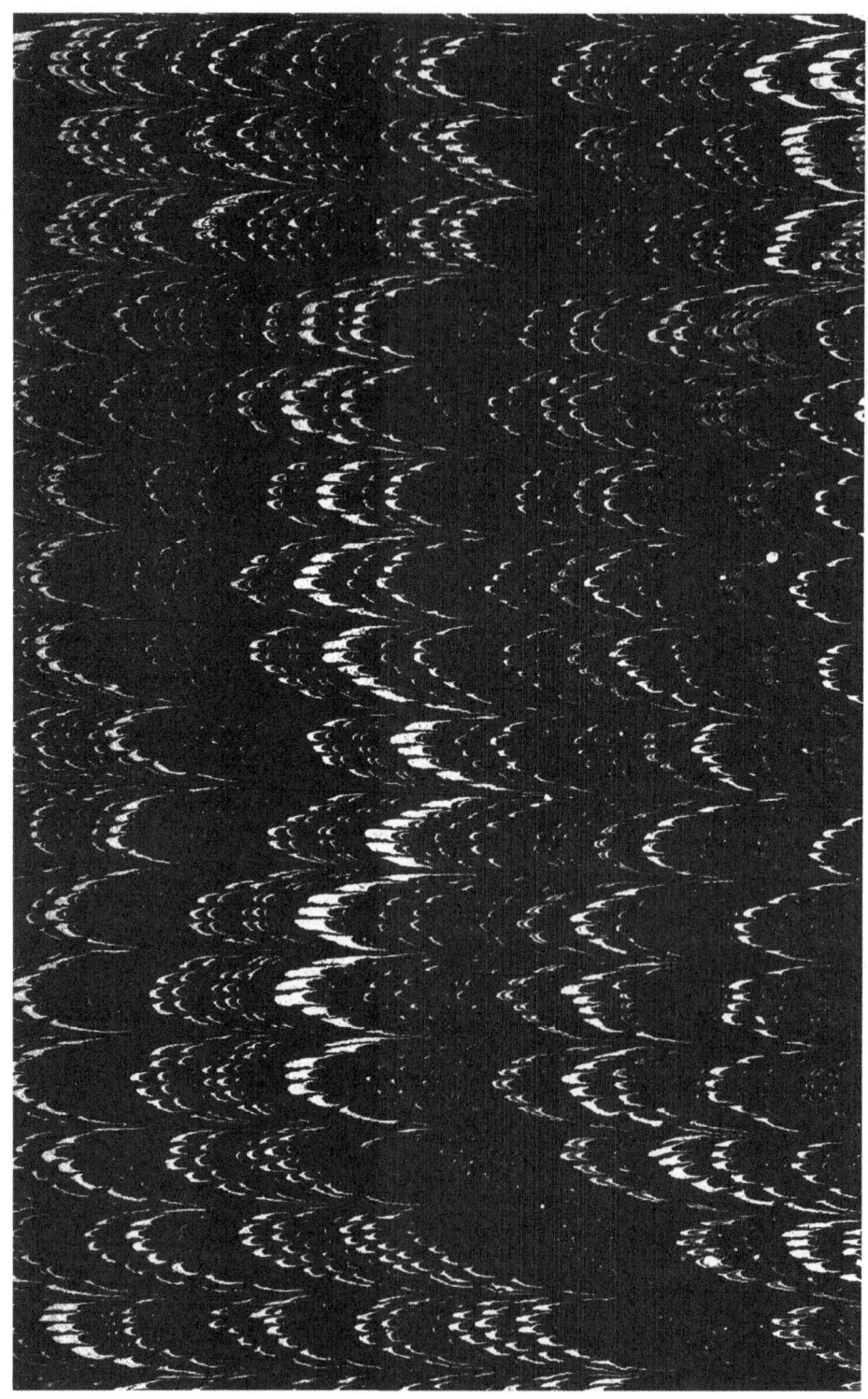

~~9404. ee iii~~

9415. c. 16

# INVENTARIS

VAN HET

## ARCHIEF DER GEMEENTE LEYDEN.

# INVENTARIS

VAN HET

# ARCHIEF DER GEMEENTE LEYDEN,

BEVATTENDE

## HARE CHARTERS EN PRIVILEGIËN,

ALSMEDE

## DIE VAN DEN BURG, VAN DE KERKEN, GASTHUIZEN EN VOORMALIGE KLOOSTERS,

## 1240—1644.

OPGEMAAKT DOOR

## Jhr. W. J. C. RAMMELMAN ELSEVIER,

LID VAN DEN HOOGEN RAAD VAN ADEL.

### EERSTE DEEL.

GEDRUKT BIJ J. C. DRABBE, TE LEYDEN.

# VOORBERIGT.

Het Archief van Leyden, hoe belangrijk ook, bevat geene oudere oorkonden, hetzij oorspronkelijk of bij afschrift in de verschillende *Privilegieboeken* voorkomende, dan het Charter van Graaf FLORIS V van den 19en December 1266, waarbij toen aan de inwoners (*oppidani*) van Leyden wezenlijke stedelijke vrijheden gegeven zijn. Ofschoon er in dat niet meer in *originali* bestaande Charter van *vroegere vergunningen*, aan de stad verleend, gesproken wordt, hebben latere onderzoekingen die *vroegere vergunningen* niet aan het licht gebragt. Zij komen ook niet voor in het onlangs verschenen *Register van Hollandsche en Zeeuwsche Oorkonden, die in de Charterboeken van* VAN MIERIS *en* KLUIT *ontbreken, en op gezag der Koninklyke Akademie van Wetenschappen verzameld door* Mr. L. PH. C. VAN DEN BERGH.

Aan dat belangrijke Register ontleenen wij echter de bijzonderheid, dat een oorspronkelijke Schepenbrief van Leyden zich op het Rijksarchief bevindt, van den 15en Nov. 1260, en die dus *zes* jaren ouder is, dan het oudste Charter van Leyden. Het aldaar tevens vermelde *verdrag* (van den jare 1203), tusschen den Graaf VAN LOON en den Hertog van Brabant, waarin verklaard wordt, dat de Burg van Leyden *allodiaal* goed was en aan den Graaf zoude blijven, is gedrukt bij BUTKENS, *Troph.* I. p. 57, terwijl slechts eene kopij van het gedrukte zich in het Leydsch Archief bevindt.

De verdienstelijke JAN VAN HOUT, in 1609 als Secretaris van Leyden overleden, had reeds in zijnen tijd al de oorkonden der stad onderzocht, en er geene vroegere aangetroffen of vermeld gevonden, dan die van 1266.

In den *inventaris*, die thans het licht ziet, is op bl. 1 het *leen* te Leyderdorp van 1240 onder Graaf WILLEM II gebragt; niet, omdat het door dien Graaf is uitgegeven of onmiddelijk Leyden betreft, maar uithoofde het bedoelde *leen* later aan het Kapittel van de St. Pancras- of Hooglandsche Kerk is gekomen, en er, in al de Charters en Registers van Leyden, geene aanwijzingen van vroegere jaren voorkomen dan die van 1240. De *oorspronkelyke* Charters van Leyden, in het Archief aanwezig, beginnen met 1290, en zijn in dezen *inventaris* met de letter *O* aangeduid.

Al deze Charters, hetzij vóór of na 1290 uitgegeven, zijn grootendeels in verschillende *Privilegieboeken*, doch niet altijd chronologisch, afgeschreven.

Het oudste perkamenten *Privilegieboek* A, dat aan VAN MIERIS onbekend schijnt geweest te zijn, en waardoor hij soms eenen beteren tekst had kunnen leveren, is tusschen de jaren 1360 en 1400 aangelegd, en bevat de oudste Charters der stad, die voormaals oorspronkelijk in een afgesloten vertrek van den toren der St. Pieters-kerk bewaard werden. Zij bevonden zich daar in eene kist, met zeven sloten voorzien, waarvan elk der Schepenen een' sleutel had. De tijd, waarin deze toren tot bewaarplaats der stedelijke Charters gekozen is, kan, wegens gemis van vroegere bescheiden, niet met juistheid bepaald worden. Intusschen zijn er stellige bewijzen voorhanden, dat de Charters reeds in 1412 in den toren bewaard zijn geweest [1]).

---

[1]) Extract. *Thesaur. Rek.* van 1412. *Des vrydages nae Sincte Margrieten dach*, ginghen tGerecht mitten *segel* te sluyten op ten *thoorn*, ende mit alrehande hantvesten die beneden waren; verteert tot Hughen Martyns. IIIJ ₵. VIII β.

Bij de benoeming van nieuwe Schepenen, en na dat zij hunnen eed, op St. Jacobsdag (25 Julij), gedaan hadden, werden hun de sleutels der kist, door de aftredende Schepenen, in het openbaar overhandigd.

Het openen der kist ging met eenige plegtigheid gepaard; want daartoe werden de Schepenen die de sleutels droegen, de Vroedschap, de Klerken, de Boden, en somtijds de Kanoniken der St. Pancras- of Hooglandsche Kerk, uitgenoodigd. Deze stoet bestond dikwijls uit 30, 40, 50 en 60 personen, die ieder 2 *placken* (of 2 $\beta$ 8 deniers) voor *presentiegeld* genoten [1]).

De toren der St. Pieters-kerk was, als bewaarplaats der stedelijke Charters, in zooverre gelukkig gekozen, dat deze er niet alleen veilig waren, maar zich ook op eene heilige plaats bevonden, waar het woest geweld, in die tijden, niet gewaagd zoude hebben, daaraan de handen te slaan.

Eene gebeurtenis echter gaf aanleiding dat die Charters naar het Raad- of Stadhuis werden overgebragt, te weten, het instorten van den toren der kerk op den 5[en] Maart 1512, waarvan het verhaal [2]) te vinden is bij ORLERS, bl. 94, en bij VAN MIERIS, *Beschryving van Leyden*, I. D. bl. 25.

Men heeft steeds vermoed, dat door dit ongeluk vele oude Charters verloren zijn geraakt. In dat denkbeeld verkeerde ook de Secretaris JAN VAN HOUT; maar VAN MIERIS, in zijne *Beschryving van Leyden*, I D. bl. 26, was van een

---

[1]) *Vroedsch. Resol.* van 21 Junij en 10 Aug. 1477, waarin men nog leest: „Ende „alsmen totte hantvesten gaen sal, salmen altijt die vroescip daertoe dagen „daerby te comen; ende wairt dat yement van de Scepenen van huys wair, „alsmen totte hantvesten gaet ende syn sloetel niet gelaten en hadde, dat men „totter hantvesten gaen mocht, ende mitsdien *tslot afvilen* moste, dair hy den „slotel of heeft, dat sal wesen op *zyne costen*."

[2]) Het *oorspronkelijke verhaal*, door den secretaris Hendrik Florisz. geschreven, vindt men echter opgeplakt binnen het schutblad van het Poortersboek van 1509.

ander gevoelen, en geloofde dat er slechts weinige oude
Charters bij den val zijn verloren geraakt, op grond, dat
er zoo vele Charters, voorzien met goed bewaarde zegels, van
ouderen tijd dan 1512 zijn overgebleven. Zijne redenering is
juist; want de *oorspronkelyke*, nog aanwezig zijnde Charters, beginnen met 1290. Al de oorsponkelijke Charters
van 1290 tot 1512, onmiddelijk Leyden betreffende, zijn
nog grootendeels voorhanden. Zij waren in de *Privilegieboeken*, die vóór 1512 bestonden, reeds afgeschreven.

Indien er dus Charters, door het instorten van den toren
in 1512, vernield zijn geraakt, dan zijn het dezulke, welke
tusschen de jaren 1266 en 1290 zijn uitgegeven.

Omtrent het terugvinden der Charters [1]), na het instorten van den toren, deelen de Thesauriers-Rekeningen der
stad eenige bijzonderheden mede, waaruit blijkt, dat zij on-

---

[1]) Thes. Rekening van 1513—1514, bl. 68 en 87 verso

Op ten XVIJen dach van Novembri aᵒ. XVᶜ en XIJ, zoo wrochten die volders op Sinte Pieters Kerckhof om die poeyn ende stien vanden gevallen thoern
wech te dragen, ende bevonden die *Privilegiën* vande stede, die in den thoern
gestaen hadden, die gebrocht worden ten huyse van *Willem van Coulster*, Scout,
aldaer die Gerechte vergadert waeren, als bij den Gerechte en andren die de
Privilegiën brochten, verdroncken worden XXV cannen ryuswyn, den Stoop
VI gr. facit IJ £. XVIIJ β. IIIJ d.

Opten selven dach worde van der Stede weghen geschoncken den volres, omdat zij die Privilegiën gevonden hadden, twie vaten biers van XV stuvers elck
vat, ende hebben die Burgemeestren, noch geschoncken Wouter Dircxz. van
Leeuwen ende Ysbrant Zyverts, mit eenige andren die principalicken toesich
gedaen hebben om die in goede bewaernisse te houden, IIJ £. Hollants, beloopt
tsamen V £.

Opten XXIJen dach in Decembri XVᶜ en XIIJ betaelt die Vrouwe van Alckemade van een kist, die de Burgemeesters tegens haer gecoft hebben, all
ome beslaegen mit yser, ome der stede privilegiën daerinne te sluyten, die
somme van XVI £.

Opten selven dach gegeven twie draghers die de voirs. Kiste mitten privilegiën gedragen hebben uyten huise van Heer Willem van Alckemade, scout tot
Leyden, tot op ter stedchuys, II β. VIIJ dr.

der het puin terug gevonden, en in tegenwoordigheid van het Stedelijk Bestuur, tijdelijk naar de woning van den toemaligen schout, WILLEM VAN COULSTER, gebragt zijn. Kort daarna zijn zij naar het Stadhuis, in eene andere kist, *alom met yzer beslagen*, die men van de Vrouwe VAN ALKEMADE voor 16 gl. had gekocht, vervoerd; en vervolgens in een verwulfd vertrek van het Stadhuis, dat toen tot bewaring der stedelijke finantiën diende, geplaatst.

In dit verblijf bevonden zij zich nog in het jaar 1577, toen eene merkwaardige omstandigheid aanleiding gaf, dat hierin eene verandering kwam, namelijk, het oprigten eener eigene drukkerij op het Raad- of Stadhuis, met het doel om er de Charters van Leyden mede te drukken, waartoe de Vroedschap, op den 15en Nov. 1577, een besluit had genomen.

Deze drukkerij had haar ontstaan aan de volgende bijzonderheid, te danken.

Volgens het Charter van PHILIPS van Bourgondië van Julij 1461, mogt geen Schout, Burgemeester of Schepen van Leyden de *draperie-nering* uitoefenen, maar werd hun slechts het houden van *verweryen* toegestaan; doch *vier* jaren later, namelijk op den 8en Nov. 1465, verbood hij hun ook het houden van *verweryen*. Dit laatste Charter was intusschen onbekend gebleven of in vergetelheid geraakt; maar bij het nazien van de Stads Privilegiën in 1577, kwam dat stuk te voorschijn, en bevond men, dat de Oud-Burgemeester CLAES WILLEMSZ WARMONT nog eene *verwery* in werking had.

Volgens het Charter van 1461, kon die Burgemeester de verwerij behouden; maar volgens het laatste van 1465, dat hij niet gekend had, moest hij zich daarvan ontdoen. Na vele beraadslagingen over dit geval besloot de Vroedschap, op den 17en Aug. 1577, deze twee Charters van onwaarde te verklaren [1]), als zijnde zeer nadeelig voor de burgerij, omdat, door het handhaven van gemeld Charter, vele personen in eens broodeloos zouden worden.

In dezen toestand begreep de regering, dat zij, bij de vervulling harer betrekking, met de bestaande Charters bekend moest zijn. Hieraan kon niet voldaan worden, dan door ze te laten drukken en aan de leden rond te deelen [2]).

Alvorens daartoe over te gaan, zijn de oorspronkelijke Charters, die door de vochtigheid veel geleden hadden, eerst gereinigd, vervolgens door den schoonschrijver Mr. PIETER BAILLY in 3 folio registers afgeschreven, en sedert 11 Maart 1593 door eene commissie, bestaande uit de Heeren Mr. FRANS DUYC DE JODE, Burgemeester, Mr. ROMBOUT HOGERBEETS, Pensionaris, en JAN VAN HOUT, Secretaris, gecollationneerd. De Charters zijn bij die gelegenheid in een bovenvertrek van het Stadhuis geplaatst, waar zij (meest in plano), sedert 1577, in vele omslagen, chronologisch en goed bewaard, bij elkander liggen. Op elken omslag heeft de Secretaris JAN VAN HOUT het jaar en den datum der zich daarin bevindende stukken vermeld.

Van de, op het Raadhuis, gevestigde drukkerij verscheen in 1602 *Der Stadt Leyden Dienst-Bouc* enz., door JAN VAN HOUT, waarin *eenige* Charters van 1266 tot 1430 allernaauwkeurigst voorkomen.

Het werk, door JAN VAN HOUT aangevangen, is later door VAN MIERIS, in zijn bekend *Charterboek* tot 1436, en in zijne *Handvesten* en *Privilegiën* van Leyden, tot 1758 voortgezet; waarin echter niet al de Charters zijn opgenomen. In

---

[1]) Dit had echter eerst volkomen plaats op den 27en Feb. 1578. Zie v. MIERIS, *Handv.* bl. 181.

[2]) Zie mijn Opstel: *De voormalige Drukkery op het Raadhuis der Stad Leyden, van 1577—1620*, in de Werken van de *Maatschappy van Nederl. Letterkunde*, van 1857.

zijne *Beschrijving van Leyden* komen ook hier en daar eenige Charters voor, die in het *Charterboek* of in de *Handvesten* niet vermeld zijn. Door het uitgeven dier werken heeft VAN MIERIS ongetwijfeld zich eenen welverdienden roem verworven.

De oorspronkelijke Charters van Leyden heeft die verdienstelijke man niet mogen gebruiken of inzien; maar wel die, welke in de Privilegieboeken der stad voorkomen; echter onder *beperking*, en soms met weglating van het geheele of een gedeelte van het Charter.

In 1803 heeft de Hoogleeraar KLUIT, door tusschenkomst van den Rijksarchivaris H. VAN WIJN (waarover zich eene belangrijke Correspondentie op de Koninklijke Bibliotheek te 's Gravenhage bevindt), van het Stedelijk Bestuur van Leyden vrijheid verkregen eenen Inventaris van het Archief dezer Gemeente te maken.

De Inventaris van dien verdienstelijken Hoogleeraar bevat, behalve eene naauwkeurige beschrijving der oorspronkelijke Charters, slechts een *Overzigt* van het Archief, met belangrijke aanteekeningen, tot aan den Munsterschen Vrede, en wel in den toestand waarin zich het Archief toen bevond. In onzen tijd heeft de Secretaris der Gemeente, Jhr. Mr. J. N. VAN PUTTKAMMER, de verschillende verzamelingen beter doen rangschikken en plaatsen, en haar gedeeltelijk laten inventariseren.

Door den Raad der Gemeente met het maken van beredeneerde Catalogi van het gansche Archief belast, heb ik getracht, hieraan zooveel mogelijk te voldoen, en kan men thans, met behulp der aan die Catalogi toegevoegde alphabetische registers, elk stuk der verschillende verzamelingen spoedig vinden.

Behalve de Charters, die de stad onmiddelijk betreffen, en het zij in *originali* of in *afschrift* voorkomen, heb ik aan dezen *eersten* Inventaris ook toegevoegd die van den *Burg*, van de *kerken*, *gasthuizen* en *kloosters* van Leyden, voor zoo verre zij zich in het Archief bevinden.

De vele koop- en giftbrieven dier gestichten, ruim 3000 in getal, heb ik niet alle in dezen *inventaris* kunnen opnemen, maar daarvan slechts de *oudste* en *voornaamste* vermeld. Dit is ook het geval met een groot aantal schepenbrieven van Leyden, sedert 1383 aanwezig, die nu *chronologisch* bij elkander zijn; doch waarvan de inhoud slechts den verkoop van huizen en erven aan particulieren bevat, en die van geen belang zijn, dan voor de kennis van de namen der Schepenen en van hunne zegels.

Op dezen *inventaris* heb ik een alphabetisch register van namen en onderwerpen, die in de Charters der stad voorkomen, doen volgen, met uitsluiting echter van die der *kerken*, *gasthuizen* en *kloosters*, omdat zij gemakkelijk zijn te overzien. Voor het berekenen van den Paaschdag, heb ik de tafels van Dr. JACOB PHILIP KULIK, Hoogleeraar te Praag, gebruikt.

Ik kan dit voorberigt niet eindigen, zonder hulde te brengen aan de regering van Leyden, die, het belang van het Archief harer Gemeente inziende, besloten heeft, daaraan door den druk meerdere openbaarheid te geven.

Jhr. W. J. C. RAMMELMAN ELSEVIER.

# INHOUD.

# CHARTERS VAN LEYDEN

## VAN 1240 TOT 1644.

**WILLEM II.**

1240.

Dominica Judica.

1 April.

THEODORICUS, Domproost te Utrecht, geeft 12 morgen lands, in *Achthoven* onder Leyderdorp, aan eenige personen in leen uit, te verheergewaden met 12 Utrechtsche ponden.

Bij bezegelden brief van FLORIS, Domproost te Utrecht, gegeven op St. Bartholomeusavond (23 Aug.) 1330 werden andere personen daarmede beleend, overgaande op hunnen oudsten zoon of oudste dochter; tot dat genoemd leen eindelijk op den 25sten Nov. 1429 aan het kapittel van de St. Pancras of Hooglandsche kerk gekomen is.

Deze Latijnsche brieven van 1240 en 1330 zijn niet aanwezig, doch door Mr. JAN VAN LEYDEN Jansz. Notaris en PIETER VELLEMAN Kanonik van St. Pancras te Leyden geauthentiseerd.

(*Register D. van het kapittel*, bl. 15, 107, 121.)

Misschien behoorde deze bezitting reeds onder de goederen der Utrechtsche kerk, waarvan v. Mieris in zijn *Charterboek* 1 D. bl. 18 en 20 op het jaar 866 spreekt.

1

**FLORIS V.**

1266.
Zondag na St. Luciedag.
19 Dec.

Voorregten door FLORIS V aan Leyden gegeven.

Dit is het *oudste* en *eerste* stuk, dat in de *Privilegie-boeken* der stad voorkomt, en bevat de bevestiging van *vroegere* vergunningen aan de stad gegeven; waaruit duidelijk genoeg blijkt dat de stad toen eerst de ware en wezenlijke stedelijke vrijheden verkregen heeft, schoon geheel afhankelijk van den Graaf, en onderworpen aan den Kastelein of Burggraaf van Leyden. Het bezegelen van dezen brief door den Graaf, kostte aan de stad «*een heel vat wijn.*" Gegeven op Teylingen.

(*Latijn.*) De brief was in 1602 niet meer oorspronkelijk aanwezig.

v. Mieris, 1 D. bl. 344.

1266.
24 Decemb.

Een *ridimus* der stad Brugge van 27 Julij 1424 van een charter van FLORIS V van 1266 *vigil. nativ. Dei* (24 Dec.) verklarende dat hij de rust en den vrede der stad Leyden willende handhaven, aan HENRICUS den Kastelein vergunt om de vechterijen der vreemdelingen binnen de vrijheid en op de markten te beregten, zoodat hun de vrijheid aan de stad verleend, niet zal baten; maar naar het gemeene regt 10 ℔ zullen verbeuren. Zoo het edelen zijn met bijstand van twee edelen; zoo het schotboortigen zijn met twee schotboortigen uit hun ambacht; terwijl de Graaf hun nooit het deel der boete zal kwijtschelden, dat den Kastelein toekomt.

(*Latijn.*) Met het zegel van Brugge. Latijn en onder de stukken van den Burg te Leyden.

Niet bij v. Mieris.

1268.
13 Julij.

Brief van den Graaf, waarbij hij het regt van Patronaatschap der Leydsche kerk (St. Pieter), dat hij zich

**FLORIS V.** in het jaar 1266 had voorbehouden, schenkt aan den Duitschen Huize. (*Latijn.*)

*(Feria sexta ante divisionem apostolorum.)*

*Privil.-b.* A. bl. 3.      v. Mieris, 1 D. bl. 347.

1272.
26 Julij.

De Graaf geeft aan Gouda dezelfde regten als aan die van Leyden; alsmede dat wanneer de Schepenen van Gouda »beladen zijn mit oirdeelen ende mit vonnissen, »dat zij hoir recht zullen halen en verzoeken aan de »Schepenen van Leyden, ende alzulck recht als hen die »Schepenen van Leyden wijzen, daarmede zullen zij »volstaen."

*(Martis die post St. Margaretae.)*

v. Mieris, 1 D. bl. 363.

1274.
13 Februarij.

Een brief van den Graaf, waarbij hij den stedelingen gunt, dat wie poorter wil worden, zal moeten ontvangen worden door den Burggraaf en de Schepenen, met niet meer te betalen dan 40 deniers, de helft voor den Burggraaf en de andere helft voor de Schepenen.

(De Burggraaf had hier toen nog zijn hoogregtsgebied. De verandering bij dezen brief van dien van 19 December 1266, bestond hierin, dat de toestemming van den Burggraaf en de Schepenen, nu genoeg was, tot het ontvangen van poorters; maar te voren dit aan den Graaf of zijn' Regter en Schepenen verbleef; ook dat de Burggraaf en de Schepenen elk de helft der boete zouden hebben).

Gegeven te Leyden. *(Feria tertia post octavum purificationis Mariae Virginis.)*

J. van Hout, *Dienstboek* bl. 12.

v Mieris, 1 D. bl. 372.

1 *

**FLORIS V.**
1276.
25 Maart.

Bisschop Innocentius V geeft aan het St. Katharina gasthuis te Leyden de magt eenen eigen' Kapellaan aan te stellen. (*Latijn.*)

*Privil.-b.* A. bl. 41.    v. Mieris. *Beschr. van Leyden*, 1 D. bl. 164.

1284.
Donderdag na St. Victors misse, 12 Oct.

Verklaring van Huygh van Koudekerk, Parochiepaap tot Aduwaartswoude (Hazerswoude), dat hij op St. Steffensdag (8 Aug.) 1351 den brief van Graaf Floris van aº. 1284 gelezen heeft, betreffende het schotbaar land van Hazerswoude.

Gelijke verklaring van Willem Buzer, Parochiepaap van Hazerswoude van a° 1384 en 4 Maart 1386, met vermelding der brieven van 1303 en 1367.

v. Mieris, 1 D. bl. 446.

1285.
Zondag voor St. Lambrechts misse, 16 Sept.

De Graaf beveelt die van Leyden geenen tol van die van Akersloot te nemen, dan van het zout.

(Bij *vidimus* der regering van Haarlem van 20 Januarij 1508.)

v. Mieris, 1 D. bl. 459.

1290.
Zaturdag na achtendag van Pascha, 15 April.

Een brief van den Graaf, waarbij hij, als bij openbrief, aan *al de tollenaren van zijn land* gelast zijne *poorters van Leyden* tolvrij te laten, zoo als ten tijde van zijn' vader en grootvader.

(Dit zal zien op den Geervlietschen tol, en de reden waarom hij alléén van vader en grootvader (Willem II en Floris IV) spreekt, zal liggen in de toen gegevene tolvrijheid aan de bewoonders van dit district. De Graaf van Holland had eerst in 1195 van den Keizer den Geervlietschen tol bekomen).

**FLORIS V.**

Dit is *de oudste oorspronkelijke* brief, in het archief nog aanwezig, doch het zegel verloren.

O. (*Latijn.*)                    Niet bij v. Mieris.

1292.
'sDaags na St.Bartelmeesd.
25 Aug.

Uitspraak over de scheiding van het kerkelijke gebied van Leyderdorp en dat van de Pieterskerk te Leyden, door: JACOBUS, regeerder van de kerk te Zoeterwoude en Deken van Rijnland; JOHANNES, idem van Voorschoten; JOHANNES, idem van Koudekerk; en EUSTACIUS, idem van Haduardswoude (Hazerswoude).

Het zegel van JOHANNES van Voorschoten is geschonden; doch dat van EUSTACIUS is nog gaaf.

Hierbij behoort het vonnis dier vier geestelijken, door ADOLF VAN WALDEGGE, Opperproost te Utrecht, als regter in deze zaak gesteld, uitgesproken op St. Marcusdag (25 April) 1293, en waarin zij zeggen »dat de menschen, »huizen en schuren liggende tusschen de *Burggracht* en »de *oude brug* nevens de Burg in Leyden, aan de »kerk van Leyderdorp toebehooren."

(Onder de oorspronkelijke brieven van het kapittel der St. Pancraskerk te Leyden).

O.    (*Latijn.*)                    Niet bij v. Mieris.

1293.
17 Julij.

Eene Latijnsche verklaring, op perkament, van Schout en Schepenen van Leyden, van een onderling verdrag met de *Bagijnen* van het *Gefalide Bagijnhof* voor het gerecht van Leyden, over het erven van goederen der *Bagijnen*, zoo binnen als buiten het *Bagijnhof* en het aannemen van nieuwe zusters op die voorwaarde.

Met een geschonden zegel der stad, doch waarop nog te lezen is *ORz: Cōmun... yde* (d. i. *Scabinorum et communitatis de Leyde*).

O.                    Niet bij v. Mieris.

**FLORIS V.**

Dit is het oudste zegel, tot nog toe voor-handen; ter wederzijde van St. Pieter staat een knielende engel; later zijn die engelen weg genomen, en daar ter plaatse de 2 sleutels gebragt.

1294.
Zonder datum.

Een brief, waarbij de Graaf $2\frac{1}{2}$ morgen lands naast den Burg van Leyden, geeft aan RUTGER den schoen-maker en aan KERSTANSZ. zijn' broeder in eigendom, dat DANIEL VAN DEN WAARD (UITENWAARD) van hem te leen hield en hem overgaf.

Nergens te vinden dan in een *Privilegie-boek* van JAN VAN HOUT, die verklaarde den origineelen brief te bezitten.

v. Mieris, *Handv.* bl. 478.

---

**JAN I.**

1299.
Zaturdag voor elfduizend maagdend., 17 Oct.

Verbond tusschen JAN, Graaf van *Holland* en JAN VAN AVENNES Graaf van *Henegouwen*, met de steden Dor-drecht, Middelburg, Zierikzee, Leyden, Delft, Haarlem, Alkmaar en St. Geertruidenberg, om den dood van Graaf FLORIS V te wreken.

v. Mieris, 1 D. bl. 613.

---

**JAN II.**

1299.
Woensdag vóór Kersd., 23 Dec.

JAN, Graaf van *Henegouwen*, door die van Leyden gehuldigd tot Graaf van *Holland*.

v. Mieris, 2 D. bl. 3.

1300.
St. Martijn in den winter, 11 Nov.

PHILIPPA, Gravin van *Henegouwen* en *Holland*, GUY VAN HENEGOUWEN broeder van den Graaf en JAN zijn

**JAN II.** oudste zoon, bevestigen de vroegere voorregten en beloven dat zij de misdadigers die zij in waarheid misdadig vinden, tusschen *nu* en *midwinter* regten zullen en de Graaf zal dat bevestigen.

O. (De zegels verloren.)     v. Mieris, 2 D. bl. 17.

---

**13⁰⁰/₀₁.**
**Paaschavond, 1 April.**

JAN, Graaf van *Henegouwen*, doet andere bevestiging en verklaring dat het schotbaar goed, schotbaar zal blijven in Hazerswoude.

*Privil.-b.* A. bl. 31 verso.     v. Mieris, 2 D. bl. 10; doch verkeerd op 9 April.

---

**1303.**
**St. Martijn Schuddekorfsd. in den zomer, 4 Julij.**

De Graaf geeft aan Leyden eene jaarmarkt op St. Margrieten avond, met de regten van andere jaarmarkten, uitgezonderd het vechten.

O. (Het zegel gaaf.)     v. Mieris, 2 D. bl. 32.

---

**1303.**
**Vrijdag na St. Martijnsd. in den zomer, 5 Julij.**

De Graaf verplaatst of verlegt bij rade zijner *mannen*, den *regtdag* te Leyden, van Zaturdag op Dingsdag.

v. Mieris, 2 D. bl. 32.

---

**1303.**
**Zondag vóór St.Margariet, 14 Julij.**

Een brief van Graaf JAN, waarbij hij den inwoonders van het ambacht van *Rodenijze* hunne regtspleging bepaalt, door den *Regter* en de *Gezworens*, met uitzondering van alle hoogere misdaden bij name uitgedrukt, die voor 's Graven Baljuw van Delftland behooren; als ook bepaalt dat wie *huur-waar* (of land) koopt of bekomt, wie hij zij, voortaan daarvan *schot* en *dienst* moet gelden als andere geburen.

(Bij *vidimus* van den Abt van *Egmond* van 1325 in St. Pieterslente.)

*Privil.-b.* A. bl. 33 verso.     v. Mieris, 2 D. bl. 33.

*Groot Placaatb.* V bl. 718.

**WILLEM III.**
1304.
Maandag voor St. Simon
en Juda, 26 Oct.

Graaf WILLEM bevestigt de stads Privilegiën van zijne voorouders, »voor zoo verre zij betoogen mogen."

O. Met een gebroken zegel; is niet bij v. Mieris.

1306.
Meidag, 1 Mei.

De Graaf bevestigt de vorige Privilegiën zijner voorouders, zoo verre zij hierin beschreven staan, en heeft de andere punten weggelaten, omdat zij aan Leyden niet oorbaar waren, en geeft daarbij nog andere punten bij wijze van nieuwen of breeder' giftbrief.

Het is opmerkelijk dat de Regter (naderhand Schout genoemd) aldaar niet anders voorkomt dan als des *Burggraaf's schout.*

O. (Het zegel wel bewaard.)    J. van Hout, *Dienstb.* bl. 17.

v. Mieris, 2 D. bl. 55.

1311.
Allerheil. dag, 1 Nov.

Een schepenbrief, waarbij *Schepenen* en *Rade* van Leyden aan den Graaf opgeven de schade die hunne poorters bij den Heere BARLARE in Brabant geleden hebben.

v. Mieris, 2 D. bl. 122.

1312.
Dingsd. na Pinksteren,
16 Mei.

Een brief, waarbij *Regter* en *Schepenen* van Leyden eene keur maken, dat geene vreemdelingen eenig poorter van Leyden in borgtogt mogen brengen van *doodslag* of *leemte*; maar zijn *maechgeld* zal hij opbrengen.

Dit steunde op 's Graven brief van 1 Mei 1306.

v. Mieris, *Handvest.* bl. 287.

13$\frac{11}{12}$.
Maandag na St. Matthijs,
26 Februarij.

De Graaf gebiedt den Burggraaf van Leyden, zijnen Regter (Schout), Schepenen en Raad, dat niemand aldaar *Gilde bezitten* noch houden mag, op verbeurte van lijf en goed.

O. (Het zegel verloren.)   v. Mieris. 2 D. bl. 122, heeft den brief op 28 Feb. 1312 gesteld.

**WILLEM III.**
**1315.**
Zondag in dertien. avond,
5 Januarij.

De Graaf neemt die van Leyden in zijne bescherming, vernieuwt en bevestigt alle vorige voorregten, ten overstaan van vele edelen.

O. (Met een gaaf groot zegel.)  v. Mieris, 2 D. bl. 148.

Merkwaardig is het, dat deze brief woordelijk dezelfde is als die van 1 Mei 1306; zij zijn beiden in *originali* aanwezig en de *weglating* van *twee* Raden, die toen niet meer als zoodanig waren, laat geenen twijfel aan de hernieuwing, ofschoon hiervan geen woord gerept wordt.

Daar alle *Henegouwsche* brieven den *Paaschstijl* volgen, is bij dezen brief eene uitzondering op den regel gemaakt.

**1322.**
Zondag voor St. Louwerensd., 8 Aug.

Graaf WILLEM, den *Krijthof* en *twee boomgaarden* achter de *Gefalide Bagijnen* van Leyden, aan HUGO VAN LEYDEN zijnen knaap levenslang gegeven hebbende, verhuurt die thans aan GERARD ALLEWYNSZ. zijnen knaap.

v. Mieris, 2 D. bl. 297.

**1323.**
St. Virgil. Margarete,
19 Julij.

JOHANNES VAN DIEST, Bisschop van Utrecht, geeft aan alle Baljuwen en Schouten van Holland en Zeeland magt, om al de misdadige geestelijken, ook de *Minrebroeders* te vangen, en die aan hem of zijnen officiaal over te geven.

*Privil.-b.* AA. bl. 27.     v. Mieris, 2 D. bl. 321.

**1324.**
St. Victord., 9 Oct.

De Graaf geeft aan Leyden vrijheid eene nieuwe brug over den Rijn te maken, strekkende uit het Noordeinde tot den Marendijk, maar dat de groote brug (Vischbrug) door de ambachten of dorpen van Rijnland gemaakt zoude worden.

Met eene latere belofte van den Graaf omtrent gemelde brug aan die van Leyden gegeven, op maandag *na midvasten* (26 Maart) $13\frac{24}{25}$.

> v. Mieris, *Handv.* bl. 503.

**1324.**
Dingsdag na elf duizend maagdend., 23 Oct.

De Graaf benoemt mr. ANDRIES, schoolmeester (rector der Groote School) te Leyden, tot secretaris zijner dochter, en benoemt NICOLAAAS MARRE tot rector dier school, welke aan den eersten zoo veel zoude uitkeeren, als Schepenen van Leyden zouden goedvinden.

> v. Mieris, 2 D. bl. 345.

**1326.**
Zaturd. voor St. Jansd. midzomer, 21 Junij.

De Graaf doet uitspraak tusschen den Burggraaf van Leyden en de stad Leyden, over het brouwen van *hoppebier* en de *gruite*.

O. (Het zegel verloren.)     v. Mieris, 2 D. bl. 391.

**$13\frac{38}{35}$.**
Donderd. na St. Geertruidend., 22 Maart.

De Graaf geeft oorlof tot den uitleg van het St. Pieters-kerkhof.

O. (Het zegel gebroken.)     Niet bij v. Mieris, doch op bl. 27 zijner *Beschr. van Leyden.*

**1339.**
Maandag voor St. Odulf, 7 Junij.

EVERAERT, Bisschop te *Comanaes*, Suffragaan van den Bisschop van Utrecht, bevestigt en veroorlooft de inwijding van het verbreede kerkhof.

O. (Het zegel geschonden,)     Niet bij v. Mieris, maar in
*Privil.-b.* B. bl. 7.     zijne *Beschr. van Leyden*, bl. 28.

**1338.**
Pinksterd., 31 Mei.

De Graaf bevestigt de vorige handvesten en vrijheden van Leyden.

O. (Het zegel gaaf.)     v. Mieris, 2 D. bl. 609.

**WILLEM IV.**

13$\frac{40}{41}$.

Dingsdag na Jaarsd.
2 Januarij.

De Graaf doet uitspraak over het verschil met den Heer van *Wassenaar*, betreffende het houden der vischmarkt te *Katwijk*, en bevindt bij scheidsmannen, dat de vischmarkt van Katwijk aldaar mag gehouden *worden zonder iemand te dwingen*.

O. (Het zegel geschonden.) Is bij van Mieris, 2 D. bl. 629, verkeerd op 4 Januarij 1340 gesteld.

---

1345.

Dingsdag voor St. Jansd.
te midzomer, 21 Junij.

De Graaf verbindt verscheidene zijner goederen aan de steden Dordrecht, Zierikzee, Middelburg, Delft, Leyden en Haarlem, voor de gelden die zij hem verschaft hebben in zijnen oorlog tegen Utrecht en de Oost-Friezen, en doet de voornaamste edelen van Holland en Zeeland als borgen dezen brief mede bezegelen.

O. doch de 25 zegels meest allen geschonden of verloren.

*Gegeven in onser tente voor Utrecht.*

v. Mieris, 2 D. bl. 691.

---

1345.

Dingsdag voor St. Jansmisse te midzomer,
21 Junij.

De voornaamste steden van Holland en Zeeland verbinden zich om elkander te helpen en schadeloos te blijven voor den borgtogt voor den Graaf aangegaan.

*Gegeven op de Weide voor Utrecht.*

v. Mieris, 2 D. bl. 693.

---

1345.

St. Jansavond te midzomer,
23 Junij.

De regering van Haarlem belooft aan de andere steden de lasten en schade te helpen dragen, die uithoofde van den borgtogt voor den Graaf mogten opkomen.

*Gegeven op de Weide voor Utrecht.*

v. Mieris, 2 D. bl. 693.

**Keizerin MARGARIET.**
1346.
Vrijdag na Ascens.d.,
26 Mei. MARGARIET, Gravinne van Holland, geeft vele gewigtige voorregten aan de bewoners van Noord-Holland (d. i. aan de ingezetenen van het platte Land tusschen de Maas en Kennemerland) behoudens de regten der bezitters van vrije Heerlijkheden.

    O.  Met twee zegels, één van MARGARIET en één van haren oom JAN VAN HENEGOUWEN, Heer van Beaumont, maar verloren.

v. Mieris, 2 D. bl. 712, heeft<br>den brief op 28 Mei.

1346.
Dingsdag voor Pinksteren,
30 Mei. — MARGARIET bevestigt de Privilegiën door hare voorouders aan Leyden gegeven.

*Privil.-b.* A. bl. 15 verso.      v. Mieris, 2 D. bl. 716.

Idem. — Zij geeft op dien dag ook vrijheid van tol door Holland, aan die van Leyden.

Idem.

1346.
Op Pinksterdag, 4 Junij. — De Gravin geeft den poorteren van Leyden, dat wie zijn lijf verbeurt, niet meer dan de helft van zijn eigen goed zal verbeuren, alsmede op welke wijze de doodslagen tegen den Graaf verzoend zullen worden.

v. Mieris, 2 D. bl. 717.

1347.
Vrijdag na St. Jan decol.,
31 Aug. — De Gravin vergroot de vrijheid van Leyden met 200 roeden. Gegeven te St. Geertruidenberg.

In het *Privilegieboek* A. van Leyden staat het jaar 1343, doch het cijfer VII was aldaar veranderd in III.

v. Mieris, 2 D. bl. 741.

**Keizerin**
**MARGARIET.**

1348.
5 Januarij.

De Gravin geeft aan haren zoon WILLEM V het gebied van Holland, Zeeland enz. bij rade van haren man,
den Keizer LODEWIJK, om »oorbaer des lands en om-
»dat hij te beterer en te eerlijker huwelijk doen moge
»en tland beter berechte, met verzekering door vele
»Edelen en Steden," en behoudt voor zich *Henegouwen.*
Bij *vidimus* van het jaar 1353.

O. Het zegel van Middelburg      v. Mieris, 2 D. bl. 745.
verloren.

---

**WILLEM V.**

13$\frac{4\,6}{4\,7}$.
St. Agnietend., 21 Jan.

Hertog WILLEM VAN BEIJEREN beveelt GERYT VAN EEM-
STEDE, Baljuw van Rijnland, de boete te vorderen van
hen die hunne *gruit* te Leyden moesten halen, en die
van elders gehaald hadden.

Geg. te 's Hage.      v. Mieris, *Handv.* bl. 343.

. 1347.
Maandag na St. Lucied.
17 Dec.

De Hertog beveelt GHERYT ALEWIJNSZOÓN zijn steen-
huis ('s Gravenstein), dat hij hem in pacht gegeven had,
te herstellen en er de *klok* weder op te plaatsen tot ge-
rief der stede van Leyden.

Geg. te 's Hage.      v. Mieris, *Handv.* bl. 500.
*Privil.-b.* A. bl. 14.

13$\frac{4\,7}{4\,8}$.
Des anderen daags na der-
tiendendag, 7 Januarij.

Kwitantie van LOEF VAN HULHUSEN, Voocht van Wesen, Ridder, waarbij hij bekent van Hertog WILLEM
VAN BEIJEREN ontvangen te hebben 187$\frac{3}{4}$ schilden, voor
onkosten en diensten in 's Graven oorlog tegen Utrecht.

O. Het zegel verloren.      Niet bij v. Mieris.

**WILLEM V.**

Eene zelfde kwitantie van JAN, Heere van Monjoe, Valkenburg en Bergen op den Zoom, ter somme van 672 gouden schilden. —

O. Het zegel verloren.       Niet bij v. Mieris.

---

**1348.**
Zondag na St. Lucied.,
14 Dec.

De Hertog bekent aan de stad Leyden schuldig te zijn 280 g. schilden, voor de dienst in den oorlog tegen den Bisschop van Utrecht. —

Geg. te 's Hage.       v. Mieris, 2 D. bl. 757.

---

**1351.**
Donderdag na St. Jans-
decol., 29 Mei.

De Hertog belooft de steden Dordrecht, Delft, *Leyden*, Haarlem, Amsterdam, Medemblik, St. Geertruidenberg, Schiedam en Rotterdam, schadeloos te stellen voor zekere penningen, die zij den Bisschop van Utrecht betaald hebben.

Is bij v. Mieris, 2 D. bl. 796; doch daar slechts ten halve medegedeeld.

*Privil.-b.* A. bl. 6 en 7.

Hierbij behooren twee kwitantiën.

De 1ᵉ, waarbij gemelde Hertog bekent dat de steden Delft, Haarlem, *Leyden* en Alkmaar, aan den Bisschop betaald hebben 400 *zwarten tournoysen* voor de betimmering van *den huize van Woerden*.

De 2ᵉ van 3500 ponden 6 β en 8 p. die de steden Delft, *Leyden*, Haarlem en Amsterdam betaald hebben.

---

**1351.**
St. Jansd. Bapt.,
24 Junij.

*Vidimus* van zekere keuren van Leyden, met approbatie en confirmatie van Hertog WILLEM VAN BEIJEREN, inhoudende dat niemand Schout, Schepen, Raadsman, Kerkmeester, Gasthuismeester, Heiligegeestmeester enz. wezen zal, tenzij hij *zeven jaar* poorter geweest zij;

**WILLEM V.** dat vier Raadsmannen zullen gekozen worden, *uit elk vierendeel der stad, één.* Verbod van 's *heeren* kleederen te dragen, en dat van alle boeten zullen hebben de Graaf $\frac{1}{3}$, de Burggraaf $\frac{1}{3}$ en de stad $\frac{1}{3}$.

v. Mieris, 2 D. bl. 796.

**1351.**
St. Clemens avond,
22 Nov.

De Hertog vergeeft aan die van Leyden het doodslaan van Claes van Swieten.

Geg. te Dordrecht op St. Maria Magdalena-avond a° 1351 en door de stad bezegeld op St. Clemens-avond a° 1351.

v. Mieris, 2 D. bl. 804, doch vergeet den dag van 's Hertogs brief te vermelden.

**1351.**
Vrijdag na St. Thomas,
23 Dec.

De Hertog geeft aan die van Leyden den wissel, accijns enz., velt vonnis over degenen die tegen hem opgestaan waren, en geeft nog andere voorregten aan de stad.

v. Mieris, 2 D. bl. 807, heeft Zondag na St. Thomas.

**1351.**
Donderdag na Kersdag,
29 Dec.

De Hertog bevestigt al de handvesten door zijne voorouders aan Leyden gegeven.

Geg. te 's Hage.　　　v. Mieris, 2 D. bl. 808.

**1352.**
Zondag na St. Jacobsd.,
29 Julij.

De Hertog belooft de stad Leyden schadeloos te houden voor de belofte, die zij hem met PHILIPS VAN POLANEN te St. Geertruidenberg gedaan hebben.

v. Mieris, 2 D. bl. 813, heeft wel den brief van Haarlem, maar niet van Leyden.

*Privil.-b.* A. bl. 8.

**WILLEM V.**
1354.
St. Pietersd. ad vincula,
1 Aug.

De Hertog geeft den schutters te Leyden, om getrouwe dienst, 24 ponden 's jaars.

Geg. te 's Hage.       v. Mieris, *Handv.* bl. 283.

1354.
Zondag na St. Luciedag,
7 Dec.

Vrede tusschen Hertog WILLEM VAN BEIJEREN en zijne moeder MARGARETA; met de ingeslotene cedulle van JAN VAN HENEGOUWEN, Heer van Beaumont, en Heer WALRAVEN VAN LUTSENBURG.

v. Mieris, 2 D. bl. 825.

1355.
6 Mei.

De Hertog geeft aan Leyden eenige voorregten, en neemt op zich de verantwoording van hetgeen de stedelingen in den oorlog tegen zijne moeder vijandelijk hadden bedreven.

O. Met een gaaf zegel.    v. Mieris, 2 D. bl. 838.

1355.
7 Mei.

Schout, Schepenen en Raadsmannen van Leyden verklaren dat zij aan Hertog WILLEM VAN BEIJEREN *alle brieven* en *handvesten hebben over gegeven, die zij van hem en zijne moeder gekregen hadden,* en beloven zich daarmede niet te behelpen, noch zich buiten des Hertogs wil te zullen verbinden; ook ontslaan zij den Hertog van alle beloften aan hem gedaan.

*Privil.-b.* A. bl. 16.       v. Mieris, 2 D. bl. 839.

1355.
11 Mei.

De Hertog belooft die van Leyden schadeloos te houden voor de beloofde borgtogten en gelden voor hem betaald.

*Privil.-b.* A. bl. 19 verso.      v. Mieris, 2 D. bl. 840.

**WILLEM V.**
1356.
Des naasten dag na St.
Pieter en Pouwelsd.,
30 Junij.

Verzoening tusschen Hertog WILLEM VAN BEIJEREN en JAN VAN ARKEL, Bisschop van Utrecht, benevens de nadere verklaring van dien zoenbrief.

Geg. op de Hogewoert bij Utrecht.       v. Mieris, 3 D. bl. 2—3.

*Privil.-b.* A. bl. 22.

---

**Hertog
ALBRECHT.**
13⁵⁷/₅₆.
6 Maart.

Verdrag van Hertog ALBRECHT gemaakt met vrouwe MACHTELD VAN LANKASTER, gemalin van Hertog WILLEM V, om de landen van Henegouwen, Holland, Zeeland en Friesland te beschermen en te regeren.

*Privil.-b.* A. bl. 34.       Bij v. Mieris, 3 D. bl. 41, staat die brief verkeerd op A°. 1358—59: ook leest men in het *Privilegieboek: ons broeders lant* en niet *ons broeder kind.*

13⁵⁷/₅₆.
7 Maart.

De Hertog, als Ruwaard van Holland, door zijn broeders gemalin MACHTELD VAN LANKASTER enz. herwaarts geroepen, bevestigt in die hoedanigheid de vorige privilegiën.

O.   Het zegel verloren.       v. Mieris, 3 D. bl. 42.

Hiervan is afzonderlijk een *vidimus*, bezegeld door DIRK VAN RIJN en JAN PHILIPSZ., Priesters der St. Pieters- en St. Pancras-kerk, van 12 Mei 1383.

Ook een schepenbrief van Leyden, beginnende: *Wi Rechter* (Schout) *Scepen, Raet* en *die ghemiene stede van Leyden*, waarbij zij Hertog ALBRECHT als Ruwaard aannemen.

1357.
5 Junij.

Vrouwe MACHTELD VAN LANKASTER, Gravinne van Holland enz., vermaant die van Holland en Friesland tot

2

**Hertog ALBRECHT.** gehoorzaamheid, en gebiedt dat niemand regt doen of de hand slaan zal aan eenige inkomsten, dan uit naam van haren gemaal.

*Privil.-b.* A. bl. 36.    v. Mieris, 3 D. bl. 22.

---

1357.
6 Junij.

De Gravin MACHTELD VAN LANKASTER vermaant de Edelen en Steden van Holland, dat zij den Kastelein (SIMON VAN TEYLINGEN) beschermen tegen Hertog AL-BRECHT VAN BEIJEREN.

*Privil.-b.* A. bl. 36 verso.    v. Mieris, 3 D. bl. 23.

---

1357.
St.Katharina-avond,24Nov.

WILLEM, Graaf van Holland, vergunt den Burggraaf DIRK VAN WASSENAAR eene vereffening en verzoening te maken met de stad Leyden, en als zij beiden te vreden zijn, zal hij dat bevestigen.

O. Het zegel gaaf.    v. Mieris, 3 D. bl. 37.

---

1357.
t. Andriesavond, 29 Nov.

DIRK VAN WASSENAAR, Burggraaf, verzoent zich met de stad Leyden wegens regten die de stad zich zoude aangematigd hebben.

O.    Met vijf zegels, als van: DIRK VAN WASSE-NAAR; WILLEM VAN WATERINGE; WILLEM HEERMAN, Cureit der kerk van Haarlem; GERRIT VAN OESTGEEST en JAN OEM.

v. Mieris, 3 D. bl. 37.

---

1357.
St Andriesd., 30 Nov.

DIRK VAN WASSENAAR bekent van Schout, Schepenen en *Poortmeesters* (tresoriers) van Leyden de beloofde somme gelds ontvangen te hebben.

O.    Het zegel geschonden.

**Hertog**
**ALBRECHT.**

1358.
Donderdag na Paschen,
5 April.

1358.
Dingsdag na St. Bavo,
2 Oct.

Tweede kwitantie van DIRK VAN WASSENAAR.

O. Het zegel geschonden.

Derde kwitantie van DIRK VAN WASSENAAR, van de goederen die hij der stad overliet.

Een schepenbrief van Leyden van den zelfden datum, verklarende dat de twee *Poortmeesters*, den Rentmeester van den Burggraaf geheel en al betaald hebben.

O. Het zegel van COSTIJN VAN DER BREGGHE, gaaf.

13$\frac{57}{58}$.
8 Maart.

De Hertog geeft aan Leyden het erf van de Hofgracht tot eene school (de groote school).

O. Het zegel gebroken.  v. Mieris, *Beschrijving van Leyden*, 2 D. bl. 436, heeft den brief op 8 *Maart* 1357; doch de oorspronkelijke brief is zonder jaartal.

1358.
St. Jan Bapt., 24 Junij.

Verdrag tusschen de broeders LODEWIJK en ALBRECHT VAN BEIJEREN, over het regt tot de landen van Henegouwen, Holland, Zeeland en Friesland, alsmede tot het land van Voorn en het Burggraafschap van Zeeland.

Geg. te *Botersen* bij  v. Mieris, 3 D. bl. 48.
Mechelen.

Volgens het *Privil.-b.* A. bl. 32 is dit verdrag in 1359—1360 uit het Latijn vertaald.

1358.
Zaturdag na St. Martijnsd.
translatio, 7 Julij.

De Hertog ALBRECHT VAN BEIJEREN verpandt als Ruwaard, met rade der steden van Henegouwen, Holland en Zeeland, *Wieringerland* aan JAN VAN EGMOND voor zekere somme gelds, om zijnen broeder LODEWIJK, DEN

2*

**Hertog**
**ALBRECHT.**

Romein, voor den afstand der erfenis en aanspraak op deze landen, volgens verdrag, met hunnen broeder Willem gemaakt, te voldoen.

Geg. te Rotterdam.　　　v. Mieris, 3 D. bl. 49.

---

1359.
Paaschavond, 20 April.

Verdrag tusschen Albrecht, Ruwaard van Holland enz., en Eduard van Gelre.

*Privil.-b.* A. bl. 29.　　　v. Mieris, 3 D. bl. 87.

---

1360.
Dertien-avond, 6 Januarij.

Dirk van Wassenaar, Burggraaf, bekent al zijne erven bij den burg, aan de stad Leyden verkocht te hebben, en daarvoor betaald te zijn.

O. Het zegel gaaf.　　　v. Mieris, 3 D. bl. 117.

---

1363.
14 Aug.

Oudste instelling tot bevordering en onderhouding der lakennering te Leyden.

*Keurboek* van 1360.

v. Mieris, *Handv.* bl. 363.

---

1366.
St. Simon en Juda-avond, 27 Oct.

Bisschop Johan van Verneburg sticht het kapittel van St. Pancras te Leyden.

Bezegeld met 4 zegels, als: van den Bisschop; Sweder Wterloo, Aartsdiaken; Henricus de Weyda, Deken; Giselbertus de Walenburg, Proost.

O. Zegel gaaf.　　　v. Mieris, 3 D. bl. 96, heeft de Nederd. vertaling, bij *vidimus* van 1390; doch het oorspronkelijke is hier Latijn.

**Hertog**
**ALBRECHT.**
1366.
St. Nicolaasd , 6 Dec.

De Hertog geeft den burg met den Lande van Heusden, den tol van Woudrichem, het huis te Teylingen, Voorhout, Lis, Hillegom en Wieringerland aan zijne gemalin MARGARIET, in lijftogt.

*Privil.-b.* A. bl. 38.      v. Mieris, 3 D. bl. 199.

1367.
31 Dec.

De Hertog en zijne gemalin stichten eene vergadering van Kanoniken — in de Hofkapel te 's Gravenhage, en begiftigen die o. a. met »hunnen hof en boomgaert »tot Leyden mit sinen toebehoeren, behoudelicke ons »daer onse vierscaer te houden als costumelijck is."

De Riemer, *Beschr. van 's Gravenhage*, 1 D. bl. 189.

v. Mieris, 2 D. bl. 219.

1375.
Dingsdag na St. Pouwels Conversio , 30 Januarij.

De Hertog beveelt, dat al het schotbaar land in Kalslagen, en dat schotbaar zal worden, schotbaar blijven zal.

*Privil.-b.* A. bl. 39.      v. Mieris, 3 D. bl. 302.

1376.
Dingsd. na ons Heeren Hemelvaart . 27 Mei.

Brief van Bisschop ARENT VAN HOORN te Utrecht, waarbij hij aan de stad Leyden verschillende geestelijke voorregten geeft, bijzonder tegen het misbruiken der kerken en kerkhoven door de kwaaddoeners, de regtsplegingen der Provisoren enz.
O. Het zegel geschon-     v. Mieris, 3 D. bl. 321.
den; in het Latijn.

1381.
Prid. Idus Marcii , 14 Maart.

De Kardinaal bevestigt de verleende vrijheden van de kerkhoven van 's Pausen wege.
Geg. te Brugge.      Niet bij v. Mieris.
O. Zegel gebroken.
*Privil.-b.* B. bl. 34; in het Latijn.

**Hertog ALBRECHT.**

1383.
Dingsd. na St.Ponciaansd.,
20 Januarij.

De Hertog beraamt middelen ter verzoening tusschen de Heeren PHILIPS VAN WASSENAAR, JAN VAN HAAMSTEDE, DIRK VAN WASSENAAR, WILLEM VAN ALCMADE ter eene, en de stad Leyden ter andere zijde.

Met de uitspraak van de Gravin MARGARIET, van *Vrijdag na Paaschdag* (15 April) 1384.

*Privil.-b.* A. bl. 40.    v. Mieris, 3 D. bl. 394—410.

1383.
Beloken Paschen,
29 Maart.

MARGARIET, gemalin van Hertog ALBRECHT VAN BEIJEREN, Ruwaard van Holland enz., verzoent die van Leyden met haren gemaal, over het bedrevene en de weerspannigheid, met uitzondering van *diefte, moord, moordbrand, vrouwekraft*, die de Hertog zal *doen berechten bij zijnen Baljuw of Schout naar stederegt.*

Met de bijgevoegde bekrachtiging van ALBRECHT zelve.

O. De twee zegels verloren.    v. Mieris, 3 D. bl. 397.

1386.
15 Junij.

De Hertog bekrachtigt de keur door Schout en Schepenen gemaakt, nopens het verkiezen van *vier Raetsluyden op St. Martijnsavond, bij goeddunken des Gerechts en der gemeene Vroetschap.*

O.    Met het klein zegel van ALBRECHT.

v. Mieris, 3 D. bl. 444.

1386.
15 Junij.

De Hertog geeft aan Leyden vrijheid, hare stad te vergrooten, en dat de *Poortmeesters* daartoe, uit het *Ambacht van Soeterwoude*, behoudens den Ambachtsheer zijn regt, zooveel land mogen nemen als noodig is.

O.    Het klein zegel van den Hertog.

**Hertog ALBRECHT.**
1386.
22 Julij.

Afzonderlijk *vidimus* en bevestiging van Bartholomeus van Raephorst, Ridder, als Ambachtsheer van Soeter-woude. (Heeft betrekking op het voorgaande.)

Gegeven op den Huize van *Muyden.*

O. Het zegel gaaf.          v. Mieris, 3 D. bl. 444.

1387.
St. Katharinad., 25 Nov.

Verdrag van Philips van Wassenaar, Burggraaf, met de stad Leyden, over het Schouts-ambt en het Gerecht enz. »bi consent en goeddunken des Gerechts en der » Vroedschap, zoo zy met der Gemeente gesproken hadde."

*Hij doet dit bij rade en goeddunken zijns liefs Heeren van Holland en andere zijner vrienden rade.*

De Graaf als Overheer consentcert en confirmeert dit.

O. Met twee zegels, een van Albrecht en een van Ph. van Wassenaar.

v. Mieris, 3 D. bl. 520.

1389.
Woensdag na Paschen,
21 April.

De Hertog bevestigt het verdrag van de stad met den Ambachtsheer van Soeterwoude, Bartholomeus van Raephorst, gemaakt, wegens de vergrooting der stad.

O. Met een klein zegel.          v. Mieris, 3 D. bl. 520.

1389.
St. Nicolaasd., 6 Dec.

De Hertog maakt schikking met die van Leyden, omtrent de nalatenschap der Bastaarden.

O. Het zegel gaaf.          v. Mieris, 3 D. bl. 539.

1391.
1 Julij.

De Hertog bevestigt de privilegiën van Leyden.

O. Het zegel geschonden.          v. Mieris, 3 D. bl. 539.

**Hertog ALBRECHT.**

1391.

17 Oct.

Eenige Hollandsche en Zeeuwsche edelen, in kwaad vermoeden gebragt zijnde, ontschuldigen zich, en beloven den Graaf, zijnen zoon en kinderen trouw en hulp enz.

Met de bekrachtiging van Hertog ALBRECHT; behalve het zegel, onderteekende hij den brief met de letter A.

*Privil.-b.* A. bl. 49.        v. Mieris, 3 D. bl. 583.

13$\frac{91}{92}$.

Dingsd. na dertiendendag,
9 Januarij.

De Hertog geeft aan die van Reewijk en Zwammerdam, dat het schotbaar land, schotbaar zal blijven.

*Privil.-b.* A. bl. 43.        v. Mieris, 3 D. bl. 586.

1392.

3 Dec.

De Hertog verlengt de pacht van het Vroon tusschen Haarlem en Leyden gelegen, nog voor 20 jaren ten gunste van VRANCK DIRK POESZ.

v. Mieris, *Handv.* bl. 697.

1393.

16 Maart.

Reglement voor de groote school, door de regering van Leyden gemaakt, ten gevolge der benoeming van Mr. BETTEN en Mr. CLAES VAN DELFT (eertijds Rector te Alkmaar) tot Schoolmeesters te Leyden.

Men leest daarin o. a.: »So sellen die scoelmeestren »den kinderen leren ende fonderen in *Gramarien*, ter »tyt toe dat si hoer *congruum* ende *incongruum* suiver- »like connen, ende daeran t'ende leren hoer *logyc*; alse » *traectael veterem artium* ende dierghelyc; alse *supposi-* » *tum* ende $\overline{q}$*sequentium* ende ghien boeken van *philosophie* » te lesen."

Een dusdanig reglement moet in 1391 of 1392 ook voor Mr. JAN VAN HOKELEM (eertijds Rector te St. Geer-

**Hertog
ALBRECHT.**

truidenberg) en Mr. Costyn van Cuylenburg gemaakt zijn geweest, toen zij te Leyden benoemd waren.

Er zijn nog reglementen van lateren tijd, zoo als van a° 1410, 1513, 1550 enz.

*Stedeboek van Leyden*, bl. 277.

1393.
4 Junij.

De Hertog doet scheiding en uitspraak (met de steden van Holland en Zeeland) over den oploop te Leyden, de verzetting tegen zijnen Raad, en den geweldigen handel om Gilden te hebben enz.

O. Met 2 zegels, dat van den Hertog en der stad.

v. Mieris, 3 D. bl. 595.

1393.
12 Junij.

De Hertog geeft aan Leyden magt om uit zijnen lande te mogen bannen, (uit de stad te bannen) maar zoo, dat zij uit het land moeten, tot wederzeggen.

O. Klein zegel. v. Mieris, 3 D. bl. 597.

1393.
16 Sept.

De Hertog gebiedt den Gerechte te Leyden, de boete van 5000 schilden, die hem voor de wederspannigheid toegewezen waren, in te vorderen.

*Privil.-b.* A. bl. 54. v. Mieris, 3 D. bl. 599.

1393.
St. Martijnsd. in den winter, 11 Nov.

De Hertog geeft last aan de regering van Leyden, om den Baljuw van Rijnland en Woerden behulpzaam te zijn, in het vervolgen van de moordenaars van Willem Kuyser *» hunne huizen neder te houwen dat er stock, noch staeck, noch muijr daerop staende blijve."*

*Privil.-b.* AA. bl. 39. v. Mieris, 3 D. bl. 601.

<table>
<tr><td>

**Hertog**
**ALBRECHT.**
1393.
Kersdag, 25 Dec.

</td><td>

De Hertog geeft Leyden kwijtschelding van de breu-ken die zij hem nog schuldig was, wegens den oploop.

O. Met een gaaf zegel.     v. Mieris, 3 D. bl. 603.

</td></tr>
</table>

13$\frac{93}{94}$.
Vrijdag na Jaarsdag,
2 Januarij.

De Hertog beslecht het verschil over het stapelregt, tusschen Dordrecht en de andere steden van Holland (waaronder Leyden). Met de confirmatie van WILLEM VAN BEIJEREN, Graaf van Oostervant, op Dingsdag na St. Victord. (1394).

*Privil.-b.* AA. bl. 40.     v. Mieris, 3 D. bl. 603 en 615.

1394.
Zondag na onzen Vrouwed.
nat., 13 Sept.

De Hertog geeft aan de inwoners van Holland en Zeeland, met onderscheiding van *poorters* en geen *poorters*, op zekere voorwaarden vrijheid, *om de stedelingen van Utrecht te dooden*, zoo lang zij zich niet anders ge-dragen.

O. Het zegel gaaf.     v. Mieris, 3 D. bl. 613.

1395.
12 Julij.

De Hertog vernieuwt het bevel aan Dijkgraaf en Hoog-heemraden van Rijnland, om den weg onder Podiken-poel (Poelgeest), tot aan den Geest, met zand te spek-ken, en noemt de dorpen op, die de kosten zullen dragen.

*Privil.-b.* AA. bl. 41.     v. Mieris, *Handv.* bl. 808.

1396.
St. Barbaradag, 4 Dec.

De Hertog erkent de kosten door de stad gedaan voor zijnen zoon WILLEM op zijne reis, en laat die af-trekken van de bede van 300 schilden, hem laatstlijk toegestaan.

O. Met een klein gaaf zegel.     Niet bij v. Mieris.

**Hertog ALBRECHT.**

13⁹⁹/₉₇.
24 Maart.

De Hertog verhuurt aan FLORIS VAN ALKMADE de Vis- scherij van het Vroon, tusschen Leyden en Haarlem, en de Visscherij van den Over-Rijn bij Alphen. Bij *vidimus* van het kapittel van St. Pancras te Leyden van 13 April 1442.

v. Mieris, *Handv.* bl. 698.

1401.
14 Aug.

De Hertog bevestigt de keuren door de stad voor het St. Katharina gasthuis gemaakt, om den »*grooten aanvals wille*," en over de wijze om het goed te erven.

O. Het zegel gebroken.    v. Mieris, 3 D. bl. 743.

1401.
St. Willebrord, 7 Nov.

PHILIPS VAN DEN DORPE, 's Graven rentmeester van Noord-Holland, geeft kwitantie van de goederen der Bastaarden.

O. Het zegel geschonden.

v. Mieris, 3 D. bl. 539.

14⁰¹/₀₂.
3 Maart,

Bevel van den Hertog, dat alle ambachtsgezellen in de steden van Holland en Zeeland, en inzonderheid de volders van Leyden te vreden moeten zijn, met het loon, dat het Gerecht van Leyden bepaald heeft.

*Privil.-b.* AA. bl. 42.    v. Mieris, 3 D. bl. 759.

1402.
4 Junij.

De Hertog, geld tot den Arkelschen oorlog noodig hebbende, verpandt 3000 schilden van zijne renten, aan de stad Leyden; bekrachtigd door zijnen zoon WILLEM, Graaf van Oostervant.

In het *Privilegie-boek* A. is een model van een' lijfrentebrief; alsmede de namen

**Hertog ALBRECHT.**

der personen die *toen* lijfrenten genomen hebben.

> v. Mieris, 3 D. bl. 761.

1402.
4 Junij.

DIRK VAN HODENPIJL, Ridder, ontslaat zich van de voorgenoemde renten, die aan de stad Leyden verpand zijn.

> v. Mieris, 3 D. bl. 763, heeft den dag verkeerd op 3 Junij.

1402.
Zaturdag na St. Lucied.,
16 Dec.

Schepenbrief van Leyden, bij wijze van *vidimus*, waarbij *Schout, Schepenen en Rade* der stede van Leyden zich aansprakelijk stellen voor de voorgeschotene gelden in den Utrechtschen oorlog, en betaling door de *Poortmeesters.*

O. Met een gaaf zegel van PIETER BUTENWECH.

> Niet bij v. Mieris.

14$\frac{0}{0}\frac{2}{3}$.
19 Maart.

De Hertog bevestigt de voorwaarde van den verkoop der erven en hofstede aan den Burg door den Burggraaf van Leyden of zijne voorouders gedaan of nog te doen.

O. Met een klein zegel.

> v. Mieris, 3 D. bl. 777.

1403.
19 Maart.

PHILIPS VAN WASSENAAR bekent van het Gerecht van Leyden voldaan te zijn, wegens het verschil over platen, straten en werven in den Rijn aan de hofstede bij den Burg en laat het opzigt daarvan over aan Schout en Schepenen.

O. Het zegel verloren. v. Mieris, 3 D. bl. 777.

**WILLEM VI.**
14⁰⁵/₀₆.
30 Januarij.

De Graaf bevestigt de vorige privilegiën der stad.
O. Het zegel verloren.

> Is bij v. Mieris, 4 D. bl. 2, verkeerd ge-
> plaatst op 13 Januarij.

1405.
21 Nov.

De Graaf belooft de steden, Haarlem, Delft, Leyden
en Amsterdam, schadeloos te houden van de gelden
voor hem opgenomen en in het beleg van Hagestein
en Everstein gebruikt.

Gegeven in onze *bezette van* Haaghensteyn.

> In het *Privilegieboek* A. bl. 68. vindt men
> de personen die toen rentebrieven hebben
> genomen.
> v. Mieris, 4 D. bl. 29.

1407.
St. Ambrosiusd. 4 April.

Schepenbrief van Jan van Leyden en Pieter Heerman, Schepenen van Leyden, over het verkoopen van
een erf buiten het *Reijnsburg-poorthuys ter eener, en den
nieuwen weg ter andere zijde.*

O. Met twee gave zegels.     Niet bij v. Mieris.

1407.
7 April.

Handvest door den Graaf aan de steden Leerdam en
Gorinchem gegeven, nadat zij hem tot landsheer ontvangen en gehuldigd hadden.

> In het *Privil.-b.* A. bl. 77, is de lezing
> iets anders dan bij v. Mieris, 4 D. bl. 57.

1407.
31 Mei.

Eenige der voornaamste steden van Holland en Zeeland (waaronder Leyden) verbinden zich tot betaling

**WILLEM VI.** eener lijfrente aan KATHARINA VAN DER WEENT, dochter van JACOB, en HEILWIGEN VAN SCHELLE, VRANKSDR.

*Privil.-b.* AA. bl. 46.    v. Mieris, 4 D. bl. 67.

1407.
31 Mei.

De Graaf erkent de schuld der voorgemelde steden, uithoofde der verkochte lijfrenten, als eigen, en verbindt daartoe zijne domeinen in *Kennemerland* en *Friesland*.

v. Mieris, 4 D. bl. 68.

1407.
8 Aug.

De Heemraden van Rijnland erkennen die van Leyden vrij van het betimmeren, verhoogen, verwijden enz. van de Zijlbrug.

O.  Met 7 zegels, allen verloren.

v. Mieris, 4 D. bl. 114.

1408.
Beloken Paaschd.,
22 April.

Schepenbrief van Leyden, waarbij HEYNRIC CLAESZ., o. a. aanneemt, om gedurende één jaar als kapitein met 16 Leydsche poorters, *Stavoren* te bezetten, voor de som van 186 gents. nobelen enz.
*Privil.-b.* AA. bl. 50.

1408.
3 Nov.

De Graaf bevrijdt Leyden van de markttollen te *Woudrichem*, *Heusden* en *Giessen*, op aandrang der steden van Holland en Zeeland.

O.  Het zegel gaaf.    v. Mieris, 4 D. bl. 114.

1408.
3 Nov.

De Graaf bevestigt den verkoop der lijfrentebrieven van Leyden (voor het aan hem geleende geld, gebruikt in het beleg van Gorinchem en Hagestein) door *Schout, Schepenen en Rade en de gemeene Vroedschap*.

O.  Zegel en contra-zegel geschonden.

v. Mieris, 4 D. bl. 144.

**WILLEM VI.**

Deze lijfrenten zijn te Brussel en Mechelen verkocht; de namen en ouderdom der personen zijn daarbij in het *Privilegieboek* A. bl. 74. uitgedrukt.

**1413.**
St. Jacobsd., 25 Julij.

De Graaf geeft aan Leyden, — die hem de begeerde Bede opbragt, — dat een geestelijke niet meer dan 100 pond mag erven, en bepaalt de erfenis der Bastaarden.
O. Zegel verloren.      v. Mieris, 4. D. bl. 242.

**1413.**
3 Oct.

De Graaf verklaart Leyden vrij van *tollen, stalgeld* en *ander ongeld* van goederen, die zij ter markt brengt.

O. Zegel verloren.      v. Mieris, 4 D. bl. 256.

**1415.**
St. Jacobs avond Apost.,
24 Julij.

De Graaf verhuurt de Vroonwateren tusschen Haarlem en Leyden, aan HENDRIK WILLEMSZ. en FOEYKEN JANZ. voor 170 pond.

v. Mieris, 4 D. bl. 341.

**1415.**
6 Aug.

JOHAN, *zoon* van *Frankrijk*, en JACOBA VAN BEIJEREN, Gravinne van Holland, bevestigen de vorige huwelijksche voorwaarde, door beider ouders voorheen gemaakt.
O. De zegels zijn daaraan niet bevestigd geweest.

v. Mieris, 4 D. bl. 342.

**1416.**
Mei-avond, 30 April.

Brief van Hoogheemraden van Rijnland, waarbij zij de stad Leyden, die den Rijndijk had doen spekken tot de sluis die voor *Oudzier* ligt en de sloot vatbaar gemaakt, voor altijd van hetzelve vrij verklaren.

O. Met 7 zegels, als van: JAN VAN DEN WOUDE, Ridder, GERRIT VAN DEN ZYL, JAN VAN DEN WOUDE, SIMON VAN DER SCHUUR, FLORYS VAN DEN TOL, JAN VAN DEN BOECHORST, VRANC VAN ZAENDE, Knape.

v. Mieris, *Handv.* bl. 617.

**WILLEM VI.**

1416.
St. Louwerensd., 10 Aug.

Graaf WILLEM belooft de steden Haarlem, Delft, Leyden, Amsterdam, Gouda enz., die op zich namen jaarlijks eene somme gelds te betalen aan de Heeren JAN en
WILLEM VAN EGMOND voor de aangeslagene heerlijkheden
van EGMOND en IJSSELSTEIN, schadeloos te zullen houden,
en bekrachtiging dier belofte door 's Graven schoonzoon
JAN, Dauphin van Frankrijk en zijne dochter JACOBA
VAN BEIJEREN.

O. Met 3 roode zegels als, van: WILLEM, en zijn
contra-zegel; JAN, Dauphin van Frankrijk; een
ridder te paard, en contra-zegel; JACOBA VAN
BEIJEREN; een vrouwenbeeld omvattende de
wapens van haar en haren man.

v. Mieris, 4 D. bl. 381.

1416.
Vrouwend. Assumptio,
15 Aug.

Belofte van de Edelen en Steden van Holland, waaronder *Leyden*, om na den dood van Graaf WILLEM VI
zijne dochter JACOBA VAN BEIJEREN tot landsvrouw te
huldigen.

*Privil.-b.* A. bl. 80—82.         v. Mieris, 4 D. bl. 383.

---

**JACOBA VAN
BEIJEREN.
JAN VAN BRA-
BANT.
JAN VAN BEI-
JEREN.**

1418.
20 April.

JAN, Hertog van Brabant, als man en voogd van
JACOBA VAN BEIJEREN, bevestigt, na de huldiging, de
stads privilegiën, en bepaalt dat een poorter van
Leyden niet meer mag verbeuren dan zijn *lijf* en
*zestig* pond.

O. Zegel en contra-zegel gebroken.

v. Mieris, 4 D. bl. 481.

**JACOBA VAN BEIJEREN.**

**JAN VAN BRABANT.**

**JAN VAN BEIJEREN.**

1420.
15 April.

Confederatie der *Hoeksche Edelen* of verbond van onderlinge bescherming tusschen FRED. Bisschop van Utrecht, JAN Burggraaf van Montfoort, PHILIPS VAN WASSENAAR enz. en de regeerders der steden Utrecht, Leyden, Amersfoort enz., met het verhaal van het gebeurde — tegen JAN VAN BEIJEREN, ten gunste van JAN VAN BRABANT en Vrouwe JACOBA VAN BEIJEREN.

O. Met negentien gave zegels
(en stads *oudste* zegel).

v. Mieris, 4 D. bl. 542—544.

1420.
17 Aug.
In het leger voor Leyden.

JAN VAN BEIJEREN, *zoon* van Holland, maakt verdrag met de Heeren BREDERODE, HEEMSTEDE, VAN DEN ZYL, WASSENAAR en de stad Leyden en hunne helpers, die zich tegen hem en den Bisschop van Utrecht verbonden hadden, zoo tot verzoening als tot overgave der stad Leyden, die hij belegerd hield.

O. Het zegel gebroken.     v. Mieris, 4 D. bl. 551.

1420.
St. Thomasd., 21 Dec.

JAN VAN BEIJEREN verklaart genoegen te nemen, dat Leyden de verschuldigde 9000 schilden voor de verzoening aan Delft uitbetale, ten behoeve van ROBBERT Grave van Verneburgh.

O. Gaaf zegel en contra-zegel.

Niet bij v. Mieris, doch 4 D. bl. 561 komt een brief voor, aan GERRIT VAN HEEMSKERK, betreffende deze gelden.

$14\frac{2}{2}\frac{0}{1}$.
15 Febr.

JAN VAN BEIJEREN, *zoon* van Henegouwen en Holland enz., het Burggraafschap van Leyden verkregen hebbende, belooft aan Leyden hetzelve voor zich en zijne erven te houden, en nooit van het Graafschap te scheiden.

O. Het zegel gaaf.     v. Mieris, 4 D. bl. 568.

3

**JACOBA VAN BEIJEREN.**
**JAN VAN BRABANT.**
**JAN VAN BEIJEREN.**
14$\frac{19}{21}$.
15 Febr.

JAN VAN BEIJEREN verpandt het Gerecht van de stad Leyden, dat hem door overgave van den Burggraaf aangekomen was, voor zekere som aan PIETER HEERMAN, YSBRAND VAN DER LAAN, FLORIS PAEDSZ, en WEREMBOUT JANSZ.

v. Mieris, 4 D. bl. 568.

14$\frac{19}{21}$.
17 Maart.

De gebroeders GERRIT, WILLEM en JACOB VAN POELGEEST, alsmede JAN VAN POELGEEST, ontslaan de stad Leyden van alle beloften die zij hun gedaan heeft.

*Privil.-b.* A. bl. 87 verso.        Niet bij v. Mieris.

14$\frac{24}{25}$.
8 Febr.

JAN, Hertog van Brabant en Graaf van Holland, belooft aan die van Holland en Zeeland, de vroegere handvesten te bevestigen, de landen niet te vervreemden of te verzetten, en geene ambten, dan aan inboorlingen te zullen geven.

O.  Het zegel gaaf.        v. Mieris, 4 D. bl. 751.

14$\frac{24}{25}$.
8 Febr.

JAN VAN BRABANT belooft aan de steden van Holland en Zeeland geene bannelingen (ten tijde van Hertog JAN VAN BEIJEREN uit den lande geweken), zonder voorkennis dier steden, in te laten.

*Privil.-b.* A. bl. 83.        v. Mieris, 4 D. bl. 752.

14$\frac{24}{25}$.
8 Febr.

JAN VAN BRABANT belooft alle bekende schulden, door zijnen oom, Hertog JAN VAN BEIJEREN, achtergelaten, te zullen betalen.

O.  Gaaf zegel.        v. Mieris, 4 D. bl. 752.

14$\frac{24}{25}$.
9 Febr.

JAN, Hertog van Brabant (nu gehuldigd zijnde na den dood van JAN VAN BEIJEREN), belooft geenen lieden

**JACOBA VAN BEIJEREN.**
**JAN VAN BRABANT.**
**JAN VAN BEIJEREN.**

buiten Holland wonende, eenige tolvrijheden te geven, noch munt te doen slaan, zonder bewilliging van zijnen Raad en die der steden.

O. Het zegel gaaf.          v. Mieris, 4 D. bl. 753.

14¼¼.
11 Febr.

JAN VAN BRABANT bevestigt alles wat zijne Raden, na doode van JAN VAN BEIJEREN, uit zijnen naam gedaan hebben, en beveelt zijnen Dienaren en Regteren overal regt te doen op zijnen naam, tot wederzeggen.

O. Gaaf zegel.          y. Mieris, 4 D. bl. 754.

14¼¼.
11 Febr.

JAN VAN BRABANT, Graaf van Holland, belooft (nu hij gehuldigd is) geene ambtenaren in den lande van Holland, die tot hiertoe dienden, te ontslaan, vóór en al eer hij het geld, op hunne ambten gegeven, bij goede rekening betaald zal hebben.

O. Gaaf zegel.          v. Mieris, 4 D. bl. 754.

----

**PHILIPS VAN BOURGONDIE.**
1425.
13 Aug.

PHILIPS, Hertog van Bourgondië (na het verdrag met zijnen neef JAN VAN BRABANT en de overdragt der landen), belooft de landen van Holland en Zeeland nooit uit zijne handen te brengen aan andere Heeren of Vrouwen, voor dat hem alle schulden, naar uitwijzing der voorwaarden, zullen betaald zijn, binnen den tijd zijner regering.

O. Het zegel geschonden.

v. Mieris, 4 D. bl. 789.

**PHILIPS VAN BOURGONDIE.**
1425.
St. Thomasd., 21 Dec.

De Graaf, als Ruwaard en Erfgenaam dezer landen, bevestigt als zoodanig, de Privilegiën van Leyden.

O. Het zegel verloren.    v. Mieris, 4 D. bl. 811.

1426.
15 Oct.

Hertog Philips belooft aan Splinter van Nyenrode, Kastelein van Muyden en Baljuw van Gooiland, die het slot van Muyden aan den Kapitein Lieladam en zijn volk, tot afbreuk van den vijand, had ingeruimd, na het eindigen van den oorlog, weder te zullen leveren.

O. Het zegel geschonden.

v. Mieris, 4 D. bl. 886 heeft dezen brief op 12 Oct.; hij komt nergens voor in de Privilegiën der stad.

1427.
11 Mei.

De Hertog belooft aan de Baanritsen, Ridders, Knapen en Steden van Holland en Zeeland, die hem op bevel des Hertogs van Brabant als Ruwaard gehuldigd hadden, dat hij deze Landen niet zal vervreemden, noch scheiden, noch verzoening maken met Vrouwe Jacoba, Gravinne dezer Landen, tenzij de Ridderschap en Steden daarover te rade geroepen worden.

Geg. te Delft.

O. Met het klein heimelijk (secreet) zegel, bij absentie van zijn groot zegel.

v. Mieris, 4 D. bl. 889.

1428.
25 Julij.

Philips, Ruwaard dezer landen, verbiedt dat men Engelsche lakenen of wollen in Holland en Zeeland zal invoeren.

O. Met het groot rood zegel en contra-zegel; geschonden.

v. Mieris, 4 D. bl. 923.

**PHILIPS VAN BOURGONDIE.**
1428.
29 Julij.

PHILIPS ontheft die van Leyden van de verbeurde schulden en lasten, geleden door den oorlog, wegens de verzoening.

O. Het zegel gebroken. v. Mieris, 4 D. bl. 926.

1428.
1 Aug.

PHILIPS. — » Alzo Burgemren, Scepenen en Rade, en sommige andere zijne goede luijden" van der Vroedschap en Rijkdom, op verzoek van hem en zijnen Kanselier, aan PHILIPS WITBROOT het *Clerck-ambacht* of *Secretarisschap* voor zijn leven gaven, belooft hij nu de vorige handvesten over dat klerkambt te bevestigen, en hierdoor die handvesten niet te verminderen.

O. Zegel geschonden. v. Mieris, 4 D. bl. 925.
» *Handv.*, bl. 222.

1429.
12 Oct.

PHILIPS. — Daar Leyden hem en JACOBA VAN BEIJEREN de Bede schuldig was, door de Ridderschap, Steden en den Lande voor tien jaren gegeven, elk jaar 3500 Holl. Schilden, zoo verklaart hij gerekend te hebben bij zijnen Rade over 6 jaren; hij blijft der stad schuldig 9155 Schilden en hij zal dat korten in de volgende 5 jaren enz.

O. Met een klein zegel of signet.

Niet bij v. Mieris.

1430.
10 Junij.

JACOBA, Gravinne, bevestigt den afstand van het Burggraafschap van Leyden, gedaan door PHILIPS VAN WASSENAAR, aan haren oom JAN VAN BEIJEREN.

O. Het zegel gaaf. v. Mieris, 4 D. bl. 980.

1430.
5 Dec.

PHILIPS, als Ruwaard, houdt de steden Haarlem, Delft, *Leyden*, Amsterdam en Gouda schadeloos, bijaldien »de gemelde steden en dorpen, door inbraak »van dijken, oorlog, wederspannigheid of anders ge- »brekkelijk vielen in het betalen, der hem toegestane »tienjarige Bede en lijfrenten in Vlaanderen.

O. Groot zegel en twee contra-zegels.

v. Mieris, 4 D. bl. 989.

1430.
5 Dec.

PHILIPS bewijst de 5 steden, die de lijfrenten had- den aangenomen, welke de Graaf in Vlaanderen, Brabant en elders schuldig was, — op de Bede van Vrouwe JA- COBA en hem, (voor 10 jaren ingewilligd door eenige steden en dorpen van Holland, Waterland en Kenne- merland) naar elks daar genoemde quote.

O. Zegels als boven.     v. Mieris, 4 D. bl. 988.

1430.
6 Dec.

PHILIPS geeft den vijf steden van Holland, die aan- genomen hadden de schulden te betalen, vrijheid om de personen en goederen van de steden en dorpen, waarop het bewijst was, en die nalatig waren in het voldoen der Bede, aan te slaan en te houden, tot dat de betaling gedaan zij, en verbiedt allen handel met hen, zoo lang dat duurt.

O. Zegels als boven.

v. Mieris, 4 D. bl. 989—990.

1433.
21 April.

PHILIPS geeft aan Leyden de Vroonvisscherij, zoo als zijne moei die gaf aan de kinderen van FLORIS VAN ALKEMADE, zoo dra die aan hem komt, het zij met besterfte, overgifte enz.

O. Het zegel geschonden.

v. Mieris, 4 D. bl. 1017.

**PHILIPS VAN BOURGONDIE.**

**1433.**
**10 Junij.**

De apostolische Legaat JULIANUS, geeft den Regeerders van Leyden het regt om een draagbaar altaar op te rigten, om misse voor hun te doen, zoo op het Raadhuis als op andere geschikte plaatsen.

O. Met een gaaf zegel.     v. Mieris, 4 D. bl. 1021.

**1434.**
**24 Julij.**

PHILIPS geeft verscheidene Keuren en Regten aan Leyden, belooft altijd aan zich te zullen houden de aanstelling van Schout en Schepenen, zonder dat Schependom te verkoopen of weg te geven; Schout, Schepenen en Burgemeesters zullen de overige Ambten begeven; voortaan zal de Schout eene roede dragen; hij mag bij ziekte de roede overgeven aan een' eerbaar' man voor twee Schepenen; hij mag voortaan *regt doen met acht Schepenen van den hoogsten, zonder onsen Baliu van Rijnland daarbij te wezen of daarover te roepen, zoo als tot dezen dag;* zij mogen bannen uit Rijnland en den Haag enz.

O. Groot zegel, zonder contra-zegel.

v. Mieris, 4 D. bl. 1043.

Dit is de aanvang van de *criminele Jurisdictie* die de stad verkreeg, die anders te voren nooit in *criminalibus* konde regten, zonder dat de Baljuw van Rijnland daarover en bij te regten zat, als '*s Vorsten-Hoofdofficier.*

**1434.**
**27 Julij.**

PHILIPS bevestigt de Privilegiën der stad Leyden.

O. Het zegel gebroken.

v. Mieris, 4 D. bl. 1048.

**1434.**
**11 Oct.**

PHILIPS geeft Leyden vrijheid om het bedrog, in het bereiden der Lakenen gepleegd, te onderzoeken en de schuldigen te straffen.

O. Het zegel gaaf.     v. Mieris, 4 D. bl. 1054.

PHILIPS VAN
BOURGONDIE.
1434.
12 Dec.

PHILIPS WITBROOT doet afstand van het klerk-ambacht te Leyden, ten voordeele van JAN ROOSE, 's Graven Secretaris.

*De Raad, bij goeddunken der alinge Vroedschap en Rijkdom, geeft hem dat voor zijn leven.*

O. Met het zegel der stad.

Niet bij v. Mieris, maar in de *Handvesten* bl. 222.

14³⁴⁄₃₅.
20 Maart.

MARGARIET, weduwe van Graaf WILLEM VI, verpacht het Vroon aan Leyden, voor 75 wilh. Schilden in het jaar.

O. Het zegel gebroken.

v. Mieris, 4 D. bl. 1064.

14³⁴⁄₃₅.
22 Maart.

De Heer VAN SANCTES en de Raden van den Graaf, in 's Hage, geven kennis aan Leyden van den ontvang des briefs van Hertog PHILIPS, om Bisschop RUDOLF in zijne geestelijke jurisdictie te handhaven, met invoeging van den brief van PHILIPS.

O. (Papier); met de zegels van de Heeren LANOY; VAN SANCTES; FLORIS VAN ABELE; GERRIT VAN ZIJL, Ridder; HENDRIK UTENHOVE.

Niet bij v. Mieris.

1435.
18 Febr. en 17 Maart.

Schout, Schepenen en Rade van Leyden regelen het loon van de volders aldaar.

De Gezworenen van de volders onderwerpen zich daaraan enz.

*Privil.-b.* A. bl. 103—105.

v. Mieris *Handv.*, bl. 377—379.

**PHILIPS VAN BOURGONDIE.**

1435.
17 Mei.

WILLEM, Heer van Naaldwijk, Maarschalk van Holland, stelt orde op den overtogt van den Leydschen Dam.

O. Met een gaaf zegel.

v. Mieris, 4 D. bl. 1065.

Hierbij is een *vidimus* (papier) van de stad Leyden, getrokken uit het *registerboek van Naaldwijk* van 27 Februarij 1560, door den Secretaris *Honsholl.*

14³⁵⁄₃₆.
11 Maart.

PHILIPS keurt het verdrag goed, dat de regering van Leyden met de volders gemaakt heeft, en geeft haar vrijheid de misdadigers te straffen en te bannen.

*Privil.-b.* A. bl. 104.   v. Mieris, *Handv.* bl. 379.

1438.
15 Junij.

PHILIPS bepaalt dat de Schutters van het St. Joris-gild, (*coninc, hoofdman en gemeene gezellen*) indien zij, bij het doelschieten, bij ongeluk iemand wondden of doodden, niet strafbaar zullen zijn.

. O. Het zegel gaaf.   v. Mieris, *Handv.* bl. 289.

1438.
6 Nov.

PHILIPS vergunt aan FLORYS VAN BOSCHHUYSEN, wonende op zijne hofstede in de *Waart,* waar hij met eene brug over de vest, naast den toren *Oest-hollant,* naar toe gaat, dezelfde regten als of hij binnen de stad woonde.

*Privil.-b.* A. bl. 105 verso.

v. Mieris, *Handv.* bl. 475.

14³⁹⁄₄₀.
20 Januarij.

PHILIPS vergunt aan Leyden, lijfrenten te verkoopen ter somma van 300 wilhelm. Schilden, uithoofde van het verval der Lakennering, duurte van levensmiddelen, sterfte en oorlog.

*Privil.-b.* A. bl. 101.   v. Mieris, *Handv.* bl. 475.

**PHILIPS VAN BOURGONDIE.**
1440.
10 Mei.

PHILIPS beveelt den Regeerders van Leyden, dat zij JACOB VAN NOORDE en zijne kinderen erkennen zouden voor *oude* poorters dier stad.

*Privil.-b.* B. bl. 102.       v. Mieris, *Handv.* bl. 289.

1441.
In de maand Junij.

PHILIPS had a° 1433, den 21 April, aan Leyden toegezegd de visscherijen van het Vroon in erfpacht — hij doet nadere voorzieningen en verbiedt het visschen door anderen.

O.   Het zegel gebroken.

v. Mieris, *Handv,* bl. 699.

1441.
27 Nov.

WILLEM VAN HEUKELOM, Abt van St. Paul te Utrecht, absolveert alle Leydsche ingezetenen en die van Rijnland, van alle bannen en interdictiën, wegens Paus EUGENIUS, om hunne ongehoorzaamheid in het obedieren aan WALRAVEN VAN MEURS, als Bisschop van Utrecht.

O.   Met twee gave roode zegels.

14$\frac{4}{4}$$\frac{1}{2}$.
9 Maart.

*Vidimus* eens briefs van ISABELLA, gemalin van den Hertog van Bourgondië, waarbij zij de Amsterdammers voor wederspannigen verklaart, omdat zij in April 1438 eene vloot hadden uitgerust, waarmede zij, in plaats van handel te drijven, op *ter Trade*, 23 Pruissische en Lijflandsche schepen hadden genomen enz.
Bij *vidimus* van 10 Mei 1442 door SIMON JANSZ., Priester en Kommandeur van St. Pieter te Leyden.

O.       Zie Wagenaar *Beschr. van Amsterdam,* bl. 170. Chron. van v. d. Houve.

**PHILIPS VAN BOURGONDIE.**
1442.
7 Oct.

PHILIPS doet kwijtschelding aan HUGO WTTENWEER, poorter van Leyden, wegens zijne rekening als Burgemeester, uit kracht van *den zoen.*

O. Groot gaaf zegel.

1443.
9 Mei.

De Regeerders van Leyden beloven de vrijheid, door den Hertog VAN BOURGONDIE den 6 Nov. 1438 aan FLORIS VAN BOSSCHUYSEN, wonende in de Waart, verleend, te zullen laten genieten en hem beschermen.

*Privil.-b.* A. bl. 106.    v. Mieris, *Handv.* bl. 796.

1443.
10 Aug.

PHILIPS vernieuwt zeker lid van het verdrag met ROEDOLF VAN DIEPHOLT, Bisschop van Utrecht, gemaakt, dat men zijne onderzaten van Holland, Zeeland en Friesland niet naar Utrecht zal dagen.

*Privil.-b.* A. bl. 106.

1445.
1 Maart en 15 Maart.

Schout, Burgemeesteren, Schepenen en Rade van Leyden staan den *Minrebroeders* toe, buiten de Waart (bij Leyden) te wonen, mits zich gedragende, als die van *St. Omer* en Gouda. 1 Maart.

Brief van Broeder HEYNRIC, Gardiaan van de Minrebroeders buiten Leyden in de *Waart*, waarbij zij zich onderwerpen aan de bepalingen door de regering van Leyden gemaakt, dat, wanneer zij zich misdroegen, de stad en de Prior van de Bernaditen te Warmond hen uit de stad mogen zetten enz. 15 Maart.

O. Met twee gave zegels.

v. Mieris, *Handv.* bl. 795—796.

*Privil.-b.* A. bl. 107—108.

**PHILIPS VAN BOURGONDIE.**

1445.
12 Julij.

PHILIPS vergeeft de gedeeltelijk volbragte bedevaart van GYSBRECHT VAN ZWIETEN, waarin hij door de regering van Leyden verwezen was.

De stad had hem veroordeeld om eene bedevaart naar *O. L. Vrouwe ter Eenzeel* te doen; maar tot Bazel komende, moest hij wegens den oorlog terugkeeren. Op verzoek van zijnen vader BOUDEWYN VAN ZWIETEN, bepaalt de Graaf, dat hij nu ter bedevaart naar *O. L. Vrouwe ter Halle* zal gaan, en dit alles zonder *krenking der stads privilegiën.*

O. Het zegel gaaf.

1445.
29 Julij.

PHILIPS confirmeert het verkoopen van 150 Eng. nob, tot den penning 12, door Leyden.

O. Met een gaaf zegel en contra-zegel.

1445.
17 Oct.

PHILIPS geeft Leyden vrijheid tot verkoop van lijfrenten op één en twee lijven.

O. Met dito zegels.     v. Mieris, *Handv.* bl. 472.

1445.
1 Dec.

PHILIPS. — Daar de stad hem 6 jaren lang gegeven had 5600 Gl. in klinkaards tot 30 gr., zal hij die laten korten, en bevestigt het daarover gehandelde met zijnen Rade.

O. Zegel gaaf.

1446.
28 April.

De Oversten van den stapel te Calais maken verdrag met die van Leyden, over den wolhandel enz.

*Privil.-b.* A. bl. 110.     v. Mieris, *Handv.* bl. 365.

(*Latijn*, vertaald in het *Nederd.*)

PHILIPS. — Betreffende de doodslagen, kwetsingen, verzoeningen en het gebruik van de Regtspraak van *Zeventuigen* door gansch Holland.

O. Zegel gaaf.

*Privil.-b.* van Rijnland, bl. 487.

*Plak.-b.* van te Water, 2 D. bl. 5.

*Privil.-b.* van Amsterdam.

1446.
28 Oct.

PHILIPS. — Daar er zoo vele kloosters opgerigt zijn, waarin de kloosterlingen neringen doen, erven nemen en niet weêr geven, waardoor *hij* zijne *diensten* en de ingezetenen hunne *neringen* verliezen, heeft hij daarnaar door commissarissen onderzoek laten doen. Hij verbiedt voortaan den geestelijken erven te koopen.

O. Is een papieren brief met eene opgeplakte vierkante ruit, (denkelijk van het Hof.)

Groot *Plak.-b.* 1 D. bl. 1470 en Kinschot, *Beschr. van Oudewater*, bl. 372.

1447.
15 Januarij.

Brief van GERYT VAN POELGEEST en DIRK BOUDEWIJN VAN ZWIETEN, Raden; — over het doen der Leydsche rekening van HUGO WTTENWEER, burgemeester, wegens den *zoen*. De stad zal hem voldoening geven.

O. Zegels gaaf.

1447.
10 Febr.

Een schepenbrief van Leyden, betreffende de voldoening van HUGO WTTENWEER, waarover in het vorige artikel gehandeld is.

O. Met het zegel van GERYT HASSELAIR, Schepen.

1447.
3 Nov.

Schout, Burgem<sup>rn</sup>, Schepenen en Rade van Leyden gaven het Secretarisschap, opengevallen door den dood

**PHILIPS VAN BOURGONDIE.**

van Mr. Jan Roose, aan Mr. Reinier Claesz. van Eten; maar alzoo hij nog niet 7 jaren poorter was geweest, geven zij het nu aan Jan Philipsz. voor 5 jaren.

O.  Met het stads zegel (St. Pieter in de kapel).

v. Mieris, *Handv.* bl. 224.

1447.
15 Nov.

Een brief van 's Vorsten Rade van Holland, waarin verklaard wordt, dat Hertog Philips, het klerkambacht gegeven hebbende aan Mr. Jacob Caudet, de stad zich daartegen verzet had.  Bij onderzoek werd bevonden dat deze benoeming strijdig was met de stedelijke Privilegiën. — Mr. Jacob Caudet deed hierop afstand.

O.  (get.)  J. Bossaert; zonder zegel.

v. Mieris, *Handv.* bl. 225.

14$\frac{47}{48}$.
2 Maart.

Philips — Op het te kennen geven van Mr. Reinier Claesz. van Eten, dat de Privilegiën van Leyden medebrengen, dat niemand Schout, Schepen, Burgermeester, Klerk, noch Bode wezen mag, hij zij eerst 7 jaren poorter geweest (ten ware de Graaf hem *habiliteerde*), en verstaande de bekwaamheid van Mr. Reinier Claesz., *habiliteert* hij hem, en veroorlooft het *Gerecht*, bij *consent der Vroedschap*, hem tot Klerk en Secretaris aan te stellen, zonder *praejudicie* voor het vervolg, noch voor den Graaf, noch voor de stad.

O.  Met het groot ridderlijk- en contra-zegel.

v. Mieris, *Handv.* bl. 223.

1448.
8 Mei.

Eene uitspraak, op perkament, van den Hove van Holland, betreffende het proces over eene boedelscheiding

**PHILIPS VAN BOURGONDIE.**

van Jacob van Bleyswyck Dirksz. en Wybarchs, Jan Splinters wed.

O. Het signet in eene papieren ruit en geteekend: Bossaert.

**1448.**
**1 Junij.**

Eene uitspraak van het Hof, over het aanstellen van Jan Rodrigo, tot Koster van de Hooglandsche kerk door den Graaf.

De Graaf (zegt de stad) vermogt dat niet; de stad had privilegie voor het stellen van *al de costerien*; de stad wordt in het gelijk gesteld.

O. Zonder zegel.

**14$\frac{48}{49}$.**
**Op dertien'-avond, 5 Januarij.**

*Vidimus* door Deken en Kapittel van de St. Pancraskerk, van den brief van Philips, over het *Vroon*, van 21 April 1433; en van Margariet, van het verpachten van het *Vroon* van 20 Maart 14$\frac{34}{35}$.

O. Met een gaaf zegel van het Kapittel.

**1449.**
**21 April na Paschen.**

Philips en zijnen Hoogen Raad. — Uitspraak over het appel van Jan Rodrigo (door den Graaf aangesteld tot Koster der Hooglandsche kerk); zie 1 Junij 1448. De uitspraak is *wel gewijst* en *qualijk geappelleert*.

O. Het zegel gebroken.

**1449.**
**22 April.**

Philips. — Tot beter gouvernement der stad, oorlooft hij, dat het *Gerecht en de Vroedschap*, op maning des Schouts, mogen kiezen 40 personen, welke jaarlijks zullen kiezen 16 *personen uit die 40 of uit andere poorters*. De Graaf of zijne gecommitteerden zullen daaruit 8 Schepenen kiezen, enz.

O. Het zegel geschonden.

v. Micris, *Handv.* bl. 126.

**PHILIPS VAN BOURGONDIE.**

Dit is de oorsprong der *Vroedschap*, zijnde oorspronkelijk een kiezers-collegie, maar met regt van stemming en zitting in den raad.

1449.
15 Julij.

PHILIPS, geld van de stad ontvangen hebbende, verpandt daarvoor eenige zijner domeinen, o. a.:

De erfpacht van het Vroon; de Rijn's-oeverlanden; de helft van het hoppegeld; de Maaklaardij en de waag in Gouda.

Met de verklaring der *meesters van de rekeningen* van 11 Aug. 1449, en bij *vidimus* van den Deken van St. Pancras, te Leyden, van 20 Aug. 1449.

O. Met het zegel van het St. Pancras-Kapittel.

v. Mieris, *Handv.* bl. 73—74.

1449.
12 Nov.

Schout, Burgemeesteren, Schepenen en Rade van Leyden geven het klerkambacht, na doode van Mr. JAN ROOSE, aan Mr. REINIER CLAESZ. VAN ETEN en JAN PHILIPSZ.

O. Met een gaaf stads-zegel (St. Pieter in de kapel en de twee sleutels).

v. Mieris, *Handv.* bl. 225.

1450.
4 Febr.

*Vidimus* van het kapittel van St. Pancras, over de uitspraak van Hertog PHILIPS, betreffende de verschillen van Leyden, met den tollenaar van Greveningen, JAN ARNULPHYN, wegens verzuim van den tol van wol te Calais gekocht.

O. Gaaf zegel van het kapittel.

1450.
16 Februarij

Verdrag tusschen de stad en JAN ARNULPHYN, bij *Vidimus* van het kapittel van St. Pancras van 3 Nov. 1451.

v. Mieris, *Handv.* bl. 366—367.

**PHILIPS VAN BOURGONDIE.**

14$\frac{50}{51}$.
23 Maart.

PHILIPS doet uitspraak over een verschil tusschen een' Leydsch poorter en zijnen Schout. — JAN STANDVAST was door den Schout JAN VAN POELGEEST, nadat hij zijne *roede* overgegeven had, gevangen; als zijnde tegen zijnen ban uit Leyden en Rijnland, ingekomen. De uitspraak is: *onrecht aangetast*; maar hij moet zijn' ban *volkomen*.

O.                                        v. Mieris, *Handv.* bl. 80.

Dit is de uitspraak van den Raad van Holland; maar voert 's Vorsten naam en zegel; men zette dit aldus: *Bij mijnen Heere den Hertoge, ter relacie van den Stedehouder en Rade van Holland.*

Men moet niet denken, dat alles, wat 's Vorsten naam aan het hoofd heeft, altijd het eigen werk des Graven ware; dit zal duidelijk blijken uit den brief van Junij 1451 n°. 2.

14$\frac{50}{51}$.
24 Maart.

Uitspraak van Stadhouder en Rade van Holland, ten voordeele van Leyden, tegen FLORIS VAN BOSSCHUYSEN, welke een huis had, staande aan de Vest, tegen de Privilegiën, die zeggen, dat men geene huizen timmeren mag, 50 roeden na aan de stad.

O. Met een opgeplakt rood zegeltje.

(get.) BOSSAERT.

v. Mieris, *Handv.* bl. 7—9.

1451.
Junij, no. 1.

PHILIPS geeft verordening op de Draperiën —, lakenbereiders en verwers, als die in den Gerechte gekozen worden.

O. Het groote zegel, gebroken.

v. Mieris, *Handv.* bl. 176.

4

PHILIPS VAN
BOURGONDIE.

1451.
Junij, no. 2.

PHILIPS had aº. 1434 privilegie gegeven, dat de Schout van Leyden zijne *roede* mogt overgeven enz. Deze had JAN STANDVAST, gebannen zijnde, gevat; hierover proces gerezen voor het Hof; de stad verzoekt, om der justitie wille, hierin te voorzien en verklaring van het artikel. De Graaf, bij advys van den Raad of het Hof van Holland, en ook van zijnen Grooten Rade bij hem, verklaart den Schout geregtigd, om overal in Rijnland en Haagambacht, zijne bannelingen aan te tasten, al heeft hij zijne *roede* een' ander overgegeven.

O. Het groote zegel, gebroken.

Geg. te Brussel.

v. Mieris, *Handv.* bl. 81.

1451.
Junij, no. 3.

PHILIPS stelt orde op de verpachting der Vroonwateren door Leyden; bij vorm van *vidimus*; zijnde eene notariële kopij zonder jaartal.

Geg. te Brussel.

O.                    v. Mieris, *Handv.* bl. 699.

1451.
28 Sept.

PHILIPS bepaalt, op verzoek van Leyden, dat men binnen 200 roeden rondom de stad, geene tappers-nering mag doen, dan met stads accijns, omdat vele ambachtsgezellen bij de *Minrebroeders* gingen drinken, naauwelijks 100 roeden van de Vest, en daar gingen wonen.

Geg. te Brussel.

O. In het *Fransch*, met een gaaf groot zegel; op den perkamenten band staat: *Donné tant qu'il plaira.*          v. Mieris, *Handv.* bl. 9.

1451.
30 Nov.

PHILIPS beveelt, dat men binnen 200 roeden na aan de stad, accijns van bier en drank zal betalen.

**PHILIPS VAN BOURGONDIE.**

O. In het *Fransch*, met het *secreet zegel*. Op den band staat: *Donné perpétuellement.*

> v. Mieris, *Handv.* bl. 11 heeft de Hollandsche vertaling.

14⁵¹⁄₅₂.
6 Maart.

PHILIPS verlengt voor 10 jaren het verkiezen van 16 personen, om daaruit de Schepenen van Leyden te kiezen enz.

O. Het zegel gebroken.

> v. Mieris, *Handv.* bl. 116.

1452.
3 Oct.

PHILIPS doet *bewijzing* op eenige zijner Domeinen, voor de hem in 1449 toegestane 5000 ponden van 40 gr. het stuk, en veroorlooft eenige korting op de Bede.

Hierbij ligt eene kopij, dat hij JOHAN VAN ZWIETEN tot zijnen Rentmeester van Noord-Holland aanstelde.

Geg. te Brussel.

O.                                      (Get.) A. DE LA PORTE.

1453.
28 Aug.

PHILIPS. — Bij verklaring en *vidimus* van zijnen brief van plakkaat, aan den Schout van Leyden, om af te kondigen; boven op staat: *La escouttette de Leide.* Is een zoenbrief in het *Fransch*, en betreft de stad Gent.

Geg. te Rijssel, onder het groot-zegel en contra-zegel, den 30 Julij 1453.

O.

1453.
2 Oct.

Uitspraak van den Hove van Holland, over het vonnissen van Schepenen, in de zaak van WALLICH JANSZ., betreffende eene erfenis.

O.                                      (Get.) BOSSAERT.

> v. Mieris, *Handv.* bl. 117.

4*

PHILIPS stelt orde op de Munt. Hij had a° 1433, tot vernietiging van kwade munten, bij *groot advijs* doen slaan eenen Philips-gulden; maar ook hierin groot verloop of misbruik gekomen zijnde, had hij nu daarop orde gesteld.

Dit geschiedde: *Bi minen Heere den Hertoge, ter relacie van den Rade van Holland.*

O. Bezegeld met eene papieren ruit.

1454.
5 Maart.

Aanstelling van VRANK VAN DER DOES, tot *Vroonmeester* van Leyden, voor den tijd van 5 jaren, op eene jaarlijksche wedde van 10 gouden Rijnsche guldens.

De Burgemeesters namen die betrekking in den beginne waar; doch daaraan was de hand niet gehouden.

*Kwist-goederenboek* bl. 9.

1455.
14 Aug., no. 2, 3.

PHILIPS bekrachtigt de bovengenoemde ordonnantie, van 18 Januarij, op de munt, met zijn *secreet zegel, bij absentie van het groote*, te Rijssel, bij vorm van kopij.

Hierbij eene kopij in het Hollandsch, vertaald uit het Fransch.

O. Met eene papieren ruit.

1455.
26 Aug., no. 4.

De publicatie van den Stadhouder en de Raden, met bevel, om die ordonnantie overal af te kondigen.

O. Met eene papieren ruit.

1455.
3 Junij.

PHILIPS. — Uitspraak, in het *Fransch*, over de verschillen tusschen zijnen Erfzoon KAREL en de stad Leyden, wegens het inbrengen van uitgebannene personen.

O. Met een groot gaaf zegel.

v. Mieris, *Handv.* bl. 302—304.

**PHILIPS VAN BOURGONDIE.**

1456.
16 Sept.

PHILIPS verpandt aan Leyden de renten van het Vroon aldaar, zijn land te Katwijk, de Rijnsoever genaamd, en de Visscherij van Overrijn, voor de verkochte lijfrenten, en van het meerdere zal de stad jaarlijks goede rekening doen.

Volgens het *Privilegieboek* A. bl. 122, had hij op den 3 Aug. 1456 zijne toestemming gegeven tot verkoop van lijfrenten, ter somma van 60 Eng. nobels.

O. Op fijn perkament, met een groot zegel.

v. Mieris, *Handv.* bl. 700.

1456.
26 Oct.

Perkamenten brief met 2 zegels, waarbij Schepenen van Leyden verklaren, dat de stad verkocht had 84 Eng. nobels aan lijfrenten, en daarvoor verkreeg *de Vroonregten, met beloofde schadeloosheid door den Graaf.* Bij kopij van 5 Maart $14\frac{9}{8}\frac{7}{8}$.

O. De zegels gaaf.

1458.
29 Julij.

PHILIPS verbiedt, op boete van 3 ₶, eenige ruigte omtrent de kanten der Meeren en Wateren van de stad te snijden of weg te halen.

Op papier, met een opgeplakt klein zegel.

v. Mieris, *Handv.* bl. 701.

1458.
2 Dec.

PHILIPS — Octrooi aan de steden Haarlem, *Leyden,* Amsterdam, Alkmaar enz. om eene nieuwe *vaart* te mogen maken, gaande uit den Rijn, tusschen *Leyden* en *Alphen,* tot in de Maas.

O. Is slechts eene kopij van het mandement, met collatie door J. DEDEL, en niet de brief zelf.

Dit is niet volbragt; maar is in plaats gekomen, naar het schijnt, de vaart door den Leydschen Dam. — *Gouda* zal dat wel tegengewerkt hebben, want het was tegen haar gerigt; daaruit zijn al die verschillen over den Leydschen Dam gerezen.

1460.
9 Julij.

De regering van Woerden benoemt Huig van Zwie-ten, Kastelein en Baljuw van Woerden, tot scheidsman in het verschil tusschen de stad Leyden en Klaas van Bosschuysen, zijn' schoonvader (zwager), betreffende diens rekening, over eene volbragte reis naar *Abbeville* bij den Hertog van *Bourgondië*, en de onkosten bij ge-legenheid dat de »genadige Vrouwe" van *Bourgondië* te Leyden was, om de »papegaai" te schieten.

Hierbij behooren het accoord en de kwitantie, waarin Huig van Zwieten verklaart, dat het verschil is bijge-legd, en hij voor Klaas van Bosschuysen heeft ontvan-gen 194 pond 2 sch. en 8 d. op St. Andriesavond (29 Nov.) 1460.

*Privil.-b.* A. bl. 129—130.        Niet bij v. Mieris.

1460.
7 Oct.

Philips zendt last aan zijnen Rade in 's Hage, over de *uitgift* en het *verbod* van vreemde munten.

Bij kopij, op papier, (get.) Lodge.

1460.
21 Oct.

Daarbij het mandement van den Rade, aan alle 's lands officieren, ter afkondiging. — Op papier.

14⁶¹.
St. Paulus conversio,
26 Januarij.

Philips verleit Floris van Rijswijk met het *klokhuis* en de *hoeven* binnen en buiten de stad Leyden.

v. Mieris, *Handv.* bl. 501.

Schepenbrief van Leyden, waarbij kerkmeesters van de St. Pieterskerk verklaren, dat WILLEM HEERMAN op het Choor heeft doen stellen een schoon Lectrijn, en eenen *Bijbel* in het Nederduitsch, *met zijne eigene hand geschreven*, om elk dien te laten lezen; met vrijheid aan de stad, dezelve, in geval van nood, te gelde te maken.

O. Met twee zegels der Schepenen.

v. Mieris, *Beschr. van Leyden* 1 D. bl. 47.

JOHAN VAN WASSENAAR, Burggraaf van Leyden, verleit TIELMAN VAN HEEMSKERK met het Ambacht en Gerecht van de *Vennip*.

O. Met een fraai rood zegel.

v. Mieris, *Handv.* bl. 661.

KAREL VAN BOURGONDIE, Graaf van *Charlois*, geeft te kennen, dat zijn vader in den jare 1455 te 's Gravenhage op eene dagvaard had doen bijeenkomen de Ridderschap, Steden en Dorpen, om hun bekend te maken, dat hij tegen de ongeloovige Turken ging vechten, en er toen besloten was, dat hij, KAREL, na den dood zijns vaders, de regering dezer landen zoude aanvaarden.

Hierop beloven de regeerders van Leyden en andere steden, den Graaf van *Charlois* tot regten Erfgenaam en Landsheer te zullen huldigen, als zijn vader, gedurende den oorlog tegen de Turken, overleed, *mits onderhoudende hunne Regten en Privilegiën*.

*Privil.-b.* A. bl. 126.     v. Mieris, *Handv.* bl. 61.

CHARLES, Graaf van *Charlois*, bevestigt, bij het leven zijns vaders, den voorregtsbrief, door zijnen vader aan

**PHILIPS VAN BOURGONDIE.**

Leyden gegeven, nog voor 10 jaren. Dit ziet op 6 Maart 1451, aldaar ingevoegd, over het verkiezen van Schepenen, dat maar voor 8 jaren gegeven was.

O. Het zegel geschonden.

v. Mieris, *Handv.* bl. 117.

1463.
8 Maart.

De regering van Leyden verklaart, ontvangen te hebben, bij testament van WILLEM HEERMAN:

1. Een' vergulden kelk met een vergulden patheen.
2. Een corporael en een corporaelsack.
3. Twee zilveren pullen.
4. Een nieuw missael, door WILLEM HEERMAN *geschreven*, gebonden in hout.
5. Een nieuw misgewaad enz. en een gewijd altaarsteen, om daarmede de mis op het stadhuis te doen.

*Privil.-b.* A. bl. 126.

v. Mieris, *Beschrijv. van Leyden* 2 D. bl. 371.

1463.
28 Mei.

De regering van Leyden had, 12 Nov. 1449, het klerkambacht gegeven aan Mr. REINIER CLAESZ. VAN ETEN en JAN PHILIPSZ. *in commune*; nu gaf Mr. REINIER zijne dienst op, als *Pensionaris*, en verliet de stad; zij beschikt daarover op nieuw.

O. Met het stads zegel.

1463.
10 Aug.

JOHAN VAN WASSENAAR, Burggraaf, vergunt aan die van Leyden, dat, wie in zijne Heerlijkheid woont, 400 roeden van der stads Vestgrachten af, den bier-accijns zal betalen, zoo als in de stad.

O. Gaaf zegel. v. Mieris, *Handv.* bl. 12.

**PHILIPS VAN BOURGONDIE.**
1463.
12 Nov.

Een brief van goedkeuring van PHILIPS. — Het *'s Gravenstein* in Leyden zeer vergaan zijnde, weigerde de stad de kosten van reparatie te doen. Zij doet het echter op aandrang van de Raden van Holland, doch op zekere conditiën. De Graaf verzocht zijnde, om tot meerdere zekerheid zijn *secreet zegel daarop te zetten*, doet dat, en approbeert dit alles te Rijssel.

Het *eerste* stuk is in het Nederduitsch; en het *tweede*, over hetzelfde onderwerp, van 23 April 1464, in het Fransch.

O. Het zegel geschonden.

> v. Mieris, *Beschr van Leyden* 1 D. bl. 383, alwaar nog andere stukken over *'s Gravenstein* voorkomen, als, van 1352, 1353, 1355.

1465.
8 Nov.

PHILIPS stelt orde op de Verwers, dat zij, in den *Gerechte* gekozen wordende, hun werk van Verwerij niet mogen uitoefenen of doen uitoefenen, zoo lang zij in het *Gerecht* zijn, om bijgevoegde redenen.

O. Met het groote zegel.

> v. Mieris, *Handv.* bl. 179 heeft de *Nederduitsche vertaling*; het oorspronkelijke is *Latijn*.

1465.
9 Dec.

Commissarissen van het Hof, naar Leyden gezonden zijnde, doen verzamelen Schout, Burgemeesteren, Schepenen en Vroedschap, toonende de *ordonnantie* van het *Verbod*, dat geene Verwers in den *Gerechte* mogen zitten.

Hiervan wordt eene verklaring afgegeven (op perkament).

O. (Get.) VAN ZWIETEN.

Eene Uitspraak van den Hove van Holland, over de geestelijke *censuur* van de Universiteit van Leuven, tegen Leyden. — Leyden, *gevoegd* met den Procureur Generaal, wordt in het gelijk gesteld.

O. Op perkament.

1466.
5 Julij.

De Stadhouder en Raad, en de *drie Staten onzer Landen van Holland en Friesland*, hadden vertoond, dat de Friesche dijk, *genaamd Zeeburg*, gehouden was met *Wierkruid*, wassende in den *Waard* van de Zuiderzee (*Wieringerwaard*); maar dit was thans zeer schaarsch. De Graaf maakt daarover eene geheele nieuwe ordonnantie, waartoe hij 7 commissarissen gesteld had; hij keurt hunne ordonnantie goed.

O. Hiervan slechts de kopij. (Get) BOSSAERT.

Is bij VAN LEEUWEN, *Privil. van Rijnland*, in haar geheel bl. 91—104; maar daar staat: de *drie steden onzer landen*, in plaats van, de *drie Staten onzer landen*.

1467.
11 Oct.

JAN VAN POELGEEST, Hoogheemraad van Rijnland, als een der commissarissen, verklaarde den *originelen* brief van PHILIPS (hierboven vermeld) met zijn *groot zegel*, onder zich te hebben, en bereid te zijn, om aan *Leyden*, Woerden enz., op aanvraag daarvan, *kopij* of *vidimus* te geven.

O. Met het zegel van den Abt van Egmond.

v. Mieris, *Handv.* bl. 619.

1467.
13 Oct.

Belofte van *Medemblik* en de *Vier Noorder Coggen*, aan Leyden en Rijnland enz. gedaan, van den Frieschen

**PHILIPS VAN BOURGONDIE.**

dijk buiten hunne kosten te zullen onderhouden, als enkel uit »gratie" daartoe nu gecontribueerd hebbende.

O. Met de gave zegels van *Medemblik* en de *Vier Coggen*.

v. Mieris, *Handv.* bl. 621.

---

**KAREL VAN BOURGONDIE.**
1468.
21 Julij.

Hertog KAREL, door Leyden, als Landsheer gehuldigd zijnde, bevestigt de privilegiën der stad.

O. Met een gaaf zegel.

v. Mieris, *Handv.* bl. 53.

1469.
22 Sept.

Eene scheiding van een gerezen verschil, over den cureit van de St. Pancraskerk.

O. Notariële kopij, op perkament.

1469.
31 Oct.

Eene verklaring, op perkament (get.) N. DE LONQUE-VILLE, over het verschil met Leyden en de stads Ambtenaren, genoemd: *Acte, dairmede Dirc Poes, Griffier ons Gen. H^{ren}. gedeputeert was, die steden hoir privilegiën, rechten en oude costuijmen te doirsien, van dat zij zetten mogen die officieren in de steden, en wat possessie en gebruiken zij dairvan hebben.*

O.

14⁶⁹⁄₇₀.
1 Januarij.

KAREL — Op het rekwest der steden van Noord-Holland en Friesland, accordeert hij, gedurende zijn leven, dat, als hunne Schepen schipbreuk lijden, zij de goederen en koopwaren, in zijne landen mogen bergen, zonder daardoor te misdoen; doch geen *lagan* (strandvond) te houden.

O. Kopij in het *Fransch*, gegeven te Gent.

**KAREL VAN BOURGONDIE.**

14$\frac{68}{70}$.
10 Maart.

KAREL. — Uitspraak, in het *Fransch*, over zekere *officiën* of diensten van de steden, Delft, *Leyden*, Haarlem, Amsterdam, Rotterdam en anderen, die den steden toebehooren, en bij misslag aan anderen gemaakt waren; zijnde een gevolg van het onderzoek zijns Griffiers, *Dirk Poes*. (Zie 31 Oct. 1469.)

O. Het zegel gaaf.

v. Mieris *Handv.* bl. 141, heeft de *Nederd.* vertaling.

14$\frac{72}{73}$.
26 Maart.

Twee translaten, en collatiën tegen de originelen.

(Get.) D. WANDELE.

1e KAREL — Eene nieuwe Bede, gegeven van 500,000 Kron. 's jaars, voor 6 jaren, geeft hij, op verzoek van *de Gedeputeerden van zijnen Lande in Holland en Friesland*, consent om geene *mandementen* meer te geven, tot het oproepen ter wapening van Leenmannen, verder dan het verband hunner Leenen dat vereischt, en van andere Ingezetenen, dan bij hunnen vrijen wil; zulks gedurende deze zesjarige Bede, en gelast hiervan *vidimus authentiek* uit te geven.

2e Hij belooft, gedurende dien tijd, geene nieuwe petitiën te doen.

1472.
10 Febr.

Een Schepenbrief van Leyden, waarbij WILLEM FLORISZ. VAN BOSSCHUYSEN verklaart, aan de regering van Leyden verkocht te hebben een stuk lands, langs de Vest in de *Waard*, op hetwelk zijn huis stond, dat hij afgebroken heeft.

*Privil.-b.* A. bl. 143.

v. Mieris, *Handv.* bl. 798.

**KAREL VAN BOURGONDIE.**
1472.
16 Julij.

KAREL verbindt zijne goederen en Domeinen, om aan Leyden terug te betalen 19200 Bourg. Schilden, waarvoor zij lijfrenten had gekocht, ten einde in de oorlogskosten te voorzien.

Geg. in onze park, voor de stede van *Beauvais.*

*Privil.-b.* A. bl. 141.

1473.
31 Maart.

De stad Leyden wordt, door DIRK POTTER VAN DER Loo, Baljuw van Rijnland, vrij verklaard van de lastgelden en turfmaat, en zoo er verschillen rijzen tusschen hem en de stad, zal hij die *verblijven* aan de Burgemeesters en *vier Zegslieden van de Vroedschap.*

O. Met drie gave zegels, van POTTER en de twee Schepenen.

1473.
13 Nov.

De regeerders van Leyden maken eene ordonnantie voor hunne kooplieden, die met lakenen de Deventersche jaarmarkt bezoeken, hoe zij zich aldaar moeten gedragen.

O. Zegel der stad. (De doopvonten.)

v. Mieris, *Handv.* bl. 368.

1474.
18 Maart.

Een brief, op papier, van GHERYT WOUTERSZ. Schout van den Ambachte van Alkemade; hij *getuigt, dat voir mi, sittende mijt een ghespannen vierscaer mitten ghebueren ende den aessijnck,* gekomen is, WILLEM HEYNRICS, *poorter van Leyden,* om getuigen te hooren, over het Visschen in de Meer en het verhuren, hem door Leyden a° 1469 in *'s Gravenwater* gedaan; *turbe* van getuigen en zijne verklaring, dat alzoo getuigd is — *om bede wille van den asing ende seven bueren.*

O. Het zegel gaaf.

**KAREL VAN BOURGONDIE.**

1474.
29 April.

GHERYT WOUTERSZ., Schout van den Ambachte van Alkemade, geeft gelijke verklaring, bij *turbe* van getuigen, over het Visschen in het Vroon, op verzoek van WILLEM HEYNRICSZ.

O. Het zegel, op papier geplakt.

1474.
7 Mei.

JAN VAN DER SCAGHE, Raad van Holland en Ontvanger-Generaal der zesjarige Bede, geeft kwitantie van den ontvang van 2146 kroonen en 14 st., over de volle betaling van den 4<sup>en</sup> termijn der Bede van 30 April 1474. Eene gelijke kwitantie van 2640 kroonen en 14 st., van 31 Dec. 1474.

O. Met eene kleine papieren ruit.

1477.
30 Januarij.

De regering van Leyden, den dood van Hertog KAREL, en de beginselen van nieuwe tweedragt vernomen hebbende, (tusschen de Hockschen en Kabeljaauwschen) verzoent de partijen met elkander, om de stad en inwoners, het zij edelen of onedelen, in rust te houden.

v. Mieris, *Handv.* bl. 164.

**MAXIMILIAAN EN MARIA.**

14 70/77.
14 Maart.

*Vidimus* van het Groot Privilegie van MARIA, door Schout, Burgemeesteren en Rade van Haarlem. Zij verklaren, dat er 4 originelen van gemaakt zijn, liggende onder Dordrecht, Delft, *Leyden* en Amsterdam; maar dat behoorde zoo niet; en *Haarlem eene Hoofdstad zijnde*, was besproken, dat er *één* te Dordrecht zoude blijven, en de steden Delft, Leyden en Amsterdam zouden *loten*, wie zijnen brief aan Haarlem zal overgeven, en daar-

**MAXIMILIAAN EN MARIA.** voor in plaats krijgen, *kopij authentiek.* Dit valt Leyden te beurt, en Haarlem geeft *kopij.*

> O. Met het gaaf zegel van Haarlem, het dagelijksche, bij gebrek van hun groot zegel, en een bijgevoegd zegeltje van den kommandeur van het St. Jans-Klooster.

1477.
23 Maart,

MARIA geeft nadere verklaring en Privilegie aan Leyden, over het verkiezen der *veertigen* en *zestienen.*

Geg. te Gent.

> O. Het zegel gebroken.
>
> v. Mieris, *Handv.* bl. 128.

1477.
28 Maart.

De gebroeders HUGHE en WILLEM VAN ZWIETEN, Ambachtsheeren van Soeterwoude, vergunnen aan Leyden, dat allen die wonen binnen de marken van *de Rodenburger-Wetering*, ommegaande tot in den Vliet, en van de *Waddingsvliet* tot in den Rijn, accijns zullen geven, even als in Leyden, en geene poorters-neringen zullen doen.

> O. Met 2 kleine zegels.
>
> > Aldus is *Roomburg* verbasterd uit *Rodenburg;* want van *Roomburg* kan geen *Rodenburg* komen, bij verbastering van uitspraak.

1477.
14 Nov.

MAXIMILIAAN en MARIA. — Over de munt en den loop der gelden. (get.) DE CLEVE.

> O. Bij kopij authentiek.

1478.
28 Maart na Paschen.

MAXIMILIAAN bevestigt, als gemaal en voogd zijner gemalin, toen gehuldigd zijnde, de Privilegiën van Leyden.

> O. Met een gaaf rood zegel.
>
> v. Mieris, *Handv.* bl. 54.

MAXIMILIAAN en MARIA verklaren, dat, om den oorlog met de Franschen, eene Bede was gevraagd, en er veel onrust in het land was geweest. Haarlem, Delft, *Leyden*, Amsterdam, Rotterdam en anderen, hadden hun toegestaan 80000 klinkˢ tot 30 gr. voor 8 jaren; en voor het voorledene, sedert KAREL'S, dood, nog 160,000 gl. in eens. Holland en Zeeland hadden, bij het inwilligen der Bede, hun verzocht om eenige punten van *justitie*, *non evocatie*, en het varen door de Goudsche sluizen, zonder meerderen tol te betalen, dan te voren. Zij staan dit toe.

Met het gewone zegel, doch in twee stukken. Op de *plica* staat:

*Sigillata de expresso mandato et in presentia Domini.*

(get.) HEYMENSE.

O. Gebrekkig bij v. Mieris, *Handv.* bl. 384.

Geheel in het *Gr.-Placaatb.* 2. D. bl. 675.

*Privil.* Rijnland, bl. 55.

MAXIMILIAAN en MARIA doen verordening over de *defensie* ter zee, tegen de Franschen, hunne vijanden, en daartoe benoodigde omslagen.

Geg. te Delft.

O. Met het kleine zegel.

## STUKKEN BETREFFENDE DE INNEMING VAN LEYDEN, DOOR REINIER VAN BROEKHUIZEN EN HENDRIK VAN NYEVELT.

1. Overeenkomst tusschen de gebroeders HENDRICK WILLEMSZ., WILLEM WILLEMSZ., en REINIER VAN BROUCHUYSEN, tot het doen eener »reys" (aanval) op Leyden.

De schutters kregen 4 stuivers; R. VAN BROEKHUIZEN en HENDRIK VAN NYEVELT ieder 10 Rijns. gl. daags, en eene lijfwacht van 60 vertrouwde personen. Aan BROEKHUIZEN en NYEVELT werden 3000 Rijns. gl. beloofd, als Leyden ingenomen was enz.

O. Met een geschonden zegeltje van HENDR. WILLEMSZ, en door die twee broeders onderteekend.

Deze en de volgende stukken zijn door mij geplaatst in de *Berigten van het Historisch Genootschap te Utrecht*, 4 D. bl. 126—234.

1481.
18 Maart.

2. Een brief onder het zegel der stad, met vele eigenhandige onderteekeningen, beginnende: Wij PHILIPS VAN WASSENAAR, Ridder, JAN VAN POELGEEST enz. als *gevangenen of verzekerden binnen Leyden, doen condt — den eerbaren* HEYNRIC VAN ZUYLEN, en verstaan hebbende dat die *acht en tiene, die bij den rijcdomme ende de gemeente geordineert zijn* enz. Zij verzoeken ontslag of ontlasting.

O. Met het stads zegel.

1481.
30 Maart.

3. Ontslagvergunning aan de gevangene personen door REINIER, Heere tot *Broechuysen*, zoo verre hem betreft, op het verzoek der 18nen.

O. Met een gaaf zegeltje van BROECHUYSEN.

1481.
30 Maart.

4. Een brief van de 18nen (de toenmalige regering), waarin zij uit dankbaarheid, wegens het ontslag der gevangenen, aan BROECHUYSEN en NYEVELT beloven eene som van 9000 Rijns. gl. te zullen leveren op het Hoog

5

Altaar van de kerk te Montfoort, 14 dagen nadat MAXIMILIAAN de wet te Leyden zal hebben hersteld.

O. Met stads zegel, en twaalf *andere zegels*, alsmede *ieders merkteeken*.

1481.
3 April.

5. Een brief der 18<sup>nen</sup>, onderteekend niet met hunne namen, maar *met hunne merkteekens*, waarin zij verkla-ren dat VAN NYEVELT zich beklaagd had, dat in den Schepenbrief van 30 Maart ll. twee fouten begaan wa-ren: 1<sup>e</sup> dat zijn naam niet is HEYNRIC VAN NYEVELT, maar HEYNRIC VAN ZUYLEN ENDE VAN NYEVELT; 2<sup>e</sup> Dat hem eenen brief geleverd zoude worden in het jaar 1400, wanneer Leyden *wet* en *regt* zal hebben verkre-gen, zonder dat het jaar en de datum der maand wa-ren ingevuld.

Dit wordt nu hersteld, behalve de 2<sup>e</sup>, omdat zij jaar en dag niet kunnen vermelden, wanneer zij *wet* en *regt* zullen bekomen.

O.

1480/81.
8 April.

6. MAXIMILIAAN en MARIA geven remissie van straf aan JAN VAN EGMOND, JAN VAN WASSENAAR en hunne vrienden, die den 3 Julij 1479 Leyden hadden ingenomen enz., met bepaling dat partijen zullen worden verhoord op het feit der ontvreemde of gestolene goederen.

O. Met beider zegel

1481.
10 April.

7. Een brief, waarbij JAN VAN NAALDWIJK en anderen zich verbinden om de beloften, uitgedrukt in den brief van 30 Maart 1481, na te komen.

O. Met zes zegels.

**MAXIMILIAAN EN MARIA.**

14$\frac{80}{81}$.

16 April na Paschen.

8. Eene *acte* van het Hof van Holland over een verschil tusschen JAN MAURISZ. en andere uitgezette of gebannene poorters, en het Gerecht van Leyden; en het gevangen nemen dier poorters, boven hun vrijgeleide.

De stad meent dat zij dit volgens haar privilegie doen mag. Het slot was, dat de stad toestemt dat zij hun vrijgeleide gebruiken, mits niet komende binnen 200 roeden van der stads vest.

Geg. te 's Hage.

O.                              (get.) NUMAN.

v. Leeuwen, *Priv. van Rijnland*, bij wijze van *acte van non praejudicie* bl. 391.

14$\frac{80}{81}$.

17 April.

9. MAXIMILIAAN en MARIA. — Exploit van den deurwaarder van het Hof, over het verbergen der goederen der uitgewekenen en gebannenen, en *intimatie* tot teruggave der geroofde goederen, of dat men de daders straffen zal.

O. Met beider zegel in één.

14$\frac{80}{81}$.

19 April.

10. MAXIMILIAAN en MARIA. — REINIER VAN BROUCHUYSEN, HENDRIK VAN NYEVELT en eenige uitgewekenen of bannelingen hadden in Januarij 1481 Leyden ingenomen; poorters hadden hun bijgestaan; de regering gevangen genomen, hun goed ontnomen en gedeeld. Zij hielden hen 12 of 13 weken gevangen en stelden eene Regering in van 18<sup>aen</sup>. De stad is weder terug gebragt onder hun gebied; zij verklaren het verdrag met BROUCHUYSEN enz., wegens het ontslag der gevangenen, voor onwaarde.

O. Met een groot dubbel zegel; op den perkamenten band staat: *Roerende het innemen van Heere* REYN. VAN BROUCHUYSEN.

5*

MAXIMILIAAN
EN MARIA.

14⁸⁰/₈₁.
19 April.

11. MAXIMILIAAN verklaart het Privilegie der stad Leyden van de *Veertigen* verbeurd en vernietigd; en wil dat men voortaan rekening zal doen aan den Stadhouder.

O.                                  (get.) Dairbij wair ick
                                              ZWIETEN.

v. Mieris, *Handv.* bl. 64.

1481.
6 Mei.

12. Een brief, op papier, geschreven door WILLEM VAN BOSSCHUYSEN, Burgemr., en JAN CONYNCXZOON uit 's Hertogenbosch, aan Schout en Burgemeesters van Leyden, over de middelen en gelden noodig tot het wederverkrijgen van het *verbeurde Privilegie* van de *Veertigen* enz. van 19 April 1481.

O.

14⁸⁰/₈₁.
20 Junij.

13. MAXIMILIAAN en MARIA. — Na het vermeesteren der stad en het dempen van den opstand, vernieuwen zij aldaar de *Veertigen* en de *Verkiezing* der 16ⁿᵉⁿ.

O. Met een zegel, zijnde een *schild op, of in een schip staande.*

v. Mieris, *Handv.* bl. 129.

1481.
3 Aug.

14. MAXIMILIAAN en MARIA. — Over de vrijheid der stad, in het benoemen van 16 Schepenen door de Veertigen en de Verkiezing van 8 Schepenen.

O. Met hun groot zegel.

v. Mieris, *Handv.* bl. 132.

1481.
10 Sept.

15. MAXIMILIAAN en MARIA hadden het oordeel over den opstand te Leyden en de breuken ten tijde van

**MAXIMILIAAN EN MARIA.**

Broechuysen c. s., *gereserveerd voor zijnen Rade van Holland*; maar nu stellen zij, om redenen van kleinere breuken en kostbare processen, dat *Schout, Burgemeesteren en Schepenen* daarover tot 12 ℔ en daaronder zullen regten.

O. Bezegeld als op 20 Junij 1481.

---

**MAXIMILIAAN EN PHILIPS DE SCHOONE.**
1483.
14 Sept.

Maximiliaan. — Na doode zijner vrouw, vergunt hij aan Leyden de armen te ondersteunen, de schulden der stad af te doen, en gedurende 10 jaren den 50<sup>en</sup> penning van de goederen der afgestorvene personen te heffen.

O. Met het kleine zegel.

v. Mieris, *Handv.* bl. 415.

14⁸⁴/₈₅.
30 Maart.

Maximiliaan en Philips bevestigen de brieven van de Vroonvisscherij van 21 April 1433 en Junij 1451.

O. Met het groote zegel van Maximiliaan.

v. Mieris, *Handv.* bl. 702.

14⁸⁶/₈₇.
23 Maart.

Uitspraak van het Hof, over penningen en pretentiën van de erven van Joost van Lalaing, Stadhouder, en eenige steden.

O. Afgedaan bij *Arbitrage.*

1487.
6 Dec.

*Compromis* en *Uitpraak* over een verschil, na het overlijden van Adriaan van Zwieten, Schout van Ley-

**MAXIMILIAAN EN PHILIPS DE SCHOONE.**

den, tusschen WILLEM VAN BOSSCHUYSEN, Ridder, en ADRIAAN VAN POELGEEST en het Gerecht van Leyden.

De commissie was door den Graaf gegeven op A. VAN POELGEEST.

O. Met drie zegeltjes der arbiters.

1487.
6 Dec.

Een daarbij liggende brief met 2 zegeltjes, van JAN VAN LOCHORST en BRUININCK SPRUIT, verklarende dat de bovengenoemde zaak afgedaan is.

O.

$14\frac{87}{88}$.
8 Januarij.

Brief van MAXIMILIAAN, *Roomsch Koning*, aan Leyden, over het muntwezen.

O. Een opgeplakt rood zegel.

1488.
16 Dec.

Belofte van schadeloosbouding door de Raden van Holland — dat de stad beloofd had te betalen de *Kapiteinen* en *Knechten*, die in 's lands dienst genomen waren tot de *reductie* der stad Rotterdam, *boven haar aandeel in de ommeslagen*.

O.

1488.
20 Dec.

Memorie (op papier), geteekend BRUYNE, met belofte de acte van *ommeslag* aan Leyden te zullen leveren.

O.

1490.
20 Sept.

MAXIMILIAAN en PHILIPS, het Huis *ter Does* verbeurd verklaard hebbende, geven het op verzoek, aan de stad Leyden, om zich te versterken.

O. Het zegel geschonden.

v. Mieris, *Handv.* bl. 799.

**MAXIMILIAAN EN PHILIPS DE SCHOONE.**
1492.
30 Julij.

JAN, GRAVE TOT EGMOND, Stadhouder van Holland, en TIELMAN OEM VAN WIJNGAARDEN, blijven borgen voor de beloften van ARENT, BASTAARD VAN YSSELSTEYN, wegens · het Huis *ter Does*, aan de Leydsche regering gedaan.

O. Met twee gave zegels.

**v.** Mieris, *Handv.* bl. 794.

1492.
30 Julij.

Hier is annex de brief zelf van ARENT, BASTAERT VAN YSSELSTEYN.

O. Met zijn zegel.

14$\frac{9}{9}\frac{1}{1}$.
1 April.

MAXIMILIAAN. — Over de ongeregeldheid in den loop van de munt, niettegenstaande zijn plakkaat van 14 Dec. 1489.

O. Kopij, op papier.

*Groot Plak.-b.* 1 D. bl. 2578.

1492.
27 Aug.

Een diergelijk stuk over het muntwezen.

O. Kopij, op perkament.

1493.
Junij.

Een brief (papier) zonder ondertcekening, beginnende: *Edele ende Geboirtige Eerwairdige Voersienige en wijse Heeren.* Over de onmagt van Leyden ter betaling harer schulden.

O. Is een opstel aan het Hof van Holland gerigt.

1493.
7 Junij.

MAXIMILIAAN verklaart, dat tot het beleg van Sluis geld en daartoe eene Bede noodig was over al zijne landen.

Holland was gesteld op 12000 gl.; maar de *Staten van Holland* daarin niet geconsenteerd hebbende, weigerden te betalen, op grond dat bij privilegie geene executie kon zijn van penningen, dan bij de *Staten geconsenteerd;* maar eindelijk daarin believende, mits gevende *brieven van non praejudicie,* verklaart MAXIMILIAAN dat het daarover gemaakte *accoord* tot geene gevolgen zal strekken.

O. Bij kopij, op papier, (get.) LE FEURE.

**1493.**
13 Julij.

MAXIMILIAAN en PHILIPS geven octrooi aan Leyden, om van alle personen die de stad verlaten, gedurende 8 jaren, den $x^{den}$ penning hunner goederen te heffen. Met een' tweeden bijgevoegden brief op perkament, zijnde: *mandement op een' deurwaarder, van executie dienende op het octroije van die uter stede metter wone varen, te geven de tiensten penninck.*

O. Met het zegel van MAXIMILIAAN.

v. Mieris, *Handv.* bl. 307.

**1493.**
3 Dec., 24 Dec.

Een verbandbrief van Schout, Burgemeesteren, Schepen, Thesauriers en Rade generaal, en speciaal van Leyden, over den stapel van *Calais.*

O. Met het stads zegel.

Hierbij eene gelijke acte van het Hof van Holland, (24 Dec.) met het klein *Justitie* zegel.

**1494.**
5 April na Paschen.

MAXIMILIAAN. — Brieven van executoir op den deurwaarder, van het vonnis voor ADR. WILLEMSZ. enz. poorters — tegen de stad, over 7000 Rijns. gl. — en *appel.*

O. Gedaan te Mechelen

**MAXIMILIAAN EN PHILIPS DE SCHOONE.**
1494.
13 Dec.

MAXIMILIAAN. — Mandement (op papier) *van dat die atterminatie die op ten eersten dach van Decemb. a⁰. xciiij wt ghinck, dat die verlanget is, tot op ten eersten dach van Maert a⁰. xcv, met eene copie auctentyck.*

O.

1494.
19 Dec.

MAXIMILIAAN en PHILIPS verleenen aan Leyden octrooi, dat niemand binnen 500 roeden eenigen leeftogt koopen mag, dan met stads accijnsen en regten.

O. Met het groote zegel.     v. Mieris, *Handv.* bl. 14.

---

**PHILIPS DE SCHOONE.**
1494.
22 Dec.

PHILIPS had, bij gelegenheid der inhuldiging (en het herroepen van MARIA's privilegie), verzoek gekregen van de Staten en Steden, tot het inwilligen van eenige punten. Nu geeft hij voor *eenen tijd, tot hij 25 jaren werd,* eenige privilegiën, bijzonder van geene officiën te geven dan aan inlanders enz.

Geg. te *Turnhout.*

O. (Get) JAN LE CANDRELIER, 's Graven Secretaris.

v. Mieris, *Handv.* bl. 55.

*Groot Plak.-b.* D. IV. bl. 9, doch daarin komt de bijzonderheid omtrent zijne jaren niet voor.

1496.
13 Januarij.

Schout, Burgemeesteren en Schepenen van Leyden geven magt aan BRUYNINCK HEEREMAN, Burgemr, tot het betalen van twee acten van *condemnatie* voor den Hove.
1ᵉ van 900 Andries gl. tot 24 st.
2 van 210       »       »       »

**PHILIPS DE SCHOONE.**
1496.
11 April na Paschen.

PHILIPS, Graaf van Holland, vergunt aan Leyden het houden eener *loterij*, om hare schulden te betalen.

O. Kopij, op één folio papier.

De registers dezer gehoudene *loterij* zijn nog aanwezig; met vermelding *wie* prijzen (in zilver) hebben getrokken.

1497.
14 Julij.

PHILIPS. — Op het verzoek van Leyden en Amsterdam c. s., regelt hij de betaling van zekere op interest geligte gelden.

O. Met zijn zegel.      v. Mieris, *Handv.* bl. 416.

1497.
24 Aug.

De Gedeputeerden der 5 steden, Haarlem, Delft, *Leyden*, Amsterdam en Gouda, vertoonen, hoe zij, sedert vrouwe JACOBA's tijd, met lijfrenten bezwaard waren. Dat de *kamer van finantie* appointement gegeven had, om naar de nog levenden te onderzoeken, en dan de regthebbenden op te roepen. Hiervan verzocht en verkreeg de stad deze *acte*.

O. Kopij, op perkament.

1497.
27 Sept.

PHILIPS. — Na informatie van de groote lasten der stad, geeft hij hierop brieven van *atterminatie*.

Geg. te Brussel, onder het groote zegel.

1497.
4 Aug.

PHILIPS — over hetzelfde onderwerp.

Met het groote zegel.

1497.
9 Sept.

PHILIPS — over hetzelfde; mandement op den Deurwaarder.

O. Met het groote zegel.

**PHILIPS DE SCHOONE.**
1497.
10 Sept.

PHILIPS. — Een diergelijk stuk, op den Deurwaarder.

O. Het groote zegel.

1497.
18 Oct.

PHILIPS maakt, op verzoek van Burgemren, Schepenen, Thesauriers en Raden, zoo in *heurluijden name*, *als over en in den name van alle poorteren, burgers en inwoners*, een aanmerkelijk *redres* in de achterstallige finantiën van Leyden, om hare schulden te betalen; en tot dat einde hare accijnsen te verhoogen, sommige nieuwe op te stellen, en vele onnoodige kosten af te schaffen.

O. Perkament in folio, eenige vellen groot; met het groote zegel.

v. Mieris, *Handv.* bl. 418, doch die niet alles geeft, om de uitgebreidheid van het stuk. Is een belangrijk stuk, tot verstand van vele zaken, vooral na de herroeping van het *Groot Privilegie* van MARIA, in 1494 zelfs met toestemming der Staten gedaan.

1497.
Dec.

PHILIPS geeft, op het verzoek der stad, aan Leyden eene vrije jaarmarkt op St. Margrieten-avond.

O. Groot zegel.      v. Mieris, *Handv.* bl. 323.

14$\frac{97}{98}$.
5 Januarij.

PHILIPS. — Een *mandement poenaal* over het betalen der schulden.

O. Groot zegel.

1498.
9 Januarij.

PHILIPS. — Een *mandement* (op papier) van *atterminatie* voor Leyden.

O. Bij kopij, gecoll$^d$.

Een schepenbrief van Leyden, waarbij DANIEL VAN ALPHEN aan de stad zekere rente opdraagt, staande op ter *Stedehuis*.

O. 2 zegels geschonden.

1498.
19 Junij.

Een brief van Burgemeesteren, Schepenen en Vroedschap — dat bij de commissie van het Schoutambt op Mr. ADR. VAN POELGEEST, door den Graaf gegeven, besproken is zeker beding. Zij beloven hem schadeloos te zullen houden voor hetgeen hij daarin mogt doen.

O. Met stads zegel; dat van ADR. VAN POELGEEST en 2 Schepenen.

1498.
4 Julij

PHILIPS stelt, op het verzoek der stad, orde op de stedelijke renten en den verkoop dier renten.

O. Het zegel verloren.

1499.
28 Mei.

PHILIPS. — Bij overdragt van A. VAN POELGEEST, die tot heden het Schoutambt van den Graaf in pacht had, geeft hij die commissie aan JACOB VAN BOSSCHUYSEN, die daarop ter Rekenkamer in 's Hage den eed doet.

O. Met het groote zegel, doch gebroken.

v. Mieris, *Handv.* bl. 83.

1499.
4 Oct.

PHILIPS. — Op het verzoek der stad, consenteert hij tot verkoop van ƒ400 erfrenten, doch voor 6 jaren en alleen aan Leydsche poorters, mits de meeste *menigte van den Gerechte en Vroedscepe hierin consenteren*.

O. Het zegel verloren.

1499.
15 Oct.

PHILIPS had in October 1497 aan Leyden eenen *staat van atterminatie* voor 18 jaren gegeven (voor de ge-

# 77

**PHILIPS DE SCHOONE.**

maakte schulden), mits zekere beschikking; hierdoor verloren de 3 gestelde Thesauriers veel tijd; Leyden verzocht hierom elk jaar éénen *thesaurier* te mogen verzetten. Hiertoe geeft hij het octrooi.

O. Het groote zegel gebroken.

**1499.**
**24 Dec.**

Uitspraak van het proces door Philips, te Brussel, voor den Grooten Raad, tusschen de regering van Leyden *eischeres*, en Cornelis van Bruhesen, *opponent*, over het betalen van renten en schulden, uit kracht der *atterminatie*.

Condemneert den *opponent*, en laat de stad vrij om de brieven van *atterminatie* te gebruiken.

Daarbij den brief van Philips; *mandement* van *executie* van het vonnis.

O. Groot zegel.

**1499.**
**24 Sept.**
**1500.**
**12 Maart.**

Een schepenbrief van Leyden, bij *vidimus* van 12 Maart 1500, waarin verklaard wordt, dat Philips van Bourgondie den 20n of 21n Augustus 1498 bevolen had om aan Cornelis Claesz. *bogemaker* zijne wedde te betalen, mits hij zich weder verbond de stad en de schutterij te dienen, en den *Doelen* te bewaren.

O. Met de zegels van Ph. Nachtegael en Floris Heerman.

**1499.**
**1500.**
**21 Maart.**

Philips geeft octrooi, dat men alle renten, verkocht buiten Leyden den penning xv, rekenen zal tot dien penning.

Geg. te Gent.

O. Het groote zegel gebroken.

**PHILIPS DE SCHOONE.**

$\frac{1499}{1500}$.

23 Maart vóór Paschen.

Een brief (papier), geteekend BARRADOT, 's Graven Griffier, aan den Thesaurier van Leyden, over het geven van 1 stuiver aan de comparerende *Vroedschappen*; dit beliep omtrent 40 st. telkens; maar bij het maken van den *staat* laastleden, was dit afgebroken; doch velen waren hierdoor nu onwillig om te compareren; hij beveelt dit weder uit te betalen en zal hem dat laten *valideren* in rekening.

O.

1500.

19 Junij.

PHILIPS. — Over de executie van een mandement van octrooi, rakende het houden van herbergen rondom de stad Furnes (Veurne).

O. Bij kopij, in het *Fransch*.

$15\frac{00}{01}$.

14 Januarij.

PHILIPS. — Nopens het *verbond* in 1487 tusschen Brugge en de Gedeputeerden der *Hanze-steden* gesloten en over het stapelgoed uit Oostland komende; hij *confirmeert* het; doch verklaart dat niemand zijne regten, ook niet die van Holland, benadeelen moet, en beveelt aan alle rentmeesters en tollenaars in Holland en Zeeland, zich daarnaar te regelen.

O. Kopij authentiek.

1501.

30 Julij.

PHILIPS octroijeert eene straf over de bankroetiers, (brieven van *Cessie*), en vergunt dat de *Cessionanten* drie dagen achter één (van $11\frac{1}{2}$ tot $12\frac{1}{2}$ uur) op eene hoogte vóór het stadhuis, in hun hemd te pronk staan.

O. Het zegel geschonden.

> v. Mieris, *Handv.* bl. 193; doch hij heeft eenen geheelen regel overgeslagen, waardoor de zin duister is.

**PHILIPS DE SCHOONE.**
1501.
25 Oct.

Sententie van het Hof, in het verschil tusschen JACOB GOUDT, Rentmeester van Noord-Holland, en de stad Leyden, over de betaling van Hoppe-accijns en het Gruit — *condemnatie* van den Rentmeester.

(Get.) WIJNGERDEN.

15$\frac{0}{0}\frac{1}{2}$.
1 Febr.

PHILIPS stelt orde, op het verzoek der stad, tot betaling van vele stedelijke achterstallen door de kloosters enz.

O. Met het groote zegel.

15$\frac{0}{0}\frac{1}{2}$.
1 Maart.

PHILIPS geeft prolongatie van het octrooi van den X$^{den}$ penning van degenen, die met ter woon uit Leyden gaan (*Exue*).

O. Met een groot geschonden zegel.

1502.
14 Dec.

PHILIPS — brieven van *atterminatie*.

O. Het zegel geschonden.

1503.
18 Mei.

Een schepenbrief van Leyden, over een verschil tusschen de Burgemeesters van Leyden, *eischers*, en GERYT JAN KERSTANSZ, *verweerder*, over zeker *Pondgeld* en *Schatting* van Erfenis, bij het inwonen en inkomen binnen de stad. Bij *arbitrage* afgedaan.

O. Met twee zegels.

1504.
10 Maart.

Een brief, bevattende verzoek van Leyden om, wegens hare schulden, kwijtschelding van de *helft* in de loopende Bede; wordt daarom toegestaan $\frac{1}{3}$ afslag gedurende den loop der Bede.

O.

(get.) BARRADOT.

PHILIPS. — Een brief van *State* of *reglement* op de finantiën der stad, alsmede op de *justitie, verkiezing* van *Wethouders* enz. Hij ordonneert voortaan 2 Burgemeesters, in plaats van 4, en 2 Thesauriers in plaats van 3.

O. Het is 16 bl. groot, ingenaaid, en met het uithangend groote zegel.

> v. Mieris, *Handv.* bl. 440, heeft dit stuk, *wegens wijdloopigheid*, niet geheel opgenomen.

PHILIPS — *Mandement* op den Deurwaarder om te executeren de kosten voor Leyden, in haar proces tegen MACHTELT JANSD$^r$. als *appellante* voor den Grooten Raad van Mechelen.

O. Met het groote zegel.

> Hierbij de verklaring van den Griffier, over de kosten.

Proces tusschen de stad Leyden en MICHEL GERYTSZ. (over de betaling van zekere renten), voor het Hof van Holland; de laatste verklaart hem *niet ontvankelijk*.

O. Met 's Hofs zegel.

Sententie van het Hof van Holland in een proces van den Tollenaar van Gouda, *gevoegd* met den Procureur-Generaal, die gesustineerd had tegen den Hr. VAN MONTFOORT, dat alles langs Gouda en zijnen tol moest passeren, en niet over den *Leydschen Dam*. Het Hof absolveert den *verweerder*.

O. Is 15 bl. groot.                    (get.) J. DE JONGH.

> v. Leeuwen, *Priv.* van Rijnland, bl. 393.

**KAREL V.**

1508.
12 Junij.

MAXIMILIAAN (na doode van PHILIPS) als *voogd* van zijn' kleinzoon KAREL, en KAREL zelf. — Alzoo in het huwelijkstraktaat tusschen KAREL en MARIA, dochter van HENDRIK, Koning van Engeland, bedongen was, dat, om meerdere zekerheid, eenige Edelen en Steden zijner Nederlanden zich verbinden zouden op *peyne* van 50,000 Goud. Kroon. en bovendien nog eene van 250,000 Goud. Kroon. (waarin zich de *twee* contractanten, MAXIMILIAAN en Koning HENDRIK, tegen elkander verbinden) om die te verbeuren zoo één van beiden hierin nalatig was — Leyden zich daartoe ook verbonden hebbende, zoo verklaren MAXIMILIAAN en KAREL, dat zij hiervan Leyden zullen schadeloos houden, en verbinden hiertoe hunne Domeinen.

O. Met het groote zegel: *S. Karoli Dei* etc.

Hierbij behoort nog eene kopij dier voorgenomene huwelijks-verbindtenis van 21 Dec. 1507. — Zie DU MONT, *Corps Dipl.* 4 D. bl. 93.

1508.
20 Oct.

MAXIMILIAAN en KAREL verzocht zijnde om verlenging van de *atterminatie*, verkregen den 22 Oct. 1504 voor 4 jaren, vergunnen Leyden nog *atterminatie* of uitstel tot betaling harer schulden voor den tijd van twee jaren, en tevens, om in plaats van 2, nu 3 Burgemeesters en 2 Thesauriers aan te stellen.

O. Met een groot rood zegel.

1508.
9 Nov.

MAXIMILIAAN en KAREL vergunnen aan Leyden de zaak nog in *State* te houden, voor 14 dagen (betreffende de *atterminatie*), ten ware zij vroeger disponeren.

O. Geg. onder het *signet dat men nog ter tijd gebruikende is in onsen Hove van Holland, bij absentie van onsen grooten zegel* (gelijkende naar het zegel van PHILIPS DEN SCHOONE).

6

**KAREL V.**
15$\frac{09}{10}$.
16 Febr.

Bevel des Keizers en des Aartshertogs, aan Stadhouder en Rade van Holland (anders het Hof van Holland), tot gebruik van het geijkte *trooisch gewigt* in Holland, om goud en zilver mede te wegen.

O. Kopij, op papier.      v. Mieris, *Handv.* bl. 354.

1510.
15 Junij.

MAXIMILIAAN en KAREL vergunnen, op het verzoek van Leyden, dat de stad, wegens de zware oorlogen en ingebrokene dijken, in de Beden en Ommeslagen sedert a° 1500, ontheven zal worden van de achterstallen voor $\frac{1}{3}$ in hare portie.

O. Kopij, op perkament.      (get.) J. DE JONGE.

1510.
19 Oct.

MAXIMILIAAN als *voogd*, en KAREL als Graaf en Erfheer dezer Landen, vernieuwen en bevestigen het *collegie* der *veertigen* enz. voor den tijd van 3 jaren.

O. Met het groote zegel.

v. Mieris, *Handv.* bl. 134.

1511.
24 Oct.

MAXIMILIAAN en KAREL remitteren de *helft* van de portie, door Leyden in de Bede van 60000 gl. geconsenteerd voor 3 jaren, mits de *andere helft* op zijnen tijd te betalen; doch zoo, dat, indien de schildtalen (of verponding) binnen drie jaren vermaakt of vernieuwd worden, zij hare geheele portie naar die nieuwe schildtalen moet betalen.

O. Met een klein zegel.

1512.
24 Januarij.

Latijnsche notariële acte, waarbij Burgemeesteren, door den ontvanger van Noord-Holland ter gijzeling gedaagd tot betaling der schildtalen, zich stellen *appellanten* voor den Hoogen Raad of wien het behoort.

O.      (get.) B. ALPHIN.

**KAREL V.**

NB. Deze' acte is geteekend 1512, omdat de notariële stijl te Utrecht gevolgd werd, waar het jaar begon met 25 *Dec.* 1511, en dus daar geschreven werd 1512, waartegen in de volgende stukken, betrekkelijk deze zaak, de Paaschstijl aº. 1511 is gevolgd.

15$\frac{11}{12}$.
8 Maart.

MAXIMILIAAN en KAREL, gehoord hebbende het verzoek der regering van Leyden om nieuwe verponding of schildtalen, dat nog niet had kunnen geschieden, bevelen dat Stadhouder en Rade van Holland de supplianten voor den Grooten Rade als *appellanten* zullen zien te ontvangen, wegens de gedane sommatie en gijzelingen.

(get.) L. VAN DER Es.

O. Met een gaaf zegel.

De stad Leyden was wegens Bede en verponding ter gijzeling gedaagd door het Hof van Holland; de stad had, als naar gewoonte, geappelleerd aan den Grooten Raad te Mechelen. Die Raad vaardigt, op naam van MAXIMILIAAN als voogd, en KAREL als Erfheer, order uit op den *eersten deurwaarder* of *sergeant van wapenen*, om van de aanneming van het appel acte van *insinuatie* te doen aan Stadhouder en Raden van Holland.

15$\frac{11}{12}$.
3 April.

Een ongezegelde brief (perkament), eigenhandig geteekend door de Gouvernante MARGUERITE, waarbij zij de steden Haarlem, Delft, *Leyden*, Amsterdam en eenige der kleine steden ontslaat van den *gemeeneland's-ommeslag* van *f* 40000 tot betaling van het stedelijk krijgsvolk, als zijnde zonder het consent dier steden gedaan; met verklaring dat de daarop gevolgde gijzeling strijdig was met hare Privilegiën.

6*

**KAREL V.**

Zij doet dat, omdat die steden goedwillig geweest zijn in het toestaan der Bede aan den Keizer, in zijnen oorlog van Gelre enz.

Tot verstand dezer acte dient men te weten, dat er onderscheid is tusschen *gemeene-land's-omslag* en de *grafelijke Bede.*

De *grafelijke Bede* was *'s lands* geld, ten dienste van den Vorst.

De *gemeene-land's-omslag* was *Staten-geld* ten *dienste der steden.*

De *grafelijke Bede* was het geld, dat de Graaf vroeg en inde voor de kosten van het land en den oorlog.

De *gemeene-land's-omslag* was het geld, dat de graven aan de Staten veroorloofd hadden onderling om te slaan, zoo wel voor hunne eigene behoefte en afzonderlijke kosten, als voor die der steden, mits geene executiën op iemand, dan bij voorafgaande consent.

O.                        v. Mieris, *Handv.* bl. 69.

1512.
13 Dec.

Een schepenbrief van Leyden, inhoudende dat PIETER PIETERSZ., Metselaar, van de Burgemeesters een stuk *lands in de Waart*, gehuurd heeft voor 16 jaren.

O. (get.) FLORYS (stads Secretaris) en 2 zegels der Schepenen.

Met eene verklaring dat die verhuring op 13 Dec. heeft plaats gehad.

1513.
28 Julij.

MAXIMILIAAN en KAREL vergunnen den poorters van Leyden, alzoo de stad nog niet in staat is van te beta-len, dat zij gedurende 4 maanden, in het varen en handelen, nergens, om schulden mogen worden aan-

**KAREL V.** gesproken, en zenden daartoe aan alle Raden en Hoven de noodige bevelen.

O. Met een groot zegel en contra-zegel.

(get.) Verderue.

1513.
29 Julij.

Maximiliaan en Karel vergunnen aan de stad Leyden, om uit hare achterstallige schulden te geraken,
het verkoopen van ƒ 2000 erfrenten en ƒ 4000 lijfrenten
tegen den penning xvi, en tot meerdere zekerheid
daarvan, de goederen der stad te verpanden.

O. Groot zegel en contra-zegel.    (get.) Margareta.

Er is dus verkocht ƒ 16 × 6000 = ƒ 96000.

1513.
30 Oct.

Rekwest (op papier) der stad Leyden aan de K. M.
*ende mijnen Ged^te Heere Ertshertoge.*

De staat van *atterminatie* zullende eindigen op *St. Mar-
tens-misse* (11 Nov.), en de stad niet verbeterd, maar meer
verarmd zijnde; ook niet in staat om de *beden* te dragen, waarvan zij ook gratie gehad had; en tot betaling der Knechten (Soldaten) ook nog in September
l. l. *octrooi* gekregen tot verkoop van ƒ 2000 losrenten
en ƒ 4000 lijfrenten, tegen den penning xvi, is zij nog in
een' achterstal van ƒ 80000; verzoekende hierom voor *zes*
jaren continuatie van den laatsten staat die eindigen zal,
op conditiën enz.

O. Op den kant staat: *D'avijs van mijnen Heere den
Gouverneur, President en luijden van den Raide
in Hollandt. Actum te Ghend den xxx^sten dach
Octobr. a° xv^cxiii.*    (get.) Verderue.

1513.
(Kersavond.)
24 Dec.
en
20 Maart 1514.

*Vidimus* door Schout, Burgemeesteren en Schepenen
van Leyden van 20 Maart 1514, van de verklaring der

**KAREL V.** stad, dat zij uit kracht van het octrooi van 29 Julij 1513 hadden willen verkoopen 900 Rijns. gl. op 's Graven Domeinen, maar niet konden slagen; dat zij hierop renten wilden verkoopen op de poorters naar *taxe* van den c^sten penning van elks goed; maar uithoofde der *atterminatie* wilden de rentiers geen geld geven, vóór dat zij meer verzekerd waren; en de vorigen dit ook vorderen (waaruit vele verschillen); maar naderhand accoord getroffen, van verbande ter wederzijde, en bij gebrek van de Thesauriers, zij Schout, Burgemeesteren enz. al hunne goederen daarvoor aansprakelijk stellen, met *renunciatie* van alle *exceptiën* enz.

(get.) FLORYS (Thesaurier).

O. Met stads zegel, *St. Pieter* in de kapel, en de twee sleutels in een schild.

**1514.**
**6 Oct.** MAXIMILIAAN en KAREL hadden den 19 Oct. 1510 aan Leyden gegeven eenen *staat van uitstel en atterminatie van betaling voor 3 jaren, op zekere conditiën*, die in 1513 eindigde; *maar tot nu toe is gecontinueerd*. De stad had hare voordurende lasten, alsmede hare achterstallen, niettegenstaande het octrooi tot verkoop van *renten*, getoond. De draperiën, waarop de welvaart der stad steunde, zijn zelfs zoo belast, dat zij elk jaar te zamen den XII^den penning van al hunne goederen bedragen. — Hierop gehad het advijs van de Raden en Rekenkamer, van den Gouverneur, President en Raden van Holland enz., vergunnen zij aan de stad, bij *deliberatie met hunne dochter en moeije* MARGARETHA *en met de luijden van hunnen geheimen Raad nevens haar wezende*, de verlenging tot 11 Nov. 1520 voor 6 jaren, onder zekere voorwaarde van betaling; — continuatie van *Exue-regt* voor 6 jaren, om het verhuizen te verhoeden; — opstel-

**KAREL V.** ling van twee loterijen tot *f* 4000, en behoorlijke rekening. (get.) M<small>ARG</small><sup>ta</sup>.

O. Met het groote zegel en contra-zegel.

v. Mieris, *Handv.* bl. 308 en 441, heeft
dit maar gedeeltelijk geleverd.

**1514.**
**4 Nov.**

Een geschrift (perkament) aangaande het maken van
den Rijndijk, bij v. M<small>IERIS</small>, *Handvesten* bl. 625 genoemd:
»Besluit van den Hove van Holland, met goeddunken
»der Heemraden van *Rijnland, Delftland* en *Schieland*,
»om den Rijndijk te versterken van Katwijk tot Bo-
»degraven, en de Landen hierdoor voor het zeewater
»te bevrijden, en eenen duiker of zijltje te leggen in
»den Leydschen Dam.

Zonder zegel. (get.) S<small>YMONSZ</small>.

**1514.**
**3 Dec.**

M<small>AXIMILIAAN</small> en K<small>AREL</small> hadden commissarissen naar
Leyden gezonden, om de oorzaken der twisten te
vernemen, ontstaan bij het verkiezen der *Veertigen*
enz. en eene minnelijke schikking te bewerken. Dit
gelukt; hierop volgt 's Vorsten bevestiging, en verder oorlof aan die *Veertigen*, om van nu voortaan, volgens de oude privilegiën, jaarlijks op St. Jacobsdag
(25 Julij) te benoemen 16 personen, om daaruit bij
den Stadhouder en het Hof te kiezen 8 Schepenen, te
presenteren door *Schout en twee Burgemeesters* enz. *Dit
tot onzer wederzeggen.*

O. Groot rood zegel en contra-zegel.

v. Mieris, *Handv.* bl. 145.

**1515.**
**14 Junij.**

K<small>AREL</small> belooft de steden *Leyden*, Oudewater en
Woerden te onderhouden bij hare Regten, Privi-

**KAREL V.** legiën en Costumen, zoo verre zij die deugdelijk gebruikt hebben, en alles in justitie te onderhouden, volgens de pligten van een' goed' Landsheer; waartegen de ingezetenen de beloften doen van hulde en gehoorzaamheid, zoo *aan Hem, als aan zijnen Stadhouder, President en Raden van Holland en alle zijne Officieren*, zoo als goede onderzaten schuldig zijn.

> O. Zonder zegel, maar bij eigenhandige onderteekening van CHARLES, en tegenteekening van HANNETON.
>
> v. Mieris, *Handv.* bl. 57.

Men kan hierbij aanmerken, dat de gewone bijvoeging van »*die zij deugdelijk gebruikt hebben*" van zelve uitsloot de *Privilegiën van* MARIA, waarom ook KAREL, gelijk te Dordrecht (3 Junij 1515), uitdrukkelijk bevestigde de Privilegiën van PHILIPS I, KAREL I en zijnen vader PHILIPS II, met uitsluiting van die zijner grootmoeder MARIA.

**1515.**
**15 Junij.**

Een ongezegeld stuk (op perkament), waarbij KAREL de hand legt op de procedure van zijnen Procureur-Generaal, en *abolitie* geeft voor het bedrevene door de burgers in de muiterij van 8 Mei 1513.

> Op den kant staat: *Acte van der Abolicien van den ommeganck-dach de* viii *Mei* a° xv$^c$xiii *bij mijnen Gene. Hr. te zijnder blijde incompst in zijne Stede van Leyden* a° xv *verleent ende gepubliceert* xv *Junij.*

De Procureur-Generaal had, wegens de muiterij op Processie-dag a° 1513 tegen den *Schout*, eenige Leydsche ingezetenen voor den Grooten Raad gedaagd. Het

**KAREL V.**

Proces daarover hing er nog onbeslist. KAREL hiervan onderrigt, en aanmerkende de *blijdschap, affectie* en *gewilligheid* bij zijne huldiging, neemt *hierop het advijs van de Heeren van zijnen bloede, de Heeren van het Guldenvlies, van zijnen Cansellier en de luijden van zijnen Rade bij hem wezende, op den dag zijner receptie in Leyden;* en na de gedane wederzijdsche eeden, verklaart hij uit zijne *Princelijke autoriteit ende gracie, en tot zijn blijde incompste,* het Proces tusschen zijnen Procureur-Generaal en de ingezetenen te *aboleeren;* imponeert hem *silentie;* en *interdiceert* de leden van den Grooten Raad in de verdere kennisneming van het gebeurde; en *die abolitie heeft onze allergenad. Heere in zijne presentie bij zijnen President van Holland, den ingezetenen doen verklaren, dewelke die accepteerende, Hem grootelijks ende ootmoedelijk bedankt hebben.*

O. (get.) CHARLES; en bij mijnen Heere den Prince DU BLIOUL.

1515.
1 Julij.

KAREL regelt het verkiezen en aanstellen der Veertigen te Leyden.

O. Ongezegeld, maar geteekend CHARLES.

v. Mieris, *Handv.* bl. 136.

1515.
1 Julij.

Een diergelijk stuk, waarin hij verklaart dat de *dispositiën van de officiën en diensten, den Burgemeesteren, Schepenen en anderen van den Gerechte* toebehooren, en bevestigt hen daarin, naar *oude herkomen.*

O.                              (get.) CHARLES.

1515.
23 Dec.

Eene kopij, op papier. — Aanschrijving van KAREL aan den President en Raden van Holland, over het verloop

**KAREL V.** van de muntspeciën; het verzoek der *Staten* om voor als nog te blijven bij het plakkaat van 4 Junij l.l.; en last om op nieuw te publiceren de ordonnantie van 1499 en 4 Julij 1515.

O.    Groot *Plak.-b.* D. I. bl. 2578.

**1516.**
**22 Julij.**

Overeenkomst (op perkament), tusschen de regering van Leyden en GERRIT VAN LOCHORST Ridder, over het land buiten de *Koepoort* naast de *Ramen*, hetwelk hij op zekere voorwaarde afstaat, om er *Ramen* op te zetten.

O. Met het zegel der stad en der twee Schepenen.

**$15\frac{16}{17}$.**
**2 Januarij.**

KAREL. — Plakkaat en ordonnantie op de Munt.

Kopij, op papier.

Zie SANDELYN's Repertorium fol. 3 en 90.

**1517.**
**17 Aug.**

KAREL vergunt aan Leyden het verkoopen van *f* 2000 losrenten en *f* 4000 lijfrenten, om uit de schulden te geraken.

O. Groot rood zegel en contra-zegel.

**$15\frac{17}{18}$.**
**18 Maart.**

KAREL had den 6 Oct. 1514 aan Leyden eenen brief van *atterminatie* gegeven, daaronder ook van achterstallige geleende penningen, tot 11 Nov. 1516 enz.; doch vermits de groote lasten, zoo door *Beden*, het mede consenteeren bij de *huldiging*, de reis naar Spanje, den oorlog met Friesland, als het versterken der stad, geeft hij nog verder uitstel voor 4 jaren van alle achterstallen enz.

O. Met een groot rood zegel en contra-zegel.

KAREL V.
1518.
9 April na Paschen.

KAREL. — Op het verzoek der stad, geeft hij mandement, om het regt van *Exue* te mogen vorderen van allen, welke de Regeerders der stad als verschuldigd zullen opnoemen of in geschrifte leveren.

O. Met het zegel, *zoo als hij en zijn grootvader, bij zijne onbejaardheid*, gebruikten; doch gebroken.

v. Mieris, *Handv.* bl. 441.

1518.
27 Oct.

KAREL. — Octrooi, aan die van Leyden gegeven tot het houden van een of twee loterijen tot verbetering der verloopene welvaart.

O. Met twee zegels, vóór en achter.

v. Mieris, *Handv.* bl. 441.

1519.
7 Januarij.

Overeenkomst tusschen de Regering van Leyden en de kloosters der stad.

Zij zullen, om de reparatie der muren en poorten te doen, jaarlijks per hoofd 9 stuivers betalen, zoo lang de poorters weekgeld betalen, en anders jaarlijks 7 stuivers voor 9 jaren, van 18 Mei 1517 af; maar de accijns zal tot afslag zijn enz.

O. Met de zegels der 8 kloosters, als: *St. Hieronimus; St. Barbera; St. Agniete; St. Katrijne te Schagen; St. Katrijnen op Rapenburg; St. Ursule; St. Marie te Apcoude en St. Cecilie.*

Uit de Thesauriers-rekeningen dezer jaren leert men de bevolking dier kloosters kennen.

$15\frac{18}{19}$.
21 Januarij.

KAREL. — Op het verzoek der stad, vergunt hij haar continuatie van *atterminatie*, gedurende den tijd dat de Bede van *f* 80000 bij de Staten voor 4 jaren bewilligd, loop

**KAREL V.** zal hebben; met bevel geenen der stedelingen daarom lastig te vallen.

O. Groot zegel en contra-zegel.

Hieraan was vastgehecht een mandement van 10 Aug. 1520, om den bovengemelden brief dienstbaar te maken tot ontslag van eenen Schipper.

1519.
21 Junij.

KAREL — Privilegie der stad, beroerende de Veertigen, verkiezing van de Zestienen, van de Burgemeesters, Thesauriers enz.

Is niet oorspronkelijk voorhanden, maar in het *Privil.-b.* A. bl. 145—147.

v. Mieris, *Handv.* bl. 147.

1519.
30 Julij.

KAREL. — Bij het huwelijks-traktaat tusschen zijne zuster ISABELLA VAN OOSTENRIJK en CHRISTIAAN, Koning van Denemarken, zijn' zwager, was bedongen haar tot huwelijksgave te geven 250000 goudguldens van 28 st. het stuk; daarvan was nog maar betaald *f* 50000 en nog onbetaald *f* 300000. De Koning drong aan op afbetaling; dit had, om de opgekomene bezwaren van oorlog enz. niet kunnen geschieden. De Koning dringt weder aan bij zijne moei MARGARETA (Gouvernante). Eindelijk is er besloten die te betalen in 6 jaren, elk jaar *f* 50000, te Amsterdam, en wel uit de *Bede* van Holland, geaccordeerd of nog te accordeeren, op conditie dat KAREL zal doen geven brieven en obligatiën van eenige Brabantsche, Vlaamsche, Hollandsche en Zeeuwsche steden, om daaraan te verhalen de *f* 50000.—.

KAREL had die brieven aan de steden, met belofte van zekerheid, (en hypotheek van zijne *Bede en Domeinen*) gevraagd.

**KAREL V.** Dit had Leyden gedaan voor eene som van ƒ 3000 's jaars, dus ƒ 18000 voor de zes jaren.

KAREL wil hierin ter goeder trouwe handelen, en na rade met zijne Raden, belooft hij Leyden, bij koninklijke waarwoorden, die som van ƒ 300000 af te betalen uit de nu geaccordeerde of nog te accordeeren Bede, en belooft aan Leyden die te mogen korten, en stelt tot hypotheek hare geheele quote, om daaruit de kosten en interessen te verhalen enz.

O. Groot rood zegel, en contra-zegel.

1519.
14 Aug.

Een brief, met de onderteekening van WILLEM GOUDT, *Raad des Konings en Rentmeester-Generaal van de Bede van Holland*, waarbij hij aan de regering van Leyden, uit kracht van bovengemelden brief, belooft die hypotheek gestand te doen, en geene penningen van de Bede uit de hand te zullen geven, buiten hare toestemming, vóór dat zij van de ƒ 3000 betaald zal zijn.

O. Zonder zegel.

1519.
2 Sept.

Een diergelijke brief (op perkament), onderteekend door JAN VAN KERCKWERVE, Raad des Konings en Rentmeester-Generaal 's lands van Voorne.

O. Zonder zegel.

1520.
2 Sept.

KAREL vergunt aan Leyden *nieuwe atterminatie*, gedurende de loopende Bede, op grond van de vorige brieven van 6 *Oct.* 1514 en 18 Maart 1518.

O. Groot zegel en contra-zegel.

Hieraan is een mandement van den *Kanselier en Rade des Konings in Brabant*; met twee zegels, één uithangend en één opgeplakt.

**KAREL V.**

1520.
24 Oct.

De *Graauwe-zusters* en Conventualen der 3e orde St. Franciscus (Nazareth) te Leyden in Maredorp, verklaren zich te voegen bij de conventie van het weekgeld tot reparatie der stad, van 7 Januarij 1519, en wel voor 6 stuivers; doch de stad haar gratie gedaan hebbende in die contributie, zoo bedanken zij de stad, en beloven het *secreet* te houden, op verbeurte van die *beneficie*.

O. Met het groene zegel van het klooster, aan 2 perkamenten staarten hangende.

15$\frac{20}{21}$.
7 Maart.

KAREL had in September 1519 orde gesteld op het muntwezen; doch vernemende dat daartegen gehandeld wordt, geeft hij nu mandement van dagvaarding; beveelt den Procureur-Generaal zich te informeren, en de Schouten, Burgemeesters, Schepenen enz. te dagvaarden; de Schout en Burgemeesters in persoon, de anderen voor de Gouvernante en haren Secreten Raad, om te antwoorden op den eisch en de conclusie enz.

Kopij.                                    (get.) HANNETON.

De dag van Exploit is bepaald op 10 Junij 1521.

1521.
1 Aug.

KAREL. — De stad hem vertoond hebbende buiten staat te zijn hare portie te betalen in de 80000 Kroon. voor den tegenwoordigen oorlog, vergunt hij haar het verkoopen van *f* 100 losrenten of *f* 250 jaarlijksche lijfrenten, en *elk daartoe te dwingen, mits de meeste menigte van die daarin behooren te consenteeren, consent geven.*

O. Het zegel verloren.

KAREL. — De stad Leyden had in 1497 van Hertog Philips brieven van *atterminatie* gekregen; hierop waren vele schikkingen gemaakt van koopen van renten en *impositiën*, zelfs zonder octrooi, waardoor veel verdeeldheid onder de burgers ontstaan is. Dit was in 1504 wel verbeterd, maar niet geheel; velen wilden hunne rentebrieven niet overgeven, ofschoon de meesten het gedaan hadden. Hij beveelt, na ingewonnen advijs, die brieven over te geven, en elk gelijke lasten te doen dragen — wederroept alle processen hierdoor ontstaan, en *imponeert* stilzwijgen enz.

O. Met een rood uithangend zegel en contra-zegel.

v. Mieris, *Handv.* bl. 443.

KAREL veroorlooft de steden Dordrecht, Haarlem, Delft, *Leyden*, en Gouda, *f* 2500 lijfrenten te mogen verkoopen tegen den penning XVI; dus voor *f* 40000, ten einde in 's lands benoodigheden te voorzien.

Een andere brief, met de zelfde dagteekening, waarbij hij die vijf steden vrijwaart en schadeloos houdt, voor die opgenomene gelden.

(get.) L. DU BLIOUL.

O. Kopij.

Uitspraak van het Hof van Holland, in het verschil tusschen Mr. GERARD VAN DER LAAN en de Burgemeesters van Leyden, betreffende de Hofstede *Endepoel*, met visscherijen, zwanendrift enz.

O. (get.) DE BERENDRECHT, bij extract, op perkament.

Een dito, betreffende dezelfde zaak, van 15$\frac{24}{25}$, den 11 Maart, *s. curiae.*

**KAREL V.**

1524.
28 Oct.

KAREL. — Octrooi aan Leyden gegeven, van geene bierwinkels of biertappers in Soeterwoude dan op zekere voorwaarden te dulden.

O. Groot zegel en contra-zegel.

v. Mieris, *Handv.* bl. 16.

Hierbij ligt een gebod van den Stadhouder en Raden van Holland, tot exploitering van dit octrooi; met het zegel van het Hof.

15$\frac{2}{25}$.
24 Febr.

KAREL. — Daar die van Leyden zóó ten achteren zijn met hunne betalingen van Bede enz. en de Draperiën vervallen zijn, zendt hij zijne Rent- en Rekenmeesters naar Leyden, om de stads rekeningen op te nemen, en van alles verslag te doen. (In het *Fransch.*)

O. Met een groot rood zegel en contra-zegel.

1525.
31 Julij.

Uitspraak van het Hof van Holland, in het Proces tusschen Mr. GERARD VAN DER LAAN *impetrant*, en Burgemeesters van Leyden, *gedaagden*, over de Visscherijen van *Endepoel*, onder Warmond. Het Hof condemneert de gedaagden, ook in de kosten.

O. Kopij, op papier.

1525.
3 Nov.

KAREL geeft verlenging van het octrooi om *Exuegeld* te mogen vorderen, den x$^{den}$ penning, voor den tijd van 4 jaren.

O. Gewoon zegel en contra-zegel.

1526.
10 Oct.

KAREL. — De groote en voortdurende achterstallen der stad vernomen hebbende, oorloost hij haar voor den

**KAREL V.** tijd van 4 jaren, ingaande den 24 Oct. 1526, als de laatste staat eindigt, eene *nieuwe atterminatie*, waarbij niemand vrijheid van accijns zal mogen gebruiken, dan die haar had over 30 jaren of langer.

O. Groot zegel en contra-zegel.

Hierbij het mandement van Exploit van 29 Oct. 1526.

1527. Sententie van het Hof van Holland in de zaak tus-
31 Julij. schen de Burgemeesters van Leyden en Mr. GERARD VAN DER LAAN.

O. Met het zegel van Justitie van het Hof.

1527. Acte (op perkament), van de Rekenkamer van 's Hage,
2 Dec. over het regt van het Gruitgeld den Grave verschuldigd.

De Brouwers te Leyden zullen de eene *helft* betalen aan den *Graaf van Holland*, en de andere helft aan den *Burggraaf of den Heer van Wassenaar*.

O. Zonder zegel. (get.) DAMAS.

v. Mieris, *Handv.* bl. 346.

1528. KAREL vergunt losrenten te verkoopen voor de som
18 Dec. van *f* 800 — alles om der schulden wille.

O. Groot rood, maar gebroken zegel en contra-zegel.

1529. KAREL. — Mandement op zijnen Domeinraad, om in
17 Junij. de toegestane Bede van *f* 120000 tot 's Graven reis naar Italie der stad gratie te doen in hare portie van *f* 9680 (op haar verzoek), mits betalende zeker *surplus*.

O. Kopij, op papier, (get.) na collatie, J. DEIMAN.

7

**KAREL V.**

1529.

12 Oct.

KAREL. — Leyden niet in staat zijnde te contribueren in de Bede van *f* 120000 en in eene andere petitie van *f* 80000 tot versterking van Utrecht, geeft hij haar octrooi het Schoutambacht voor eene jaarlijksche rente van *f* 250 te verkoopen.

O. Groot zegel en contra-zegel.

1530.

2 Aug.

Uitspraak van het Hof van Holland op het rekwest van de Regeerders van Leyden, waarin zij te kennen gaven: *dat van oude herkomen geuseerd is, dat een Poorter den anderen niet te regt mag zetten voor geldschuld, dan viermaal 's jaars, in het poortding*, dat heden den 2 Aug. begonnen is bij G. van Lochorst, Schout; hij was schuldig dat *poortding* uit te dingen; nogtans *belieft hij* heden namiddag den supplianten te adverteeren, dat hij zijne *Commissie* opgeschreven heeft, en de *roede nederleggen zoude*, zonder dat zij eenige redenen weten; hetwelk tot groote *confusie* van de *Justitie* en *nadeel* der partijen strekken zou. Zij verzoeken daarin te voorzien; — het Hof, *daar het recht en de Justitie niet behooren ledig te blijven staan*, beveelt van wege den Keizer, als Grave van Holland, aan den Schout of Jan van Bosschuysen, die als substituut het Schoutambt bediend heeft, het *poortding* uit te dingen, en geeft hun (Schout en Substituut) daartoe *magt* en *speciaal* bevel.

Dit bij Provisie.

O. Acte van het Hof.          (get.) J. de Jonghe.

1530.

29 Nov.

Appointement van den Keizer, op het verzoek der stad, om nog continuatie te hebben van de *atterminatie* voor de drie naastkomende maanden.

O. Perkament, ongezegeld.          (get.) du Blioul.

**KAREL V.**
15⁵⁄₃₇.
18 Febr.

Uitspraak van het Hof van Holland, tusschen de stad Leyden, *impetrant* in *rouw-actie*, en Mr. G. VAN DER LAAN, *gedaagde*, over de Visscherij (Marienpoel).

Na volledigen afloop der procedure, vonnist en wijst het Hof den *impetrant* het *utile dominium* toe, met bepaling der limiten, en compenseert de kosten.

O. Het zegel verloren. (get.) J. DE JONGE.

v. Leeuwen, *Handv. van Rijnland* bl. 394.

1531.
28 April.

KAREL. — Mandement tot gratie van de ordinaire Bede, voor ⅓ deel der stads portie (van Leyden).

O. Kopij, op papier. (get.) J. DEIMAN.

1531.
8 Mei.

KAREL had aan Leyden in 1526 brieven van *surcheance* van de achterstallige renten verleend; die *surcheance* eindigde St. Jans-misse 1530, en was gecontinueerd tot 30 April 1530. Hij verleent, op verzoek van Leyden, nog 6 jaren *surcheance*, zoo lang de Bede loopt.

O. Groot zegel en contra-zegel.

1532.
8 Junij.

De dorpen van Rijnland dragen in de kosten tot onderhoud der Vischbrug te Leyden.

De brieven wegens het onderhouden enz. van die brug zijn niet aanwezig; maar in het *Privilegieboek* C. van Leyden te vinden.

v. Micris, *Handv.* bl. 504—506.

1532.
25 Sept.

Een Schepenbrief van Leyden, waarbij CORNELIS WILLEMSZ, Priester te Katwijk, bezitter van *St. Pieters-vicarie* in de St. Pancras, ten behoeve der stad overgeeft, 7 Schepenbrieven van a° 1431, 1435, 1444, 1447, 1475,

7*

**KAREL V.**

1486 en 1499; zijnde transporten van een huis gelegen bij de Groote School. In 1435 was daarvan bezitter JOHANNES VAN DE VELDE, *Borduurwerker.*

1532.
25 Oct.

KAREL. — Mandement van octrooi, waarbij aan Leyden toegestaan wordt ƒ 28, 2 st. en 6 p. te betalen, in plaats van ƒ 141, 3 st. en 4 p., voor de door de 6 Steden geaccordeerde jaarlijksche som van ƒ 1750.

Kopij, op papier. (get.) J. DEIMAN.

1532.
9 Nov.

KAREL geeft uitstel van betaling aan die van Leyden, op het verzoek der Regeerders gedaan, die het verval der neringen binnen de stad en het verplaatsen der draperiën naar Engeland en Calais aantoonden.

O. Groot zegel en contra-zegel.

v. Mieris, *Handv.* bl. 446.

1533.
5 Aug.

Een op papier geschreven berigt van H. DE EYNDEN, dat VRANK VAN DER HOEVEN in Delft geweest is om brieven van 's Lands wege te doen bezegelen; maar de sleutelbewaarder was afwezig; hij verzoekt om van VAN DER HOEVEN te vorderen, 's Lands zaken niet te verachteren. (gecoll.) J. DEIMAN.

1534.
27 Julij.

KAREL geeft aan Leyden afslag in de Bede voor dit jaar (zijnde het mandement).

O. Kopij, op papier. (gecoll.) J. DEIMAN.

1535.
30 Julij.

Verdrag van de Burgemeesters van Leyden, over het bedienen van het Schoutambacht, met GERARD VAN LOCHORST, voor twee Schepenen gemaakt.

O. Met de zegels der 2 Schepenen, als: W. VAN LODENSTEYN en GERYT JAN GERYTSZ.

v. Mieris, *Handv.* bl. 85.

Eene tweede verklaring over de bediening van het Schoutambacht bij commissie, voor 3 jaren, en dat G. van Locnorst geenen substituut zal zetten, dan bij consent van Burgemeesteren.

O. Met twee zegels. (get.) Florys, Secretaris.

1535.
6 Sept.

*Dictum* van de Sentencie bij den Hove, tusschen G. Biese te Gent, *appellant*, en P. H. Buyl en H. de Wilde, Exuemeesters te Leyden, *gedaagden*. Het vonnis is vernietigd; de *impetrant* moet *visie* hebben van het octrooi van *exue*, om alsdan te procederen.

O. Op perkament. (get.) Heynemolen.

1535.
13 Nov.

Karel. — Het proces, gerezen voor het Hof van Holland in 1525, tusschen de Regering van Leyden en Mr. G. van der Laan, over de visscherij, de Marienpoel, is *wel gewezen bij den geappelleerden*.

O. Groot zegel en contra-zegel van den Grooten Raad van Mechelen.
Hieraan het mandement des Keizers tot executie, met dezelfde zegels.

1536.
26 Mei.

Eene verklaring van de Regering van Delft (op papier), ten behoeve van Leyden, dat de oude los- en lijfrenten in *ligt* geld, van a° 1489, naderhand bij octrooi zijn *gereduceerd* tot *zwaar* geld, thans loop hebbende.

O. Met het opgeplakte zegel der stad, grootendeels vergaan.

1536.
29 Mei.

Perkamenten brief van de regering van Gouda, met dezelfde verklaring als boven, door hare Thesauriers, bij eede gedaan.

O Met het zegel der stad.

**KAREL V.**
1536.
10 Oct.

Acte van *non praejudicie*, over het aanstellen van eenen Schout, G. van RENESSE, nog geene *zeven* jaren poorter geweest zijnde.

    O.  Op perkament.        (get.) PENSAERT.

1537.
10 April.

KAREL. — Verklaring van korting op de Bede, om het helpen uitrusten van 6 oorlogschepen.

    O.  Kopij.        (get.) J. DEIMAN.

1537.
17 Mei.

KAREL geeft aan Leyden nog verlenging van *attermi- natie* voor 4 jaren, ingaande den 1 Mei 1537.

    O.  Met het groote zegel en contra-zegel van den Raad.

1537.
30 Julij.

Papieren, rakende het accoord met den Schout G. van RENESSE, wegens boeten, waarvan $\frac{2}{3}$ der stad toebehooren.

    O.  Zij loopen nog over de jaren 1538 en 1540.

1538.
4 Mei.

Acte van den Grooten Raad van Mechelen, handelende over het proces tusschen G. van RENESSE, Schout van Leyden, en de Burgemeesters van Leyden enz. De par- tijen worden naar het Hof van Holland verwezen, *dat voorbij was gegaan.*

    O.  Zonder zegel.        (get.) LETTRE.

    Met het mandement van het exploit, groot zegel en contra-zegel.

1539.
18 Aug.

KAREL ontheft de stad van het *surplus* in de Bede, onder betaling van zekere som.

    O.  Kopij, op papier.        (get.) J. DEIMAN.

1539.
6 Sept., 25 Sept.

Bevel van Keizer KAREL aan Stadhouder en Rade van Holland. Hij had verboden in Holland te preken

**KAREL V.** in gasthuizen of kapellen; dat mogt alleen in parochiekerken en kloosters der *biddende orden* geschieden;
maar eenige gasthuizen beweerden van den Stoel van
Rome gepriviligeerd te zijn. Hierdoor is het verbod te
niet gegaan en zoo verloopen. Hij wil daarin voorzien, en gebiedt voortaan nergens anders te preken,
dan in de parochiekerken enz.

Geg. te Mechelen. (get.) CRAENBOUT.

O. Kopij.

---

**1539.**
**15 Oct.**

Verklaring van de Amsterdamsche regering, over het
*ligt* geld van 1489, *nu zwaar* geld.

Zie de verklaring van Delft van 26 Mei 1536, en
Gouda van 29 Mei 1536.

O. Met het stads zegel. *Het oude schip met de wapens
van Persyn en Henegouwen.*

---

**1539.**
**12 Dec.**

KAREL vergunt aan Leyden *atterminatie* over de achterstallige schulden.

O. Met het groote zegel en contra-zegel.

---

**1540.**
**11 Oct.**

Octrooi van Keizer KAREL, waarop hij de buitenneringen, of ambachten buiten Leyden, onder de Heerlijkheden van den Burggraaf, als: Leyderdorp, Oestgeest en Wassenaar regelt (op grond des algemeenen
verbods van het jaar 1531).

O. Gewoon zegel en contra-zegel.

Hierbij de verklaring, op papier, *van de gedane Publicatie, ten Raadhuize der stad* van 30 Oct. 1540.

v. Mieris, *Handv.* bl. 24.

**KAREL V.**
1540.
6 en 7 Maart.

Besluit der vier steden, Dordrecht, Haarlem, *Leyden* en Gouda, om in 's Hage te bewerken en door te zetten, dat het voornemen van Delft, om eene *nieuwe vaart* aan te leggen, niet worde uitgevoerd.

O. Met de zegels dezer steden.

v. Mieris, *Handv.* bl. 381.

1540.
20 April.

Een perkamenten brief van het Kapittel van *Windeshem* buiten Zwol. Zij vernamen dat een hunner kloosters, genaamd *St. Hieronymus-Dal* of *Lopsen*, buiten de Rijnsburger Poort te Leyden, in groote schulden en geringe goederen stond.

Zij staan het, met bewilliging van den Paus, aan het St. Katharina-Gasthuis af, tot onderhoud der zieken.

O. Met het zegel van het Generaal-Kapittel.

1540.
30 Sept.

KAREL. — Leyden hare quote in de Bede van *f* 100000 's jaars niet kunnende opbrengen (hem den 18 Aug. ll. te Utrecht toegestaan voor 6 jaren), bepaalt hij dat die voor Leyden zal zijn *f* 2300, in plaats van *f* 8066, 13 st. 4 p., en schenkt haar de rest.

O. Kopij, op papier.          (get.) J. DEIMAN.

1540.
15 Oct.

KAREL continueert, voor den tijd van 6 jaren, terwijl de Bede van *f* 100000 loop heeft, het vorige appointement van brieven van *atterminatie* van den jare 1526.

1540.
Zonder dag of datum.

KAREL. — Leyden klagende hare achterheid, zoo in de loopende Bede, als in die van *f* 600000 onlangs in-

**KAREL V.** gewilligd om in zes jaren te betalen, zoo zij niet vrijheid krijgt om ƒ1200 lijfrenten te verkoopen, oorlooft hij dit voor ƒ800.

O. Groot zegel en contra-zegel.

1541.
19 Julij.

KAREL bevestigt het privilegie van PHILIPS van 24 Julij 1434, bij *contract* met Leyden gemaakt, om niet alleen uit de stad, maar ook uit Rijnland, den Haag en Haagambacht te bannen, vreezende hij anders dat men de aanmerking zal maken, dat zij in *geene continueele possessie waren geweest*.

Hij bepaalt echter, om in geval van *appel*, in den Haag te mogen blijven.

O. Groot zegel en contra-zegel.

v. Mieris, *Handv.* bl. 305—7.

1541.
8 Sept.

JACOB, Hr. van Valkenburg, Ligny, Wassenaar en Vrouwe MARIA VAN WASSENAAR, consenteeren op zekere voorwaarde, dat het octrooi van *Keizer* KAREL van 11 Oct. 1540, wegens de buitenneringen, in hunne Ambachts-Heerlijkheden van Leyderdorp en Oestgeest gelden zal, ook van wollen en zout, tot aan de brug van Leyderdorp.

O. Met 2 zegels en contra-zegels.

1541.
19 Sept.

KAREL bevestigt de vorige verklaring en inwilliging van den Heer van Wassenaar aan Burgemeesters van Leyden, op beider verzoek.

O. Gewoon zegel en contra-zegel.

Hierbij het verzoek van Leyden aan het Hof, om dit octrooi door 's Hofs Deurwaarders te doen afkondigen.

**KAREL V.**
1541.
23 Nov.

Mandement van het Hof, op den Deurwaarder, om bovengenoemd octrooi te publiceeren.

O. Met het zegel van het Hof.

1541.
18 Dec.

Relaas van den Deurwaarder des Hofs, van de gedane afkondiging.

(get.) CORN. VAN DER BURCH.

v. Mieris, *Handv.* bl. 29

Hierbij het verzoek van Leyden aan het Hof, om eene *attestatie* te mogen hebben, dat zoodanige order van een' der exploiteurs is uitgevaardigd.

1541.
8 Oct.

Kwitantie van den Burggraaf van Leyden enz., van de ontvangene 400 Goud. Schilden, genoten voor de gemaakte schikking van 8 Sept. 1541, wegens de neringen. (In het *Fransch*.)

O. (get.) JACQUES DE LIGNE.

Eene gelijke kwitantie van MARIA VAN WASSENAAR, van 100 Goud. Schilden, voor dezelfde zaak. (In het *Fransch*).

O. (get.) MARYE DE WASSENARE.

1542.
3 Julij.

Nadere belofte van den Burggraaf van Leyden, om de neringen, bijzonder die der Bakkers en Tappers onder Leyderdorp, te zullen doen verminderen.

O. (get.) JACQUES DE LIGNE.

1544.
6 Nov.

De Schout van Leyden, CLAES VAN BERENDRECHT, belooft den Regeerders van Leyden eenmaal 's maands in Leyderdorp, Soeterwoude en Oestgeest te onderzoeken, of daar iemand eenige nering, tapperij enz.

**KAREL V.** tegen het octrooi uitoefent; voor welke dienst de Burgemeesters hem uit dankbaarheid *f* 25 toevoegen.

O.                   (get.) C. DE BERENDRECHT.

v. Mieris, *Handv.* bl. 31.

15$\frac{41}{42}$.
23 April vóór Paschen.

KAREL vermindert de quote der stad Leyden in de Bede, met *f* 1350.

O. Kopij, op papier.         (get.) J. DEIMAN.

1542.
23 Oct.

De Burggraaf van Leyden, JACOB VAN LIGNE, gemaal van MARIA VAN WASSENAAR, verleit ADR. VAN EEMSKERCKE, na doode zijns broeders THIELMAN VAN EEMSKERCKE, met het Ambacht en Gerecht van de Vennip.

O. Met een klein zegel.

1542.
26 Oct.

Een brief van het Leenhof van Holland, waarbij verklaard wordt, dat ADR. VAN EEMSKERCKE zijn leen van de Vennip opdroeg aan den Heer van Wassenaar, ten behoeve van ZEGHELYN VAN HALVERINGE, Heere tot *Hofwege*.

O. Met het zegel van den Griffier, en de onderteekening van twee Leenmannen, omdat zij geen zegel gebruiken.

1542.
3 Nov.

KAREL, of zijn Raad te Brussel, beveelt zijnen Schout te Leyden af te kondigen, dat niemand zijn poorterschap mag opzeggen, om daardoor te ontgaan van in de Regering of andere stads diensten te komen, of zelfs om andere redenen; op straffe van *ban* of betaling van het regt van *exue*.

O. Met een opgeplakt rood zegel, zijnde het contrazegel van zijnen Geheimen Raad.

KAREL V.
1542.
29 Nov.

Verklaring van Huig van Treslonge, Schout van Hillegom, bij *turbe* van getuigen, dat de *Schout* van de
Vennip eens ter week regt van jagt heeft in 's Graven wildernis en in het Ambacht van de Vennip.

O. Met een opgeplakt zegel.

v. Mieris, *Handv.* bl. 661.

15~~~.
17 Maart.

Jacob van Wassenaar, Burggraaf, verleit Zegelin
van Halveringe, op vertoon van zijnen opdragtsbrief
van 26 Oct. 1542, met het Ambacht van de Vennip.

O. Met een klein rood zegel.

1543.
24 Julij.

Karel. — Op verzoek van Leyden, verordent hij,
dat ieder, die te Leyden tot Burgemeester, Schepen,
Thesaurier, Waardijn enz., gekozen wordt, deze ambten moet bedienen; of, van zijn poorterschap afstand
doende. dan den x$^{den}$ penning, als *exue* moet betalen.

O. Gewoon zegel en contra-zegel.

(get.) DE LANGE.

v. Mieris, *Handv.* bl. 150.

1543.
17 Nov.

Het Hof van Holland magtigt die van Leyden, hunne
burgers te mogen *zetten* en *taxeren*, tot betaling der
ƒ 250 achterstal der Bede, en te executeren, zoo als
men bij het innen der keizerlijke penningen doet.

O. Perkament zonder zegel.        (get.) J. DAM.

1544.
16 Mei.

Overeenkomst tusschen de steden Delft en Leyden,
over den prijs der Delftsche bieren, en afstand van vorig accoord met Leyden.

O. Met het oude zegel der stad Delft.

**KAREL V.**
1544.
26 Dec.

KAREL verleent op nieuw aan Leyden gratie van eenige penningen.

O. Kopij, op papier. (get.) J. DEIMAN.

15⁴⁴/₄₅.
5 Maart.

KAREL. — Vergunning tot verkoop van lijfrenten op *één lijf*, tot den penning VIII, en op *twee lijven*, tot den penning X; en deze gelden tot dienst der stad te gebruiken.

O. Groot rood zegel en contra-zegel, maar gebroken.

15⁴⁴/₄₅.
26 Maart.

De Burggraaf van Leyden verleit JOSUE VAN ALVE-RINGEN, zoon van ZEGELIN, met het Ambacht van de Vennip.

O. Met een rood zegel.

v. Mieris, *Handv.* bl. 662.

1545.
18 Julij.

Verdrag tusschen Delft en Leyden, over het regt van *exue* voor 3 jaren, op bijzondere voorwaarden.

O. Met de zegels der twee steden.

v. Mieris, *Handv.* bl. 311.

KAREL had den 27 Maart 1545, aan Delft octrooi van *exue* verleend, den pening XX.

*Privil. van Rijnl.* bl. 425.

15⁴⁵/₄₆.
20 Januarij.

KAREL. — Eene nieuwe en laatste *atterminatie*, voor de 6 volgende jaren.

O. Groot zegel en contra-zegel.

15⁴⁶/₄₇.
19 Januarij.

Uitspraak van het Hof van Holland, over het doen der rekening, wegens het koopen van *wol* en *vellen* te Calais.

O. Gewoon zegel van het Hof.

**KAREL V.**
1547.
16 Julij.

Sententie van den Grooten Raad van Mechelen, over de steen- en kalkovens buiten Leyden; met het relaas van den Deurwaarder en mandement van executie.

O. Groot zegel der *Justitie.*

1547.
3 Aug.

KAREL. — Bevestiging der overeenkomst, wegens de buitenneringen door den Ambachtsheer van Soeterwoude, met die van Leyden gemaakt.

O. Groot zegel en contra-zegel.

v. Mieris, *Handv.* bl. 34.

1547.
14 Nov.

KAREL. — Octrooi om binnen 1000 roeden na aan de stad geene steen- of kalkovens te mogen opstellen.

O. Groot zegel en contra-zegel.

Delft had een dergelijk octrooi op 3 Aug. verkregen.

(Mr. J. SOUTENDAM, Charters van Delft bl. 38.)

1548.
27 Febr., 29 Nov.

Verdrag tusschen de Waardijns van Haarlem en Leyden, ten voordeele der Lakenbereiders.
Met de goedkeuring der Regeerders dier steden.

O. Met een groen zegel der stad Haarlem.

1548.
1 Junij.

Schepenbrief van Leyden — Verklaring van getuigen, over de *vaart* op Calais en de vrijheid van tollen in Holland, Zeeland en Grevelingen.

O. Met twee schepenzegels.     (get.) J. DEIMAN.

1548.
9 Aug.

WILLEM VAN ALKEMADE, Ambachtsheer van Soeterwoude en Stompwijk, belooft den Regeerders van Ley-

**KAREL V.**     den alle hulp, om het verdrag met hem, wegens de buitenneringen gemaakt, te volbrengen.

O. Met zijn rood zegel.

v. Mieris, *Handv.* bl. 38.

1548.
1 Sept.

Nadere verklaring van WILLEM VAN ALKEMADE, op de buitenneringen in zijne Ambachten, gesteld ten voordeele van Leyden.

O. Met zijn zegel.     v. Mieris, *Handv.* bl. 39.

1549.
11 Maart,
naar 't schrijven der
kerk van Utrecht en
dezer stede.

De Regeerders van Leyden geven aan twee hunner poorters magt, om met de Gedeputeerden van Haarlem naar Engeland te trekken, en zoo aldaar, als met de *oppersten* van den *stapel* te Calais, over den koophandel in wol te handelen enz.

O. Met het zegel der stad Leyden.

v. Mieris, *Handv.* bl. 123.

15$\frac{48}{49}$.
5 April vóór Paschen.

KAREL. — De Staten van Holland en West-Friesland hadden hem, ter blijder inkomste zijns zoons, toegestaan 50000 Ph. gl. tot 27 st. het stuk, te vinden bij verkoop van renten of andere imposten. Hij vergunt aan Leyden het verkoopen van lijfrenten.

O. Groot zegel en contra-zegel.

1549.
26 Sept.

Eene kopij (perkamenten *cedulle*), waarbij de Edelen en Gedeputeerden der 9 groote Steden, representerende de Staten dezer Landen, PHILIPS huldigen en ontvangen voor hunnen toekomstigen Landsheer, na het overlijden van Keizer KAREL; met de wederzijdsche eeden.

Geg. te Dordrecht.

O. Accordeert, na collatie met zijn origineel, den 14 April 1550 na Paschen.

(get.) J. DAM.

**KAREL V.**
1549.
29 Sept.

Eene perkamenten *cedulle*, waarbij die van Leyden Philips huldigen.

O. Met de *eigenhandige onderteekening* van Puls. — Onder stond, v$^t$ Viglius, en mij tegenwoordig Verreyken.

1550.
12 Maart.

Nader verdrag tusschen de Waardijns van Haarlem en Leyden, tot bevordering van den draperie- en wolhandel, op Calais.

O. Met het zegel van Haarlem.

1550.
16 Junij.

Karel. — Nieuwe continuatie van *staat* en *attermi-natie* van de jaren 1526 en 1545.

Geg. te Turnhout.

O. Groot zegel en contra-zegel.

1551.
14 Aug.

Nadere overeenkomst van de Waardijns van Haarlem en Leyden, voor het jaar 1552, en goedkeuring der beide steden.

O. Met het zegel van Haarlem.

1551.
22 Dec.

Proces en vonnis over de steen- en kalkovens, tusschen Burgemeesters van Leyden, *impetranten*, en Dirk Cobel van der Loo, *gedaagde*. — *Condemnatie* dat de gedaagde geene kalkovens binnen de 1000 roeden enz. mag hebben.

O. Met het zegel van het Hof.

15$\frac{51}{52}$.
28 Januarij.

Karel geeft aan die van Leyden vrijheid, om, zonder vermindering hunner privilegiën, voor dit maal eenen Klerk of Secretaris aan te stellen, die geene 7

**KAREL V.** jaren poorter geweest was, omdat zij anders niemand hadden, daartoe bekwaam.

O. Groot zegel en contra-zegel.

(get.) DE ZOETE.

v. Mieris, *Handv.* bl. 227.

---

1552.
6 Junij.

MARGRIETE VAN ROON, wedᵉ. van ZEGELYN VAN ALVE-RINGEN, bekent de Heerlijkheid van de Vennip, als leen van Wassenaar, aan de stad Leyden verkocht te hebben voor ƒ 180; met de bevestiging van JACOB VAN WASSENAAR, en de lijst der betaalde Hofregten, van 3 Julij 1552.

O. Met het zegel van JACOB VAN WASSENAAR.

v. Mieris, *Handv.* bl. 663.

---

15 52/53.
4 Febr.

KAREL. — Octrooi om, op zekere voorwaarde, een' steenoven te zetten binnen 400 roeden, mits te niet doende 2 kalkovens binnen 80 roeden, onverminderd het octrooi; na ingewonnen advijs der stad.

O. (get.) J. DE DYE MILDE.

v. Mieris, *Handv.* bl. 41.

---

1553.
13 April na Paschen.

KAREL. — Op verzoek van Leyden, om de *Exuegelden* en den xᵈᵉⁿ penning langs korteren weg te mogen innen (op het voorbeeld van Haarlem), geeft hij daartoe brieven van octrooi.

O. Groot zegel en contra-zegel.

---

1553.
2 Junij.

Nieuw accoord tusschen Haarlem en Leyden (zoo als boven, op 14 Aug. 1551), tot Junij 1554.

O. Met het zegel van Haarlem.

**KAREL V.**
1553.
27 Junij.

De Kamer van Rekeningen in 's Hage consenteert aan Leyden het verkoopen van lijfrenten, ten einde hare portie van *f* 3000 te kunnen betalen, in de *f* 300000, den 11 April 1553 toegestaan.

O. Perkament, met het opgeplakte *signet* dezer Kamer.

1554.
7 Mei.

Verklaring van den Secreten Raad des Keizers, omtrent de *buitenneringen* in Soeterwoude en Stompwijk.

O. (get.) DE ZOETE.

v. Mieris, *Handv.* bl. 42.

1554.
31 Mei.

KAREL geeft aan de stad Leyden nader *octrooi*, dat in Soeterwoude en Stompwijk geene *lakenbereiding*, noch eenige hanteeringen of neringen uitgeoefend mogen worden.

O. Groot zegel en contra-zegel.

v. Mieris, *Handv.* bl. 43.

1554.
3 Sept.

Accoord tusschen de Haarlemsche en Leydsche drapiers, over het reizen naar Calais, bij toerbeurten, tot den handel in *wol* en *vellen*.

O. Met het zegel van Haarlem.

1554.
17 Nov.

Een schepenbrief van Leyden, waarbij WILLEM ANDRIESZ., *tapissier*, vrijheid verkreeg, om Engelsche en Iersche wollen tot zijne eigene nering in te brengen, belovende die tot geen ander einde te gebruiken of te verkoopen.

O. Met twee zegels der Schepenen.

**KAREL V.**
1554.
11 Dec.

Verdrag tusschen de steden Leyden en Amsterdam, over het regt van *exue*.

O. Met de groene zegels dier steden.

v. Mieris, *Handv.* bl. 284.

1555.
11 Mei.

KAREL vernieuwt het octrooi van *atterminatie*, voor den tijd van 6 jaren, en continueert het regt van *exue* enz.

O. Groot zegel.

v. Mieris, *Handv.* bl. 447.

1555.
26 Mei.

KAREL, eene nieuwe Bede gekregen hebbende voor 6 jaren (op 12 termijnen van *f* 100000 's jaars), waarin de stad Leyden staat op *f* 8066, 13 *st.* 4 *p.*, scheldt haar *f* 6066, 13 *st.* en 4 *p.* kwijt; mits betalende *f* 2000.

O. Klein zegel of contra-zegel.

---

**PHILIPS II.**
1555.
10 Oct.

Procuratie der regering van Leyden, op twee Burgemeesters en den Secretaris DYE MILDE, om met de Edelen en Gedeputeerden der vijf groote Steden van Holland, als representeerende de Staten, acte voor het Hof te passeren, en Prins PHILIPS te huldigen.

O. Met het zegel der stad Leyden.

Met eene cedulle, bevattende de wederzijdsche eeden, van PHILIPS, als Heer en Graaf, en de Staten van Holland.

(get.) J. DE JONGE.

8*

**PHILIPS II.**

v. Mieris, *Handv.* bl. 60, die echter, regel 12, eene fout begaat, door *straffe-lijke begeerte* te schrijven, in plaats van *schriftelijke begeerte.*

1556.
31 Maart.

Verdrag tusschen Leyden en Gouda, over het regt van *exue.*

O. Met de zegels dier steden.

v. Mieris, *Handv.* bl. 312.

1557.
24 Januarij.

Acte van *non-praejudicie* van het Hof van Holland, over eenen *delinquant.*

Schout en Burgemeesters, met hunnen advocaat, kwamen voor het Hof, opeischende eenen *delinquant* (door den Schout van Leyden, op last van het Hof, binnen Leyden gevangen en in den Haag gebragt), om in Leyden geëxecuteerd te worden, volgens zeker privilegie, dat *zij zeiden daarvan te hebben. Het Hof weigert dit, bij gebrek van exhibitatie en om andere pregnante redenen.*

Maar het Hof geeft hun, op hun verzoek, die acte.

O. (get.) J. DE HOVE.

1558.
14 Julij.

Verklaring van de Burgemeesters van Leyden, over het vernieuwen van de *Exsluis*, met de kade enz.

O. Onderteekend door de 4 Burgemeesters, en den eigenaar dier kade. CLAES AELWYN.

1558.
27 Sept.

Schepenbrieven en kwitantiën, wegens het gevangen overbrengen van eenige Franschen op 's Konings galeijen.

O. Ook die van 7 Oct., 12 Dec. 1558; en 17 April 1559.

**PHILIPS II.**
1560.
7 Oct.

PHILIPS. — De oorlog langer geduurd hebbende, geeft hij, op verzoek van Leyden, haar op nieuw *atterminatie* voor 6 jaren.

O. Groot rood zegel en contra-zegel.

15⁵⁹⁄₆₀.
4 Maart.

Uitspraak van het Hof van Holland over het verschil, tusschen den Baljuw van Rijnland en den Schout van Leyden enz., betreffende het regt der poorters van Leyden.

O. Met het *vernieuwde* zegel van het Hof.

v. Mieris, *Handv.* bl. 821.

1561.
25 Febr.

*Ordonnantie op ten Overtocht ofte Leytschen Dam, dairop die verpachtinge van den zelfden Overtocht gedaan is op ten* xxv^en *Februarij a°* xv^cLXI. *stil. com.*

(Gecoll. door J. VAN HOUT.)

Over de geringheid dier tollen kan men oordeelen uit het volgende: men betaalde voor een *schip met huisraad* 3 gr., een *last haring* 1 st., en een *schip met turf* 1 st.

1563.
6 Julij, 18 Aug.

Twee extracten uit het *Dingboek* van den Baljuw van Warmond, over de visscherij in den *Vliet* en in de *Sloot*, genaamd de *Hooge Weysloot*, voorbij de Hofstede *Endepoel*, van Mr. G. VAN DER LAAN.

1564.
2 Oct.

Perkamenten cedulle van de Rekenkamer van Holland, bevattende het Verdrag tusschen den Baljuw van Rijnland en de regering van Leyden, over de *oude* en *nieuwe* Vierschaar van Rijnland, en dat de Baljuw geene poorters noch stedelingen in *civiel* of *crimineel*, voor zijne Vierschaar zal mogen betrekken.

O. (get.) RATALLER.

v. Mieris, *Handv.* bl. 631.

**PHILIPS II.**
1565.
Mei.

Octrooi van Koning PHILIPS aan Leyden, voor twee leermarkten.

O. Groot rood zegel, en contra-zegel van den Secreten Raad.

Hiervan het mandement van den *Prins van Oranje*, als *Stadhouder*.

v. Mieris, *Handv.* bl. 325.

1565.
26 Oct.

PHILIPS. — Octrooi aan die van Leyden, om geld op lijfrenten te ligten, tot het koopen van graan, ter somme van *f* 18000.

O. Groot rood zegel en contra-zegel.

v. Mieris, *Handv.* bl. 475.

1566.
22 April.

Verdrag der regering van Leyden met het klooster *Marienpoel*, buiten de stad, over het maken en onderhouden van den weg buiten de Rijnsburgsche poort.

O. Met het zegel der stad en dat van het klooster.

(get.) J. VAN HOUT, Secretaris.

1566.
16 Aug.

Verdrag tusschen Leyden en 's Hage, over het regt van *exue*.

O. Met de zegels der twee steden.

v. Mieris, *Handv.* bl. 315.

1567.
8 Febr.

*Exue-verdrag* tusschen Delft en Leyden.

O. Met de zegels der twee steden.

v. Mieris, *Handv.* bl. 316.

1567.
13 Febr.

Verdrag tusschen de Burgemeesters en Huiszittenmeesters, over het aannemen van het St. Jacobs-Gast-

**PHILIPS II.** huis op het Steenschuur te Leyden, met al de huizingen, onder zekere voorwaarden.

O. (get.) J. van Hout.

1567.
7 Maart.

Uitspraak van het Hof van Holland, over het mogen maken van een' *steenoven* met *acht* monden, zoo als die van Mr. Cornelis van Veen, zonder *praejudicie* van stads octrooi van 14 Nov. 1547; met *compensatie* van de kosten.

(get.) W. van Berendrecht.

Het proces was tusschen de Burgemeesters, *impetranten van mandement penaal*, en Joost van Sonnevelt te Leyden, *gedaagde*.

1568.
21 Junij.

Philips. — Na expiratie van al de octrooijen van *atterminatie*, door de regering van Leyden op nieuw verzocht zijnde om continuatie voor 7 jaren, vergunt hij dit onder de gewone conditiën.

O. Groot rood zegel, en contra-zegel.

(get.) d'Overlope.

1568.
23 Nov.

Verklaring over den inkoop van 5 last tarwe, 5 last rogge, en levering van meel te Utrecht, aan den Rentmeester van Z$^r$. M$^s$. domeinen, op bevel van zijne Excel$^{cie}$, den Hertog van Alva.

Kopij (gecollat. door J. van Hout.)

15$\frac{68}{69}$.
10 Maart.

Rekwest van Margareta, Gravinne van der Marck en Arenberghe, Vrouwe van Naaldwijk enz., hebbende ten onsterflijk leen den *Overtogt* en het regt op den *Zijdwind*, scheidende het waterschap van Delft en Rijnland, genaamd *den Leydschen Dam*, waarop de ordon-

**PHILIPS II.** nantie van betaling gemaakt was. Haar man had een' *tweeden Dam* moeten maken, waaraan vele kosten waren besteed. Haar was groot belet gedaan in het betalen. De Koninklijke Majesteit had haar *sauvegarde* gegeven — het kon niet helpen. — Zij verzoekt daarin voorziening en confirmatie der ordonnantie; daarop gehoord de steden Delft en Leyden.

O. (get.) A. Hofslach.

Met eene bijliggende *kopij*, bij wijze van beslotene missive aan de regering van Delft en Leyden van 1 Maart 1568, *st. cur.*

(get.) W. de Berendrecht.

**1569.**
**11 Oct.**

Verzoek der want- of lakensnijders van Leyden, tot verkoop van alle door hen ingekochte Engelsche lakens, en om gelijk octrooi, als die van Antwerpen, Dordrecht enz. gekregen hebben.

De Hertog van Alva gelast den Schout een bijzonder zegel te doen maken, waarmede deze en twee Schepenen, binnen 14 dagen, die Engelsche lakens zullen zegelen, en dan het *zegel te breken*, en oorlooft vervolgens, die gekochte en gezegelde lakens, binnen 2 maanden te verkoopen, binnen of buiten 's lands, met uitzondering der reeds *ontgonnene* lakens.

Geg. te Brussel, ter ordonnantie van Z^e. Excel^cie.

O. Zonder zegel. (get.) J. van der Aa.

**1569.**
**19 Dec.**

Proces — *contra de geburen van den Ouden Rijn* te Leyden gevoerd.

O. Met het zegel van het Hof. (get) Woedren.

**1574.**
**25 Julij.**

Papieren cedulle.

De Schout en twee Burgemeesters konden, wegens

**PHILIPS II.** het *Beleg* van Leyden, niet naar den Stadhouder reizen, om, volgens het Privilegie, hem de nominatie der 16 personen ter verkiezing aan te bieden; het *officie* van Schepenen behoorde echter niet stil te staan; daarom worden de vorige Schepenen gecontinueerd door den Heer D. van Bronchorst, Raad Provinciaal van den Hove, die door den Stadhouder in de stad geplaatst was, zoo ter zake van den krijgshandel, als der politie; — bij *provisie*, en tot dat anders bij zijne Excellentie zal verordend worden.

O. (get.) D. Bronchorst.

v. Mieris, *Handv.* bl. 119, heeft den inhoud niet naauwkeurig.

1574.
11 Aug.

De Regering van Leyden verlangt J. van Hout, tot de dienst van het Secretarisschap *van het vorige* jaar, aan te houden, ten minste, tot dat de stad van het *Beleg* ontheven zij.

O. (get.) Pieter Adriaensz. (van der Werf.)

v. Mieris, *Handv.* bl. 230.

1574.
14 Oct.

Prins Willem I stelt nieuwe regeerders te Leyden aan (en wel op verzoek van Leyden), dit alles bij *provisie*, en zonder *praejudicie* van Handvesten of Privilegiën.

O. (get.) Guill. de Nassau.

v. Mieris, *Handv.* bl. 151—153.

157⁴⁄₇₅.
6 Januarij.

Het *originele* octrooi van de stichting der *Leydsche Universiteit* door Philips II.

O. Groot rood zegel, en klein contra-zegel.

PHILIPS. — Octrooi, waarbij al het getimmerde, binnen 500 roeden van den uitkant der stads vesten en grachten, zoo als *kerken*, *kloosters*, *steen- en kalkovens* verboden en vernietigd worden; ook binnen 800 roeden geene bouwhuizen, tappers, tavernen, ambachten of neringen te dulden.

O. Met een rood zegel, in eene eikenhouten doos.

Op den rug van den brief staat het *Relaas* van den Deurwaarder van den Hove, met de antwoorden der Schouten, die al vrij zonderling zijn; b. v. die van Soeterwoude had geantwoord: *Ick hoer ende sije.*

Deze antwoorden toonen genoeg de inwendige ontevredenheid van vele dier dorpelingen over het verkregen octrooi.

v. Mieris, *Handv.* bl. 47; doch zonder de antwoorden.

De *originele* Statuten der Leydsche Universiteit, beginnende: WILHELM *bij der Gratien Gods* enz.

O. Met een rood zegel (geschonden), in eene blikken doos.

Uitspraak van Prins WILLEM I, tusschen de steden Delft en Leyden, betreffende het belasten van *buitenbieren.*

O.                    (get.) MINNESANCK.

WILLEM Prins van Oranje. — Om alle *twijfelachtigheid* weg te nemen, die uit het verrigte van den 14 Oct. 1575 kon voortspruiten (geschied zonder *praejudicie* van Privilegiën), verklaart hij, bij eigenhandige onderteekening,

**PHILIPS II.**

dat door de *Burgemeesters, Wethouders en de* 16$^{nen}$, voortaan, *bij provisie, geprocedeerd zal worden tot verkiezing van
Burgemeesters en Schepenen, zulks als bij de Veertigen aldaar plagt te geschieden*, tot dat anders geordonneerd zij.

O.            (get.) GUILL. DE NASSAU.

**1576.**
**22 Mei.**

Verklaring (op papier) van NICOLAUS DAMMIUS, uit naam
van het Collegie der Universiteit te Leyden, waarbij Rector, Assessoren en Professoren te kennen geven, nooit van
meening geweest te zijn, het *Octrooi* of de *Statuten* der
Universiteit te overtreden; en zoo er iets, in het nomi-
neren enz. mogt geschied zijn, dit gedaan is, uithoofde
zij daarvan geene volkomene kennis gehad hebben, en
het niet strekken zal tot *praejudicie* van Burgemeesteren of Curatoren.

O.            (get.) NIC. DAMMIUS.

**1577.**
**14 Januarij.**

PHILIPS, als Graaf van Holland, geeft aan Leyden
octrooi, tot het houden van eene *vrije jaarmarkt* op
den 3$^{den}$ October, van allerlei koopmanschappen, en verzetting, op dien tijd, van de vorige *leermarkt*.

O. Zegel gaaf.         v. Mieris, *Handv.* bl. 329.

**1577.**
**25 Sept.**

Verzoekschrift van de Regeerders van Leyden, aan
Prins WILLEM I, en ook aan de Staten van Holland
en Zeeland, om zich uit de schulden der stad te redden.
Met een gunstig appointement der Staten, en het
bijgevoegde Octrooi, op naam van PHILIPS, maar zonder *onderteekening en zegel*. (Zie 11 Maart 1578.) Het
ging niet door.

O.            v. Mieris, *Handv.* bl. 450.

**PHILIPS II.**
1578.
12 Januarij.

De Burggraaf van Leyden verpacht, aan de Regeerders van Leyden, zijnen *markttol*, en het regt, hem competerende op de *Cruycemarkt*, gedurende 9 achtereenvolgende jaren; ter somme van 5 gl. 's jaars.

O. (get.) J. DE JONGE, Rentmeester van Wassenaar en J. VAN HOUT, Secretaris.

8 Maart.

PHILIPS geeft aan de steden en plaatsen, onder het gouvernement van zijnen getrouwen Neve, den Prince van Oranje, brieven van *atterminatie* voor 6 jaren, om hare schulden te betalen. Hij doet het, uit zijne *rechter wetentheyt, authoriteit ende volle macht* — want *ons alsoe belieft*.

O. Groot zegel en contra-zegel van PHILIPS, zoo als het in den Geheimen Raad gebruikt werd.

11 Maart.

Eene eigenhandige verklaring (op papier) van *de Rechtere*, Secretaris van de Staten van Holland, dat de brieven van *atterminatie*, den 25 Sept. 1577 door Leyden verkregen, geschreven en verzonden zijn, tot bezegelens toe; maar dat de bezegeling niet gedaan is, »overmits »die van Leyden bij requeste aen de voornoemde Sta- »ten *sedert ampliatie* hadden verzocht, vermogens die »requeste en aengehechte stucken, daertoe ick mij ge- »drage; en dat die requeste, gelyck veele andere, nyet »en heeft gevisiteert, en daerop geresolveert mooge »worden, overmits die selfde Staten, op te generale »vergaderinge vandyen, in Februarij lestgeleden verga- »dert zijnde, met meerder saecken van gewicht, gesta- »delick geoccupeert zyn geweest, en onlangs zyn ge- »scheyden."

O. Als deze brief er niet was, zoude men geen' raad weten met het stuk van 25 Sept. 1577, gedrukt bij v. Mieris, *Handv.* bl. 450.

PHILIPS II.
1578.
26 Maart.

Rekwest van de Burgemeesters van Leyden, *aen zijne Hooicheyt*, met de eigenhandige Apostille van zijne Hoogheid, den Aartshertog MATTHIAS, en (get.) N. D. SILLE.

Dat zij, op hun rekwest van Sept. 1577 aan den Prins van Oranje, en aan de Heeren Raden en Staten van Holland en Zeeland, in de maand Maart 1578 in Zijner Majesteit's Secreten Rade, verkregen hadden octrooi van *atterminatie* voor 6 jaren, om de los- en lijfrenten te betalen; maar dat deze brieven hun *infructueus* en *t'ondege* zullen vallen, zoo zij ook niet hadden brieven van den Rade van Brabant, ten aanzien van Brabanders enz.

O.                    (get.) *Fiat ut petitur*
                              MATTHIAS.

1579.
17 Dec.

Schout en Schepenen van Leyderdorp verklaren, dat de Staten van Holland aan Jhr. AERNT VAN DORP de landen van het klooster der Regulieren onder Leyderdorp hadden opgedragen voor *f* 19000, en dat die nu aan de stad Leyden zijn verkocht. Onder de verkoopers komen voor: OTTHO VAN EGMOND, Ridder, Heer van Kenenburch, Mr. PAULUS BUYS, Advocaat, NICOLAAS VAN DER LAEN, Burgemeester van Haarlem, Jhr. GHIJSBERT VAN DUVENVOIRDE, Heere van Opdam.

O. Met het zegel van JAN JOACHIMSZ., Schout van Leyderdorp, en de onderteekening van twee Schepenen.

1582.
4 Oct.

Acte (op papier) van *non praejudicie*, door den Prins van Oranje verleend, aangaande het bouwen van *tuin-huisjes* binnen de 500 roeden, en het optimmeren van het Huis *Cronestein*, toebehoorende aan DANIEL VAN WIJNGAERDEN, door de Magistraat van Leyden, tegen het octrooi van 10 Januarij 1575, geconsenteerd.

O.                    (get.) GUILL. DE NASSAU.

Bij bevele van sijnder Excell<sup>cie</sup>.

(get.) N. BRUNYNCK.

v. Mieris, *Handv.* bl. 49.

1582.
1 Dec.

Koop van de Ambachtsheerlijkheid van Leyderdorp, door de stad Leyden.

De stukken, betreffende dien koop, bevinden zich onder de Documenten der stads Heerlijkheden; en zullen later vermeld worden.

v. Mieris, *Handv.* bl. 674.

1582.
31 Dec.

WILLEM, Prins van Oranje, »als hem gedefereert »zijnde de Hooge Overheijt binnen den Lande van Hol- »land, mitsgaders de Ridderschappen, Edelen en Gedepu- »teerden van de Steden van Holland, representerende »de Staten dezer landen" enz. verkoopen aan de stad Leyden 50 morgen van de goederen van *Luttigegeest*, onder Katwijk, ten noordwesten der wildernissen, voor *f* 1900, en nog ander land, te zamen voor *f* 3830.

O. Met het groot rood zegel van den Prins, waar-van het omschrift is:

*S. Guil. D. G. Princ. Orang. Com. a Nass. Z<sup>c</sup> March. Ver. et Vliss. Dom. ac Baro. in Bred. Z<sup>c</sup> 1582.*

Ook met een klein rood zegel van Hol-land, een' *leeuw* in den *Hollandschen Tuin*, met een' *standaard* in den *regter poot*, en den *wimpel* boven aan den *standaard*.

1583.
14 Januarij.

De Burggraaf van Leyden verpacht zijnen markttol (zoo als in 1578) voor zeven jaren, aan de stad Leyden.

O.  (get.) J. DE JONGE en J. VAN HOUT.

1583.
31 Dec.

Afkoop van de Erfpacht van het *Vroon*, de *bottingen*, de *thijns* van de Vennep, en de twee *jaarmarkten*, door Leyden.

O. Met het *nieuwe* zegel van den Prins, en dat der Staten van Holland (zoo als op 31 Dec. 1582).

v. Mieris, *Handv.* bl. 705.

1584.
20 Dec.

Een Schepenbrief van Leyden, waarbij de vier gasthuismeesters van het Elisabeth's Gasthuis te Leyden aan de Burgemeesters een erf op den ouden Rijn verkoopen, om er een *verwerij van de saai-draperie* op te rigten, gelegen ten westen van het Gasthuis en het *Kuipershuis*.

O. Met twee zegels der Schepenen.

1585.
24 Mei.

Een perkamenten brief van den Ambachtsheer van Soeterwoude, over de verschillen met de stad; waarbij de verschilpunten worden opgegeven en vereffend, rakende de *Limietscheiding*, *het Regt van den Schout* enz.

O. Met zijn rood zegel, en ook door hem onderteekend.

YSEBRANDT VAN MERODE.

1587.
25 Oct.

Een perkamenten brief, waarbij MAURITS, Prins van Oranje enz., den burgers van Leyden, die zich aan *muiterij*, *oproer* en *seditie* schuldig maakten of die niet tijdig aanbragten, op verzoek der Burgemeesters (met advijs van de Gedeputeerden der Staten van Holland en van Schout en Schepenen der stad), *pardon* van het misdrijf geeft — met uitzondering van Christiaan van de Wouwere, Adolf van Meetkercken, eertijds President van Vlaanderen, Hobbe Florysz., Henric van Zoest, Geryt Jansz. Dubyn, Jan Cabbeljau, Guillaume van de Wege en Adriaan Saravia — en den Schout van Leyden, *silentie imponeert.*

Geg. te Leyden.

O. Met een klein rood zegel, en (get.) Maurice de Nassau.

> Betreft de beroerte ten tijde van Leycester. De verhooren en vonnissen in deze zaak zijn in een afzonderlijk register bij elkander.

1588.
16 Aug.

Eed (op perkament) van Jhr. Pieter van der Does, als Baljuw van Rijnland, aan den voorzittenden Burgemeester van Leyden, Claes Adriaansz. Brouwer, dat hij de privilegiën en regten der stad zal onderhouden.

Gedaan in de openbare Vierschaar van Rijnland, voor de gemeente; in presentie van verscheidene personen, die daar genoemd worden.

O. (get.) J. van Hout.

v. Mieris, *Handv.* bl. 633.

1588.
15 Oct.

Perkamenten brief, waarbij Schout, Burgemeesteren en Schepenen van Leyden aan Syon Luz vrijheid verleenen, eene Bank van Leening op zekere voorwaarden te houden, voor 15 jaren; mits dat die van den Gerechte een' Berg van Barmhartigheid (*Montem pietatis*), in dien tijd mogen oprigten.

O. Met twee zegels der Schepenen.

v. Mieris, *Handv.* bl. 358.

**1588.**
**19 Oct.**

Opdragt van den *Vrouwenweg* en de *Vrouwensloot*, onder Soeterwoude, door Jhr. FLORIS TSERCLAES, aan de stad Leyden.

O. Bij accoord.  (get.) F. TSERCLAES.

Er zijn nog andere stukken nopens dien weg in het Archief aanwezig, waarover met den Schout van Soeterwoude verschil was ontstaan.

**1589.**
**31 Maart.**

Verbandbrief van Schout, Burgemeesteren, Schepenen en Raden van Leyden, om de pachters der gemeene middelen behulpzaam te zijn in de executiën tegen de *fraudeurs*; omdat er geene andere middelen te bedenken zijn, ten einde zich tegen het geweld van den Koning van Spanje te verdedigen, dan dat de gemeene middelen en imposten, alom in de steden en ten platten lande, volkomen, en zonder eenige *fraude* of *dissimulatie* geheven worden.

De vonnissen moeten binnen eene maand, na de eerste dagvaarding, zijn afgeloopen.

O. Met het zegel der stad; omschrift: *S. Lugduni Batavorum ad Causas.*

**1589.**
**13 April.**

Proces gerezen tusschen Dijkgraaf en Ingelanden van Rijnland — en de Regeerders van Leyden (uit naam van het St. Katharina-Gasthuis en de Leprozenmeesters); over den vrijdom van lasten tot onderhoud van den Sparendamschen dijk enz. — afgedaan door tusschenspraak van den President en een' Rekenmeester van het Hof, waardoor het Gasthuis vrijdom ver-

kreeg (mits in eens *f* 100 betalende) voor de 25 morgen lands, binnen de stads vrijheid gelegen.

> O. Papier, en met vele onderteekeningen, zoo als
> die van: DE JONG; WIJNGAARDEN; MATENESSE;
> VAN WOU; MERODE; VAN DER MYLE; PAUL BUYS;
> POELGHEEST; RUYCHAVER; RAEPHORST enz.

v. Mieris, *Handv.* bl. 804.

1590.
22 en 29 Junij.

Sententie van de Gecommitteerde Raden van Holland, over eenen valschen munter, genaamd JAN FRE-
RICXZ., geboren van Leeuwaarden en poorter van Leyden,
gevangen in 's Hage, om aldaar aan eene staak *gewurgd*,
en daarna *verbrand* te worden, hebbende eene ijzeren
ketting, met eenige valsche munten en ijzeren, boven
zijn hoofd enz.

Gedaan te 's Hage den 22 Junij, en uitgesproken den
29 Junij.

Kopij (op papier), met de collatie van C. DE RECHTERE.

Hij had nog een' compagnon PIETER BOSCH, van Kampen. Beiden oefenden hun bedrijf uit in de duinen
van Katwijk.

1590.
9 Nov.

Acte (op perkament, groot 6 vel folio) van overeenkomst van Burgemeesteren en Schepenen van Leyden,
uit naam van de Groote Vroedschap, met Mr. ROM-
BOUT HOGEREEÉTS, om als Raad en Pensionaris voor
den tijd van 9 jaren te dienen.

> O. (get.) J. VAN HOUT en R. HOGERBEETS. Met ver-
> klaring dat hij den eed gedaan heeft. Het
> zegel der stad heeft tot omschrift: *S. Civitatis
> Lugduni Batavorum ad Contractus.*

**1592.**
**6 Julij.**

Een schepenbrief van Leyden, waarbij Claes Gijs-
bertsz. van Dorp en Cornelis Gerritsz. de Haes aan
de stad eenige afgegravene landen opdragen, die afge-
schat waren, »toen, in het jaar 1590, het *ravelijn* vóór
»de Wittepoort, aan de stad getrokken, in een *bolwerk*
»veranderd en vergroot werd; en in het jaar 1591, het
»*tweepuntige ravelijn*, gelegen hebbende vóór den Blaau-
»wen toren, ook in een bolwerk veranderd en vergroot,
»aan de stad getrokken is."

O. Met twee zegels der Schepenen.

**1592.**
**16 Sept.**

Verdrag (op perkament) van den Landkommandeur
des Duitschen Huizes te Utrecht, met Schout en Schepenen van Leyden, »over zekere nieuwe straat, ge-
»keurd in het Bon van Zevenhuizen, genaamd de
»*Heerenstraat*, loopende ten zuiden en ten noorden
»door den hof van de *Commanderije*."
Na vertoon van den brief van Floris V van 19 Dec.
1266 (kopij) en dien van Hertog Albrecht van Beijeren
van 18 Sept. 1392, en de Apostille van Prins Willem I
van 20 Februarij 1577 enz., maken zij hierop een
vriendelijk accoord, ten voordeele der stad. Ook dat
er eene poort over de *Salomons-straat* zal gemaakt worden, waardoor de Kommandeur altijd eenen vrijen in-
en uitgang zal hebben.

O. Met het roode zegel van den Landkommandeur
Jacob Taets van Amerongen, en het blaauwe
zegel van den Kommandeur Wilhelm Mulert,
alsmede hun beider onderteekening.

v. Mieris, *Handv.* bl. 488 en 492.

9*

1592.
6 Nov.

Verdrag tusschen die van den Gerechte van Leyden en JAN VAN HOUT, om hem het secretarisschap verder levenslang te laten bedienen.

O. Met het groene zegel der stad, zoo als dat van 9 Nov. 1590, en van JAN VAN HOUT (waarvan het omschrift is: S. JAN VAN HOUT).

1593.
19 Febr.

Perkamenten verleibrief, waarbij de Staten van Holland verlei geven op Mr. FRANCK DUYCK, Burgemeester van Leyden, en in den naam der stad, van het Ambacht en het Gerecht van *de Vennip*.

O. Met het zegel der Staten en contra-zegel van den Huize van Wassenaar.

(get.) J. VAN OLDENBARNEVELD.
v. Mieris, *Handv.* bl. 664—666.

1593.
13 Maart.

De Regeerders van Leyden, uit naam van het St. Katharina-Gasthuis, hadden den Staten van Holland te kennen gegeven, dat zij eene groote gemeente hadden, meest bestaande uit schamelen en onvermogenden, — dat zij daarom een *pesthuis* in de stad wilden bouwen, alsmede een *dolhuis*, omdat de oude plaats ongeschikt was; maar hadden daartoe noodig de behulpzame hand. Zij verzochten daarom octrooi tot het houden eener loterij van goederen, juweelen, gouden en zilveren penningen. De Staten geven daartoe octrooi.

O. Op papier, (get.) DE RECHTERE 1593; met een klein opgeplakt zegel (*de leeuw in den tuin*).

De registers dezer loterij, met vele *deviezen* der nommers, bevinden zich thans in het St. Caecilia-Gasthuis te Leyden.

1593.
28 Junij.

Eene uitgebreide Sententie van den Hove van Holland (op 6 halve vellen perkament) over een stuk lands, met de gracht of sloot, gelegen in Soeterwoude, genaamd *Vrouwenweg* en *Vrouwensloot.*

O. Met een groot rood zegel van Justitie.

1594.
6 Mei.

Verdrag van de bewoners der huizen bij den Burg te Leyden (die *licht, vensters* en *deuren* maken tegen over den Burg, tot groote onvrijheid), met den Rentmeester van den Heer van Wassenaar, door bemiddeling der Burgemeesters van Leyden tot stand gekomen.

O. Op papier, (get.) DE JONGE en J. VAN HOUT.

v. Mieris, *Handv.* bl. 478.

1594.
22 Sept.

Sententie van den Hoogen Raad (op drie geheele vellen perkament), over den *Vrouwenweg* en de *Vrouwensloot,* waarbij het vonnis van het Hof van 28 Junij 1593 vernietigd wordt »*voor zoo veel daarvan geprovoceerd is.*"

O. Met een groot rood zegel en contra-zegel, vertoonende PHILIPS VAN SPANJE, zittende op zijn' troon. Omschrift van het zegel: *Sigillum Justitiæ Supr. in Hollandia Concilii,* en van het contra-zegel: *Contra-Sigillum Supremi Concilii in Hollandia.*

1595.
7 Maart.

Overeenkomst tusschen de stad Leyden en de Vierschaar van Rijnland, over het bouwen van eene *nieuwe Vierschaar* voor Rijnland, bij gelegenheid dat Gecommitteerde Raden aan de Curatoren en den Akademischen Senaat veroorloofd hadden een locaal voor *hunlieder Vierschaar.*

O. Op perkament, (get.) J. VAN HOUT en S. VAN DER WUERT.

(Zie 2 October 1564.)

1595.
23 Dec.
1596.
6 en 11 Januarij.

Accoord tusschen de regering van Delft en Leyden, over het onderlinge verschil omtrent de Saaidrapiers van Leyden en de Delftsche bieren gerezen.

De Burgemeesters van Delft hadden zekere onderhandelingen met de Saaidrapiers van Leyden aangegaan, denkelijk om hen naar Delft te lokken, tot nadeel van Leyden.

Daarentegen had Leyden de belasting op het Delftsche bier verhoogd.

O. Op papier, (get.) JAN DE GROOT, H. VAN DER DUSSE, P. A. VAN DER WERF, JACOB EUWOUT (?), DE MEER, R. HOGERBEETS, BAERSDORP, FR. DUYCK en J. VAN HOUT.

Met de *willige condemnatie* van den Hoogen Raad, op het accoord (op perkament).

1596.
2 Januarij.

Acte (op papier), bevattende het verhaal, hoe de Spanjaard ALFONSO, Kapitein (?) in dienst van Prins MAURITS, de dochter van den Raadsheer NICOLAAS BRUYNINCX heeft geschaakt.

Zij hadden hunnen intrek op het grondgebied van Leyden genomen (de *stads-herberg* buiten de Wittepoort), waar zij door GILLES VAN FLORY, Procureur-Generaal van den Hove van Holland, gevat en naar 's Hage vervoerd werden.

De regering van Leyden meende hierin schending van jurisdictie te zien; en na consultatie met haren advocaat, verklaarde deze, dat, volgens Art. 19 der *Instructie van den Hove van Holland*, de Procureur-Generaal »mach prevenieren allen offichiers, apprehende-»rende den geenen, die men mitter verscher daet be-»vindt gedelinqueert te hebben."

Dit verhaal was hier in het breede (ter memorie voor de nakomelingschap) gesteld, opdat er uit zou blijken, dat de regering van Leyden haren pligt had gedaan.

O.                                        (get.) J. VAN HOUT.

Het verhaal komt ook voor in de *Gerechts-dagboeken* der stad; en op het Rijks-archief vindt men het vervolg dezer zaak, met brieven van UITENBOGAERDT.

1596.
19 Maart.

Verdrag (op perkament) tusschen Jhr. JOHAN VAN DU-VENVOORDE, Heer van Warmond, Esselickenwoude, Alcke-made enz. — en de regering van Leyden, over de limietscheiding van hunne wateren en visscherijen.

O. Met een rood zegel van Warmond, en dat van Leyden (*de leeuw met de sleutels*, en contra-zegel).

(get.) JOHAN VAN DUVENVOIRDE; PIETER ADRIAENSZ. (VAN DER WERF); S. DE BAERSDORP; JASPER VAN BANCHEM; S. VAN MERWEN en JAN VAN HOUT.

v. Mieris, *Handv.* bl. 765.

1596.
10 Julij.

Accoord der stad (bij schepenbrief) met den student LODEWIJK JANSZ. DROOTLING, zoon van JOHAN DROOTLING en Jonkv. COMMERYNA JACOBSDR. VAN STRYEN, als bezit-ter eener vicary, in 1372 gesticht door PHILIPS van Leyden, eerst *St. Andries* en nu *Salomons Tempel* ge-naamd

Wegens het maken der Heerenstraat was de *Salo-mons Tempel* afgebroken. Hij kreeg nu *f* 426 in eens, en levenslang *f* 18 jaarlijks.

O. Met het zegel van C. WILLEMSZ. en VRANC VAN THOORNVLIET.

1596.
12 Julij.

Verdrag (op perkament) van Burgemeesteren van Leyden, met den Ambachtsheer, Schout, Ambachtsbewaarders en Schepenen van Soeterwoude, over de *eeuwige erfpacht* van den Vrouwenweg en de Vrouwensloot.

O. Met het groene zegel der stad, *ad Contractus;* het roode van den Ambachtsheer YSBRAND VAN MERODE, en dat van den Schout GIJSBRECHT VERMY HUYBERTSZ.

De onderteekeningen, zoo als die bij v. Mieris, *Handv.* bl. 726, voorkomen.

1596.
2 Dec.

Verdrag tusschen de regering van Leyden — en Dijkgraaf en Hoogheemraden van Rijnland; over den vrijdom van accijnsen, waartoe zij, volgens het privilegie van den 16 Nov. 1506, en de Resolutie der Vroedschap van den 9 April 1507, meenden geregtigd te zijn. Aan Dijkgraaf en Hoogheemraden werd nu vrijdom gegund voor den tijd van 31 jaren.

O. Met de roode zegels van Jhr. PIETER VAN DER DOES, Dijkgraaf en Baljuw van Rijnland; JOHAN VAN DUVENVOORDE EN WOUDE; GERARD VAN POELGHEEST; PIETER DE KIES; NICOLAAS RUYCHAVER; Jhr. ANDRIES VAN BRONCHORST; ARENT VAN DUVENVOORDE en NICOLAAS VAN MATHENESSE, Hoogheemraden.

v. Mieris, *Handv.* bl 637.

1597.
14 Julij.

Sententie (op perkament) van den Hove van Holland tegen DIRK VAN EGMOND, Secretaris van de Hoogheemraden van Rijnland, wegens het beroepen van Leydsche burgers voor de Vierschaar van Rijnland; bijzonder betreffende JAN VAN HOUT, in zaken van *Heemregt.*

Het vonnis is, dat JAN VAN HOUT moet geroepen worden voor Schepenen van Leyden.

O. Met het roode zegel van het Hof. Omschrift: *S.
Justit. Com. Holl. Zel. & Dom. Phri.*; ter weder-
zijde, de drie wapens van Holland, Zeeland en
West-Friesland.

1597.
13 Sept.

Een onbezegelde perkamenten brief, waarbij de Regeerders van Leyden bekennen, jaarlijks *f* 125 schuldig
te zijn aan den Huize van Wassenaar — voor den
koop van Leyderdorp, onder beding, dat de Wassenaarsche tolheffer aan de Zijl geene stedeneringen doen zal.

O. (get.) J. VAN HOUT en J. DE JONGE.

v. Mieris, *Handv.* bl. 681.

1597.
5 Dec.

Verdrag tusschen de Regeerders van Leyden en de
Heeren van Warmond en Wibisma, waarbij de stad afstand doet van het regt van *visschen* in twee poelen
bij het Warmonder-veer; mits zij slechts tot *vogelrij*,
en niet tot *visscherij* gebruikt worden; anders komen
zij aan de stad.

O. Met twee roode zegels, en onderteekeningen van
JOHAN VAN DUVENVOORDE en J. VAN MATHENESSE.

1598.
4 April.

Verdrag tusschen Dordrecht en Leyden over het regt
van *exue*.

O. Met het zegel van Dordrecht (*de oude toren*),
en het contra-zegel (*de Paal*).

1598.
21 Julij.

Verdrag, waarbij de Schouten en Ambachtsbewaarders
van Bloemendaal en Waddingsveen, op verzoek der

Leydsche regering, bewilligen in het verwijden hunner bruggen, ten dienste der scheepvaart.

    O. Op papier, met de onderteekeningen, zoo als die
        bij v. Mieris, *Handv.* bl. 384, voorkomen.

1598.
12 Sept.

Een diergelijk verdrag met den Schout en de Ambachtsbewaarders van Boskoop, over het verwijden hunner
brug over de *Gouwe*, ten dienste der stads *haringschepen.*

    O. Op perkament, met het opgeplakte zegel der stad,
        *ad Causas*, en dat van Boskoop.

1598.
12 Nov.

Accoord der stad (op perkament) met Jan Franchois
Susio, Piemonteesch Koopman, wonende te Rotterdam,
op *het onderhoud der Tafele van Leening*, volgens opene
brieven en voorwaarden daarvan zijnde, uit »crachte van
»de authorisatie van die van de groote Vroetschappen
»der stadt, het ligchaam van dien representeerende."

Met een' tweeden brief, van 29 Oct. 1598, dat Bar-
tholomees Ferreris en Jan Kalfgens, zwagers van
Susio, hierin ook deel nemen.

    O. Met de zegels der Schepenen en geteckend J.
        van Hout.

        Achter op dezen brief staat, dat de Sta-
        ten van Holland verklaard hebben, hunne
        approbatie daartoe niet noodig te zijn.

1599.
5 Junij.

Eene, op papier geschreven en eigenhandig geteekende,
acte van Pieter van Rhoon, Baljuw en Ruwaard van Putten, tot stichting van twee Beurzen in het *Collegium
Theologiae*, waarover de Burgemeesters van Leyden
Curatoren zullen zijn.

        Met eene bijgevoegde notariële kopij, uit
        zijn testament, van 5 Junij 1599.

            v. Mieris, *Handv.* bl. 608.

1599.
1 Julij.

Accoord tusschen Woerden en Leyden, om gedurende 40 jaren geen regt van *exue* van elkander te heffen, en dat tot wederzeggen.

O. Met een klein en contra-zegel van Woerden.

1599.
9 Sept.

Octrooi der Staten van Holland, tot het verzetten der twee leermarkten van Leyden.

O. Met het zegel der Staten.

(get.) J. van OLDENBARNEVELT.

1599.
3 Dec.

Acte (op perkament), waarbij de regering van Dordrecht aan de Steden van Holland, onder zeker beding, vrijheid geeft van doorvaart door de *Kille*, loopende door de landen en gorzen van Bonaventura ('s Gravendeel), en afstand doet van alle regten, die hieraan kunnen hinderen.

O. Met een groot, groen zegel der stad (*de oude toren*); omschrift: *Sigillum opidanorum in Durdrecht*; en contra-zegel: de *Hollandsche Leeuw* in een schild, met het omschrift: *Clavis Secreti Sigilli*.

v. Mieris, *Handv.* bl. 387. v. d. Wall, *Handv. van Dordr.* bl. 1608.

1601.
1 Aug.

Verdrag (op papier) tusschen de regering van Leyden en PIETER ADRIAANSZ. VAN DER WERF, over het gebruik van zijnen *kalander-molen*, tot handhaving van de *nering* te Leyden.

O. (get.) J. van HOUT en PIETER ADRIAENSZ.

v. Mieris, *Handv.* bl. 375.

1603.
17 Sept.

Opdragt van een huis, aan de oostzijde van het Rapenburg, bestemd voor een *tuchthuis*. De opdragt had plaats van wege HELENA, *natuurlijke dochter* van JOHAN VAN DUVENVOORDE EN VAN WOUDE enz., Admiraal en Hout- vester van Holland.

O. Met het zegel van J. VAN DUVENVOORDE.

*Dit is niet tot stand gekomen.*

1605.
2 Febr.

Aanstelling en continuatie van JAN PHILIPS (VAN) VELSEN, tot organist en klokkenist te Leyden, voor 5 jaren.

O. (get.) J. VAN HOUT; PH. JANSZ. VELSEN en JEAN PHILIPS VELSEN.

1604—1609.
3 April — 16 Oct.

Verschillen van Leyden en Amsterdam met die van Haarlem, over den *Overtoom*, buiten Amsterdam; allen, bij v. MIERIS, *Handvesten van Leyden*, bl. 784—790, ge- boekt; maar getrokken uit de *Resolutiën* der Staten van Holland en West-Friesland.

Hiervan is slechts aanwezig:

1. Het *Dictum* der sententie van het Hof van Hol- land, tusschen de stad en PIETER SANGUIN, Deur- waarder van het Hof, over de kosten.
2. Het *Dictum* der sententie van den Hoogen Raad, tusschen Leyden en Amsterdam ter eenre, en Haar- lem ter andere zijde, over den Overtoom; waarbij de Raadsheeren Mr. ADRIAAN JUNIUS, AMELIS VAN ROSENDAEL en FLORIS VAN SCHOTERBOSCH geëxcu- seerd worden.

1607.
14 Maart.

Accoord (op papier) met die van Hillegom, wegens de *schouwing* en *scheiding* van de Vennip, en hare *juris- dictie*.

O. (get.) A. VAN THIENEN en anderen, zoo als bij v. Mieris, *Handv.* bl. 667—669.

1607.
2 Julij.

Contract (op papier) met Huych Hopcoper, *Baljuw van Calverenbrouck* en Mr. Uurwerker, wonende te Gouda; over het maken van een uurwerk op de Hooglandsche kerk te Leyden. — Met de kwitantiën ter somme van *f* 1161. 12 *st.* 12 *d.*

O. Met de onderteekening van Jan van Hout en den Uurwerker.

1607.
8 Julij.

Schepenbrief van Gouda, waarbij boven genoemde Uurwerker zijn huis op de *Lange Thijenweg* te Gouda verpandt, voor de nakoming, om een uurwerk op de Hooglandsche kerk te maken.

O. Met de zegels der Schepenen, Pieter Woutersz. Crabeth en Jacob Dirksz. Loncq.

Hierbij ligt eene ongeteekende verklaring van de Burgemeesteren van Leyden, van 5 Nov. 1609, dat het uurwerk *niet voldoet.*

1608.
26 Junij.

Verschillende stukken, behoorende tot het proces van Leyden met Leyderdorp, over eene *nieuwe waterloozing* in Leyderdorp naar de *Slaech.*

Zij worden genoemd: *Affixie tot het graven van zekere nieuwe graft, buiten de Marepoort in het Ambacht van Leyderdorp, tusschen de Cingelsloot en de Slaech.*

O. Alles door Jan van Hout geschreven.

1608.
27 Junij.

Het *Dictum* van de Sententie van den Hove van Holland, dat de *warmoestienden* van Leyden en Rijnland *vrij zijn.* Hierbij behoort de originele sententie zelf, geteekend A. Duyck, zijnde 8 geheele vellen perkament, bevattende het geheele proces en de middelen.

O. Met het zegel van het Hof.

v. Mieris, *Handv.* bl. 807, schrijft *Edictum*, in plaats van *Dictum*.

1609.
16 Junij.

Accoord tusschen de steden Leyden en Amsterdam, betreffende het onderhouden en repareeren van den *Overtoom*.

O. Op perkament, met het zegel van Leyden, *ad Con-tractus*, en dat van Amsterdam (het *oude schip*, met de wapens van *Henegouwen* en *Persijn*, en contra-zegel, de *koninklijke kroon*).

Met een' brief over het loon op het veer van Amsterdam, en de lijst der loonen.

1609.
11 Aug.

Octrooi van de Staten van Holland, nopens het ver-zwaren van de gewigten, voor de *Comans, Vettewariers* en *Kaaskoopers* op de Waag te Leyden.

O. Met het zegel der Staten, en (get.) J. van Olden-barnevelt.

1610.
31 Maart.

Accoord met Pieter van Beveren, Generaal van de Munt en Tollenaar te Gorinchem, over de teruggave van twee metalen veldstukken, die de regering van Leyden hem bij acte van den 21 April 1601 had geleend, tot bevordering eener overzeesche reis, door Pieter Ver-hagen, Balthasar de Moucheron en anderen, onder bevel van Joris van Spilbergen ondernomen.

O. (get.) Baersdorp, Nic. van Zeyst en Pieter van Beveren.

Het eene veldstuk woog 1010 ℔ en het andere 1018 ℔.

1610.
2 Sept.

Voorwaarden tot verkoop en koop van de Ambachts-heerlijkheid van *Soeterwoude*, *Stompwijk*, *Wilsveen*, *den Leydschen Dam* en *Tedingerbroeck*.

(get.) Ysbrant van Merode; Adriaen van Matenesse: Johan van Matenesse; Claes Adriaensz.; Laurens Gael; T. Exalto enz.

v. Mieris, *Handv*. bl. 728.

Met den brief van Investiture, op Claes Adriaensz. Burgemeester van Leyden, door de Staten van Holland.

1611.
6 Mei.

Octrooi der Staten van Holland, tot vergrooting der stad, »om de menigte vuile neringen — en omdat het »vuile water en die neringen, volgens de privilegiën, »niet buiten de stad mogen gebragt worden."

O. Op perkament, met het groote zegel der Staten. Hierbij vele opdragten van huizen en erven, tot deze begrooting behoorende.

1613.
19 Dec.

Brief van Decreet van het Hof, betreffende den koop en opdragt van de Ambachtsheerlijkheid van Soeter-woude enz.

O. Drie geheele vellen perkament; met het groote zegel van het Hof van Holland.

1614.
13 April.

Accoord tusschen Jhr. Jacob van Wijngaerden, Heer van Benthuysen, Ambachtsheer van Zoetermeer, — en de stad, als Ambachtsheer van Soeterwoude; over het bedijken van het Zoetermeersche Meer.

O. Op perkament, met het zegel der stad, en dat van den Heer van Benthuysen, beide ge-schonden.

v. Mieris, *Handv*. bl. 783.

1614.
14 Mei.
1617.
29 Mei.

Een perkamenten brief, bevattende een nader octrooi der stad, en overdragt met Jacob Sussio en Jacob Ferreris, over het houden van de Bank van Leening, voor 10 jaren.

O. Met de zegels van Amelis van Hogeveen en Mr. Jacob van Brouchoven.

1614.
18 Aug.

Accoord met de stad — over het water, genaamd Pathmos (Paddemoes) aan de Oude-vest, »die jegen-»woordich mitte vergrootinge dezer stede is nederge-»legt, ter plaetse daer de brouwerij van zaliger Pieter »Adryaensz. van de Werff staet, en sulcx de deurvaert »is geweest tot in de oude-vestgraft."

O. Op papier, (get.) J. van Swanenburch; Maertgen Fransen Duyst en Claes Adriaenssen van de Werf, wijllen naem van mijn moeder.

1617.
19 Oct.

Aanneming van Mr. Rombout Hogerbeets tot Raad en Pensionaris van Leyden.

O. Op perkament, met het zegel der stad, ad Contractus, en (get.) J. van Swanenburch en Rombout Hogerbeets.

1619.
3 Junij.

Acte van non praejudicie van den Hove van Holland, nopens de dagvaarding van Adriaan van de Borre, gewezen Predikant te Leyden, om voor het Hof te verschijnen.

O. Op papier.                    (get.) A. Duyck.
                    v. Mieris, Handv. bl. 69.

1620.
7 Sept.

Opdragtsbrief, voor Schout en Schepenen van Leyderdorp, van eene lijmwerf, met de schuren in de Waart, aan de Burgemeesteren van Leyden.

O. Met het Ambachts- en Schouts-zegel van Leyderdorp.

Hierbij behooren vijf vroegere bewijzen van eigendom, van 1542—1597; o. a. een schepenbrief van Amsterdam van 3 Junij 1552, zijnde eene verklaring van Cornelis Dirkz. Poel, oud 55 jaren, betreffende die *lijmwerf*, en eene gelijke verklaring van Lueven Mourynsz., oud 72 jaren, Priester te Leyden, die getuigde dat een der erfgenamen tot *Marienpoort* in *Andalusië* gewoond heeft, van 21 Junij 1552.

O.

**1621.**
**13 Januarij.**

Voorwaarden, waarop Burgemeesteren van Leyden aan Dr. Everardus Vorstius, Prof. Medic., zeker erf, dat eertijds voor een *tuchthuis* bestemd was, gelegen aan de oostzijde van Rapenburg, en waarachter een *zaaghuis* en een *pikeurstal* gemaakt was, tot wederzeggen afstaan.

O. Met de zegels van S. W. van Kerchem en Dr. W. van Moerbergen; alsmede de afteekening door den Landmeter P. H. van Bilderbeeck.

v. Mieris, *Handv.* bl. 502.

**1621.**
**8 Maart.**

Sententie van den Hove van Holland, betreffende de x schellingen, op de Bredasche bieren te Leyden geheven.

O. Op perkament, met het zegel van het Hof.

**1622.**
**30 Sept.**

Sententie *interlocutoir* van den Hove van Holland, nopens de goederen van de kinderen van Mr. Rombout Hogerbeets. (De goederen der moeder moeten worden afgegeven.)

O. Op perkament. (get.) Myerop.

Octrooi der Staten van Holland, betreffende het houden van twee jaarlijksche *vrije markten*, van allerlei
mager vee, te Leyden.

O. Met het zegel der Staten; en eene gedrukte be-
kendmaking van dat octrooi, van 9 April 1624.

v. Mieris, *Handv.* bl. 335.

Sententie van den Hove van Holland, tusschen de
erfgenamen van Mr. Rombout Hogerbeets en de Burgemeesteren van Leyden, tegen den Procureur-Generaal,
beroerende de *redemtie van de confiscatie* van Hogerbeets goederen.

O. Op perkament, met het zegel van het Hof.

Acte van de Rekenkamer, om de aangeslagene goederen van Mr. Romb. Hogerbeets aan zijne kinderen
terug te geven.

Behalve deze acte is er in het Archief nog een rekwest van de kinderen en erfgenamen van R. Hogerbeets aan de regering van Leyden aanwezig, waarin
zij te kennen geven, dat de stad hunnen vader, als
oudsten Raad in den Hoogen Raad, tot Raadpensionaris
van Leyden voor den tijd van 9 jaren hadden aangesteld, ingaande den 1 Nov. 1617, op een jaarlijksch
tractement van *f* 2000; dat hij in 1618 te 's Hage in
verzekerde bewaring was gehouden; vervolgens naar
Loevestein vervoerd werd, en eindelijk in September
1625 op het Huis *ter Weer* overleed. Hij had dat tractement tot den 1 Aug. 1619 genoten. Zij verzoeken
derhalve het tractement te mogen ontvangen over de
verloopene 6 jaren en 3 maanden, behalve de andere
emolumenten, even als zulks voor de kinderen van H.
de Groot heeft plaats gehad enz.

Hierbij is eene belangrijke *memorie*, dat Hogerbeets niet zonder last, van wege Leyden, gehandeld heeft, en eene kopij van dien lastbrief van 28 Mei 1618, als-mede eene in den jare 1642 *gecollationeerde correspondentie* der Vroedschap over de *Waardgelders*, en het opstellen der *kerkorde* door Polyander en Colonius, van 1618, waartoe Hogerbeets gelast was te handelen.

O. Op perkament, met het opgeplakte zegel der Re-kenkamer, waarin de wapens van *Holland*, *Zee-land*, *West-Friesland*, *Gelderland* en *Overijssel* voorkomen.

**1629.**
**10 Maart.**

Acte van de Staten-Generaal, waarbij Johannes Ar-noldi Corvinus (eertijds Predikant, en nu gevangen te Leyden) gelast wordt de *acte van stilstand*, van 15 Junij 1623, te onderteekenen, en zoo niet, dat hij alsdan uit de Vereenigde Provinciën zal gebragt worden.

O. Met het opgeplakte zegel der Staten-Generaal.

Hij is later Advocaat te Amsterdam ge-worden.

**1631.**
**22 Dec.**

Sententie van het Hof en van den Hoogen Raad (te zamen vereenigd), nopens het doen van *publieke lessen* te Amsterdam, in publieke scholen.

Amsterdam had eene Akademie willen oprigten, waartegen Leyden zich verzette.

O. Met het zegel der twee Hoven.

**1632.**
**26 Oct.**

Octrooi aan Johan François Tartolis verleend, tot het houden eener *Tafel van Leening* te Leyden.

O. Op perkament, met de zegels van van Kerchem en van Staveren, Schepenen te Leyden.

**10***

1634.
8 Dec.

1. Accoord tusschen de Burgemeesters van Leyden en MACHTELT AELBRECHTSDR. *weduwe* van HILLEBRANDT JACOBSZ. VAN WOUW, tot het drukken van het *Oude Testament*, volgens *Resolutie* der Staten-Generaal van den 22 Oct. 1634.

1635.
10 en 12 Febr.

2. Accoord met de overzetters van het *Oude Testament*, nopens de *cessie* van het Octrooi en de bevordering van het drukken der nieuwe overzetting van het *Oude Testament*, door PAULUS AERTSZ. van Ravesteyn, die zich te Leyden moest vestigen.

(Get) S. v. BAERSDORP, JOH. BOGERMANNUS en WILHELMUS BAUDARTIUS.

1636.
21 Junij.

3. Accoord met de *weduwe* van HILLEBRANDT JACOBSZ. VAN WOUW, tot het drukken van het *Nieuwe Testament* met de *Apocryphe Boeken*.

O. (get.) S. v. BAERSDORP, MACHTELT AELBRECHTDR, H. VAN WOUW en PAETS.

1636.
21 Junij.

4. Accoord met de overzetters van het *Nieuwe Testament* en van de *Apocryphe Boeken*; de *cessie* van het Octrooi en de bevordering van den druk der nieuwe overzetting.

O. (get.) S. v. BAERSDORP, ANTONIUS WALAEUS, en FESTUS HOMMIUS.

1636.
30 Junij.

Verdrag tusschen de Regeerders van Delft en Leyden, over het maken van eenen *nieuwen trekweg* tusschen die twee steden.

O. Op perkament.

(get.) CAMERLIN en S. v. BAERSDORP.

v. Mieris, *Handv.* bl. 392.

1636.
1 Aug.

Octrooi van de Staten van Holland, aan Delft en Leyden gegeven, tot het maken van eenen *trekweg*, loopende van Leyden tot aan den Leydschen Dam.

O. Op perkament, met het zegel der Staten.

v. Mieris, *Handv.* bl. 393.

1639.
11 Mei.

Opdragt voor Schepenen van 's Gravenhage, ten behoeve der stad Leyden, van een huis en erf op het *Buitenhof* aldaar, toebehoorende aan Hendrik Schrassert.

O. Met de zegels van Mr. Jacob Snels en Steven Snouck (Schildknaap).

De stad gaf daarvoor *f* 17400; het diende tot logement der stads Gedeputeerden.

Hierbij behoort een zak met proces-stukken, betreffende dien koop, en den twist daarover ontstaan.

1644.
17 Maart.

Octrooi der Staten van Holland tot vergrooting van Leyden.

O. Op perkament, met het zegel der Staten.

Daarop volgen een groot aantal brieven van afgeschatte landen voor deze vergrooting.

# CHARTERS

### van

## DEN BURG, DE KERKEN, GASTHUIZEN

### en voormalige

## KLOOSTERS VAN LEYDEN.

# DE BURG VAN LEYDEN.

—————

DE BURG. In het jaar 1651 heeft de stad Leyden den Burg voor de belangrijke som van *f* 70000 van Claude Lamorael, Prins de Ligne enz. gekocht. De stukken, bij die gelegenheid en later, aan de stad gekomen, zijn:

1203.     Verdrag tusschen den Graaf van Loon en den Hertog van Brabant, waarin verklaard wordt, dat de Burg te Leyden *allodiaal* goed was en aan den Graaf zoude blijven.

> Kopij, overgenomen uit Butkens, *Troph.* 1. p. 57.

1266. 24 Dec.     *Vidimus* (op perkament) van het Charter van Graaf Floris V. van 24 Dec. 1266, waarbij hij Henricus, Kastelein van den Burg, vergunt de vechterijen op de markt te beslechten.

> O. Bij *vidimus* der stad Brugge van 27 Julij 1424, en reeds onder de Charters van Leyden, bl. 2, vermeld.

1361. 14 April.     *Vidimus* (op perkament) van Schout, Schepenen en Rade van Leyden, van eenen brief van Dirk van Wassenaar, Burggraaf van Leyden, van 6 Januarij 1360;

**DE BURG.** inhoudende den verkoop van eenige huizen bij den Burg, aan Dirk Nannekynsz. en Fameynse, weduwe van Florys Melysz.

> O. Met het *oude* zegel der stad (de Engelen). De oorspronkelijke brief van 1360 bevindt zich onder de Charters van Leyden bl. 20.

1399.
2 April.

Hertog Albrecht van Beijeren vergunt den gebannenen Burggraaf van Leyden weder in het land te komen, en herstelt hem in zijne goederen.

> O. Gegeven te 's Hage (op perkament), met een gaaf zegel des Hertogs.
>
> v. Mieris, 3 D. bl. 696.

1447.
14 Dec.

Een schepenbrief van Leyden, waarbij Willem Philips, Rentmeester van Jacob Heer van Wassenaar, bepalingen maakt over eenen doorgang naar den Burg, ten gevolge van een door Daem Woutersz. gekocht huis.

> O. De zegels der Schepenen ontbreken.

1447.
14 Dec.

Een schepenbrief van Leyden, waarbij bovengenoemde Daem Woutersz. kennis geeft, dat hij van Jacob Heer van Wassenaar een huis gekocht heeft, gelegen in de *Nieuwstraat*, te Leyden.

> O. De zegels gaaf.

1468.
22 Oct.

Brief van Johan van Wassenaar, Burggraaf van Leyden, en Philips van Wassenaar, Heer van Voorschoten, waarbij zij aan Hugo van Zwieten en Luytgaard van Boschuysen, Claesdr. zijne vrouw, hun aandeel in het *gruit-* en *hoppegeld* afstaan.

> O. De twee zegels geschonden.

**DE BURG.**
14⁵⁹/₆₀.
7 Maart.

Confirmatie van bovengenoemden afstand, door Hertog KAREL VAN BOURGONDIE.

O. Met zijn zegel.

> Het *gruit-* en *hoppegeld* was een leen der Graaflijkheid, waarvan haar de eene helft, en den Burggraaf van Leyden de andere helft toekwam.

1521.
13 Mei.

Bevel van den Graaf van Nassau, Stadhouder-Generaal, ten verzoeke van JOHAN VAN WASSENAAR, Ridder van het Guldenvlies, om de vensters van eenige huizen bij den Burg te doen stoppen, omdat daaruit op den Burg werd gezien, strijdende met het privilegie van 5 Januarij 1360.

O. Met het exploit van den exploiteur JAN PAEDS, van 18 Mei 1521.

1521.
27 Dec.

Kopij authentiek van het Charter, door Keizer KAREL V aan JOHAN VAN WASSENAAR gegeven, ten behoeve zijner dochter MARIA VAN WASSENAAR, om te mogen succederen in de kwade leenen, die bij dat Charter genoemd worden.

O. Geg. te Gent; en ter *Leenkamer* geregistreerd op den 5en Febr. 1522.

1525.
12 Sept.

Kopij van de verleibrieven der Wassenaarsche leenen, op MARIA VAN WASSENAAR, gemalin van JACQUES DE LIGNE.

Daaronder is nog een verleibrief van den 3en April 1527.

**DE BURG.**

1546.

7 Junij.

Kopij van den verleibrief der Wassenaarsche leenen, op Jhr. PHILIPS DE LIGNE, Heer van Wassenaar, hem aangekomen na doode zijner moeder MARIA VAN WASSENAAR, gemalin van JACQUES DE LIGNE.

Dit zou eerst plaats hebben, als PHILIPS DE LIGNE meerderjarig werd, dat hij toen nog niet was.

1552.

25 Julij.

Testament van JACQUES DE LIGNE enz., waarin hij aan zijne twee kinderen, en ook aan andere personen, eenige giften doet.

1555.

23 Maart.

Verklaring van de wijze, waarop het *gruit-* en *hoppegeld* te Leyden door den Burggraaf werden gegaard, en waarvan de helft aan de Graaflijkheid behoorde.

O. Opgesteld door PHILIPS VAN ZONNEVELT.

1594.

6 Mei.

Accoord tusschen de Burgemeesters van Leyden en den Rentmeester van den Huize van Wassenaar, aangaande de huizen bij den Burg, volgens het Charter van 6 Januarij 1360 en 14 April 1361.

Hierbij behooren eenige vonnissen tegen de geburen van den Burg, van 9 Aug. 1595; waaronder voorkomen: DIRK DIRKSZ. STEEN, Brouwer, en JAN CORNELISZ. PAEDTS.

1610.

1 Mei.

Accoord tusschen CORNELIS VERHOOCH, Rentmeester der goederen van Wassenaar, en CLAES BARTHOLOMEUSZ., over het gebruik van zekeren gang, loopende langs het huis van genoemden CLAES BARTHOLOMEUSZ., bij den Burg.

O. Met hunne onderteekening.

**DE BURG.**
1610.

Kopij authentiek van de specificatie der *Hofreglen* en *Heergewaden*, zoo als die in den jare 1610, door den Prins DE LIGNE, van de Wassenaarsche leenen betaald zijn geweest.

O.

1617.
3 Febr.

Verklaring der Staten van Holland, dat zij de Wassenaarsche tollen voor *f* 220000 hadden gekocht, en dat tevens de kwade leenen, die de Prins DE LIGNE nog in leen heeft, tot goede onsterfelijke leenen worden verheven.

1619.
14 Sept.

Voorwaarde, waarop ARENT VAN DER HOOCH, Rentmeester der goederen van Wassenaar, aan de stad den *Markttol* verhuurt of verpacht.

O.   Onder de Charters van Leyden komen deze verpachtingen meer voor.

1649.
15 Sept.

Kopij autentiek eener procuratie van CLAUDE LAMORAEL, Prins de Ligne enz. op DANIEL FRANÇOIS HAGENS, om in de Vereenigde Nederlanden zekere somme gelds te bekomen, en daartoe eenige leenen te verkoopen.

Hierbij eene opgave van de opbrengst der verschillende leenen (waaronder die van den Burg en het Burggraafschap van Leyden), bedragende jaarlijks *f* 8252, behalve het *Pluimgraafschap* en andere kleine leenen.

O. Geg. te Mons.

1651.
22 April.

Paspoort voor de regering van Leyden, om de gelden; wegens den koop van den Burg, vrijelijk naar Antwerpen te mogen vervoeren.

O. Afgegeven door de Staten-Generaal.

DE BURG.

1651.

24 April.

Koopbrief (op perkament), waarbij CLAUDE LAMORAEL, Prins DE LIGNE enz. aan de stad Leyden den Burg en het Burggraafschap voor ƒ 70000 verkoopt, en wel door zijne gevolmagtigden, ROELAND DU RIEU, Raad van den Koning van Spanje, en DANIEL FRANÇOIS HAGENS, Heere van *Perwels* en *Collartswal*.

De Prins was na den slag van Lens, in Artois, gevangen genomen, en moest toen een groot losgeld betalen. Daarom verkoopt hij zijne goederen in Holland.

O. Met de zegels der gevolmagtigden.

Hierbij behooren de notulen der Vroedschap van 27 Maart 1651, over dien koop; alsmede de briefwisseling met de gevolmagtigden. Een dier brieven, in het *Fransch* geschreven, is door de Prinses DE LIGNE op den 28sten April 1651 bezegeld.

1652.

12 Januarij.

Verklaring van den griffier der Leenen, dat de Burg van Leyden, de *tollen*, de *gruit-* en *hoppegelden* aldaar, alsmede de visscherij in den Rijn tot Zwammerdam, van oudsher, en tot 17 Dec. 1616, door LAMORAEL, Prins DE LIGNE, van de Graaflijkheid in leen was gehouden, en wel tot twee *distincte regte leenen*, die niet belast of verbonden konden worden.

Doch toen de Staten van Holland in 1616 de Wassenaarsche tollen hadden afgekocht, zijn al die leenen tot goede erfleenen verklaard.

De lasten, daarop staande, zijn ter Leenkamer vernietigd, alsmede die van den Burg en de Visscherij tot Zwammerdam.

O.

1652.

5 Januarij.

Voorwaarden tusschen de Burgemeesteren van Leyden en PIETER DE GRIEND (waard of kastelein van

**DE BURG.** den Burg), over het bouwen van een huis (*logement*) op den Burg.

. Met grondteekening en opstand van dat huis.

1653—1668. Opgave der brouwers, van het bier dat zij in één jaar hebben gebrouwd, ten einde daarnaar de betaling der *gruit*- of *hoppegelden* te berekenen.

Met de handteekening der brouwers.

Hierbij behooren de rekeningen der *gruit*- en *hoppegelden* van 1739—1742.

1747.
18 Maart. Memorie over de onkosten, tot het maken van eene *fontein* op den Burg, voor de som van *f* 2710. De *kom* zou *f* 621 kosten.

Met eene daarbij gevoegde teekening.

———

Behalve vele *verleibrieven*, en voorwaarden van verhuring van den Burg sedert 1651, vindt men in deze verzameling nog eenige registers genoemd:

A. Register, rakende den Burg binnen Leyden, de *gruit*- en *hoppegelden*, mitsgaders den *markttol*, binnen dezelfde stad en verdere Heerlijke goederen.

Het begint met 17 April 1651 en eindigt 1757.

Hierin zijn voor aan de verschillende stukken betreffende den koop van den Burg, alsmede het Charter van 24 Dec. 1266, geschreven.

B. Dit register, zijnde het vervolg van A., begint met 1758, en eindigt met de verhuring van het *logement* op den Burg in 1795.

**DE BURG.** C. *Inventaris* van de stukken, die de Prins DE LIGNE aan de Burgemeesteren van Leyden heeft overgeleverd, ten gevolge van het koopcontract van 17 April 1651.

D. Het werk van CORNELIS VAN ALKEMADE (*handschrift*) over den *Burg* en de *Burggraven* van Leyden, opgedragen aan de regering van Leyden; met vele afteekeningen van zegels en afschriften van Charters.

Hij ontving hiervoor eene zilveren vergulden bokaal.

Nog is er eene merkwaardige correspondentie voorhanden tusschen de regering van Leyden en C. VAN ALKEMADE, over het doen drukken van dat werk.

E. *Inventaris* van de *Charters* en *Archieven* van de Heeren van Wassenaar, Burggraven van Leyden, berustende onder den Prins DE LIGNE.

Deze inventaris, groot 22 bladzijden, is door C. VAN ALKEMADE geschreven en uit het Fransch vertaald. Hij had, bij de zamenstelling van het werk over den Burg, dat hij aan de regering van Leyden opdroeg, veel moeite aangewend om eenige oude documenten uit het Archief van den toenmaligen Prins DE LIGNE te bekomen. Intusschen is het te betreuren, dat de jaren bij die documenten niet vermeld zijn. Zij hebben meest betrekking op de Wassenaarsche leenen; zoodat, vooral de oudste oorkonden, betreffende Leyden, daarin niet voorkomen. Men vindt er o.a. vermeld:

1. Lijst van de steden en plaatsen, die in Holland vrij zijn van de Wassenaarsche tollen.

2. Een brief, waarbij aan den Heer van Wassenaar werd verleend de Hooge Heerlijkheid van Wassenaar, zoo als die door zijnen vader is bezeten geweest, uitgezonderd

**DE BURG.** eenige wetten of verandering in de Magistraat te Leyden te maken, zonder toestemming van den Graaf. Z. j.

3. Een brief van octrooi van Graaf FLORIS (V.?)
over de successie van het mannelijke oor (der Wasse-
naars?) Z. j.

4. Brief van Graaf HENDRIK VAN KUYCK, over de successie der (zijner?) kinderen, 1241.

5. Huwelijkstraktaat van DIRK VAN WASSENAAR, 1357.

6. Huwelijksche voorwaarden tusschen den Heer van
Wassenaar en de dochter van den Burggraaf van Leyden, 1309.

7. Eene geteekende kaart van den *Burg* van Wassenaar;
ook van Oestgeest, Katwijk op den Rijn en het Huis *t'Sant.*

8. Een register, betreffende het gevangen nemen van
den Heer van Wassenaar en zijn losgeld aan den Graaf
van Gelre.

———

## Kaarten.

Een kaartje (op perkament), geteekend in 1565 door
JACQUES BUREAU, voorstellende de Wassenaarsche tollen, met het volgende versje:

1 De Steeden ende Dorpen in Holland, verstaet wel my,
2 Syn tot Vlaerdinck, tot Voorschoeten ende tot Valckenborch meede,
3 In myn Heer van Wassenaers paerdemarctstollen vry.
4 Gelyck zy luyden over die vyftich jaeren deeden.          a°. 1565.

———

# DE Sᵀ PIETERS-KERK.

———

**St. PIETERS-KERK.**

Van deze kerk, die in het jaar 1121 voltooid en in-gewijd is, zijn in het Archief niet zoo vele oude stuk-ken aanwezig, als van de St. Pancras- of Hooglandsche kerk. Zij zijn, ten tijde van den beeldenstorm, of wat met meerdere zekerheid bekend is, door de soldaten van den Graaf VAN DER MARCK, denkende in de kist, waar die brieven bewaard werden, goud, zilver of andere kostbaarheden te zullen vinden, vernield of zoek gemaakt.

De brieven, tot deze kerk behoorende, zijn tweeledig:

1. die der *zevengetijden* (of zangmeesters).

2. die der *memorie-meesters.*

Het waren de kerkmeesters, die uit de verschillende stichtingen, de zangers en de geestelijken al naar ge-lang zij diensten moesten verrigten, betaalden.

1. De brieven der *zevengetijden* zijn ten getale van 174 voorhanden, beginnende met 1363 en eindigende met 1572. De oudste brief is van 1363 (St. Barbara-dag, 4 Dec.), waarbij DIRK VAN DER DOES, als Schout van Voorschoten, eenen brief bezegelde, inhoudende den verkoop van zekere renten, staande op een huis te Voorschoten, aan AREND DIRKSZ., door CLAES WITTE.

Deze VAN DER DOES bezegelde met eenen *leeuw* en *niet*
met de 9 *ruiten*. Voor het overige zijn deze brieven grootendeels bewijzen van eigendom, bij testament aan de kerk vermaakt. De zegels der *Schouten,
Schepenen* en *bijzondere* personen, aan deze brieven
hangende, zijn goed bewaard gebleven, en kunnen van
veel nut zijn bij de bearbeiding van genealogiën.

2. De brieven, tot de *memoriën* behoorende, bedragen 260 stuks; zij zijn chronologisch gerangschikt,
loopende van 1369 tot 1570. De oudste is van 1369
(St. Odolf-avond 11 Junij), waarbij HEYLEWICH, Vrouwe
van Zuidwijk, aan de kerk van Wassenaar jaarlijks
40 β vermaakt, om daarvoor de *memorie* van DIRK VAN
SUYDWYCK, Ridder, te laten doen; alsmede 10 β aan de
Heilige-geestmeesters van Voorschoten, ten einde daarmede te voorzien »die van haar *maescip sien van den
gheslachte van* DUVENVOORDE." Zij had toen geen zegel,
maar verzocht WILLEM VAN CRALINGEN, Ridder, en MAR-
GARETHA VAN RODENRISE, hare dochter, dien brief te bezegelen. Deze brief is echter een *vidimus* van DIRK VOP-
PENZOON, Priester en Deken van St. Maria te 's Hage,
van Donderdag na St. Paulusdag 1383.

Verder vindt men er eenen brief, waarbij HERMAN
WILLEMSZ. en JAN HEERMAN eene vicary op het *St. Ja-
cobs-altaar* stichten, van 15 Junij 1412; met de *confirmatie* van den Utrechtschen Bisschop, FREDERIK VAN
BLANKENHEIM, van 1 November 1412. Deze stichting is
ook te vinden bij VAN MIERIS, *Beschrijving van Leyden*
1 D. bl. 43. Al deze brieven, in een klein bestek, op
te nemen, is niet doenlijk; doch het zal voldoende
zijn dat de aandacht hierop gevestigd zij, omdat zulke
brieven eenen schat van genealogische en plaatselijke
bijzonderheden bevatten, die men elders te vergeefs
zal zoeken.

Behalve de genoemde brieven zijn er eenige oude registers aan de vernieling ontkomen, als:

1. Een perkamenten register in 4°, met lederen band en 2 koperen sloten, groot 82 bladz., bevattende de oudste stichtingen van *vicaryen* in de St. Pieters-kerk. De oudste daarin voorkomende stichting is van Katrine Poes, weduwe, van *vrijdag na allerheiligendag* 1304, waarbij Ansoete en Pieter Golburghenz., Schepenen van Leyden, verklaren dat deze weduwe, met toestemming van Claes haren broeder, eene *kapellerij* wilde stichten, ter begeerte van haren man, die in Engeland overleed, toen hij zich aldaar met Graaf Floris V bevond (1290?); alsmede van haren zoon Joost, die in Duiveland, bij gemelden Graaf zijnde, overleed of sneuvelde. Zij geeft daartoe aan Hendrik Spyker, Priester, de landerijen, genaamd de *lote*, de *haverkamp* en de *uitdijk*.

De namen der 2 Schepenen, bij deze stichting vermeld, zijn de *oudste* die in het Archief voorkomen.

Daarop volgen de stichtingen van:

A° 1316 door Pieter van Leyden.

» 1323—1349 door Volcwy Alewyns Gheryt Aelwynsz. en Machtelt Aernoutsdr., zijne vrouw.

» 1331 door Johan Rutghers.

» 1350 door Aert Goutersz. en Machtelt, zijne vrouw.

» 1379 door Berwoldus Willemsz.

» 1383 door Willem Vlaminc en Agatha van Haarlem.

» 1383 door Margaretha Sluters.

» 1389 door Willem Jansz. en Alyt, zijne vrouw.

» 1390 door Symon Vrederik.

» 1391 door Philips Gerrit Dodonisz.

» 1396 door Willem Foytgen en Willem Borts.

» 1398 door Gilles van Zwieten en Jan, zijn' zoon; en door verscheidene andere personen in lateren tijd.

2.. Een perkamenten register in 4°, groot 101 bladz., bevattende eenige fundatiën, met de daarin genoemde bewijzen van eigendom van 1438—1565.

3. Een perkamenten *Necrologium of Memorieboek* in 4° der St. Pieterskerk, met lederen band en koperen sloten, geschreven met eene bekende hand omstreeks 1400—1416. Vooraan staat, met de hand van JAN VAN HOUT, Secretaris der stad, geschreven, dat deze kerk in 1121 is ingewijd; dat de toren op den 5en Maart 1512 's nachts ten één ure is ingestort; en dat Mr. JAN VAN KOUDENBERCH op den 15en Maart 1515 aan de kerk een stuk van het *heilige kruis* ten geschenke gaf, dat 's morgens van het klooster der Minrebroeders werd afgehaald. Achteraan zijn de namen der 9 klokken en derzelver gewigt vermeld. De groote klok *St. Salvator* woog 8300 ℔ en de tong 175 ℔; de *St. Pouwels* 3880 ℔ en de tong 100 ℔; de overige klokken droegen de namen van *St. Martijn*, *Willebort*, *Magdalena*, *Bedeklokje*, *Lijsbeth* en *Anna*.

In dit *Necrologium* leert men wel den dag der maand kennen, waarin iemand is overleden, doch niet het jaar.

4. Rekening in 4° van de *zevengetijden* in de St. Pieters-kerk van 1539—1560, op papier, en zeer beschadigd.

5. Rekening der goederen van de zangmeesters van 1506—1530.

6. Twee rekeningen van ontvangst en uitgaaf van den Rentmeester der *Deputaten* en *Memorie-meesters* van 1503—1556.

7. Twee maanboeken of registers der inkomende renten der *Memorie-meesters*, van 1471—1559 en van 1535—1570.

8. Register van rentebrieven der *memoriën* en *ge-tijden*, voortspruitende ter zake van verkochte landen.

9. Inkomsten van de *zevengetijden* in de Vrouwe- en de St. Pieters-kerk, over de jaren 1575 en 1576.

10. Rekeningen der Kerkmeesters van 1398—1403, 1407—1410, 1412—1414, 1418, 1426—1428 (zijnde 14 registers).

11. Rekeningen der Gasthuismeesters der St. Pie-ters-kerk van 1394—1416 (zijnde 13 registers).

12. Een perkamenten register in 4⁰, groot 15 bladz., bevattende de *oprigting* en de *namen* der leden van het St. Nicolaas-broederschap in de St. Pieters-kerk van 1394—1425.

13. Zes *folio*-registers, op papier, zijnde *Misboeken*, geschreven door ANTONIE BLAEUW, 1554.

# DE S<sup>T</sup> PANCRAS- OF HOOGLANDSCHE KERK.

HOOGL. KERK.
Volgens ORLERS en VAN MIERIS, *Beschrijving van Leyden*, was deze kerk eerst van hout getimmerd; maar in het jaar 1280 is men begonnen die van steen te bouwen. In 1366 is zij tot eene Kanonikale kerk verheven.

De brieven, tot deze kerk behoorende, bedragen ruim 1000 stuks, en liggen chronologisch gerangschikt, in 110 omslagen bij elkander, beginnende met 1292 en eindigende met 1605.

De twee oudste brieven, van 1292 en 1293, zijn reeds onder de Charters van Leyden vermeld, en bevatten de uitspraak over de grenzen van het kerkelijke gebied van de St. Pieters- en de Hooglandsche kerk. In deze verzameling bevinden zich een groot aantal schepenbrieven van Leyden sedert 1321, waaruit men niet alleen de namen, maar ook de zegels der schepenen leert kennen. Men vindt hierin ook een' schat van zegels en namen van Edelen, die veel licht over de genealogiën dier geslachten verspreiden.

Uit deze verzameling deel ik de volgende stukken mede, als:

1316.
Een authentiek afschrift van het testament van PIETER VAN LEYDEN, Kanonik van de St. Pieters-kerk te Utrecht en Middelburg, en pastoor van de kerk te Soeterwoude.

**HOOGL. KERK.**

1321.
Donderdag na St.Mattheus-
Apost.
24 Sept.

HARMAN BITTER en WILLEM UYTENCAMPE, Schepenen van Leyden, verklaren, dat WILLEM DE GRAVE jaarlijks schuldig is aan de papelijke *prove* van de *nieuwe kerk* te Leyden *één pond hollands*, staande op een huis bij den Rijn, in de parochie van de St. Pancraskerk.

O. Met de 2 zegels dier Schepen.

NB. Deze kerk is in 1315 *gewijd*, en daarom hier genoemd *de nieuwe* of O. L-Vrouwekerk.

1323.
17 Dec.

Brief van HENDRIK VAN STREVELANT, Regter (Schout) van Oestgeest, waarbij *ver* MACHTELT, *weduwe* van HEN-DRIK VAN POELGEEST, aan haren zoon WILLEM eenen vrijen weg door al hare landen geeft.

O. Met zijn zegel.

1325.
Zondag na onze Vrouwed.
Lichtmisse.
4 Sept.

Een brief van *Schout*, *Schepenen* en *Raadslieden* van Leyden, te kennen gevende, dat de *Kapelleryen*, in de St. Pieters-kerk gesticht, niet door den Landkomman-deur van den Duitschen Huize te Utrecht aan zijne geestelijken zullen gegeven worden (waarvoor vreeze was). De regering van Leyden had daartoe eene com-missie naar Utrecht gezonden, bestaande uit DIRK, Pas-toor van de St. Pieterskerk, DIRK VAN HAARLEM en HUGHE VAN DER BRUGGHE, waarvan het gevolg was, dat JAN VAN HOENHORST, Landkommandeur van de Balie te Utrecht, in persoon te Leyden kwam, verklarende, op verzoek van Hertog WILLEM VAN BEIJEREN en GHERARD ALEWIJNSZ. en in tegenwoordigheid van Hr. DIRK VAN UTRECHT, Hr. ADRIAAN VAN LEYDEN en Hr. WILLEM VAN DORDRECHT, dat men de *Kapelleryen* in de St. Pieterskerk te Leyden verdienen zal, zoo als de fundatiebrieven inhouden.

**HOOGL. KERK.**

Die *kapelleryen* of *vicaryen* worden genoemd:

1. die van PIETER VAN LEYDEN.
2. die van *Heye-kinderen.*
3. die van KATHARINA POES.
4. die van HUGHE en BARTHOLOMEUS VAN LEYDERDORP.
5. die van GHERARD ALEWIJNSZ. en
6. die van GUEYE GOUBURGHE.

Het Collegie van den Gerechte bestond toen uit den Schout, 7 Schepenen en 4 Raadslieden, die daar allen met name genoemd worden.

O. Met het oudste zegel der stad (St. Pieter in de kapel, ter wederzijde een knielende engel, daaronder 8 Schepenen en de Schout).

1328.
15 Junij.

Een *vidimus* van den brief van 1314, op St. Tho-mas-avond, waarbij GUYDO, Bisschop van Utrecht, aan de parochianen, *in* en *om* Leyden wonende, toestaat eene *nieuwe kapel* te stichten, in het land van den Rijn, tusschen de *twee nieuwe grachten* ten Zuiden van den Burg, welke kapel een aanhangsel zal zijn van de moederkerk te Leyderdorp; dat er eene doopvont en een kerkhof zal zijn: dat men er de *heilige olie* bewaren zal, en de *Sacramenten* zal mogen bedienen enz. Latijn.

O. Is bezegeld door ARNOLDUS, Aartsdiaken van St. Jan te Utrecht, en JACOBUS VAN BENTHEM, *Praepo-situs* van West-Friesland.

Misschien is deze de *St. Huibert-* of *St Joosten-kapel* geweest.

1353.
Donderdag na St. Marti-nusd. in den zomer.
7 Junij.

MACHTELT VAN OUDSHOORN, Vrouwe van RAEPHORST, verkoopt, van wege BARTHOLOMEUS VAN RAEPHORST en Jonkvr. HAESTIAEN OEDELANT, hare kinderen, en bij hare

**HOOGL. KERK.** *kinderen vierendeel*, als: Daniel van Mathenesse, Ridder, Rover van Holensteyn, Ridder, Jacob Bokel, Kerstant van den Berghe en Herper van Foreest, Knapen, eenige landen in Soeterwoude, aan eenige personen.

O. Met de zegels van Machtelt van Oudshoorn, Mathenesse, Bokel en Foreest; die van Holensteyn en van den Berghe zijn verloren.

**1356.**
St. Jansd. Apost. en Evangelist.
27 Dec.

Testament van Jacob Vlaminxzoon en Machtelt Erlewijns, zijne vrouw, waarbij zij eene *kapellery* op het St. Nicolaas-altaar in de St. Pieterskerk willen stichten, en wanneer het daar niet geschieden kan, op het *nieuwe altaar* in de Hooglandsche kerk.

O. Met zijn zegel; dat van den Deken van Rijnland, en van de stad Leyden (St. Pieter met de 2 engelen).

**1357.**
Woensdag na St. Bavo.
5 Oct.

Een *vidimus* van *Scout, Scepenen* ende *Raet* der *mienre* (gemeene) Stede van Leyden, van eenen brief van Hertog Willem van Beijeren, van 1357 (Woensdag na St. Bavo), waarbij hij den Burggraaf van Leyden in eigendom geeft zijn vorig leen van 6 morgen lands, genaamd *Veren Haeskynsvelt* in Oestgeest, en eenige andere landen in Rijnsburg.

O. Met onzer *ghemienre porte-zegel* van Leyden (de Schout, zittende op eenen stoel, houdt in de linker hand *éénen* sleutel, en zweert met de regter hand).

**1366.**
Daags vóór Maria Assumtio.
14 Aug.

Stichting van het St. Pancras-kapittel, genaamd *ten Hooglande*, door Johan van Verneburch. (Fundatie-register D. bl. 5.) Ook een *vidimus*, onder het zegel van

**HOOGL. KERK.** FLORENCIUS, Bisschop van Utrecht, van 4 Oct. 1387, omtrent die instelling.

Hierbij behoort een confirmatie-brief van 25 October 1366, met *insertie* der brieven van fundatie.

O. Met een uithangend rood zegel, in eene kasse van geele was. De oorspronkelijke en bezegelde stichtings-brief bevindt zich onder de Charters van Leyden.

1367.
30 Sept.

Afschrift der stichting eener *canezie* en *collegie*, in de Vrouwekapel te 's Hage, door Hertog ALBRECHT VAN BEIJEREN, (Ruwaard) met de daarbij behoorende giften, o. a. *den Andel* bij 's Gravesande, en de confirmatie door den Paus.

Dit is door den Secretaris JAN VAN HOUT in 1581 afgeschreven, uit een register ten sterfhuize van den President Mr. CORNELIS SUYS, broeder en erfgenaam van Mr. PIETER SUYS, in zijn leven Kanonik op het Hof.

1368.
10 Aug.

Statuten voor de verkiezingen en benoemingen van nieuwe kanoniken en het begiftigen van prebenden, gemaakt door VOLPERT VAN DEN WOUDE, Deken, PHILIPS VAN LEYDEN, *magister*, en anderen.

O. Met het kleine zegel van het kapittel (het beeld van St. Pancras; en ter wederzijde eene knielende biddende vrouw).

1368.
8 Sept.

Verdrag tusschen den Proost, Deken enz. van het kapittel en de regering van Leyden, over de aanstelling en bediening der *Godshuismeesteren* van de St. Pancras-kerk.

(*Register* D. van het kapittel bl. 6 verso.)

HOOGL. KERK.
1369.
3 dagen na St Gallus.
20 Oct.

Testament van Volprecht van den Woude, Deken van het kapittel, waarbij hij tot executeurs van zijn testament aanstelt Mr. Philips van Leyden, Gerard Coppen, Pastoor te Warmond, Dirk Roblrecht, Kapellaan te Rijnsburg, Eleman, Kapellaan te Delft, zijn' neef, Willem Jans, burger te Delft, zijn broeders zoon.

O. Met zijn zegel en dat van drie andere Kanoniken, als: Nicolaas van Bleiswyk, Pieter de Hoesche en Johan Willemsz.

1370.
22 Mei.

Mandement van den *Officiaal* te Utrecht, om, op het verzoek van Hr. Gerard de Jonghe, Pastoor van de St. Pieterskerk te Leyden, te verbieden dat de inwoners, tusschen de *burggracht* en de *groote brug*, naar de St. Pancras ter kerke gaan, omdat hunne voorzaten meer dan 60 jaren geleden parochianen der St. Pieterskerk waren geweest. Onder de inwoners worden genoemd Nicolaas Danielsz. van den Pol en Diewaer, zijne vrouw, Dirk Morsche, Pieter Kag enz.

O. Het zegel verloren.

1370.
14 Sept.

Mandement van den *Officiaal* te Utrecht, waarbij gelast wordt, dat de inwoners tusschen de *burggracht* en de *groote brug* parochianen zullen zijn van de St. Pancraskerk.

O. Met het zegel van Jacobi Nicolaï, Presbiter; het kerkelijk zegel van Utrecht verloren.

1370.
4 dagen na de heilige Kruisverheffing.
18 Sept.

Sententie van den *Officiaal* te Utrecht, waarbij hij, na inzage der brieven van 1292 en 1293 (hier ingevoegd), verklaart dat de gehuisden, tusschen de *burg-*

**HOOGL. KERK.** *gracht* en de *oude brug*, tusschen den *ouden* en *nieuwen Rijn*, genaamd de *Strenc*, parochianen van de St. Pancraskerk zijn.

> O. Met het zegel van den *Officiaal* des Duitschen Huizes. Hierbij een relaas van Hr. PHILIPPUS, Vicaris van Leyderdorp, en PHILIPPUS JOHANNES, Pastoor der St. Pieterskerk, over deze zaak; met hunne zegels.

**1370.**
**31 Dec.**

*Scout, Scepene* ende *Rael* van Leyden verklaren, dat zij den brief van Hertog WILLEM VAN BEIJEREN (*Verbeider* des Graafschaps van Henegouwen) van 13 Mei 1355 hebben gelezen, waarbij genoemde Graaf, aan HUGHEN DEN HOESKEN, HARMAN WILLEMSZ., eerst in leen, en nu in eigendom geeft, eene hoeve lands, gelegen in den Ambachte van *Wairden*, naast het land van Hr. AELMAN, *bastaard-oom* van den Hertog.

> O. Met het *Poortmeesters-zegel* van Leyden.

**1371.**
**25 April.**

VOLPRECHT VAN DEN WOUDE, Deken van St. Pancras, geeft eenige renten op huizen en hofsteden, binnen en buiten Leyden, aan de door hem gestichte *kanonikenproven* enz.

> O. Met het zegel van WILLEM VLAMINC, JACOB VAN DER HANT CLAESZ. en dat der *Poortmeesters* van Leyden (klein zegel).
>
> Hierbij behoort het oorspronkelijke testament van VOLPRECHT VAN DEN WOUDE, van 20 Mei 1371, met zijn zegel.

**1372—1382.**
**1 Mei.**

Testament van den beroemden PHILIPS VAN LEYDEN, waarbij hij zijne twee vicaryen, St. Andreas en St. Nicolaï, in de St. Pancras-kerk sticht; hij beschikt daarin over zijne *boeken*, met name genoemd. Uit dat testament leert men vele leden van zijn geslacht kennen.

Nog is er een testament van 1377; doch het *laatste* is van 23 Februarij 1382. *Hij stierf, volgens het Necrologium der St. Pancras-kerk, den 9 Julij* 1382, en niet in 1380, zoo als de meeste schrijvers zeggen.

Dit laatste testament is bezegeld door:

1. JOHANNES DE MARE, Officiaal van den Duitschen Huize.
2. HUGHE VAN DER HAND, Deken van St. Pancras.
3. FRANCON RYSWYC, Pastoor der Buurtkerk.
4. PHILIPS JOHANNES, Kanonik te Leyden.
5. JACOBUS, Gasthuismeester te Leyden.
6. PHILIPPUS JACOBUS, Pastoor te Leyderdorp.
7. SYMON VAN RYSWYC, Burger te Leyden.

**1374.**
Des anderen daags na St. Johan Bapt.
25 Junij.

Brief van KERSTYNE VAN DER WATERINGHE, Vrouwe VAN DER MAELSTEDE, waarbij zij aan hare zuster MARGRIET, Priorin *ter Lee* (Leeuwenhorst), de helft van 5 morgen lands geeft, gelegen in *Voorhout*, waarvan de andere helft toebehoort aan DIRK, den *bastaard* van Alkemade.

O. Met haar zegel.

Van haar is nog een brief van 23 Julij 1375.

**1374.**
Elfduizend-maagdend.
21 Oct.

Brief van BADELOGHE (van Adrichem), Abdis van Leeuwenhorst, waarbij zij aan MARGRIET VAN DER WATERINGHE, Priorin van het klooster, toestaat eenige landen te verkoopen, die zij in Voorhout bezit.

O. Met het zegel van het klooster Leeuwenhorst.

**HOOGL. KERK.**
1375.
Zaturdag na St. Lourysd.
11 Aug.

Brief van WILLEM VAN NAELDWYK, *Maarschalk* van Noord-Holland, waarbij hij eerst in leen, en nu in eigendom geeft, aan zijnen neef GHERIT DOEDE, 7 morgen lands in Wassenaar, genaamd de *Liesmade*, gelegen ten oosten van PHILIPS VAN SANTHORST, en nog een ander stuk, genaamd *dat Croestvelt*.

O. Met zijn zegel (*een klimmende leeuw*).

1376.
3 Januarij.

*Vidimus*, gemaakt voor den *Officiaal* des Bisschops van Utrecht, van de Bulle van Paus Gregorius XI, wegens het stichten eener kapel op het Hof te 's Hage, door Hertog ALBRECHT VAN BEIJEREN en zijne gemalin.

O. Met de zegels van den Officiaal, GHYSBERT DEN ANDEL; van HENDRIK, Schout van Naaldwijk; en van HUGHE VAN DER HAND, Deken van St Pancras.

1376.
Zaturdag na St. Gregoried.
26 April.

Brief van WILLEM VAN NAELDWYK, *Maarschalk* van Noord-Holland, waarbij hij de kapellerij of vicarij, door GHERIT VAN RAAPHORST, Ridder, zijn' *over oude vader*, in de kerk te Leyderdorp gesticht en langen tijd door PHILIP GHERYT DOEDEN bediend, met alle landen en renten, naar de St. Pancraskerk overbrengt.

Hij noemt o. a. de pachten van het land in de *Waard*, dat DANIEL WTENWAIRDE, Ridder, gekocht had van HER-MAN VAN ZWIETEN, Ridder, en nu door DIRK VAN ZWIE-TEN bezeten wordt.

O. Met zijn zegel.

1376.
Vrijdag na St. Cruisd.
23 Mei.

Schepenbrief van Leyden, waarbij SIMON VREDERIC, HARMAN WILLEMSZ. en FLORYS GHISEBRECHTSZ., tot de *prove* in de St. Pancras, door nu wijlen WILLEM WIL-LEMSZ. gefundeerd, een morgen lands geeft, buiten het

**HOOGL. KERK.** *Noertporthuijs* (Wittepoort) te Leyden bij den *Draijboom*, naast de *Crijthoeve*, dat genoemde WILLEM WILLEMSZ. gemeen had met de Heeren van den Duitschen Huize.

O. Met het zegel van GHERIT VAN OESTGEEST en GHERIT WILLIAEMSZ., Schepenen.

1377.
Vrijdag na St. Gregory Mart.
11 Sept.

Brief van Hertog ALBRECHT VAN BEIJEREN, zijnde een *vidimus* van den brief zijns broeders WILLEM VAN BEIJEREN, van Woensdag na St. Bavo 1357, inhoudende, dat de Burggraaf van Leyden veel schade geleden had, en dat Hertog WILLEM hem daarom eenige landen, eerst in leen, en nu in eigendom geeft. — Hertog ALBRECHT bevestigt den koop dezer landen, door HENDRIK VAN ALCMADE YSBRANDTZ. en het kapittel gedaan.

O. Met het zegel van Hertog ALBRECHT.

1377.
5 dagen na St. Lucas.
23 Oct.

Brief van het kapittel van St. Pancras, waarbij aan de bezitters der 2 *vicaryen*, door Mr. ANDRIES VAN LEYDEN (*Secretaris van het Paleis des Roomschen Konings*) gesticht, eenige regten worden toegekend.

Deze vicaryen van St. Andries zijn den 1en April 1359 door GEERTRUIDA, weduwe van BOUDYNS VAN ZWIETEN, met eenige giften vermeerderd. Hieruit leert men, dat deze weduwe twee dochters, ALYT en CLARA, had, en dat ELISABETH JANSDR. VAN AMERSOYEN haar nicht was.

O. Met het groote zegel van het kapittel.

Deze Mr. ANDRIES VAN LEYDEN was Rector der *Groote School* te Leyden, en werd in 1324 door Graaf WILLEM III tot Secretaris zijner dochter MARGARETHA (gemalin van LODEWIJK, Roomsch Koning) aangesteld.

De bedoelde vicaryen werden genoemd *St. Andreas* en *St. Jan Evangelist*.

**HOOGL. KERK.**
1378.
St. Lebuini confess.
12 Nov.

Een brief van LAMBERTUS, Prior, en JOHANNES, Onder-Prior, van het klooster der *Predikheeren* te Haarlem, waarbij zij aan het kapittel van St. Pancras een stuk lands in *Voorschoten* verkoopen, genaamd *Doedijnslaan*.

O. Met het zegel van den Prior en dat van het klooster.

1378.
2 dagen na den Zondag
van Cantate.
20 Mei.

Brief van ARNOLDUS DE HOERN, Bisschop van Utrecht, waarbij wordt vastgesteld dat het kapittel van *St. Lievijn* te Zierikzee, in plaats van 8, nu 24 Kanoniken zal hebben.

O. Met het zegel van den Bisschop.

In den brief worden vermeld: HENDRIK SCRIVER, Vicaris, SYMON HENDRIKSZ., Kanonik te 's Hage, en JOHAN VAN RENESSE.

1379.
Maandag na St. Bavo.
3 Oct.

JAN, Abt van Egmond, geeft eerst in leen, en nu in eigendom, 2 morgen lands in Oestgeest, aan LOUWERYS CLAESZ. VAN DER BEEC.

O. Met het zegel van den Abt.

1380.
St. Valentin-dag.
14 Febr.

GHERIT DIE JONGHE, Kommandeur en Parochiepaap tot Valkenburg, en WILLEM STUVEZANT, Kapellaan van het klooster te Rijnsburg, bekennen dat MARTYN BUCSIELSZ. aan het kapittel van St. Pancras eenige renten, staande op zeker land in Valkenburg, verkocht heeft.

O. Met hun beider zegel.

13$\frac{80}{81}$.
Zaturdag na Onzer Vrou-
wedag annunc.
30 Maart.

Brief van Hertog ALBRECHT VAN BEIJEREN, waarbij hij COENRAET, Proost van Bergen, in Henegouwen, eerst in leen, en nu in eigendom geeft zekeren boomgaard

**HOOGL. KERK.** in Marendorp te Leyden, en andere landen in Soeterwoude.

   O. Met het zegel van den Hertog en dat van den
     Proost.

1381.
8 Junij.

   Berigt, dat op dien dag het *nieuwe choor in de St.
Pancras-kerk is gebouwd.* (*Register A. dier kerk bl. 75*).

1382.
9 Sept.

   Het kapittel van St. Pancras bepaalt, dat al de legaten, aan de armen gemaakt, door 2 Kanoniken en 2
Leeken zullen ontvangen worden, die alsdan deze giften aan de *huiszittenden* zullen uitdeelen.

   O. Met een geschonden zegel des kapittels.

     De namen der gevers vindt men in het
     register A. bl. 61—64.

1383.
St. Bonifaasd.
15 Junij.

   Brief van Hertog ALBRECHT VAN BEIJEREN, inhoudende,
dat hij FLORYS GHYSBRECHTZ., uit hoofde van breuken
in 's heeren dienst begaan, te *Woerden* had vastgezet,
maar hem nu ontslaat, en op vrije voeten stelt.

   O. Met zijn gaaf zegel.

1388.
April.

   PHILIPPUS DE ALENCONIO, Bisschop, geeft approbatie,
wegens de benoemingen in het kapittel van St. Pancras gedaan.

   O. Met een groot rood zegel.

1389.
25 Januarij.

   Brief van Hertog ALBRECHT VAN BEIJEREN, inhoudende,
dat FLORYS GHYSBREGHTSZ., de *Kamerling*, aan MARGARIET,
Hertogin van Beijeren, zijn huis te Leyden had opgedragen en het weder als een erfleen had ontvangen.
Bij bezegelden brief, gegeven te *Keynot* (*Maandag na*

**HOOGL. KERK.** *Onzer Vrouwedag geboorte* 1386), had hij van den Hertog de *Veenen*, tusschen *Zegwaard* en *Zevenhuizen*, gekregen, waarvoor hij genoemd huis zou herstellen en voor den Hertog openhouden.

Er is nog een brief van Hertog ALBRECHT van 4 Aug. 1392, waarin hij verklaart, dat genoemde FLORYS GHYS-BRECHTSZ. eerlijk aan de goederen gekomen is, die hij thans bezit of verkocht heeft.

O. Met het zegel van den Hertog.

1391.
St. Servaasdag.
13 Mei.

Brief van GHYSBRECHT, Proost van het klooster *Ko-ningsveld* buiten Delft, waarin hij bekent, ontvangen te hebben van JAN BUSK en ISBRANT STREVELANT 1 *pond hollands*, dat Hr. AREND SWALWAERT aan het klooster besproken had.

O. Met het kloosterzegel.

1392.
VIII Kal. van April.
23 Maart.

Brief of Bul van Paus BONIFACIUS VIII, waarbij hij de Statuten van het St. Pancras-kapittel goedkeurt.

O. Met zijn looden zegel.

1399.
4 Febr.

Brief van AREND VAN EGMOND, waarbij hij aan KATHA-RINA, dochter van GHYSBRECHT FLORYSZ., al de landen in leen geeft, haar aankomende na doode van haren broeder FLORYS GHYSBRECHTSZ.

O. Met zijn zegel; als getuigen komen voor DIRK VAN EGMOND en SIMON DIE VISSCHER.

1406.
21 Julij.

Brief van het kapittel van St. Pancras, inhoudende, dat de Godshuismeesteren geene gelden hebben tot ver-siering van het choor enz.; om hierin te voorzien, zal

12*

HOOGL. KERK. er eene eeuwigdurende mis, des Vrijdags op het heilige kruisaltaar gedaan, en daarbij eene bus met 2 sloten geplaatst worden, waarin de giften zullen komen.

Een derde gedeelte dezer giften zal strekken tot aankoop van ornamenten voor het choor.

O. Met het zegel van het kapittel, en dat der stad Leyden.

1422.
8 Mei.

Brief van den Prior van het klooster *Engelendaal* te Leyderdorp, waarbij hij, uit naam der kloosterlingen, aan het kapittel van St. Pancras verkoopt 1¼ *hont* en 25 *gaerden* lands, gelegen aan de Rodenburgerlaan, over de *Wedde* op den Vliet.

O. Met het zegel van het klooster; doch gebroken.

1426.
16 Nov.

Brief van Prosper van der Calumpnen, Domproost te Utrecht, waarbij Willem van der Coulster, voor Stadhouder en leenmannen, 12 morgen lands in Achthoven, onder Leyderdorp opdraagt, waarmede Reinier van der Perric beleend werd, ten behoeve van Boudyn Harmansz., poorter te Leyden. Tegenwoordig waren Willem van den Boechout en Wouter de Ridder.

O. Met het roode zegel van Mr. Beernt Uten Enghe, Vicaris en Stadhouder.

Een brief van 25 Nov. 1429, dit leen betreffende, is door Sweder van den Boechout, Kanonik en Proost van Elst, bezegeld.

Van dit leen, onder de Charters van Leyden vermeld, is reeds sprake in 1240.

1426.
St. Jacob. Apost.
25 Julij.

Brief van Jacoba van Beijeren, waarbij zij tot de vicary van Waterland, gelegen in de parochie van

**HOOGL. KERK.** Velsen, openstaande door het overlijden van HENDRIK VAN NYENRODE, voorstelt WILLEM KOEN. (Latijn.)

O. Met haar zegel, bijna geheel verloren.

1444.
21 Junij.

Brief van WILLEMSZ. TOT BOXMEER en GHYSBRECHTA VAN RAEPHORST, Vrouwe van Boxmeer, waarbij zij 4 morgen lands in Soeterwoude aan JAN EVERS verkoopen.

O. Met zijn zegel en dat van de Vrouwe van Boxmeer.

1451.
20 Aug.

Brief van Schepenen en Poortmeesteren van Leyden, zijnde eene *overeenkomst* tusschen het kapittel van St. Pancras en de 4 Huiszittenmeesteren van het St. Barbara-Gasthuis te Leyden, in Marendorp, *daar men die minnepot deelt alle zondagen om godswille,* gelijk de brief van den Hertog van Bourgondië inhoudt. (Zie den brief van 1426, bij VAN MIERIS, *Beschrijv. van Leyden*, bl. 197).

1. Dat zij in het Gasthuis een *officium*, maar geen *beneficium* zullen hebben.

2. Dat er geen *beneficium* gefundeerd zal worden, dan met toestemming van het kapittel.

3. Dat de Huiszittenmeesteren in het Gasthuis wekelijks twee of drie missen mogen laten doen, behalve op het feest van St. Barbara of St. Andreas (zijnde dan kermis).

4. Dat deze dienst door eenen priester of kapellaan van het kapittel verrigt zal worden, waarvoor hij jaarlijks een' Engelschen nobel zal ontvangen.

5. Dat het Gasthuis niet vervreemd zal worden enz.

O. Met de zegels van 2 Schepenen, en het groote zegel der stad.

Den 28 Sept. 1561 is de Engelsche nobel, zoo die »zaecke voor de armen favorabel was," betaald geworden met 48 st.

HOOGL. KERK. Aan de andere zijde van den brief is door JAN VAN HOUT in 1580 geschreven, dat de Huiszittenmeesters verzocht hadden, bevrijd te worden tot betaling dier som, omdat, wegens de veranderde godsdienst, in het gasthuis geene mis meer werd gedaan.

De rentmeester van het kapittel heeft dezen post toen in zijn register geschrapt.

1464.
2 Mei.

Brief van den Vicaris en Officiaal te Utrecht, waarbij verklaard wordt, dat JOHANNES DE FOURUIJEN, van Noordwijk, den algemeenen aflaat, door den Paus gegeven, verdiend heeft. Hij had voor Mr. GERRIT PUTMAN, Doctor in de Godgeleerdheid, gebiecht; krijgt absolutie voor alle zonden, misdaden en overtredingen, zelfs voor den doodslag, dien hij, door de *ingeving des duivels*, op den persoon van JAN BOT begaan heeft; zal weder in den schoot der kerk en in de gemeenschap der Christelijke geboden toegelaten worden, mits voldoening aan de verongelijkte partij gevende.

O. Met het zegel van den Vicaris.

1469.
6 dagen vóór Maart.
22 Febr.

Bul van Paus PAULUS II, waarbij het kapittel van St. Pancras, op verzoek van Hertog KAREL VAN BOURGONDIE, onmiddelijk gesteld wordt onder den Stoel van Rome, mits jaarlijks eene *once gouds*, ten behoeve der *apostolische kamer*, gevende.

Hierbij is nog de approbatie der vrijheden, die het kapittel, van den Bisschop van Utrecht en den Kardinaal, verkregen heeft, van November 1469.

O. Met een looden zegel.

1473.
22 Febr.

Brief van JUTTE GHERYTSDR, *ministra*, en het gemeen *convent der zusteren tot onzer liever Vrouwen in Jhc-*

rusalem *tot St. Margrieten* op *Rodenburg*, buiten *Leyden*, *van der oerde van penitencien Sinte Francisci*, waarbij zij aan Lyn Claesdr. eene *raam* (lakenraam), staande in die *nieuwe-hove* te Leyden, verkoopen.

    O. Met het zegel des kloosters.

**1476.**
20 Januarij.

    Brief, op papier, waarbij Gerard Florisz., Priester, het kapittel ontheft van het doen van 2 jaarlijksche zielmissen, die hij in zijne fundatie gesteld had, tot dat hij genoegzame middelen zal hebben, om hierin te voorzien.

    O. Met zijn opgeplakt zegel.

**1483.**
3 April.

    Bul van Paus Sextus IV, gerigt aan den Abt van Egmond, den Deken van O. L. V. te 's Hertogenbosch en dien te Antwerpen, om gezamentlijk, op verzoek van het kapittel van St. Pancras te Leyden, uitvoering te geven aan de Bul van Paus Paulus II (van 22 Febr. 1469).

    O. Met een looden zegel.

        (Komt gedeeltelijk overeen met den brief, vermeld in de *Oudheden van Rijnland*, in 4°. bl. 112).

**1483.**
4 Sept.

    Schout, Burgemeesteren en Schepenen van Leyden, bekennen 600 Rijns. Gl. van het kapittel ontvangen te hebben, om daarmede het krijgsvolk te betalen, dat in den oorlog tegen Utrecht, Amersfoort en Montfoort gediend had; met belofte, die som op St. Bavo (1 Oct. 1484) terug te zullen geven.

    O. Met het zegel der stad (de doopvonten).

HOOGL. KERK.
1493.
Oct.

Bul van Paus ALEXANDER VI, waarbij hij den Deken van Naaldwijk, van 's Gravenhage, en den Officiaal te Utrecht gelast, om Mr. PIETER BRUIN, *licentiaat* in de godgeleerdheid en *baccalaureus* in de Regten, tot Deken en Kanonik van het St. Pancras-kapittel aan te stellen, ten gevolge van de vrijwillige overdragt van JACOB HOUCK.

O. Met een looden zegel.

1494.
30 April.

Brief van YDA VAN NOORDEN ALBRECHTSDR., Priorin van het klooster *St. Aechten* buiten Leyden, verklarende, aan het kapittel van St. Pancras schuldig te zijn 2 *pond*, jaarlijksche renten (voor zielmissen), voortspruitende uit het testament van wijlen Hr. FLORYS VRANKEN, waarvan executeurs waren Mr. JACOB HUYC, Deken van *St. Adriaan* te Naaldwijk, Hr. ALBRECHT VAN BAERN, Kommandeur van de St. Pieters-kerk te Leyden, en ADRIAAN VAN POELGEEST, Ridder, Schout van Leyden.

O. Met het zegel van het klooster.

1495.
26 Januarij.

Brief van BEATRIX VAN ALCKMADE, Jonkvrouwe VAN HAEMSTEDE, waarbij zij, na doode van Mr. GERRIT VAN LEEUWEN, de prebende *St. Crucis* aan WILLEM GYSBRECHTZ. geeft

O. Met het zegel van JAN OEM VAN WYNGAERDEN, Baljuw van Kennemerland.

1495.
2 dagen vóór Februarij.

Bul van Paus ALEXANDER VI, waarbij de Deken van *St. Andries* te Keulen, die van *St. Salvator* te Utrecht, en die van O. L. V. te Antwerpen, tot regters aangesteld worden, in alle verschillen of zaken betreffende het kapittel van St. Pancras te Leyden, en dat het niet altijd noodig is, zich tot den *Stoel* van Rome te wenden.

O. Met een looden zegel.

**HOOGL. KERK.**
1503.
3 Aug.

Fundatiebrief van het *St. Anna Hofje*, op de Hooigracht, alsmede het verdrag met het kapittel, wegens de aldaar gevestigde kapel.

O. Met het zegel des kapittels.

1518.
14 Julij.

Uitspraak van ALARDUS BALIART, Deken van *St. Jan Evangelist* te 's Hertogenbosch, over het proces tusschen CLAES JACOB en JAN UTENWEER, waarbij de laatste veroordeeld wordt tot betaling van 1000 Goud. Ducaten aan de *Pausselijke kamer*, en geene aanspraak meer te maken op de prebende *St. Matthei* in de St. Pancras-kerk, het laatst bezeten door Mr. PIETER DE BRUYN.

Mr. JAN VAN ADRICHEM, Dr. in de Regten, had in deze zaak voor het kapittel gepleit.

O. Met een rood langwerpig zegel van dien Deken.

1528.
25 April.

Losrentebrief, groot 300 gl., dien het kapittel gekocht had, en waarvan de jaarlijksche interest 18 gl. 5 β. bedroeg.

O. Met de zegels der steden *Dordrecht*, *Haarlem*, *Delft*, *Leyden* en *Gouda*, die zich tot de aflossing verbonden hadden.

1536.
30 Sept.

ROPERT en MACHTELT, Graaf en Gravinne van der Marck en Arenberch, Heere en Vrouwe van Naaldwijk, Burggraaf van Brussel, Erfmaarschalk van Holland, vergunnen aan GERYT VAN POELGEEST, zoon van GERYT VAN POELGEEST, Heer van Hoogmade, de prebende *St. Nicolai* te mogen verwisselen met die van *St. Cruis*.

O. Met het secreet zegel van den Graaf, en de confirmatie van GER. VAN EGMOND, Bisschop van Utrecht, van 17 Januarij 1537.

**HOOGL. KERK.**
1537.
1 Febr.

Brief van WILLEM VAN DER GOES, Abt van Egmond, waarbij hij voor de kanonikale prebende, ledig staande na doode van Hr. CLAAS VAN EGMOND, aanbeveelt Hr. CORNELIS VAN DER GOES, Priester.

O. Met zijn zegel.

1537.
22 Sept.

PIETER VORTIUS, Bisschop en Legaat, geeft de prebende *St. Matthei* aan Hr. CORNELIS PRINTER, Priester, bij vrijwilligen afstand van JAN CORNELIS UTENWEER.

O. Met een langwerpig rood zegel, in eene blikken doos.

1537.
16 Nov.

Oorspronkelijke sententie, uitgesproken door Hr. GERARD DU TRY, *Proost* van O. L. V. kerk te Dinant, gewezen ten voordeele van JAN UTENWEER en ten nadeele van Mr. CLAAS VAN BERCKEL, betreffende de prebende *St. Matthei*, laatst bezeten door Mr. PIETER DE BRUIN.

O. Met het zegel van den Proost.

De verdere stukken, na dezen tijd, bestaan meest uit testamenten, uitoefening van collatie-regten, begevingen van prebenden enz.

Er zijn 25 kapelleryen of vicaryen in deze kerk gesticht geweest, waarvan de stichtingen sedert 1355, uit de oorspronkelijke documenten, alle bekend zijn; ook de namen der personen die ze bezeten hebben.

Van lateren tijd is een besluit der Leydsche regering (22 Dec. 1597), waarbij aan de Rentmeesters van alle collegiën, geestelijke gestichten, godshuizen enz., gelast wordt, de huizen en landen, tot hunne administratie behoorende, voortaan in het *openbaar* en niet onder de hand te *verhuren* of te *verkoopen*, omdat, op deze wijze, de inkomsten dier gestichten zouden vermeerderen.

### Registers tot deze verzameling behoorende.

HOOGL. KERK.  1. Een register in 4°, op perkament geschreven, getiteld: *Statuta collegii St. Pancratii.*

2. Drie langwerpige registers A, B, en C., waarin de namen der personen vermeld staan, die bij testament giften aan deze kerk gegeven hebben, met vermelding van het jaar van hun overlijden, alsmede verscheidene schepenbrieven daartoe betrekkelijk, van 1364 tot 1540.

Het oudste is op papier geschreven en van 1364; de twee andere op perkament.

3. Een register D in 4° (op perkament), bevattende de verheffing dezer kerk tot eene kanonikale kerk, de bezittingen dezer kerk, als landen, huizen en renten, met de daartoe behoorende schepenbrieven, sedert 1366.

4. Een dito register E, bevattende verscheidene fundatiën en vicaryen der St. Pancras-kerk, zijnde afschriften van lateren tijd.

5. Een (op papier) geschreven *Necrologium* dier kerk, bevattende den dag, de maand en het jaar van het overlijden van begunstigers, stichters en hunne bloedverwanten enz.; ook in welk graf zij begraven zijn.

6. Een fraai, op perkament, geschreven *Necrologium* dier kerk, met lederen band en koperen sloten; doch zonder vermelding van overlijdingsjaren der personen.

7. Een groot, op papier geschreven, register, bevattende de verhuring van 's kapittels landen.

8. Eene rekening der prebenden in de St. Pancras-kerk van 1420 tot 1520; en eene andere van 1548 tot 1569.

HOOGL. KERK.    9. Rekeningen van het kapittel *ten Hooglande* of van St. Pancras van 1573—1807; transportbrieven van 1810 en 1811.

10. Twee ordonnantieboeken, A en B., van 1694 tot 1811.

11. Rekeningen der Memorie- en Getijdengoederen van 1578—1807.

12. Zes folianten, *Misboeken*, in 1554 door Antonie Blaeuw afgeschreven. (Zie bl. 166.)

13. Een register of inventaris in 4°, door den Secretaris Jan van Hout (+ 1609) geschreven, bevattende al de brieven van het kapittel, met eenige daarbij gemaakte genealogische aanteekeningen door dien werkzamen man.

14. Brieven van 1807—1815.

# DE O. L. VROUWE-KERK.

Deze kerk was in 1330 slechts eene kapel; maar is omstreeks 1364 tot eene Parochiekerk verheven, waarvan men de berigten bij VAN MIERIS, *Beschr. van Leyden* 1 D. bl. 85, kan vinden.

De Archieven, tot deze kerk behoorende, zijn weinig in getal; de oudste brieven zijn die der *zevengetijden*, waarvan er 46 aanwezig zijn, beginnende met 1440 en eindigende met 1564. Daaronder vindt men eenen bezegelden brief van HENDRIK VAN WASSENAAR, Burggraaf van Leyden van 4 Sept. 1440, en van ADRIAAN VAN POELGEEST, Ridder, van 9 Dec. 1503, waarbij hij den Zangmeesters 12 morgen lands in Hazerswoude schenkt, mits 18 gl. ten behoeve der Priesters, die de *memorien* voor hem, zijn' vader JAN en zijn' broeder WILLEM zullen doen, uitkeerende.

Behalve deze brieven, zijn nog de volgende registers aanwezig.

1. Een perkamenten register in folio, groot 63 bladz., bevattende de afschriften van de gift- en losrentebrieven der *zevengetijden*.

2. Een register in 4°, op papier geschreven, bevattende de afschriften van de losrentebrieven der verkochte landen.

3. Een 4° register, op perkament geschreven, getiteld: *Register des heylighen cruysghilde dat men hout in onser liever Vrouwekerk tot Leyden ende wordt volbragt* CCCCXCIX (1499) 2 Maart, bevattende de oprigting in 1422, de confirmatie van JOHAN VAN BEIJEREN, van de regering van Leyden, van den Bisschop van Utrecht enz., alsmede eene verklaring van den Deken van Rijnland, dat de *reliquien* van het *heilige kruis*, die het gild bezit, *echt* zijn; benevens kopijen der giftbrieven enz.

4. Eenige maanboekjes van 1541—1569 (papier).

# HET LEPROZENHUIS.

---

**LEPROZEN-
HUIS.**

Dit gesticht lag buiten de Noordpoort (Wittepoort), ter plaatse waar in 1567 de houten kerk der Hervormden en later de stads-herberg gestaan heeft, en die thans het *wed* genoemd wordt.

De brieven, tot dat gesticht behoorende, zijn nu chronologisch gerangschikt; doch de berigten, omtrent deszelfs eerste stichting, ontbreken geheel en al.

De oudste brief is van 1428, waarbij:

**1428.**
St. Lucas-avond.
17 Oct.

*Schout, Schepenen,* en *Rade* van Leyden, den *ziechuse staende buten der noortpoort tot ten armen ziecken behoef,* het gebruik en het genot schenken van den *singel,* strekkende van den *naecsluze* tot aan den weg toe, »behoudelic der steden horen *ommeganc* ende de *scutten* horen *zodenslach* van den Singel."

O. Met het zegel der stad (de doopvonten).

**1433.**
Zaturdag na St. Victord.
20 Sept.

Brief van Boudewyn van Zwieten en Heer Dirk van Muyden, waarbij zij de *St. Anthonis-kapel,* in het ziekenhuis voor arme Lazarussen, stichten; de brief is zeer beschadigd; hij was door de stichters en de regering van Leyden bezegeld geweest.

O. De zegels zijn verloren.

**LEPROZEN-**
**HUIS.**
**1441.**
22 Maart.

Schout, Schepenen en Rade van Leyden maken een reglement voor het *zieken-* of *leprozenhuis*, ook wel *St. Anthonis-kapel* genoemd.

O. Het zegel, aan dezen brief gehangen hebbende, is verloren.

Is gedrukt bij VAN MIERIS, *Beschr. van Leyden* bl. 230.

**1457.**
Palm-Paaschavond.
9 April.

Bevel van DIRK VOS, Deken van Rijnland, SYMON AERNTSZOON, Baljuw van Rijnland, en van Schout, Burgemeesters enz. van Leyden, aan de geestelijken van Rijnland, om in elke kerk aalmoezen voor de Leprozen te Leyden in te zamelen; met bepaling, dat de Leprozen niet langs de huizen mogen gaan bedelen.

Uit de parochie, waar men voor de Leprozen weigert te collecteren, zal geen melaatsch persoon te Leyden worden opgenomen enz.

O. Met de gave zegels van Leyden, van den Deken en den Baljuw van Rijnland.

**1466.**
29 Januarij.

Voorwaarde, waarop de Ziekenhuismeesters van de *St. Anthonis-kapel* zielmissen zullen laten doen voor NANNE PAEDS KERSTANSZ., waarvoor hij eenige goederen geeft.

O. Met de zegels van SYMEN PAEDS en WILLEM VAN DER DOES, Schepenen van Leyden.

**1511.**
20 Febr.

Voorwaarde, waarop JASPER COENAERTSZ. en EWOUT AERNTSDR., zijne vrouw, als *Provemeesters* zijn aangenomen.

De vrouw moet koken, ter markt gaan, het huisraad in goeden staat houden, de zieken bedienen enz.

O. Met het stadszegel (de doopvonten).

**LEPROZEN-HUIS.**
1515.
27 Dec.

Een brief van YSBRANT VOLCARTSZ., Priester en Pastoor, en de twee Kerkmeesters van Zwammerdam, waarbij zij het doen eener collecte in de kerk, ten behoeve der *Leprozen* te Leyden, vergunnen; zij zullen de opbrengst aan de Bewaarders of Ziekenmeesters van het Leprozenhuis bezorgen.

O. Het zegel van den Pastoor is verloren; de Kerk-meesters hadden geen zegel.

1553.
11 Januarij.

Overeenkomst tusschen de Leprozenmeesters en het klooster *St. Aaglen* te Leyden, waarbij dat klooster, met zijne bezittingen, aan het Leprozenhuis wordt over-gedragen, onder voorwaarde, dat de Leprozenmeesters de overige zusters onderhouden moeten.

Hierbij is tevens de toestemming van de naaste bloed-verwanten der stichtster van het klooster, van 15 Ja-nuarij 1553. Ook is aan dezen brief de goedkeu-ring van FREDERIK VAN TAUTENBORCH, Aartsbisschop van Utrecht, gehecht, om het Leprozenhuis af te breken, van 15 Junij 1562, met zijn zegel. (Zie achter, onder *het klooster St. Aaglen.*

1554.
31 Mei.

Een *lazarusbriefje*, waarbij de gezworenen van de St. Jacobs-kapel buiten Haarlem verklaren, dat MEES CORNE-LIS VAN OESTGHEEST besmet is met *lazarye*, daarom hij zal gaan met *vliegers*, een *klap op de borst*, en een' *witten band om het hoofd* hebbende.

O. Het zegel is verloren; doch aan een' ander', van 1572, hangt nog gedeeltelijk het zegel.

1554.
1 Sept.

Overeenkomst tusschen WARNER VAN DER DOES, als Voogd over den achtergelaten' zoon van JAN VAN DER

**LEPROZEN-HUIS.**

Does, Ambachtsheer van Noordwijk, Jacob Starck, Pastoor, en de Heiligegeestmeesters ter eenre, en de Leprozenmeesters van Leyden ter andere zijde, om de Leprozen van Langevelt en de beide Noordwijken, te onderhouden; de voorwaarden zijn:

1. De Leprozen zullen een *bord* hebben, om in de kerk van Noordwijk te collecteren.

2. Gedurende 10 jaren zullen de Heiligegeestmeesters, aan de Leprozenmeesters, jaarlijks 10 gl. betalen.

3. Ieder stuurman, die ter haringvaart gaat, zal jaarlijks eene *kinne* haring, of 20 stuivers geven.

4. Jaarlijks zullen twee *goede mannen* rondgaan, om *gedroogde visch*, *kaas* en *boter* voor de Leprozen op te halen.

O. Met het zegel van Warner van der Does en Christoffel Gerytsz. van Nuwenhoeff, Schout van Noordwijk.

1562.
15 Junij.

Goedkeuring tot het afbreken van het *oude* Leprozenhuis. (Zie 11 Januarij 1553.)

1566.
20 Aug.

Overeenkomst tusschen de Leprozenmeesters en de 5 overgeblevene zusters van *St. Aagten*.

1. Dat de zusters jaarlijks 17 gl. zullen ontvangen.

2. Dat zij niet meer behoeven te zingen.

3. Dat zij de dienst in hare kerk of kapel mogen waarnemen enz.

4. Dat zij den *warmoestuin* mogen gebruiken.

O. Was met het stadszegel, dat verloren is, bezegeld.

De Secretaris Jan van Hout vertegenwoordigde de zusters van *St. Aagten*.

1568.
7 Febr.

Brief van Jacob van Boschusen, Schout van Alphen, bevattende eene scheiding van een stuk lands, genaamd

**LEPROZEN-
HUIS.**

*'t Breedeweer*, *Nijsseweer* of *Kinderland*, gemeen met het Leprozenhuis en het klooster van *Abcoude* te Leyden.

> O. Met het zegel van den Schout; en onder meer anderen, geteekend door WENDELMOET HEYNRIXDR., *Mater*, en KATRYN CORNELISDR., *Procuratrice* van Abcoude.

**1569.
3 Maart.**

Schepenbrief van Leyden, inhoudende dat Foy VAN ZYL, Biechtvader van het klooster *St. Ursula* te Leyden, uit naam van de zusters, en met toestemming van CORNELIS VAN DEN BERCH, Prior te Leyderdorp, aan de Leprozenmeesters verkoopt, een *warmoestuintje* groot 40 roeden, gelegen buiten de Rijnsburgerpoort, ten westen van het Gasthuis van *Lopsen*.

> O. Met het zegel van den Prior van Leyderdorp, dat van het klooster St. Ursula, en van de twee Schepenen, DIRK GERITSZ. SMALING en CORNELIS HUGENSZ.

**1576.
10 April.**

De Ridderschap, Edelen en Steden van Holland enz. geven het klooster *Nazareth* aan de Leprozenmeesters.

> O. Met een opgeplakt zegel der Staten van Holland. Gedrukt bij VAN MIERIS, *Beschr. van Leyden*, bl. 122.

In 1590 is het Leprozenhuis (of het klooster Nazareth) met het St. Elisabeth's-Gasthuis vereenigd.

Op den 16 Junij 1455 heeft de regering van Leyden eene overeenkomst met de Ziekenhuismeesters van de St. Anthonis-kapel gesloten, dat de *heilige varkens* niet langer langs Leyden's straten zullen loopen; de regering beloofde toen jaarlijks 4 ₶ aan dat huis te zullen betalen; deze post komt, in de *Thesauriers-rekeningen*, telkens voor (zie *Vroedschaps-Resol.* 1455 bl. 41).

13*.

Van het Leprozenhuis zijn nog de volgende registers
aanwezig:

1. Een folio register, op perkament, groot 61 bladen, waarin al de brieven, giften enz. van het Leprozenhuis vermeld zijn; de *oudste* brief, van 1406, is
misschien *toen* of *later* aan dat huis gekomen.

2. Een dito in 4°, doch waarin niet alles vermeld
staat, is wel het oudste.

3. Een 4° register, op perkament, waarin de dagen
vermeld zijn, waarop de Leprozen *wijn, brood* enz. ontvangen, hetzij van de gasthuizen, of uit testamenten
voortspruitende.

4. Een dito, in folio, geschreven den 14 Oct. 1511,
omdat N°. 3 zeer vergaan, en zoek geweest was.

5. Een 4° register, op papier, bij wijze van Alma-
nak, met de namen der *heilige dagen*, en die, waarop
de Leprozen wijn enz. ontvangen.

6. Een in 4°, op perkament, waarop staat:

*Dit sijn testamenten ghemaect den siecken ofte Lazarus
buyten Leyden.* (Komt overeen met N°. 4.)

7. Een gezangboek in-4°, met nooten.

8. Rekeningen van 1507 tot 1590, en eenige Blafferden van 1554 tot 1593.

Van het *St. Katharina-Gasthuis* zijn slechts rekeningen aanwezig van 1415, 1417—1426, 1448, 1449 en
1467; de vroegere en latere rekeningen, bevinden zich
in het St. Caecilia-Gasthuis; doch de rekeningen van
het St. Katharina- en St. Caecilia Gasthuis vereenigd, zijn
van 1697—1775 in het Archief voorhanden; na dien
tijd komen zij voor onder den naam van *Vereenigde
Gast- en Lerooshuizen*, die alle nog aanwezig zijn.

# HET LIEVE VROUWE-GASTHUIS.

**LIEVE VROU-WE-GASTHUIS.** Dit Gasthuis is eenige jaren vroeger dan 1403 gesticht; want uit een' Schepenbrief van Leyden, van 1395 (*Zondag na St. Lambrechtsdag*), blijkt, dat WIBRANT LOUWENSOEN en GHERYT zijn zoon aan CLAES RENGHER 10 schellingen, *hollandsch comans payments*, verkoopen, staande op een huis op de *St. Joostengracht* (thans de Middelstegracht), en wel »*totter gasthuijse behoef dat hi ghesticht heeft op die hoeygraft.*" De zegels der 2 Schepenen, SYMON BORT en BAERNT JANSZ, aan dezen brief hangende, zijn nog gaaf.

Daarop volgt weder een Schepenbrief van Leyden, van 1398. waarbij CLAES RENGHER en MACHTELT VAN ZYL, aan het door hen gestichte Gasthuis, $\frac{1}{3}$ van zeker kamp lands, in *Koudekerk*, in eigendom geven, om daarvoor hun beider *memorie* te laten doen.

Deze giften worden ook vermeld in den *Stichtingsbrief* van 1403 (*op Pinksteravond*), die mede *oorspronkelijk* aanwezig is, en waarvan de inhoud bij VAN MIERIS, *Beschr. van Leyden*, bl. 181, voorkomt.

Onder een groot aantal gift- en koopbrieven, tot dit Gasthuis behoorende, en thans *chronologisch* gerangschikt, komen o. a. voor:

1421.
Vrijdag na St. Aagtend.
7 Febr.

Schepenbrief van Leyden, waarbij DIRK VAN ALCMADE aan POUWELS REYNERSZ. en DIRK RENGHER (de eerste

**LIEVE VROU-
WE-GASTHUIS.**
Gasthuismeesters) bij testament opdroeg, 40 groot, jaar-
lijksche renten, staande op een huis aan den Ouden
Rijn, bij de Vischbrug; onder voorwaarde, dat in de
*St. Pieters-kerk eene jaarlijksche memorie* zal gehouden
worden voor Jonkvrouwe HAESTGENS VAN DER DUYN,
zijne schoonzuster.

O. Met een zegel van GHYSBRECHT PAEDZENZ.

1578.
19 Mei.

Verklaringen van eenige personen, dat het *velhuis*
binnen het Gasthuis zeer is beschadigd geworden, door-
dien het geschut van de Admiraliteit daarin geplaatst
en weder uitgehaald was.

O. Acte (op papier) van den Notaris YSBRANT JACOBSZ.
VAN DER BOUCHORST.

Uit de aanwezig zijnde brieven leert men de namen
der Gasthuismeesters kennen. In 1583 is dit Gasthuis
tot een Gereformeerd Weeshuis, dat eerst op de Breè-
straat stond, ingerigt, en zijn de vrouwen, in het
Vrouwe-Gasthuis wonende, naar het St. Elisabeth's-
Gasthuis overgebragt.

Van dit Gasthuis zijn 3 registers aanwezig, t. w.:

1. Een register in folio (op perkament), met *koperen
sloten*, bevattende de brieven, pachten, renten enz.
van het Gasthuis, groot 172 bladz.

2. Een dito, maar kleiner, is in lateren tijd geschreven.

3. Verder nog 4 *gezang-* of *misboeken*, met *nooten*,
waarvan 2 op perkament en 2 op papier geschreven
zijn; doch het is niet zeker, tot welk Gesticht die boeken behooren.

# HET S<sup>T</sup> ELISABETH'S-GASTHUIS.

St. ELISAB.-
GASTHUIS.

Dit Gasthuis is in 1428 door JAN DIRK COENENZ., en KATHARINA, WILLEM FREDERIKSDR., zijne vrouw, gesticht. De stichtingsbrief is in het Archief nog aanwezig, en gedrukt bij VAN MIERIS; *Beschr. van Leyden* bl. 181. Onder de brieven van dit Gasthuis, van 1430—1728 voorhanden, merken wij op:

1433.
Vrouwe-avond nativitatis.
7 Sept.

De *Ministra* en *Convent* der zusteren *St. Margrieten* (later Rodenburg) nemen van JAN DIRK COENENZOON en KATRYN, zijn wijf, een huis over, tot behoef der zusteren die »*plaghen te wonen aen onser Liever Vrouwerkerk-hof*", (d. i. het klooster St. Agnieten) waarvan de *bewaerster* is GRIETJE CLAESDR, gelegen in de *Vrouwen-Kamp* te Leyden, onder voorwaarde, dat zij jaarlijks aan het St. Elisabeth's-Gasthuis zullen uitreiken 8 *achten-deel goede witte* of *groene erwten*, 4 *ponden grasboter* en 3 *ponden raapolie*, alsmede de betaling eener pacht van 35 *oude boddragers*, op dat huis staande.

O.  Het zegel van dit klooster is zeer geschonden.

Zie over dit gekochte huis achter, onder het klooster *St. Agnes*.

1435.
14 Mei.

De *Broeders* van de 3<sup>e</sup> orde van *penitencien St. Maria in Betlihem*, bij Leyden, in den *Waard*, bekennen ge-

kocht te hebben van Jan Dirk Coenenzoon eene mo-
lenwerf met een erf onder Soeterwoude, waarvoor zij
jaarlijks 4 pond zullen betalen; te weten, aan den
Pastoor der Vrouwe-kerk 24 *schell.*, aan de Heiligegeestmeesters 2 *schell.* en aan den verkooper 53 *schell.* en
4 *penning.*

De gelden, die Jan Dirk Coenenz. daarvan trok, zijn
door hem, op den 18 Maart 1437 aan het *Gasthuis*
vermaakt.

O. Met het zegel van het klooster, denkelijk dat
    der *Minrebroeders*, want *Engelendaal* had een
    ander zegel, zoodatzij er reeds vóór 1445
    woonden.

1464.
22 Oct.

De Prior en Broeders van het klooster *Engelendaal*,
te Leyderdorp, verkoopen aan de Gasthuismeesters 6
morgen lands, genaamd de *Does-venne*, in Leyderdorp.

O. Met het zegel van dat klooster, verschillende
    met het voorgaande.

1728.
25 Aug.

Frederic Wilhelm, Koning van Pruissen, geeft, na
doode van Mr. Abraham van Gerwen, Oud-Burgemeester
van Leyden en Rentmeester van het St. Elisabeth's-
Gasthuis, aan Mr. Simon van Gerwen (ten behoeve van
genoemd Gasthuis) in *leen* 4 morgen lands, gelegen in
Alemade.

O. Met zijn gaaf rood zegel.

(get.) Bij Hoogstgemelde Koningl. Maje-
    steijt van Pruijssen, als Heer van Naeld-
    wijck enz., ter *relatie* van Stadhouder en
    Leenmannen voornoemd.

J. G. Meinertzhagen.

Het octrooi van 1575, waarbij het klooster van de
*Elfduizend-maagden* of *St. Ursula*, te Leyden, aan het

St. ELISAB.-
GASTHUIS.

Elisabeth's-Gasthuis wordt afgestaan, is oorspronkelijk nog aanwezig, en bevindt zich onder de brieven van gemeld klooster.

Van dit Gasthuis zijn nog de volgende registers aanwezig:

1. Een perkamenten register in 4°, bevattende de *stichting*, de *giften* en de *gekochte eigendommen* van het Gasthuis. Op de eerste bladzijde is een Reglement van den jare 1426, inhoudende de wijze, waarop de 2 Huis-zittenmeesters van de Vrouwe-parochie de armen zullen onderhouden, en spijs, genaamd *aalmoespot*, zullen doen koken.- Daarop volgt een Reglement van inwendig bestuur, gedane giften enz.

2. Een dito register, bevattende de brieven van het Gasthuis; doch gerangschikt naar de plaatsen waar de eigendommen gelegen waren.

3. Een dito register, bevattende de namen van personen, die het Gasthuis hebben begunstigd, en waarvoor gebeden moest worden.

4. Een folio register (op perkament), zijnde een *kaartboek*, van de landen die aan het Gasthuis behooren, geteekend door JAN PIETERSZ. DOU, Landmeter, 1591.

5. Een dito, langwerpig formaat, geteekend door SYMON AERNTSZ. VAN BRUNINGEN, Landmeter, 1591.

6. Een *kaartboek* in-4° der landen van het St. Elisabeth's-Gasthuis, toen vereenigd met het Leprozenhuis, door J. P. DOU; doch door JOHANNES DOU in 1655 naar N° 4, gecopieerd.

7. Rekeningen van 1552—1593.

Rekeningen, na de vereeniging met het Leprozenhuis, van 1594—1783; benevens verscheidene *memorialen*, *cassaboeken*, *contractboeken*, *journalen* enz. en stukken betreffende het *Theatrum anatomicum*, dat in het Gasthuis opgerigt was.

# HET S$^{\text{T}}$ AGNIETE (GEFALIDE OF GROOTE) BAGIJNHOF.

———

**St. AGNIETE BAGIJNHOF.** Dit Bagijnhof, waarvan de kerk thans voor de Akademische bibliotheek gebruikt wordt, is van zeer ouden oorsprong; want onder de Charters der stad is eene overeenkomst tusschen de Bagijnen te Leyden, betreffende het erven harer goederen, zoo binnen als buiten het Bagijnhof, en het aannemen van nieuwe zusters op die voorwaarde, van 17 Julij 1293.

De brieven, tot dit Bagijnhof behoorende, zijn ten getale van 60 nog aanwezig, loopende van 1333 tot 1557.

Er moeten echter een grooter aantal brieven van dit Bagijnhof geweest zijn, omdat JAN VAN HOUT, Secretaris van Leyden, daarvan 3 registers gemaakt had, die, ten tijde van VAN MIERIS, niet meer aanwezig waren.

Den 18 Junij 1584 hebben PETRONELLA VAN OOSTRUM (de voormalige *Mater*) en FYTGEN CORNELIS JANSDR. nog 8 brieven van 1348—1552 terug bezorgd, die, wel is waar, niet meer aanwezig zijn, doch waarvan de voornaamste inhoud te vinden is in het *Gerechtsdagboek* A. der stad, fol. 285 verso.

Hieruit ontleent men nog de volgende bijzonderheden omtrent dit Bagijnhof.

1348.
Zondag na St. Valentijnsd.
15 Febr.

Schout, Schepenen en Rade der *poorte* van Leyden, — ordonneren:

**St. AGNIETE BAGIJNHOF.**

1. Dat het aandeel in de huizen van de overledene jonkvrouwen aan het gemeen gezelschap zal blijven.

2. Dat, wanneer zij een huis bouwden of kochten, zij het aan eene eerlijke jonkvrouwe of weduwe mogten verkoopen.

3. Dat, bij slecht gedrag, die van den *Gerechte* haar daaruit zullen doen vertrekken, blijvende haar aandeel in de huizen aan het Bagijnhof.

4. Dat geene jonkvrouwen daarin opgenomen zullen worden, tenzij zij die voorwaarden onderhouden.

Was bezegeld met het eerste groote stadszegel, zijnde *St. Pieter* met de twee Engelen.

1421.
18 Junij.

JOHAN VAN BEIJEREN enz. neemt de Bagijnen in zijne bescherming, en geeft haar eenige ordonnantiën om onderhouden te worden.

(Zie dit stuk bij VAN MIERIS, *Beschr. van Leyden*, 1 D. bl. 148.)

1421.
10 Oct.

Schout, Schepenen en Rade van Leyden nemen de Bagijnen in hunne bescherming, en bepalen o. a.:

1. Dat zij geen koopmanschap drijven, noch jaarmarkten bezoeken of op de markt zitten zullen.

2. Dat zij geen wollen-lakenen reden, noch drapieren zullen, dan voor zich zelven.

3. Dat zij geene *geregen* of *geknofte* (?) kleederen zullen dragen, dan alleen de mouwen.

4. Dat zij slechts schapen- of lammeren pelsen zullen dragen.

5. Dat zij hare kleederen niet met zijde zullen naaijen.

6. Dat zij geene *zijden* of *pulmaten* (*plumaten*) *huiven* zullen dragen; noch *wormen* houden, die *zijde* of *pul-maet* (plumaat) spinnen.

7. Dat de *faliën*, die zij dragen, tot aan het eerste kleed zullen hangen, als zij uitgaan; doch niet als zij van huis reisden.

8. Dat het haar zoo kort mogelijk zij, opdat het niet gevlochten worde.

9. Dat zij plompe zwarte schoenen zullen dragen, gekneveld of met riemen, maar van geen varkens- of zeemleer gemaakt.

10. Dat zij geene *schoboodsen* (sabotten) zullen dragen, dan in huis.

11. Dat zij geen borduurwerk, noch werk van hoo-vaardy zullen maken, dan tot de dienst Gods.

12. Dat zij, zonder consent, niet uit het huis mogen gaan om kleederen te snijden; en niet mogen bedelen.

13. Dat zij, zonder consent, geene kinderen of gas-ten mogen aannemen.

14. Dat zij geene getrouwde vrouwen, wier mannen nog in leven zijn, mogen aannemen.

15. Dat zij geene verloofde maagden ontvangen, of huwelijken op het hof sluiten zullen.

16. Dat zij, zonder consent, niet ter bruiloft mogen gaan.

17. Dat zij niet ter begrafenis mogen gaan.

18. Dat de poort gesloten zal worden, als men *nachtlicht* klept, en ieder dan in huis moet zijn.

19. Dat zij dagelijks missen zullen hooren.

St. AGNIETE
BAGIJNHOF.

20. Dat zij, slechts *vleesch*, *bier* of *brood* mogen gaan koopen.

21. Dat zij niet alleen 's nachts uit waken mogen gaan.

22. Dat zij' eerlijk moeten leven, en niemand, dan van goeden naam en faam, zullen ontvangen.

23. Dat zij, op *Petri ad vincula* (8 Januarij), eene *Mater* zullen kiezen, die 2 jaren zal dienen, en die dan rekening en verantwoording zal doen.

(Was bezegeld met het dagelijksch stads zegel.)

1477.
16 April.

Een brief van Schout, Burgemeester en Rade van Leyden, inhoudende verscheidene regelen voor personen die in de huizen van het *hof* zullen wonen, gemaakt op begeerte van Jonkv. Baerta, wed. van Willem Heerman. (Zie over hem bl. 55 en 56.)

1. Dat niemand ontvangen zal worden, dan onbesprokene maagden, gezond van lijf en leden, oud ten minste 17 jaren, belovende de ordonnantiën te zullen onderhouden, mits medebrengende, een bed met toebehooren.

2. Dat de rijke maagden zich op eigene kosten kleeden, en jaarlijks 8 gl. voor kost geven zullen.

3. Dat de kinderen, die men daar in goede manieren leerde, 12 gl. zullen geven.

4. Dat men er geene mannen te gast zal noodigen, *wereldlijke vrouwen, zoo min mogelijk.*

5. Die het huis verlaat, neemt alles mede, behalve de beste *falie*, het *opperkleed* en de *caproen*.

St. AGNIETE
BAGIJNHOF.

6. Dat zij, die aldaar sterven, al het tilbare goed zullen achterlaten, waarvan $\frac{2}{3}$ aan het hof, en $\frac{1}{3}$ aan de kerk zal komen; renten en ontilbare goederen gaan naar de regte erfgenamen.

(Was bezegeld met 4 zegels.)

De oorspronkelijke brieven zijn grootendeels koop- en transportbrieven voor Schepenen van Leyden verleden, waaronder 2 met het zegel van het Bagijnhof. Men treft daaronder nog aan:

1435.
30 Aug.

*Schout, Schepenen* en *Rade* VAN LEYDEN bekennen aangenomen te hebben van ADRIANA, wed. van JAN VAN RYSWYK, zulk land als zij liggende had in *Bloemendaal* bij het Bagijnhof te Leyden, en daarvoor zullen de Kerkmeesters van de St. Pieters-kerk terug bekomen het erf, daar het *oude Bagynhof* gestaan had.

O.   Het zegel verloren.

(Het is onzeker of daarmede het oude *Pieter Simons-Bagynhof*, dan wel het *Gefalide-Bagynhof*, bedoeld werd; vermoedelijk het *Pieter Simons-Bagynhof*.)

1446.
13 Nov.

Testament van DIRK VAN SANTHORST, en zijne vrouw, BEATRIX VAN RUWEEL EN SANTHORST, waarbij zij eenige goederen en renten aan het *Bagynhof* geven, waarvoor aldaar jaarlijksche missen enz. gedaan moeten worden, voor PHILIPS VAN SANTHORST, DIRK VAN SANTHORST, en zijne vrouw AGNES VAN ASSENDELFT, DIRK VAN SANTHORST en MARGRIET, (bastaarddochter van Hertog WILLEM VAN BEIJEREN), zijne vrouw.

O.   Met het zegel van DIRK VAN SANTHORST (3 *halve manen*); doch dat van het Bagijnhof is verloren.

**St. AGNIETE BAGIJNHOF.** Behalve deze brieven, is er nog een rekwest zonder datum, denkelijk van 1450, waarin de Bagijnen aan de regering van Leyden verzoeken bevrijd te zijn, om hun hof met *harde daken* (pannen) te dekken, omdat zij uit eigene middelen reeds veel hebben betaald *tot opbouwing van de kerk en het hof.* Deze kerk is dus omstreeks 1450 gebouwd. Onder deze stukken is een brief van Broeder CLAES CLAESZ., Rectoer van het klooster *St. Agnieten* te *Amsterdam*, van 3 Dec. 1523, betreffende het doen van zielmissen voor GRIETJE GYSBERTSDR., van Gouda. Het zegel van dat Amsterdamsche klooster is zeer geschonden.

Verder is van dit Bagijnhof nog aanwezig;

Rekeningen, van 1584—1802, met de kwitantiën.

Rekeningen van landhuren van 1597—1607; huishuren van 1605—1802.

Notulenboek van 1612—1744.

(Zie verder over het lot van dit Bagijnhof van MIERIS, *Beschr. van Leyden*, 1 D. bl. 148—153.)

# HET PIETER SIMONS-BAGIJNHOF.

---

PIETER
SIMONS-BA-
GIJNHOF.

Dit Bagijnhof, naast 's Gravenstein gelegen hebbende, is door PIETER PIETER SYMONSZ'. VAN DEN OERDE, en met toestemming zijns broeders GERARD, bij testament van den 20<sup>en</sup> Junij 1389, gesticht.

In dat testament, voor den Notaris THOMAS COEN-RAERTS (VAN DER VOER), PIETER DANIELSZ. Priester, en Mr. JAN VAN HAARLEM, *Rector* der Groote School te Leyden, als getuigen, verleden, geeft hij zijn *huis* en *boomgaard* bij het gevangenhuis (benevens 2½ morgen lands, genaamd de *Doesveen* in Leyderdorp) aan het *St. Katharina-Gasthuis*, om door eenige arme vrouwen bewoond te worden; zullende de begeving daarvan geschieden door den Cureit van de *St. Pieters-kerk* en de Mrs. van het *St. Katharina-Gasthuis*.

Ofschoon de stichting van dit Bagijnhof tot nog toe onbekend gebleven is, kan men die echter thans vinden in het register van *Fundatien* der *St. Pieters-kerk* bl. 64 verso, en in D. van die van de *Hooglandsche kerk* bl. 99—100.

De namen van de eigenaars der aangrenzende huizen, in bedoeld testament voorkomende, zijn dezelfde als die, welke in het Charter van Hertog ALBRECHT VAN BEIJEREN van 11 Maart 1400 vermeld worden, waarbij het *Bagynhof* wordt afgebroken, tot vergrooting

**PIETER SIMONS-BA-GIJNHOF.**

van het kerkhof. (VAN MIERIS, *Beschr. van Leyden*, bl. 28.)

Deze zusters hebben, volgens VAN MIERIS bl. 158, een zwervend leven gehad, door gedurige verplaatsing te Leyden.

In het Archief zijn geene stukken aanwezig, die over dit Bagijnhof meerder licht verspreiden, dan hetgeen reeds bij VAN MIERIS voorkomt.

In 1598 had de regering van Leyden het voorne-men, op den grond van het oude *Bagynhof*, een *tucht-huis* te bouwen. Hierover is eene belangrijke verzame-ling van stukken, o. a: de reis der Gecommitteerden uit de Vroedschap naar Amsterdam, ten einde het al-daar reeds bestaande *tuchthuis* op te nemen; het regle-ment der tuchthuizen van Amsterdam en Alkmaar; kopij van het testament van PIETER SIMONSZZ'. VAN DEN OERDE; alsmede: *Discours onder verbetering van den Verstandigen, of Boeventucht ofte middelen tot vermindering der schan-delijke ledighgangers, begonnen en voleyndigt in den Haege op ten Voorpoorte, op ten XXIIII Oct. 1567.*

Deze stukken zijn door den Secretaris JAN VAN HOUT, die mede naar Amsterdam geweest was, in 1598 ge-schreven.

Het *tuchthuis*, dat bij 's Gravenstein zou zijn geplaatst geworden, is, om verschillende oorzaken, niet tot stand gekomen.

# HET S<sup>T</sup> PANCRAS- OF GERRIT LAMS BAGIJNHOF.

---

**St. PANCRAS-BAGIJNHOF.** Dit Bagijnhof lag aan de oostzijde van de St. Pancras-kerkgracht, naast het huis van zekeren GERRIT LAM, waardoor het dien naam gekregen heeft.

Van dit Bagijnhof zijn geene brieven in het Archief aanwezig, dan een perkamenten register in 4°, groot 20 bladz., bevattende:

1. Het reglement van den Hove van het St. Pancras-Bagijnhof, geconfirmeerd door den Bisschop van Utrecht, en Hertog ALBRECHT VAN BEIJEREN, en met het stads zegel op *St. Luciedag* 1403 bezegeld.

2. Namen der Bagijnen die op het hof wonen of gewoond hebben, van dat het Bagijnhof het eerst gesticht was, en het reglement aangenomen hebben.

De eerste Bagijn was HILLEGONT GHEERLOFSDR., denkelijk de *Mater*. (Het getal bedroeg toen 22.)

3. Eene ordonnantie of overeenkomst der Bagijnen, dat zij hare woningen behoorlijk zullen dekken, (waarschijnlijk met pannen) van 2 Sept. 1467.

**St PANCRAS-**
**BAGIJNHOF.**

4. Overeenkomst tusschen den Pastoor GERRIT DE WIT en de Bagijnen, dat er, na het overlijden van eene der Bagijnen, telkens eene andere in hare plaats op het hof zal komen.

5. Overeenkomst, dat elke Bagijn 2 *pond* (30 groot het pond) ontvangen zal, tot dat de *keuken* gemaakt zal zijn. Dato 19 April 1518.

Dit registertje schijnt meer bladen bevat te hebben.

Zie Dr. R. C. H. RÖMER, *Kloosters* enz. *in Holland en Zeeland* bl. 634, die meer stuk-ken van het Bagijnhof gezien heeft.

# DE MINREBROEDERS IN DE WAARD
## TE LEYDEN.

**MINREBROE-
DERS.**

Dit klooster is in het jaar 1445 gesticht; doch de broeders hebben reeds in 1435 in de *Waard* gewoond (zie het *Elisabeth's-Gasthuis*). De brief, waarbij de regering van Leyden die broeders onder zekere voorwaarden in hare bescherming neemt (1 *Maart* 1445), vindt men reeds onder de Charters van Leyden vermeld, en gedrukt in de *Oudheden van Rijnland*, in 4°, bl. 193.

Er zijn geene brieven van dit klooster in het Archief aanwezig.

Uit de Vroedschaps-Resolutiën van den 15<sup>en</sup> Maart 1454 blijkt, dat de Minrebroeders een jaar te voren vergeefsche pogingen bij de Regering van Leyden hadden aangewend om *in de stad te wonen;* doch op verzoek en aandrang van Hertog PHILIPS VAN BOURGONDIË heeft de regering van Leyden hun toegestaan te wonen tusschen de Mare- en Zijlpoort, in de vrijheden der stad. Zij kozen toen eene plaats in de *Waard*, waarop zij hun nieuw (?) klooster bouwden. De regering gaf hun daartoe, op den 19 Junij 1455, eene som van 400 gl.

Het klooster heeft bij den beeldenstorm veel geleden. In 1566—1567 hebben de Gereformeerden daarin hunne godsdienst-oefeningen gehouden.

# ENGELENDAAL ONDER LEYDERDORP.

---

**ENGELENDAAL ONDER LEYDERDORP.**

De brieven, tot dit mannenklooster behoorende, zijn ten getale van 358 stuks aanwezig, en goed bewaard gebleven. Zij beginnen met 1327, en eindigen den 30<sup>en</sup> Oct. 1571. De oudste brief, in deze verzameling voorkomende, is van 1327, *Zondag na St. Martyn*, waarbij DIRK, *Burggraaf van Leyden*, *Ridder*, enz. aan het klooster te Egmond jaarlijks 10 st. verzekert (door zijnen vader HENDRIK vroeger vermaakt), en te heffen van zijne hofstede bij den *steenen brug*, in Oestgeest.

*Het zegel is zonder de drie halve manen.*

Vervolgens komen er verscheidene Schepenbrieven van *Delft*, van 1330 tot 1363, voor. Men vindt daarin o. a.:

**1365.**
Vrouwedag annunc.
25 Maart.

JAN VAN POLLANEN, Heere van der Lecke en van Breda, geeft magt aan WILLEM VAN DER MADE, om over de 6 morgen lands, die JAN BAC in Leyderdorp gehuurd had, te beschikken.

O. Met zijn zegel (3 *halve manen*); doch geschonden.

**1364.**
St. Andriesd.
30 Nov.

WILLEM VAN DER MADE en DANIEL DIE BRUINNE beloven aan DANIEL VTEN POLLE, hunnen neef, het land in eigendom te geven, dat JAN BAC in huur heeft.

O. Met hun beider zegels.

ENGELENDAAL
ONDER
LEYDERDORP.
1369.
Woensdag na St. Servaasd.
16 Mei.

WILLEM VAN DER MADE geeft aan DANIEL VTEN POL (of POLLE) 6 morgen lands te Leyderdorp, in eigendom.

O. Met zijn zegel.

Op den rug dezer brieven staat vermeld, *dat het klooster op dit land is gebouwd.*

1396.
6 April.

GHYSBRECHT WILLEMSZ., Priester en Cureit van Leyderdorp, consenteert aan Hr. PIETER CLAESZ., Hr. PIETER VAN DEN POL en DIRK VAN TETROEDE, een klooster in zijne parochie te stichten.

O. Met zijn gaaf zegel.

1396.
St. Bonifacius-avond.
4 Junij.

PIETER VAN DEN POL, PIETER CLAESZ., Priesters, en DIRK VAN THETROEDEN, Klerk, geven al hunne goederen aan Hr. HUGHE WOUTERSZ., Hr. GHYSBRECHT DOUWE, Hr. FLORIS RADEWYNS, Hr. WERMBOUT VAN BOSCHCOIP, en Hr. DAMMES DIRCKSZ., Cureit van de Vrouwe-kerk te Leyden, die strekken moeten tot behoef des kloosters te Leyderdorp, dat zij van voornemen waren te stichten.

O. Met de zegels der gevers.

1396.
13 April.
en
1398.
24 Mei.

Hertog ALBRECHT VAN BEIJEREN vergunt aan PIETER VAN DEN POL enz. een klooster te Leyderdorp te stichten, van de *St. Augustyns orde, die men noemt Regulieren.* Hij geeft daartoe eenige landen, en wil, dat er op den eersten *Zondag* en *Maandag* van elke maand eene zielmis voor hem, zijne kinderen en ouders zal gehouden worden.

O. Met zijn zegel.

1397.
Zondag vóór St. Margrietend.
15 Julij.

HARMAN VAN ZWIETEN, wonende op de hofstede *ter Mie* (Mije), die hij van JAN DIE WEENT, Abt tot Egmond,

**ENGELENDAAL ONDER LEYDERDORP.**

in leen houdt, vergunt aan Hr. PIETER VAN DEN POL en zijne gezellen, de *vaart*, langs die hofstede, tot in den Rijn loopende, te gebruiken.

O. Met het zegel van DIRK VAN ZWIETEN, GILLES VAN ZWIETEN en COSTYN GHERYTSZ.

**1407.**
St. Margrietend.
20 Julij.

Broeder HENRIC, Prior van het klooster der *Sartroysen* te St. Geertruidenberg, verkoopt aan het klooster te Leyderdorp zekere renten op huizen te Leyden, afkomstig van Heer WILLEM VAN DEN CAMPE.

O. Met het zegel des kloosters te St. Geertruidenberg.

**1408.**
24 Mei.

JOHAN VAN BEIJEREN, Elekt van Luik, verkoopt zijn aandeel in de uitschorren, genaamd *Worygezant* (Woeringersant), gelegen tusschen *Schouwen* en *N. Beveland*, aan CLAES VAN BORSSELEN, Heer van *Brigdam*, FLORYS VAN BORSSELEN, Hr. van *St. Martensdyk* en *Zulen*, Hr. FLORYS VAN DEN ABELE, Ridders, FLORYS VAN BORSSELEN GILLISZ., JAN, Bastard VAN BORSSELEN, VRANCKENZ., HENDRIK CRABELL en OTTO CONDANER (?)

Geconfirmeerd door Hertog WILLEM VAN BEIJEREN, zijn' broeder.

Kopij authentiek.

**1408.**
St. Mattheusd.
21 Sept.

FREDERIK VAN BLANCKENHEIM, Bisschop van Utrecht, geeft magt aan het klooster van *Windesem* (Windesheim), om de *Kloosterlingen* van *Leyderdorp* naar Warmond over te brengen (wegens geringe middelen), mits 2 of 3 broeders in Leyderdorp latende, tot dat het klooster rijker zal zijn geworden.

O. Met zijn rood zegel.

**1410.**
12 Sept.

Accoord tusschen Broeder JAN ANSELMIUS, Prior van *Engelendaal*, en GYSBERT WILLEMSZ., Pastoor te Leyder-

**ENGELENDAAL ONDER LEYDERDORP.**

dorp, over het begraven en sacramenteren der Broeders, waarvoor de Pastoor 5 st. zal genieten (Notariële acte van COENRAAD JANSZ.)

O. Met hun beider zegels.

1411.
24 Febr.

FREDERIK VAN BLANCKENHEIM, Bisschop van Utrecht, vergunt den Regulieren te Leyderdorp, eenige goederen van het klooster te verkoopen, mits toestemming, van den *Prior* van Amsterdam, bekomende.

O. Gaaf rood zegel.

1414.
15 Maart.
h. s.

Voorwaarde, waarop Hertog WILLEM VAN BEIJEREN, aan den Deken der hofkapel te 's Hage, en aan JAN GILLISZ. VAN WISSEKERKE, Deken van *St. Pieter* te Middelburg, *den Andel* bij 's Gravesande te *bedyken* geeft.

Bij *vidimus* van den Prior der Regulieren van *Bethanie* te 's Gravesande; met een gaaf zegel des kloosters van 22 Mei 1465.

1421.
2 Maart.

KATHARINA VAN CLEVE en VAN DER MARKE vergunt JOHAN, *Heere van Heenvliet* en *van Capelle*, zoodanige goederen, liggende onder Sassenheim, te verkoopen, als zijn vader daar in leen had.

(Geg. op den *huize* tot *Schoten*.)

O. Met haar rood zegel.

1421.
18 April.

JOHAN, *Heere van Heenvliet*, verkoopt den Broeders te Leyderdorp 20 morgen lands, genaamd de *oude hofstede* van Sassenheim, liggende in Sassenheim.

O. Met zijn gaaf zegel.

1421.
18 April.

HENDRIK, *Heer van Wassenaar*, Ridder, vergunt den Broeders, op zekere voorwaarden, een' korenmolen in Leyderdorp te hebben.

O. Gaaf zegel.

ENGELENDAAL
ONDER
LEYDERDORP.
1429.
15 Febr.

GHERYT VAN POELGEEST, Ridder, *Heer van Hoogmade*, geeft aan de Regulieren te Leyderdorp *den wind tot hunnen windmolen* (omdat hij zegt, daartoe regt te hebben, naar inhoud der brieven die hij van de Graaflijkheid heeft).

O. Met een gaaf zegel.

1448.
3 Aug.

ALYT VAN DER A, Priorin van het Reguliers-klooster van *Jerusalem* te Utrecht, en de kloosterlingen van *Engelendaal* te Leyderdorp verbinden zich, om LYSBETH, PIETER BUTEWEECHS wed*, schadeloos te houden, voor zekere renten, staande op een huis aan de Breedestraat te Leyden.

O. Met het zegel van het klooster te Utrecht.

1480.
26 April.

JOHAN VAN WASSENAAR, *Burggraaf* van *Leyden*, schenkt den Regulieren het *regt van de Gruite* kwijt.

O. Met zijn gaaf zegel.

1488.
15 Julij.

JOHAN VAN WASSENAAR, *Burggraaf*, vergunt den Kloosterlingen een paar oude zwanen met hunne jongen te mogen houden; als zij in den Rijn verdwaalden, moet de Pluimgraaf hen kosteloos weder aan het klooster overgeven.

O. Met zijn zegel.

1491.
Sept.

JOHAN VAN WASSENAAR, *Burggraaf* van *Leyden*, vergunt den Kanoniken van Leyderdorp, hunne kerk te vertimmeren of te vermaken, onder voorwaarde, dat de *kleine kapel*, met *altaar* en *tafel*, door hem gesticht, alsdan op eene andere plaats in de kerk gebragt zal worden.

O. Met zijn gaaf rood zegel.

**ENGELENDAAL**
**ONDER**
**LEYDERDORP.**
1496.
16 Januarij.

AECHTE PIETERSDR, *Mater*, en LYSBETH WILLEMSDR., *Procuraetster der beslotene zusteren van St. Katharina* op Rapenburg, verkoopen aan de Regulieren te Leyderdorp 3 morgen lands in *Arleveen*.

O. Met het zegel van het *St. Katharina*-klooster.

1512.
10 Maart.

Keuren voor het bedijkte land, genaamd *den Andel*, bij 's Gravesande, gemaakt door den *Prior* van *Engelendaal*, den *Prior* van *Bethanie* tot 's Gravesande, Jonkv. ALYT, wed°. van JAN VAN NAELDWYC, Mr. WILLEM VAN BERENDRECHT, WILLEM VAN COULSTER, Schout te Leyden, als zijnde de vijf voornaamste ingelanden.

(Het was in 1414 door Hertog WILLEM VAN BEIJEREN te bedijken uitgegeven.)

Is slechts eene kopij.

1528.
25 April.

Rentebrief van 18 pond en 15 schell. 's jaars, door de steden *Dordrecht*, *Haarlem*, *Delft*, *Leyden* en *Gouda* afgegeven aan het klooster *Engelendaal*.

O. Met de 5 zegels dier steden.

1548.
13 Maart.

De *Prior* en *Capitulairen* des *goidshuys* der Regulieren van *O. L. Vrouwe tot Syon*, buiten Delft, bekennen schuldig te zijn den Regulieren te Leyderdorp, 4 pond Erflosrenten, na doode van JAN THOAYS, poorter van Rotterdam, en MARYTGEN PIETERSDR., zijne vrouw.

O. Met het klooster-zegel van *Syon*.

*Engelendaal* is ten tijde van den opstand tegen Spanje verwoest. Op den 15 Nov. 1572 is het klooster, op last der Leydsche regering, door JACOB WILLEMSZ., Kapitein van Leyden, SIMON DIRK HOBBE en HANS VAN VALKENBURG bezocht; van het getal *boomen* is een inventaris gemaakt; het klooster was toen »zonder *gla*-

»zen, *casijnen, yserwerk, deuren, vensters* en *houtwerk,"*
»dan, in het choor zijn noch etlicke heele gestoelten,
»sommige al geschent ende gebroken."

Tot dit klooster behoort eene kaart van het *Nieuwe-
land* of *Andel* bij 's Gravesande, door den Landmeter
Floris Jacobs op den 29en April 1589 gemaakt. Over
deze landen was sedert 1583 verschil ontstaan tusschen
Jan Dom, Baljuw van 's Gravesande en de stad Leyden.

Hierover zijn verschillende stukken (in
een register gebonden).

Tot dit klooster behooren nog al de stukken, die
tot het *pandschap* der landen van dit klooster gediend
hebben, o. a.:

1. Oorspronkelijk besluit der Staten van Holland,
van 28 Nov. 1579, waarbij zij al de landen van dit
klooster, gelegen onder Leyderdorp, groot 138 morgen
en 453 roeden, aan Leyden in *pandschap* geven, ter
zake van 24392 gl., die de stad van 1573 tot 1576
had voorgeschoten of opgebragt, ter bestrijding van
den algemeenen vijand. Het is bezegeld met een klein
zegel (*de leeuw in den Holl. Tuin*).

2. Verkoop dier landen door de Staten in 1590;
aflossing van het *pandschap*, met vele daartoe behoorende rekeningen enz.

3. Eene groote perkamenten kaart, voorstellende de
landen onder Leyderdorp, die aan het klooster toebehoord hebben, geteekend door den Landmeter Salo-
mon Davidsz. (Dulmerhorst) op den 4en Junij 1590. Op
die kaart vindt men de plaats aangewezen, waar het
klooster, dat met zijne grachten 7 morgen en 226 roeden groot was, gestaan heeft.

# RODENBURG ONDER SOETERWOUDE.

Dit nonnenklooster, reeds in 1398 onder eenen anderen naam bekend, lag eertijds achter de Vrouwe-kerk te Leyden; doch in 1458 zijn de Kloosterlingen verplaatst op eene hofstede buiten Leyden, genaamd *Rodenburg*. Het werd vóór de verplaatsing genoemd: *St. Margrieten-zustershuis achter O. L. Vrouwe-kerk*, bij den *nieuwen weg*; ook wel, *de zusteren van St. Margrieten van de oerden van penitencien Sinte Franciscus*.

Na de verplaatsing wordt het gewoonlijk genoemd: *de zusteren op Rodenburg*.

Van dit klooster zijn 268 brieven aanwezig, alle met fraaije zegels voorzien, loopende van 1275 tot 15 Oct. 1569.

De oudste brief is van 9 Aug. 1275, waarbij Graaf FLORIS een verschil beslecht, tusschen het klooster van Egmond en Hr. FLORIS VAN RODENBURG, betreffende het leen van 3 hoeven, elk van 32 morgen lands, die FLORIS VAN RODENBURG nu van den Abt van Egmond in leen zal houden, liggende onder Soeterwoude. (Getrokken uit het register van de Abdij van Egmond, N°. 3 fol. 53—54.) Uit een ander register van Egmond blijkt, dat de *Rodenburgerlaan* eertijds genoemd werd *Heer Florys hove van Rodenburg*, en dat *Heynen hove van Velsen* toen ook genaamd werd *St. Peters-hove*, wordende door eene sloot, genaamd *Pucksloot*, gescheiden.

**RODENBURG ONDER SOE-TERWOUDE.**

Dit leen is vervolgens overgegaan op Hendrik van Zanthorst, en in 1350 op Jacob van den Binchorst, Ridder, of diens broeder Harpaern van den Binchorst.

Men vindt in deze verzameling o. a.:

**1347.**
Dingsdag na St. Gregoried.
25 April.

Jan van Egmond, Ridder, en zijne gemalin Genephi, *Vrouwe van Zanthorst en Rodenburg*, geven de *smalle hale* te Soeterwoude in leen aan Willaem Willaem Luytgaerdezz'.

O. Met hun beider zegels.

**13⁵⁸/₅₉.**
Vrijdag na dertienden dag.
11 Januarij.

Hertog Albrecht van Beijeren, Ruwaard enz., geeft aan Willaem Willaemsz., en diens twee zonen, Simon Vrederic en Harman, 18½ morgen lands, en *een tiend* in de *Lagewaard* buiten den *Overendam*, in leen.

O. Met een klein rood zegel.

**1378.**
Donderdag na onze Vrouwed. assumptio.
20 Aug.

Jan van Egmond, Ridder, en Albrecht van Egmond Jansz., Knape, verkoopen aan hunnen neef Symon Vrederic, Rentmeester van *Kennemerland* en *Friesland*, een stuk lands in Soeterwoude, genaamd *Duivekamp*.

O. Met hun beider zegels.

**1381.**
Dingsdag na St. Servatius.
14 Mei.

Hertog Albrecht van Beijeren, vergunt eene ruiling van landen, gelegen te Soeterwoude, tusschen Dirk van Zwieten en Symon Vrederic.

O. Met een groen zegel.

Hierbij behoort de opdragt van 1389, door Dirk van Zwieten bezegeld, van de landen, door Alyt, dochter van Boudewyn van Zwieten, bezeten.

**RODENBURG ONDER SOETERWOUDE.**

1391.
Woensdag na St. Jans decoll.
4 Oct.

HADEWY, GERRITSDOCHTER VAN RAEPHORST, *Vrouwe van Bloemesteyn*, geeft de *tienden* in Leyderdorp, eertijds door FLORIS SCREVEL en CLAES zijn' grootvader bezeten, in leen aan WILLAEM, zoon van SYMON VREDERIC.

O. Met haar zegel.

1398.
25 April.

De Pastoor van *O. L. Vrouwe-kerk* te Leyden vergunt aan HEYLWICH PIETERSDR. (denkelijk DUIVELAND of ROON) uit *Walcheren*, en MARGRIET SYMONSDR. uit *Leyden*, eene *kapel* achter de *Vrouwe-kerk* te stichten.

O. Met het zegel van Pastoor THOMAS.

Dit is waarschijnlijk het begin van het *St. Margrieten klooster*, ten ware de kapel later bij het klooster gebouwd zij. Hierbij behoort het testament (of de gift) dier twee vrouwen, waarbij zij eenige goederen aan de kapel schenken. De confirmatie van den Bisschop van Utrecht is van 24 Sept. 1398, en die van CATHARINA VAN REYMERSWALE, Abdis van Rijnsburg, van den 12en Oct. 1398; met hun beider zegels.

1399.
Woensdag na St. Bavo.
8 Oct.

JAN WARNIERS, Priester, verkoopt aan de *zusteren achter de Vrouwe-kerk* 4 pond en 12 schell. *Holl. comans payments*, 's jaars, die JACOB HEERMALEN hem schuldig is.

O. Met zijn zegel; doch geschonden.

1400.
3 Maart.

HERMANUS VAN LOCHORST, Deken te Utrecht, vergunt den Broeders en Zusters van de *St. Franciscus orde*, *mits gebrek van kapelle en oratorie*, dat zij met bekwame Priesters mogen celebreren.

O. Met zijn klein groen zegel.

RODENBURG
ONDER SOE-
TERWOUDE.
1404.
8 Aug. MATHIAS, Bisschop, geeft (bij de kerkwijding) eenige aflaten aan de kapel der *zusteren van penitencien St. Franciscus*, te Leyden.

O. Met een groen zegel.

1411.
23 Julij. FREDERIK VAN BLANCKENHEIM, Bisschop van Utrecht, vergunt dat het convent van *St. Margrieten* met 12 nobelen 's jaars mag bezwaard worden, en die, ten behoeve van het klooster te gebruiken.

O. Met zijn rood zegel.

1411.
Maandag op St. Urbanusd,
25 Mei. Voorwaarde, waarop PIETER BOUDYNSZ., uit Duiveland, *Heer van Roden*, DIRK ZAEYS VRANCKENZ. (zijn oom), JAN VAN RYSWICX (zijn neef), FLORIS VAN DER BOECHURST (zijn neef, en man van zijne moei), en JAN VAN RODEN-RYSEN DANIELSZ. (man van zijne moei) — aan CLAES DUUST YSBRANTSZ. c. s., te *bedyken* geeft het *nieuwland*, in *Roden*, binnen den *ouden Dyk* in *Reyerwaert*.

Bij *vidimus* van HENDRIK BUL, Proost van Koningsveld, en Mr. ALLERT VAN DER STEGE, Pastoor der *Nieuwekerk* te Delft, van *Vrijdag na St. Valentinusd.* 1412 (s. cur.).

Met hun beider zegels.

1413.
St. Pieter en Paulusdag.
29 Junij. Hertog WILLEM VAN BEIJEREN vergunt aan JAN JANSZ. VAN MELYSKERKE en WILLEM JANSZ , zijn' broeder, alsmede aan JAN JANSZ. VAN SCELLACHT en diens broeder ADRIAAN, om 25 gemeten lands, liggende in *Abbenbroek*, buiten *den Briel*, aan de Broeders van het klooster *te Rugghe* te verkoopen.

Bij *vidimus* van JAN, *Heer* van *Heenvliet en Capelle* van 1413, op *allerzielendag*.

**RODENBURG ONDER SOE-TERWOUDE.**

**1414.**
20 Januarij

De *Prior* en de *Convent des kloosters van de Regulieren te Rugghe* verkoopen aan de zusteren van *St. Margrieten* 20 gemeten lands, gelegen in het *alre nieuwste land* van Abbenbroek.

O. Met het zegel des kloosters; doch geschonden.

**1415.**
27 Sept.

Hertog WILLEM VAN BEIJEREN geeft eenige landen, die WILLEM VAN DER DOES eerst in leen had, in eigendom aan DIRK VAN ZANTHORST, te weten; 12 morgen achter den boomgaard tot *Rodenburg*; 7½ morgen vóór den huize tot *Rodenburg*; 22 morgen bij *ter Wadding*, genaamd *die Hoeve* enz.

Bij *vidimus* van ROEDOLF, Bisschop van Utrecht, van 1454.

**1416.**
6 Nov.

De Prior enz. van het *Huis der Chartrosen*, te Zeelhem bij Diest, verkoopen, van wege HENRICUS VAN MANDE-RIC hun medebroeder, aan de *zusteren van de Sinte Franciscus orde buiten Leyden aan den nieuwen weg*, zekere landen, gelegen in den *nyen Hoern*.

O. Met het zegel van het klooster.

**1428.**
Vrijdag na St. Lourensd.
13 Aug.

HENDRIK MANDE, CORTE WILLEMSZOON, Kapelaan *der zusteren van der orde van Penitencien*, te Purmerend, verkoopt aan JACOB HEYNRIXZ., en KATRYN WOUTERSDR., ten behoeve der *zusteren wonende buiten der poerten aan den nieuwen weg*, eenige landerijen in *Outshoorn*.

O. Met het zegel van CLAES DIRCSZ., *Cureit*, en JAN CLAESZ., *Poortmeester* in Purmerend.

**1430.**
19 Julij.

Brief van JACOBA VAN BEIJEREN, waarbij WILLEM VAN DER DOES de andere helft van den *huize* en *hofstede* van *Rodenburg* enz., die hij in leen had, ten behoeve van DIRK VAN ZANDHORST opdraagt.

O. Met haar rood zegel.

Accoord tusschen ALBERTUS COPER, Pastoor te Noordwijk, en den Procurator van de zusteren van *St. Barbara* te Noordwijk, dat zij eene *kapel* mogen hebben
en er alle geestelijke diensten mogen verrigten, mits
den Pastoor alle jaren 3 lood *zilver* betalende.

O. Onderteekend door den Notaris ARNOLDUS BER-
THOLOMEUS. Zonder zegel.

**1446.**
**Zaturdag na onze Vrouwe-
ontvangenis.**
**31 Dec.**

RUDOLF, Bisschop van Utrecht, beveelt der zusteren
van *St. Margrieten* aan geene statuten of ordonnantiën,
door Schout en Schepenen bevolen, te gehoorzamen.

O. Met een gaaf rood zegel.

**1448.**
**6 Mei.**

JUTTE GHERYTSDR., *Ministra* der zusteren van *St. Margrieten* te Leyden, bekent dat GEERTRUIT REYNIERSDR.
2 *missen* in het klooster gesticht heeft.

O. Met het zegel des kloosters en dat van het Generaal-Kapittel.

**1454.**
**9 Julij.**

SYMON VREDERICK WILLEMSZ. verkoopt aan de zusteren van *St. Margrieten* 35¹ morgen lands, met alle huizingen en boomen te Soeterwoude, genaamd *Rodenburg*,
gelegen aan de oostzijde van den Rijn; nog 1½ morgen,
gelegen ten westen van FLORYS VAN BOSSCHUYSEN en
het *oude Rodenburg* enz.

Kopij.

**1454.**
**3 Aug.**

Hertog PHILIPS — waarbij Mr. VASTAIRT (*Beraet* van
den Bosse en Doctor in de Regten) 7 morgen lands
bij de hofstede *Rodenburg* aan Mr. REYNIER VAN ETEN
opdraagt, om die van de Graaflijkheid in leen te
houden.

O. Het zegel geschonden.

RODENBURG
ONDER SOE-
TERWOUDE.
1454.
14 Aug.

Hertog Philips geeft *sauvegarde* aan Jan van Dam en Gerrit Hasselair (zijn *zweer*), alsmede aan hunne vrouwen en kinderen.

O. Gaaf rood zegel en contra-zegel.

1455.
10 Nov.

Jacob, *Heer van Gaesbeek, Apcoude en Stryen*, geeft aan Symon Vrederick eenen aanwas, genaamd *Hoenrehoek*, strekkende van den *Biervlietschen dyk* tot in de *Wiele*, en van de *Wiele* tot in de haven van *Geervliet*, om te bedijken.

Met de approbatie van Hertog Philips van Bourgondië van 6 Maart 1465 (st. cur.).

O. Met een gaaf zegel van Hertog Philips.

1457.
25 Aug.

Johan van Wassenaar, *Ridder, en Burggraaf van Leyden*, vergunt der zusteren van *St. Margrieten* 2 paar oude zwanen in de grachten te houden.

O. Met een rood zegel.

1458.
7 Sept.

Hertog Philips vergunt der zusteren van *St. Margrieten* voortaan in het klooster te Soeterwoude, genaamd de *hofstede van Rodenburg*, groot 13 morgen, te wonen.

In het *Fransch*; gegeven te Arras.

O. Met een gaaf zegel.

1459.
1 Januarij.

Maximiliaan en Karel (Aartshertog) confirmeren zekere privilegiën, statuten en ordonnantiën, die Philips van Bourgondië den 1en Jan. 1459 der zusteren van *St. Margrieten* op *Roomburg* had gegeven (zal *Rodenburg* moeten zijn).

O. Zonder zegel en jaartal.

RODENBURG
ONDER SOE-
TERWOUDE.
1459.
7 Febr.
De Pastoor van Leyderdorp vergunt den Biechtvader van *St. Margrieten*, om de zusters van het klooster
in het geestelijke te mogen bedienen, mits jaarlijks
zekere som aan den Pastoor betalende.

O. Acte van den Notaris DE MILDE.

De confirmatie van den Bisschop van
Utrecht is van den 9en Aug. 1459.

1460.
3 Junij.

Paus PIUS II vergunt, dat het klooster op *Rodenburg*
zal geplaatst worden.

O. Met een looden zegel. De brief is zeer geschonden.

1461.
23 Dec.

JACOBUS VAN BORSELEN, Deken van *St. Pancras* in
Oostvoorne, consenteert het klooster van *St. Margrieten*
te herstellen, ter plaatse, genaamd *Rodenburg*, en de
statuten enz. door PHILIPS VAN BOURGONDIë aan het
klooster gegeven, te onderhouden.

O. Het zegel is bijna geheel verloren.

1462.
3 Febr.

Heer JAN GERRITSZ., en JUTTE GERRITSDR., Mater van
het klooster van *St. Margrieten*, geven eenige goederen tot het stichten eener kapel op *Rodenburg*, genaamd
*St. Jan en St. Paulus*.

O. Met de confirmatie van den Bisschop van Utrecht
van den 19en Febr. 1462.

1464.
4 Oct.

Hertog PHILIPS neemt het klooster, op de hofstede
*Rodenburg* gebouwd, in zijne bescherming.

O. Met een gaaf rood zegel.

1464.
22 Dec.

Vonnis van den Hove van Holland, waarbij het klooster
*Rodenburg* veroordeeld wordt, om met de ingezetenen
van Soeterwoude *tamelijk* in de Bede te contribueren.

O. Met het zegel van het Hof.

Nadat het klooster in 1572 verwoest was, is het, op last der Leydsche regering, door Jacob Willemsz., Kapitein van Leyden, Frans Willemsz., Hans van Valkenburg en anderen, op den 18<sup>en</sup> Nov. 1572 gevisiteerd. Hiervan is door den Notaris Coopal een Inventaris opgemaakt. Aan het hoofd leest men:

»T zelfde convent is alles ·binnen zijnen buyten grach-
»ten, met zijnen hoven, thuynen, boomgaerden, huysen
»en stallen, groot 18 morgen."

»T geheele convent, met huysen, stallen en toebe-
»hooren, is *sonder glasen, sonder casynen, sonder yser-*
»*werk, sonder vensters, deuren en houtwerk."*

Verder is van dit klooster nog aanwezig:

1. Verhuring, voor den tijd van 18 jaren, van de *ruïne, landen* enz. van het klooster *Rodenburg*, aan Christiaen Cornelisz., metselaar te Delft, en aan G. H. Schaeck, Rentmeester van het klooster, van 22 Januarij 1575.

2. Insinuatie der huurders tegen de Burgemeesters van Leyden, die de boomen op *Rodenburg* lieten kappen, van 27 Aug. 1575.

3. Beklag van den Rentmeester van *Rodenburg* aan Prins Willem I, wegens het wegvoeren van vee, toebehoorende aan eene gesequestreerde woning in *Nieuwcoop*, door de soldaten. Met eene dispositie van den Prins, van 30 Maart 1573.

# HET KLOOSTER Sᵀ AAGTEN OF AGATHA.

**St. AAGTEN OF AGATHA.** Dit klooster, buiten de Rijnsburgerpoort gelegen hebbende, is op den 20ᵉⁿ Mei 1432 door AECHTE AELBARENTSDR., weduwe RONDEEL, gesticht. Eene kopij dier stichting is nog aanwezig; daarin zegt zij, dat zij het klooster sticht, ter eere der heilige Maagd *Maria* en des heiligen apostels *St. Thomas.*

Het bestuur van dat klooster werd opgedragen aan JAN VAN EPEN, Pastoor der Vrouwe-kerk, en aan den Rector of de Mater van het *St. Margrieten-convent* (later *Rodenburg*), terwijl de Prior van Warmond, na den dood van JAN VAN EPEN, in zijne plaats zal komen. Daarenboven zouden WILLEM RONDEEL haar zoon, en EEMSE hare dochter (gehuwd met JAN NOERDE), zoo lang zij leven, goeden raad geven.

Op den 16ᵉⁿ Maart 1466 hebben de erfgenamen van AECHTE, weduwe RONDEEL, eenige bepalingen gemaakt betreffende het opnemen van nieuwe zusters. Deze bepalingen zijn door DAVID VAN BOURGONDIë, Bisschop van Utrecht, goedgekeurd.

Onder de stukken, later bij het klooster St. Caecilia te vermelden, komt een brief voor van 1459, waarbij JAN VAN EPEN, Pastoor der Vrouwe-kerk, aan de *zusters van St. Thomas* eenige *graciën* of *privilegiën* geeft; zoodat het waarschijnlijk is dat die brief betrekking heeft op het klooster St. Agatha, dat aan den Apostel *St. Thomas* was toegewijd.

St. AAGTEN OF AGATHA.
1472.
16 Nov.

De weinige brieven van het klooster, nog aanwezig, zijn: YDE AELBARENTSDR. VAN NOORDE, *Ministra* van St. Agatha, belooft, ook uit naam der overige zusters, zielmissen te zullen doen voor PIETERNELLA, dochter van GERRIT RAMP, waarvoor deze aan het klooster zeker land onder Wassenaar, genaamd *Vorenbrouck*, en 21 gl. in gereed geld, in eigendom geeft; onder voorwaarde, dat de renten ten voordeele van de huisarmen zullen komen, indien deze missen verwaarloosd werden.

Verder zal er gebeden worden voor GERRIT RAMP, haar' vader, ELISABETH, hare moeder, en GERRIT HENRICSZ., haar' stiefvader.

Kopij.

1480.
24 Oct.

Een brief van Mr. JACOB VAN BUSCH, Pastoor der *Vrouwe-kerk* te Leyden, waarbij hij aan de zusters van *St. Aagten* toestaat, dat zij voortaan op »*hare capelle moghen* »*een scraghe ende dairinne een clocke hanghen ende lu-* »*den, ende dat zij in haer capelle sullen moghen doen den* »*dienst Goids, singhende of lesende sonder besloten deuren;* »*mits aan den Pastoor jaarlijks eene stoop wijn gevende.*"

O. Met het zegel van den Pastoor.

1513.
12 Nov.

De Pater, Mater en Zusteren van *St. Aechten* bekennen van de executeurs van het testament van wijlen AERNT LUUNGHE AELBRECHTSZ., Pater van het klooster, zekere renten ontvangen te hebben, om daarvoor zielmissen te doen.

O. Met het zegel van het klooster.

1553.
11 Januarij.

Overeenkomst tusschen de zusteren van *St. Agatha* en de Leprozenmeesters te Leyden, waarbij de laatste

**St. AAGTEN OF AGATHA.**

al de bezittingen van het klooster overnemen, onder voorwaarde, dat zij de kerk en het woonhuis onderhouden, en aan de zusters jaarlijks zekere som uitkeeren zullen.

Onder de 14 zusteren, in dezen brief vermeld, komen voor CLARA JANSDR. VAN NOORDE, *Mater*, en KATHARINA hare zuster, BRECHT PHILIPS VAN ZEYST, MAGDALENA VAN CATS en ADRIANA SANDERS.

Deze overeenkomst is op den 15<sup>en</sup> Januarij 1553 door de naaste bloedverwanten der stichtster goedgekeurd, te weten: JACOB, CORNELIS en PHILIPS VAN NOORDE, LIEVEN VAN BUSSCHUYSEN, JACOB VAN DER DOES, JAN en NICOLAAS VAN BERENDRECHT en JAN VAN ADRICHEM. Hierbij behoort de goedkeuring van FREDERIK VAN TAUTENBORCH, Aartsbisschop van Utrecht, tot het afbreken en verkoopen van het Leprozenhuis, van 15 Junij 1562, waarvan de oorspronkelijke stukken onder de brieven van het Leprozenhuis voorkomen.

O. Met het zegel van *St. Agatha.*

1566.
20 Aug.

Overeenkomst tusschen de Leprozenmeesters en de 5 overgeblevene zusters van *St. Agatha.* (Zie *Leprozenhuis.*)

# HET KLOOSTER S<sup>T</sup> MARIA MAGDALENA.

**MARIA MAGDA-LENA.**

Van dit klooster, buiten de Rijnsburgerpoort gelegen hebbende, zijn geene brieven voorhanden, dan die, welke onder het klooster *St. Michiel* vermeld zullen worden.

Het bestond reeds in 1413, omdat de zusters op den 6<sup>en</sup> Sept. van gemeld jaar, in de *St. Pieters-kerk*, den feestdag van *St. Maria Magdalena* hebben ingesteld. (Memorieboek der *St. Pieters-kerk* bl 90.)

Behalve dit feest, [1] dat met veel plegtigheid gevierd werd, hebben de zusters van dat klooster nog eene overeenkomst met het kapittel van *St. Pancras* te Leyden gesloten, en wel op *St. Panthaleonsdag* (27 Julij 1449), waarbij o. a. bepaald werd, dat de geestelijken op den dag van *St. Jan Evangelist* (6 Mei), voor het altaar van *St. Maria Magdalena* zullen zingen, met nog andere plegtigheden, die wij hier met stilzwijgen zullen voorbij gaan. (Register D. van *St. Pancras* bl. 107.)

Uit de brieven van het *St. Michiels-klooster* schijnt te blijken, dat het klooster van *St. Maria Magdalena* omstreeks 1550 is opgeheven of te niet gegaan, omdat de *Mater* het klooster had verlaten, uit hoofde van gebrek aan middelen, om 10 *vrouwen*, volgens het testament van den Heer LODESTEYN, daarin te onderhouden.

[1] In 1437 hebben zij in de St .Pancras-kerk een' feestdag op *St. Jan Evangelist* ingesteld; zij werden toen de zusteren van *Sinte Maria Magdalena-gilde* en *St. Jan* genoemd. (*Register B. van het Kapittel* bl. 93).

# HET KLOOSTER LOPSEN OF Sᵀ HIERO-NYMUSDAL.

**LOPSEN OF St. HIERONYMUS-DAL.**

Dit monnikenklooster lag buiten de Rijnsburger-poort en bestond reeds in 1433, omdat men in het register, waarin de brieven van het *St. Elisabeth's-Gasthuis* zijn geschreven, een' brief onder N°. 17 vindt, beginnende:

» *Wi minister eñ cōvent der broederen van Sinte Ihero-* » *nimusdale te Leyden in onser Vrouwen prochie''* enz. *belovende alle weken eene mis te doen of te bezorgen in het St. Elisabeth's-Gasthuis;* » *dat die Gasthuysmeesters milten* » *anderen regieren sullen, en mit onsen cōvente te samen* » *cavellieren sullen.''* De brief was met het kloosterzegel, op *Zaturdag na dertienendag* 1433, bezegeld.

Van dit klooster zijn geene oorspronkelijke brieven aanwezig, dan die van 20 April 1540, zijnde een op-dragtsbrief van den Prior van Windesheim, waarbij hij, uit naam des kapittels, al de goederen van *Lopsen* aan de regering van Leyden overgeeft, om er een hospi-taal van te maken, mits de nog overgeblevene monni-ken te onderhouden. De brief berust onder de Char-ters van Leyden.

**LOPSEN OF St. HIERONYMUS-DAL.**

De monniken hadden zich zoodanig in schulden ge-stoken, dat zij het klooster moesten verlaten. Door den Prior van Windesheim is toen op den 9en Januarij 1526 zeker verdrag met de regering van Leyden ge-sloten, om den boedel over te nemen en die monniken te onderhouden Het is waarschijnlijk dat dit verdrag eerst in 1540 tot stand kwam, en het *St. Katharina-Gasthuis* toen de bezittingen van het klooster in eigen-dom bekwam, waarvan eerst in 1570 eene ziekenzaal, naast het *St. Katharina-Gasthuis*, is gebouwd.

Zie van Mieris, *Beschr. van Leyden* bl. 169.

# HET KLOOSTER MARIENPOEL.

**MARIENPOEL.** Dit nonnenklooster, onder Oestgeest gelegen en door BOUDEWYN VAN ZWIETEN in 1428 gesticht, bevat 286 oorspronkelijke brieven, alle op perkament geschreven, beginnende met 1310 en eindigende den 3en Oct. 1570.

Ofschoon in 1428 gesticht, blijkt het echter duidelijk dat dit klooster reeds vroeger (1407) moet hebben bestaan; want onder de brieven vindt men een vonnis of eene uitspraak van den Deken van Rijnland, van den 16en Februarij 1407, waarin gezegd wordt, dat de Koster van Oestgeest geene zoogenaamde *kostergelden* van het klooster *Marienpoel*, bij Leyden, mag eischen.

Het oudste stuk dezer verzameling is van 1310, waarbij

**1310.**
**Dingsdag na St. Servaas.**
**19 Mei.**

Graaf WILLEM III *ver* ADDEWYN VAN ENDENGEEST met 3½ morgen lands, liggende te Poelgeest, beleent; na haren dood, zou SYMON VAN ENDENGEEST daarmede worden beleend.

O. Met een klein groen zegel, zijnde een *klimmende leeuw.*

**1402.**
**30 Mei.**

Hertog ALBRECHT VAN BEIJEREN geeft aan WILLEM VAN ALCKEMADE HENDRIKSZ. 3½ morgen lands in Oestgeest, genaamd *den Hoogenkamp*, in leen, te verheergewaden met eenen *rooden sperwer* of 10 schellingen. Het is het

**MARIENPOEL.** zelfde land, dat in 1310 in leen was uitgegeven, en in 1428, onder de giften van BOUDEWYN VAN ZWIETEN behoorde.

Geg. te 's Hage.

O. Met een groen zegel des Hertogs.

1405.
3 Maart.

Hertog ALBRECHT VAN BEIJEREN geeft de *helft* van $3\frac{1}{2}$ morgen lands, in Oestgeest, genaamd *den Hoogenkamp*, aan WILLEM VAN ALCKEMADE HENDRIKSZ. in egendom.

Geg. te 's Hage.

O. Met een groen zegel.

1407.
16 Febr.

Uitspraak en vonnis van den Provisor en Deken van Rijnland, waarbij de Koster van Oestgeest gelast wordt, geen *kostergeld* of andere vervallen van het klooster *Marienpoel* te eischen.

O. Met hun beider zegeltjes.

1428.
4 Nov.

SYMON NICOLAI, Pastoor te Oestgeest, vergunt alle geestelijke regten in het klooster *Pokenpoel*, dat door BOUDEWYN VAN ZWIETEN gesticht is, te gebruiken.

O. Met het zegel van ARNOUT BARTHOLOMEUSZ., Deken van *St. Pancras* te Leyden.

(In het *Latyn*, doch waarvan de *Nederd.* *vertaling* te vinden is in de *Oudheden van Rynland* in 4", bl. 434)

1429.
3 Maart.

SWEDERUS, Bisschop van Utrecht, approbeert de bovengenoemde stichting; maar het klooster zal genoemd worden *Marienpoel*, in plaats van *Pudekenpoel*.

O. Met het roode zegel des Bisschops.

*Oudheden van Rynland*, bl. 438.

**MARIENPOEL.**
1431.
18 Febr.

Schout, Schepenen en Rade van Leyden, verkoopen aan Boudewyn van Zwieten de *oude school* te Leyden voor 500 Goud. Bourg. Schilden, waarvoor de *nieuwe school* is gebouwd; terwijl de pachten, die B. van Zwieten van de *oude school* heffende was, nu op de *nieuwe school* gebragt worden.

O. Met het zegel der stad (de doopvonten).

Deze pachten werden, volgens de *Thes. Rekening*, aan het klooster *Marienpoel* betaald; zij zijn den 1<sup>en</sup> April 1457 door Lutgairt van Bosschuysen, wed<sup>e</sup>. van Boudewyn van Zwieten, aan de *zeven getyden* van de *St. Pieters-kerk* gegeven.

1436.
1 Junij.

Willem, Abt van Egmond, verkoopt, met toestemming van den Paus, aan de jonkvrouwen van *Marienpoel*, een stuk lands, gelegen binnen de vrijheid van haar klooster.

O. Met zijn rood zegel.

14$\frac{3}{3}$.
12 Maart.

Philips van Bourgondië geeft aan Jan van Woude 5 morgen lands en 4 morgen uitgedolven rietland, te Leyderdorp, zijnde een leen, in eigendom.

O. Groot rood zegel.

1450.
17 Febr.

Verdrag tusschen den Prior van *Marienpoel* en Simon Nicolaasz., Pastoor te Oestgeest, over het jaargeld, dat, volgens de acte van den 4<sup>en</sup> Nov. 1428, slechts 1 *lood louter zilver* of waarde van dien bedroeg. De Pastoor

MARIENPOEL beweerde dat hem andere vervallen toebehoorde; men hield zich aan de acte van 1428.

O. Notariële acte van PIETER VAN SCHOTEN.

Zie de *Nederd. vertaling* in de *Oudheden van Rynland*, bl. 439.

1452.
25 Maart.

Voorwaarde, waarop VRANCK VAN DER BOECHORST en zijne vrouw KATHARINA VAN BAKENESSE hunne twee dochters KUNEER en ELISABETH in het klooster plaatsen.

O. Met zijn zegel.

1456.
19 Sept.

VRANCK VAN DER BOECHORST geeft aan het klooster *Roma*, op Rapenburg, zijne bemuurde hofstede te Noordwijk, om daarop het klooster van *St Barbara en Katharina*, dat door brand vernield was, te herbouwen; met verscheidene andere bepalingen.

In 1461 bepaalde hij, dat de brieven van het *St. Barbara-klooster*, te Noordwijk, onder bewaring van dat van *Marienpoel* zouden blijven. (Zij zijn er niet onder.)

O. Met zijn zegel.

*Oudh. van Rynland*, bl. 603.

Dr. R. C. RÖMER, *Kloosters in Holland en Zeeland*, bl. 435.

1461.
2 Sept.

DAVID VAN BOURGONDIË, Bisschop van Utrecht, vergunt aan de zusters van *Marienpoel*, dat zij haren feestdag *Zondag na onze vrouwe geboorte* mogen vieren.

O. Gaaf rood zegel.

**MARIENPOEL.**
1497.
20 April.

FREDERIK VAN BADEN, Bisschop van Utrecht, geeft aan de nonnen van *Marienpoel* 40 dagen aflaat, wanneer zij des *Zondags*, *Maandags*, *Woensdags*, *Vrydags* en *Zaturdags*, uit devotie, zeker graf (op haar kerkhof) bezoeken.

O. Met zijn rood zegel.

1566.
22 April.

Verdrag van de Regeerders van Leyden, met die van *Marienpoel*, over het onderhouden van den weg buiten de Rijnsburgerpoort.

O. Met het zegel der stad en dat van *Marienpoel*.

v. MIERIS, *Handv.* bl. 809.

1570.
15 Oct.

Ordonnantie, waarop men verpachten zal den impost van het slaan van alle hoornbeesten, kalveren, schapen, lammeren en varkens, door de Staten van Holland bij octrooi opgesteld, tot betaling der Bede van *f* 271000, in plaats van den x$^{den}$ en xx$^{sten}$ penning, geconsenteerd den 15$^{en}$ Oct. 1570 's morgens *metter zonnenopgang en eindigende den* 1$^{en}$ *Mei* 1571 *de zonne opgaande*.

Kopij (get.) JOHAN VAN MATENESSE en DE BYE.

(Men ziet hieruit, dat de Staten den x$^{den}$ penning hebben afgekocht voor *f* 271000).

Behalve een groot aantal giftbrieven, bezit de stad nog de volgende registers.

**MARIENPOEL.** 1. Een folio register, op perkament, groot 123 bl., bevattende de fundatie- en andere brieven van *Marien-poel*, geschreven in 1558.

2. Het *Memorieboek* van dit klooster, beginnende met 1399, toen de nonnen nog tusschen Oudewater en Schoonhoven woonden. Op perkament, in 4°.

3. *Agenda mortuorum* van het klooster, op perkament, in 4°.

4. Rekeningen van het klooster van 1519—1529 en van 1532—1537.

# HET KLOOSTER Sᵀ MARIENHAVE OF BERNAR-DITEN TE WARMOND.

## St. MARIENHA-VE OF BER-NARDITEN.

Van dit monnikenklooster te Warmond zijn 401 brieven aanwezig, loopende van 1374 tot 1569. Het is eene belangrijke verzameling, met goed bewaarde zegels.

Het oudste stuk is van 22 Sept. 1374, waarbij DIRK VAN WASSENAAR, Burggraaf van Leyden, aan DIRK UTER DELLE in eigendom geeft 1½ morgen lands, dat hij eerst in leen had, genaamd *die Delle* in Rijnsburg, met het huis daarop staande, strekkende met het westeinde in den *ouden Vliet*.

O. Met een klein gaaf zegel.

### 1386.
Vrijdag na Pinksteren. 15 Mei.

Hertog ALBRECHT VAN BEIJEREN, Ruwaard, enz. geeft, tot gedachtenis zijner gemalin MARGRIET, aan het convent van *Campe* (Kamp), in den Gestichte van Keulen, zijne hofstede *Oud Teylingen* in Warmond, met 10 morgen lands daar naast gelegen, om er een klooster van die orde op te stichten.

Geg. te Leyden.

O. Met een groen klein zegel; doch geschonden.

Hierbij een *vidimus* van JAN VAN CRABBENBORCH, Deken, en JAN FLORYSZ., Kanonik des Collegiums van *Sinter Nyclaes* tot *Ysselsteyn* van 1415. Het zegel van den Deken is verloren; doch dat van JAN FLORYSZ. is nog gaaf.

16

1391.
Gregoriusd.
12 Maart.

De Abt van het klooster van *Campe* (Kamp) bepaalt, dat de goederen, door den Graaf van Holland tot het stichten van een klooster gegeven, gedeeld zullen worden tusschen het klooster van *Heusden* en *Campe, tot dat de stichting zal zijn volbragt.* (*Latyn.*)

O. Met het zegel van het klooster.

1399.
24 Febr.

De Deken van *St. Salvator* te Utrecht confirmeert de bovengemelde deeling tusschen *Heusden* en *Campe.*

O. Papier. Het opgeplakte zegel is verloren.

1399.
28 Dec.

Hertog Albrecht van Beijeren approbeert de boven-genoemde deeling. (*Latijn.*)

O. Het zegel verloren.

1407.
20 Dec.

Johan van Beijeren, *Elekt* van *Luik,* verkoopt aan Dirk die Rige Jongez'. verscheidene percelen lands, gelegen te Warmond, hem aanbestorven na doode van de *Vrouwe* van *Voorne.*

O. Met een rood zegel van Johan van Beijeren; doch dat zijns broeders Willem is verloren.

1412.
22 Febr.

Johan van den Woude, Ridder, maakt bepalingen met het *Bernarditen-klooster* te Ysselsteyn, om te Warmond een klooster van die zelfde orde te stichten. De gift van Hertog Albrecht van Beijeren zal nu geheel aan dit klooster (waarvan hij de afmetingen opgeeft) komen. Er zullen vooreerst 6 monniken uit Ysselsteyn overko-men. Het is een belangrijk document.

O. Papier; met een opgeplakt zegel, dat verloren is.

**St. MARIENHA-VE OF BERNARDITEN.**
1412.
17 Aug.

Hertog WILLEM VAN BEIJEREN vergunt aan JOHAN VAN DEN WOUDE de amortisatie van den huize of hofstede van *Oud Teylingen* te Warmond, om er een klooster te bouwen.

O. Notariële acte van PETRUS MILDE, op papier.

1412.
12 Sept.

JOHAN, Abt van het *Cistercienser-klooster* te Campe (Kamp), verklaart, dat door het Generaal-Kapittel bepaald is, dat de goederen van het klooster te Warmond bij die van Ysselsteyn zullen worden gevoegd.

O. Met een gaaf zegel.

1412.
11 Nov.

De Prior en Kloosterlingen te Ysselsteyn maken bepalingen, op welke wijze hunne goederen met die van Warmond zullen worden vereenigd.

O. Met een groen, doch geschonden zegel.

1413.
22 Febr.

Broeder JAN, Prior, en de gemeene convente van onzen *Vrouwenberg* te Ysselsteyn, komen met JAN VAN DEN WOUDE overeen, tot het stichten van het klooster te Warmond.

O. Gecoll. perkamenten brief.

Zie den brief in de *Oudheden van Rynland*, bl. 564.

1413.
18 Mei.

FREDERIK VAN BLANCKENHEIM, Bisschop van Utrecht, confirmeert de stichting en gift van Hertog ALBRECHT, in 1386 van zijne hofstede *Oud Teylingen* en 10 morgen lands daar naast gelegen, gedaan; alsmede de gift van JAN VAN DEN WOUDE van 1413.

O. Het zegel verloren.

16*

**1413.**
17 Julij.

Overeenkomst tnsschen den Pastoor en het klooster te Warmond, aangaande zekere geestelijke diensten, waarvoor de Pastoor jaarlijks *een lood zilver* zal ontvangen.

Met de confirmatie van den Bisschop van Utrecht van den 9en Augustus 1413.

O. De zegels gaaf.

**1415.**
St. Augustynsd.
28 Aug.

JOHAN, Abt van het klooster te *Campe*, geeft aan het klooster te Warmond 2 *hoofden* en vele heilige beenderen der *Elfduizend maagden*.

O. Met een groen zegel.

**1415.**
13 Nov.

Voorwaarde, waarop Hertog JOHAN VAN BEIJEREN aan PIETER CLAESZ. en diens *medegezellen* zijne uitgorzen in Dirksland (Nieuwland) te *bedyken* geeft.

O. Bij *vidimus* der stad Delft van den 6en Febr. 1423, met een gaaf zegel.

**1417.**
5 Julij.

JOHAN, Abt, en het Generaal-Kapittel der *Cistercienser-orde* bepalen de wijze, waarop hunne kloosters zullen worden gevisiteerd, te weten: *Ysselsteyn* zal Warmond visiteren; Warmond dat van *Galilea* in *Zibekoloe;* en *Galilea* dat van *Ysselsteyn.*

O. Met een gaaf zegel.

Hierbij het verslag der visitatie van den 25en Julij 1417.

**1434.**
7 Junij.

Bul van Paus INNOCENTIUS IV, waarbij vergunt wordt, dat alle Broeders, tot de *Cistercienser orde* gepro-

**St. MARIENHA-VE OF BER-NARDITEN.**

moveerd, alleen door de Prelatèn dier orde zullen worden geëxamineerd.

O. Notariële acte (get.) Jan Boeymeer.

Met nog een paar andere bullen, waarbij aan die orde vrijheid van Tienden gegund wordt.

Een groot aantal voorname geslachten hebben dit klooster met landerijen enz. begiftigd, waarvan de opsomming tot 1569 ons te ver zou leiden. De zegels zijn vrij goed bewaard gebleven.

# HET KLOOSTER S<sup>T</sup> URSULA OF DER ELFDUI-
# ZEND MAAGDEN TE WARMOND.

**St. URSULA OF ELFDUIZEND MAAGDEN.**

Van dit vrouwenklooster, door JAN VAN DEN WOUDE, *Ridder* en *Heer van Warmond*, in het jaar 1410 gesticht, zijn 104 brieven aanwezig, loopende van 1400 tot 1570.

De stichtingsbrief is van 20 Junij 1410, waarbij JAN VAN DEN WOUDE en zijne vrouw (AGNES VAN KRUININGEN) »aan KATHARINA WOUTERSDR., Ministra der zusteren van »*Sinte Margrietenhuyse* te Leyden in de Vrouwe paro- »chije, tot behoef van maagden en weduwen (die naar »der manieren der oorden van *penitencien* en ghemeen- »heyt alre dinghen, besloten leven, gelijk die tot *St. Cecilien* te Utrecht en *St. Aechten* te Delft)" een *huis* met 1½ morgen lands, gelegen aan de noordzijde van de kerk te Warmond, en andere inkomsten, tot bou- wing of stichting van het klooster geven. Zij beloven eenen besloten' gang naar de kerk te maken, waar- door de nonnen, bedekt, de dienst kunnen waarnemen, en bepalen verder, dat de *cel* of *kluis* voor CLEMEINSE en ALYT (VAN KRUININGEN) gemaakt, na haren dood, door niemand mag bewoond worden enz.

O. Bezegeld door JAN VAN DEN WOUDE, Ridder; JAN VAN HAEMSTEDE (zijn' schoonzoon); HUGHE VAN ALCMADE, zijn' neef; JAN VAN GRIEKEN, zijn' Schout te Warmond.

**St. URSULA OF ELFDUIZEND MAAGDEN.**

De confirmatie van Frederik van Blanckenheim, Bisschop van Utrecht, is van den 6en Febr. 1412, met een gaaf rood zegel.

In deze verzameling zijn verscheidene vroegere bewijzen van eigendom, tot de latere giftbrieven behoorende o. a.

**1400.**
**28 Mei**

Hertog Albrecht van Beijeren geeft aan Dirk van Wassenaar, Ridder, die het slot te *Stavoren* met 60 gewapenden bewaard had (van 1 Mei 1399 tot 1 Mei 1400), 150 Schilden, 's jaars, van zijne *renten, tynsen* en *hofstede-geld* te Gouda, der Graaflijkheid aangekomen na doode van Graaf Guye van Bloys. — Hertog Albrecht was aan Dirk van Wassenaar 1300 Schilden ten achteren, wegens soldij en herstelling van het slot te Stavoren; door deze gift werd de rekening gesloten.

Deze renten zijn later, door het geslacht van Willem Ysbrantsz. van den Coulster, aan dit klooster gekomen.

Hierbij behoort de confirmatie van Hertog Willem van Beijeren, van den bovengemelden brief zijns vaders, van gelijke dagteekening.

O. Met een groen klein zegel van Hertog Albrecht; doch dat van den zoon is geschonden.

**1428.**
**St. Michielsd.**
**29 Sept.**

De Gasthuismeesters van de *St. Mathys-kerk* te Warmond verklaren, dat het *Elfduizend maagden-klooster* de zolders aan de noordzijde der kerk buiten kosten der Gasthuismeesters gemaakt heeft, ten einde er missen te doen enz.

O. Met een klein zegel van Jan Jansz. van Meerburch.

**St. URSULA OF ELFDUIZEND MAAGDEN.**

**1449.**
24 Junij.

PHILIPS, Hertog van Bourgondië, vergunt aan de *Elf-duizend maagden* te Warmond een' *orsmolen* te maken en te gebruiken, om het koren te malen.

O. Met een groot rood zegel en contra-zegel.

**1456.**
17 Junij.

JACOB VAN DEN WOUDE, *Heer tot Warmond*, consen-teert aan de *Elfduizend maagden* 6½ morgen lands in Warmond te mogen bezitten, boven de 25 morgen, die zij slechts volgens den stichtingsbrief mogten hebben.

O. Met een klein zegel.

**1476.**
26 Julij.

Een brief van Broeder CORNELIS, Prior des kloosters *van die Poorte des Hemels van St. Barnaerts-orde* bin-nen Heemstede, inhoudende, dat hij in bewaring heeft de brieven van de goederen en landen, gelegen in *Voor-hout*, die Mr. ADRIAAN LOTTYNSZ., Doctor, den Regulie-ren te *Syon* in Beverwijk, den Bernarditen in Heem-stede, en der zusteren te Warmond, gegeven heeft.

O. Met het zegel van het klooster.

Van dit klooster zijn geene andere registers aanwe-zig, dan de verantwoording eener rekening van 1524, door *Pater* PIETER WILLEMSZ. KANT, aan BAERTE GERRITSDR. VAN POELGEEST, *Ministra*, enz. gedaan.

De zegels der *Schepenen*, *Schouten* en voorname ge-slachten, aan deze brieven hangende, zijn meest alle goed bewaard gebleven.

Zie over dit klooster *Oudheden van Ryn-land* in 4°, bl. 560.

D<sup>r</sup>. RÖMER, *Kloosters* en *Abdyen in Hol-land en Zeeland* bl. 597.

# HET Sᵗ URSULA-KLOOSTER TE LEYDEN.

St. URSULA.
Van dit klooster, bij de *Vrouwe-kerk* te Leyden ge-
legen, zijn weinige brieven voorhanden; ook ontbreekt
de stichtingsbrief, zoodat het jaar der stichting tot nog
toe onbekend blijft. Ofschoon ORLERS, *Beschryving van
Leyden*, bl. 118, zegt, dat dit het oudste klooster binnen
Leyden was, wordt zulks door VAN MIERIS, *Beschr. van
Leyden* 1 D. bl. 116, betwijfeld.

De gift- en koopbrieven van dit klooster zijn 18 in
getal, loopende van 15 Maart 1441 tot 18 Junij 1539,
en bevatten niets merkwaardigs.

Hierbij behoort nog het octrooi, op naam van PHI-
LIPS II gegeven, van 30 Maart 1575, waarbij het
kloostergebouw en de inkomsten van *St. Ursula* aan
het *St. Elisabeth's-Gasthuis* gegeven worden, mits de
nog 12 in leven zijnde nonnen onderhoudende. Deze
brief is ook vermeld bij VAN MIERIS, *Beschr. van Leyden*, 1 D. bl. 184.

Ten gevolge van dit octrooi, hebben de Mater en
vier zusteren van dit klooster eene overeenkomst met
de Regenten van het Gasthuis gesloten, om er als Pro-
veniers onderhouden te worden, genietende bovendien
nog jaarlijks *f* 18. Dato 28 Oct. 1576.

**St. URSULA.** Het is waarschijnlijk, dat de *oude brieven* van dit klooster aan genoemd Gasthuis gekomen zijn.

De feestdag van *St. Ursula* te Leyden werd in 1411 ingesteld door GERRIT VAN HILLEGOM, Priester, en JAN COMAN JACOBSZ., om op den 21 Oct. van elk jaar in de *St. Pieters-kerk* te worden gevierd. De Broederschap van *St. Seveer* (weef- en snijdersambacht) had met de zusteren van *St. Ursula* één altaar in de *St. Pieters-kerk* gemeen. Deze Broederschap was op den 16en Febr. 1435 ingesteld.

(Zie *Memorieboek* van de *St. Pieters-kerk*, bl. 89 en 96.)

# HET St BARBARA KLOOSTER, OP RAPENBURG.

St BARBARA
KLOOSTER.

Van dit klooster zijn slechts 32 brieven voorhanden, loopende van 1390 tot 1577.

Volgens van Mieris, *Beschryving van Leyden*, 1 D. bl. 114, is dit klooster gesticht door Simon van Alkemade of van Woude, zoon van Johan en Katharina van Valkenesse.

Het bestond reeds in 1411; want in dat jaar is er met de zusteren eene overeenkomst gesloten, om in de *St. Pieters-kerk* een' feestdag op *St. Barbara* (4 Dec.) te houden. Deze overeenkomst is te vinden in het *Memorieboek* der *St. Pieters-kerk*, bl. 99, en gedrukt bij van Mieris, bl. 114—115.

Men vindt hierin o. a.:

1399.
Donderdag na Martini.
17 Nov.

*Schepenbrief* van Leyden, waarbij Jan Heynenz. bekent schuldig te zijn aan Dirk Ludekensz. 1 ₤, bezet op een huis en erf gelegen op St. Joostgracht.

O. Met de zegels der Schepenen Dirk van der Geest en Ysbrandt van der Laen.

1426.
Maandag na St. Jacobi.
29 Julij.

Gilles van Cralingen, Ridder, verkoopt aan Jan Deym eenige huizen, o. a. een huis en erf, dat *der lombairde huis plach te heeten*, gelegen in de *Cruepelssteghe*, in de Haarlemmerstraat.

O. Met zijn zegel.

**St. BARBARA KLOOSTER.**

1446.
17 Febr.

Overeenkomst tusschen KATRYN BOUDYNSDR., *Ministra* van *St. Barbara*, SIMON VAN DEN WOUDE, *voogd der zusteren*, — en GEERTRUIT, DIRK LUYTGENS wed°., om hare dochter GEERTRUIDA in het klooster op te nemen.

O. Met 2 Schepenen-zegels van Leyden.

1444.
4 Januarij.
1471.
30 Dec.

Schepenbrief van Leyden, waarbij GERYT JANSZ., schipper, aan de *zusteren van het St. Barbara-huis, geheeten Betanien*, binnen Leyden, een schepenbrief van 1444 overgeeft.

O. Met de zegels der Schepenen.

1463.
9 Nov.

ADRIANA CLAESDR., *Ministra* van *St. Barbara*, verkoopt aan SYMON VAN DEN WOUDE 2 morgen lands, gelegen in *Steynhoren*, het klooster aangekomen na doode van zuster ALYT VAN DEN WOUDE.

O. Met het zegel van WILLEM VAN DER DOES en JAN AREND POUWELSZ., Schepenen.

1492.
31 Aug.

Brief van Hr. PHILIPS PIETERSZ., *Priester* en *Confessoer*, waarbij hij aan het convent van *St. Barbara in Bethanya*, binnen Leyden, 3 ₤ jaarlijksche renten geeft.

O. De perkamenten brief is door den Priester geschreven en ook bezegeld.

1522.
25 Oct.

Heer CLAES BOUWENSZ., en MARGRITE RUTGERSDR., Mater van het *St. Barbara-zusterhuis* te Leyden, »doen condt allen luyden" dat zij Hr. GERRIT VAN LOCHORST, Ridder, in regte erfhuur 2 morgen lands in Warmond geven.

O. Met het zegel van het klooster (zijnde in deze verzameling niet vroeger aanwezig), en dat van G. VAN LOCHORST.

Onder de afbeelding van *St. Barbara* zijn de twee sleutels der stad Leyden.

**St. BARBARA KLOOSTER.**
1535.
26 Julij.

MARIA JOESTENDR., *Ministra* van het *St. Barbara-zuster-huis* te Leyden, verkoopt aan MACHTELT WILLEMSDR. VAN DODEWAERT, van Utrecht, oud 46 jaren, en KATRYN GERRIT GERRITSDR., van Utrecht, oud 8 jaren, twee kamers aan de Breedestraat, achter het *studiorium* van den Pater enz.

O. Met het zegel van het klooster.

1546 en 1557.
24 Nov.

Twee rentebrieven der stad Leyden, ten lijve van LYSBETH JANSDR. VAN ANGEREN, geb. 1516, »professijde" zuster van *St. Barbara*, bedragende 18 st. 4 p.

O. Met het zegel der stad.

1551.
21 Febr.

Testament van Jonkv. ROBYNA CARBONYERS, wede. van HENDRIK VAN BOUSSHUYSEN, wonende in het *St Barbara-klooster*, waarbij zij begeert in de kerk van het klooster begraven te worden, en dat bij haar graf de schilderij van de Maagd *Maria en haar kind* opgehangen zal worden enz.

O. Notariële kopij van den Notaris CORNELIS JAN LENAERTS VAN DER GOUDE.

Dit klooster is in 1575 tot het houden der Akademische lessen gebruikt; doch dat heeft kort geduurd. Het werd naderhand tot een *logement* voor voorname lieden ingerigt, en droeg den naam van *'s Prinsen logement*.

Zie VAN MIERIS, *Beschr. van Leyden*, 1 D. bl. 116.

# HET KLOOSTER VAN S<sup>T</sup> AGNIETE OF S<sup>T</sup> AGNES.

---

St. AGNIETE OF
St. AGNES.

Dit nonnenklooster lag digt bij de *Vrouwe-kerk* te Leyden; de stichter is nog onbekend.

Er zijn slechts 72 brieven van dit klooster aanwezig, loopende van 1412 tot 1576.

De oudste is een

1412.
26 Aug.

*Schepenbrief* van Leyden, waarbij VOLQUIN DIRKXZ., Priester, een huis met erve, gelegen in de *Vrouwen-parochie* aan het kerkhof, van JACOB WILLEMSZ. en SYMON WILLEMSZ. koopt.

Misschien is dit het zusterhuis geweest.

O. Met de zegels van 2 Schepenen.

1422.
St. Victor avond.
9 Oct.

Schepenbrief van Leyden, waarbij HUGHE BOUDYNSZ., tot *behoef der zusteren die nu ter tijt wonen achter onser Vrouwenkerc, achter dat c̄er van der oerden van penitencien Sinte Franciscus*, een huis in de *Vrouwen-parochie* te Leyden koopt.

O. Een der zegels verloren.

1426.
30 Oct.

Het kapittel van *St. Pancras* te Leyden verkoopt aan BOUDYN HARMANSZ, tot behoef der genoemde zusteren (waarvan *bewaarster* is GRIETJE CLAESDR.), eenige renten, staande o. a. *op het huis waarin de zusters thans wonen.*

O. Met het zegel van het kapittel.

Schepenbrief van Leyden, waarbij ALYT LUYTGENSDR., Moeder van het *St. Michiels-klooster*, en LYSBETH PIE-TERSDR., Moeder van het *St. Ursula-huis* te Leyden, aan het *Agniete-klooster* zekere erven verkoopen, gelegen bij de *Vrouwe-kerk*.

O. Met de zegels van JAN TAEY en YSBRANT WILLEMSZ. VAN ALCMADE, Schepenen.

1452.

ALYT WILLEMSDR., *Ministra* van het *St. Lysbetten-suster-huis in den Haag*, transporteert $2\frac{1}{2}$ morgen lands in Noord-Holland aan WENDELMOET, Mater van het *St. Ag-niete-klooster* te Leyden.

O. Met het zegel van het *Elisabeth-zusterhuis* te 's Hage.

1462.
5en Zondag na Paschen.
3 Mei.

THEODORICUS, Prior van *St. Maria in Windesheim*, geeft verslag der visitatie van het klooster *St. Agniete*, waar-van Biechtvader was ARNOLD TEN BRINCKE, volgens pri-vilegie door den Bisschop gegeven.

O. Met het zegel van den Prior.

1492.
2 Januarij.

De Pastoor van de *Vrouwe-kerk* te Leyden (Mr. GHE-RYT HEER) verkoopt, met consent van den Bisschop te Utrecht, aan het *Agniete-klooster*, een huis en erf bij het kerkhof.

O. Met een gaaf zegel van den Pastoor.

Er zijn hieronder verscheidene lijfrentebrieven der kloosterlingen, koop en schenking van landen, pach-ten enz.

Dit klooster is, even als de andere, afgebroken of tot andere oogmerken gebruikt.

Zie hierover nog VAN MIERIS, *Beschr. van Leyden*, 1 D. bl. 118.

# HET Sᵗ CAECILIA-KLOOSTER TE LEYDEN.

St. CAECILIA.   Dit klooster lag achter de *Vrouwe-kerk*, niet ver van het *St. Michiels-klooster*. De nonnen moesten de kost met handenarbeid verdienen, en den regel van *St. Augustinus* volgen.

Het klooster bestond reeds in 1465; doch er is een perkamenten brief van *St. Andries-avond* 1459, bezegeld door JAN VAN EPEN, Pastoor der *Vrouwe-kerk*, waarbij hij der zusters »*nu ter tijt gheten Sinte Thomas of hoe dat men 't namaels heten mach, eenige gracien en privilegien geeft*. Deze *privilegiën* komen overeen met die, welke aan de kloosters *St. Ursula*, *St. Michiel*, en *St. Agniete* gegeven zijn, vermeld in de *Oudheden van Rynland*, bl. 178, en bij VAN MIERIS, *Beschr. van Leyden*, bl. 118. Het hier ongenoemde klooster had toen nog geen zegel, en daar de andere kloosters in 1459 reeds zegels hadden, is het waarschijnlijk dat hiermede bedoeld werd het *Caecilia-klooster*, dat, na de belegering der stad is 1574, aan het *St. Katharina-Gasthuis* is gekomen.

Zie VAN MIERIS, *Beschr. van Leyden*, bl. 119.

# HET S<sup>T</sup> MICHIELS-KLOOSTER.

———

**St. MICHIELS-**
**KLOOSTER.**

Dit nonnenklooster lag in den Vrouwekamp te Leyden. De brieven, tot dat klooster behoorende, bedragen
ruim 113 stuks, en loopen van 1405 tot 1570. Men vindt
er ook een' schepenbrief van Amsterdam, van *Maandag*
na *trium regum* (12 Januarij) 1383, en een' ander van
24 Januarij 1400, betreffende pachten op huizen te
Amsterdam, die eerst in 1529 aan het klooster zijn gekomen. Daarop volgt een brief van AERNT VAN ALKE-
MADE, Schout van Oestgeest, van 1405, *Donderdag na*
*Jacobi*, waarbij AELWYN GERYTSZ. aan de zusteren van
*St. Margrieten ten heiligen lande* (later *Rodenburg*) **7** *hont*
lands in Oestgeest, genaamd *Achterwoert*, verkoopt.
Het blijkt niet wanneer dit land, na 1405, aan het
*St. Michiels-klooster* gekomen is. De eerste brief, waarin
van dit klooster gesproken wordt, is van 5 Mei 1444,
waarbij de Gasthuismeesters van het *St. Elisabeth's-*
*Gasthuis* aan ALYT LUYTGENSDR., *Bewaerster van Sinte*
*Michiels susterhuyse tot Leyden, tot behoef des gemeen*
*convents, een huis en erf, gelegen in den Vrouwekamp,*
*verkoopen.*

Onder de brieven komen nog de volgende voor:

**1451.**
**16 Sept.**

Wij *Ministra* en gemeen convent van *St. Michiels*,
enz. bekennen schuldig te zijn aan de zusteren van *St.*

**17**

**St. MICHIELS-KLOOSTER.**

*Margrieten* 7 stopen wijn, om daarvoor, jaarlijks, geestelijke diensten te doen. De oorspronkelijke brief berust onder de brieven van *Rodenburg*.

O. Met een gaaf zegel.

**1452.**
5 Junij.

*Wy Rectrix en ghemeen convent der beslotenre zusteren onder Sinte Augustyns oirde van Sinte Iheronimus-huse op Rapenburch binnen Leyden*, enz. verkoopen, ten behoeve der *zusteren van St. Michiels*, een' warmoestuin, met huis en boomgaard, gelegen buiten de Rijnsburgerpoort.

O. Met het zegel des kloosters.

Uit een vroeger transport van 1432 blijkt, dat de »*zusteren van Sinte Iheronimus oirden*, *wonende nu* (1432) *in Jan Vossenstege*, dat huis van JACOB VAN NOORDE en WILLEM RONDEEL gekocht hadden.

**1457.**
13 Aug.

ALYT JANSDR. VAN VEEN, *Ministra*, en de zusteren van het *St. Michiels-convent* bekennen jaarlijks schuldig te zijn aan Hr. FLORIS AERNTSZ., Priester, *een' gouden rinschen gulden*, onder voorwaarde, dat de zusteren zijne *uitvaart*, en jaarlijks de *memorie* voor hem, zijne ouders, broeders en vrienden zullen doen; alsdan zullen de zusteren *een' halve rins. gulden tot sonderlinghe spise ende dranc ontvangen, op dat si te vuerigher moghen bidden.*

O. Met het zegel des kloosters.

**1469.**
12 Mei.

Wij JUTTE GHERYTSDR., *Ministra*, en de *zusteren tot onser liever vrouwen in Jherusalem Sinte Margrieten op Rodenborch*, verkoopen aan de zusteren van *St. Michiels* 2½ morgen lands in Warmond.

O. Met het zegel van *Rodenburg*.

**St. MICHIELS-KLOOSTER.**
1468.
18 Julij.

DIEUWER EVERAERSDR., Mater, en de zusteren van het *Maria Magdalena-zusterhuis* buiten de Rijnsburgerpoort te Leyden, daar *te voren de zusters van St. Margrieten* (*Rodenburg*) *woonden*, bekennen van de Executeurs van het testament van EVERT VAN LODESTEYN ontvangen te hebben *f* 1000 aan landerijen te *Koudekerk*, ten einde, volgens het bedoelde testament, daarvoor 10 arme vrouwen in het klooster te onderhouden.

Het klooster op *Rodenburg* had, op die voorwaarde, deze som niet willen aannemen; thans wordt zij door het *Maria Magdalena-klooster* aangenomen.

> O. Met het zegel van het klooster *St. Maria Magdalena* en dat van JACOB, *Prior der broederen van de Regulieren te Haarlem.*

1507.
21 Oct.

Schepenbrief van Leyden, waarbij de Kerkmeesters van de *St. Pieters-kerk* aannemen, om jaarlijks op den 21en Junij, op begeerte van JAN LYSBET, CLAES HUGENSZ. wede., in de *St. Pieters-kerk die Hoechtijt en feeste van de thien duysent martelaren* te vieren, en op *Paschnachte de verrisenisse ons Heren* te houden. Zij geeft daartoe 4 rinsche guldens, jaarlijksche renten, op drie morgen lands in Noordwijk, met bepaling, dat, wanneer dit feest in de *St. Pieters-kerk* verzuimd werd, dit geld aan het *St. Michiels-klooster*, alwaar dan het feest gevierd moest worden, komen zou.

> O. Met het zegel van PIETER DE GREBBER en WILLEM HEERMAN.

1508.
20 Julij.

Voorwaarde, waarop WILLEM VAN DEN HOVE, Priester en Pater van den convente van de *zusteren tot Schagen*, en JAN VAN LEYDEN, als voogd van CLAES DIERTE, zijn

**17***

St. MICHIELS-
KLOOSTER.

zuster's zoon, aan Guysbrecht Govartsz. en Koen Dircxz.,
vleeschhouwers, 4 morgen lands buiten de Rijnsburgerpoort verhuren.

O. Op papier, zonder zegel.

1511.
30 Julij.

Kwitantie, waarbij Willem van den Hove, Priester en
Pater van het klooster *Schagen*, bekent ontvangen te hebben van Jan Jansz., Pater van het *St. Michiels-klooster*,
310 gl., uit hoofde van het koopen van een stuk lands.

O. (get.) Heer Willem van den Hove, *die men heet*
DE Wolff, Priester.

1515.
26 Maart,

Verklaring van Jan Jansz., Pater van *St. Michiel*, dat
Katharina Cornelisdr. van der Goes, Conventuale van
het klooster, in levenden lijve is.

O. (get.) Jons. *filius* Jons; in presentie van Johan
Obelsz., Barthol. Aerntsz., snijder, Jacob Dircxz.
en Jan Olofsz. van Cattendyck.

1515.
28 Junij.

De steden *Dordrecht, Haarlem, Delft, Leyden* en *Gouda*,
verkoopen aan Jasper van Halst, wonende te Mechelen,
30 gl. jaarlijksche renten, losbaar den penning XVI. —
Hierbij behoort eene verklaring van de regering van
Mechelen, dat Jasper van Halst deze renten getranspor-
teerd heeft op Alyt, Floris Jacobsdr. van Montfoort,
wed⁶. van Jan van Blitterswyck, van 1 Sept. 1515.

O. Met de zegels dier steden, en dat van *Mechelen*.

1522.
28 Mei.

Maria Paedtsdr., *besloten suster Mater, en de susteren
van O. L. Vrouwen-convent in Bedtleem, ghehieten Apcoude, in Jan Vossensteeg*, bekennen, dat zij een morgen

**St. MICHIELS-KLOOSTER.**

lands gemeen hebben met het *St. Michiels-klooster*, en dat dit land door Geryt Jan Kerstantsz. aan die twee kloosters geschonken is.

Hij had het van zijn' broeder Willem Jans Kerstantsz., en diens vrouw, Margriet Willemsdr. van der Does geërfd.

O. Met het zegel van *Abcoude*, doch geschonden.

1526.
20 Maart,

Testament van Jan Jansz., Pater van het *St Michiels-klooster*, waarbij hij aan Katryn Heynrixdr., *Mater*, en Margaryt Dirxdr., *Procuraetster* van genoemd klooster, al zijne goederen vermaakt; ook zijne *boeken*, behalve *Sūma astaxana* (?) dat hij aan Joest Hendriksz. geeft; onder voorwaarde, dat het klooster zijne uitvaart en memorie zal houden, waarvoor de kloosterlingen »*een eerlike maeltyt op zijn jaerghetyt mit wyn eñ ghebrade*" zullen hebben, ter somme van 4 rins. gl.

O. Kopij, door den Notaris Arent Willemsz. van Tetroe geteekend.

1532.
24 Maart.

Broeder Jacob Pietersz. van Ryn, Prior van *St. Bernards tot Warmond*, en Jan Dircxz. van Bosch, Prior der *Regulieren* te Leyderdorp, bekennen, dat het klooster *St. Maria Magdalena*, buiten de Rijnsburgerpoort, zeer *belast is met losrenten*, en oorloven genoemd klooster 8 morgen lands te Koudekerk, gemeen met *St. Michiel* te Leyden, te verkoopen.

O. Met het zegel van het klooster van Warmond en Leyderdorp, en ook geteekend door van Ryn en van Bosch.

1532.
20 Junij.

Katheryn Maertynsdr., *Mater*, Kuneer Jansdr., *Procuratrix*, en het gemeen convent der zusteren van *St. Ma-*

**St. MICHIELS-
KLOOSTER.**

*ria Magdalena*, verkoopen aan PHILIPS EVERTSZ., Pater,
en LUYTGEN MATUYSDR. Mater van *St. Michiel* te Leyden, het bovengenoemde land te Koudekerk.

O. Met het zegel van het *Maria Magdalena-klooster.*

1545.
26 Junij.

Voorwaarde, waarop KATRYN en ANNA VAN BLYTERSWYCK, zusters van *St. Michiel*, en BRUIN ANGELMACHER, voogd van STEFFEN VAN BLYTERSWYCK, zekere goederen verdeelen, afkomstig van hare ouders JAN VAN BLYTERSWYCK en ALYT FLORISDR. VAN MONTFOORT.

O. (get.) GUILLᵃ RABODI, *Pater*, GEERTRUID JANSDR., *Mater*, BRUIN ANGELMACHER, JOHAN HAES, GERYT SCHEERLE, JACOB VAN DER DOES, ADRIAEN JANS BROUWER, DIRK JACOBSZ. VAN MONTFOORT.

Bezegeld door JAN HAES en BRUIN ANGELMACHER.

1545.
12 Sept.

KAREL V. — waarbij de Heeren van de finantiën, met advys van de Gouvernante der Nederlanden, aan de zusters van *St. Michiel*, 15 gl. losrenten verkoopen, te lossen met 240 gl. — daartoe de Vroonlanden buiten Alkmaar verbindende.

O. Groot rood zegel.

Met eene kwitantie van HENRY STERCKE, *Conseiller et Receveur Général des finances de l' Empereur.* (Bezegeld.)

1549.
18 Febr.

De Gasthuismeesters van *St. Katharina*, en de Heiligegeestmeesters binnen Leyden, bekennen van de *Mater en convente van St. Maria Magdalena* al de landen ontvangen te hebben, die EVERT VAN LODESTEYN gegeven

**St. MICHIELS-KLOOSTER.** had tot onderhouding van 10 *arme maagden* in het klooster van *St. Maria Magdalena* (zie den brief van 8 Julij 1468).

Daar het klooster in gebreke was gebleven die maagden te onderhouden, moesten, volgens het testament van E. VAN LODESTEYN, de landen onder de armen der stad verdeeld worden, en $\frac{1}{3}$ aan het klooster te Warmond komen. Het groote gebouw het van *St. Maria Magdalena-klooster* was wegens den oorlog afgebroken, en *het schynt* dat het klooster, uithoofde van armoede, in 1550 is opgeheven.

O. Met het zegel der stad Leyden.

1562.
17 Dec.

De Homans van de *St. Quyryns* en de *vier gekroonde* Broederschap (der *Metselaars*), transporteren aan het klooster van *St. Michiel*, eene rente van 2 ℔, staande op een huis op de *St. Pieters-kerkgracht*, hun reeds den 19en Januarij 1453 aangekomen.

Er is nog voorhanden: »*voorwaarde*, waarop de Huis-
»zittenmeesters en de Aalmoezeniers in het openbaar
»verkoopen zullen de afbraak der huizinge van het
»*St. Michiels-klooster*, daar de *nieuw geordonneerde* straat
»zal komen." Dato 1 Mei 1622.

# HET KLOOSTER NAZARETH, GENAAMD GRAAUWE-
# OF S<sup>T</sup> CLAREN ZUSTEREN.

---

**NAZARETH.**

Dit klooster lag op de Achtergracht (Bon Marendorp), en is, volgens ORLERS, *Beschr. van Leyden*, bl. 119, in 1474 gesticht. Het klooster stond in betrekking met dat te *Vlaardingen*, genaamd *St. Caecilia*, waarvan de kloosterlingen zich in 1557 met die van Leyden hebben vereenigd.

De brieven van dit klooster, nog voorhanden, bedragen een *dertigtal*, beginnende met 1455 en eindigende met 1571. De oudste brief is van 1455, beginnende:

**1455.**
**12 Febr.**

Ic CLAES FLORYSSOEN — waarbij hij aan WILLEM HENRIC JANSS' 2 ₤ renten verkoopt, staande op 9 morgen lands, gelegen op de *Poeldyksche watering* binnen Vlaardinger-ambacht, den *Heiligegeestmeesters* te Schiedam en te Vlaardingen toebehoorende. Op den 25<sup>en</sup> Oct. 1518 hebben KORSTANT DAMMASZ., en ALYT zijne vrouw, deze 2 ₤ bij testament aan het *St. Franciscus-klooster* te Vlaardingen vermaakt, met bepaling, dat de helft aan het *St. Agnieten-klooster* in de *Koestraat* moet komen.

O. Met de zegels van PHILIP HEND. JANSS, JAN ISBRANTS, en KORSTANT DAMMASZ.

**1468.**
**18 Aug.**

Ic MATHYS BERTELMEESZ. — waarbij hij aan de zusteren van de 3<sup>e</sup> orde *St. Franciscus* te Vlaardingen 4 morgen

**NAZARETH.** lands verhuurt, liggende tusschen de *Wateringe* en den *Weg*, »*durende alsoe langhe als die selve susteren ende dat convent bliven staende onder protexie, beschermenesse ende regiering der observanten der Minrebroeders binnen Delft*".

O. Met het zegel van CLAES DAMMASZ. en HENDRIK BUGGE.

1494.
16 Aug.

Schepenbrief van Leyden, waarbij JAN GERYT FOEYT-GENSZ' aan de *Mater, zusteren en gemeen convente van St. Claren-zusterhuis, geheeten die graeuwe susteren*, wonende binnen Leyden after Marendorp, 8 pond. Holl., erfelijke renten, staande op een stuk lands te Leyderdorp, verkoopt.

O. Met de zegels van HEYNRICK REYNERSZ. en JAN CONNICXZ., Schepenen.

1496.
27 Oct.

Verdrag tusschen het kapittel van *St. Pancras* en het convent der *graauwe zusteren* te Leyden, waarbij zij kerk, kerkhof enz. mogen hebben.

Is niet voorhanden; maar te vinden bij VAN MIERIS, *Beschr. van Leyden*, 1 D. bl. 119—122.

1520.
24 Oct.

Overeenkomst tusschen de regering van Leyden en het klooster *Nazareth*, waarbij genoemd klooster, voor elke zuster, jaarlijks 6 st. ter herstelling van de stads-muren zal betalen, tot zoo lang het weekgeld door de poorters betaald wordt, en als er geen weekgeld be-taald wordt, dan 5 st. voor elke zuster.

O. Met het zegel der stad.

Onder de stads Charters is een brief van den 24en Oct. 1520, waarbij het klooster van deze belasting ontheven wordt.

1522.
11 Aug.

Testament van GEERTRUIT WILLEMSDR. van Oudewater, waarbij zij, even als haar vader en broeder, in het *Minre-broeders-klooster* te Leyderdorp begeert begraven te wor-

**NAZARETH.** den. Zij geeft daartoe eenige gelden, en verlangt tevens dat dáár, en in andere kloosters, voor haar en hare ouders, zielmissen gedaan zullen worden. Hare goederen geeft zij aan het klooster *Nazareth* enz.

O. (get.) JOH. DE ARA, Notaris.

1539.
24 Dec.

Testament van WILLEM GOUDT, Raad en Ontvanger-Generaal, en Jonkv. MARIA GERITSDR., zijne vrouw, waarin o. a. de volgende giften voorkomen. De *susteren tot Vlaardingen* 12 gl., 's jaars, en de *Getyden* te Vlaardingen 7 gl., 's jaars, met conditie »zoo wanneer die getijden »aldaar niet gezongen noch onderhouden worden, deze »renten komen zullen, de helft aan het voorn. convent »en de andere helft aan de Heiligegeestmeesters aldaar." (Hierin komen de namen voor van Mr. ADRIAAN VAN DER GOES, ADRIAAN VAN DER DOES, MEERKERK en CHANU.)

O. Kopij authent. (get.) STORM, Notaris.

1557.
23 Febr.

PHILIPS II, Koning van Spanje, vergunt aan de zusters van Vlaardingen in het klooster *Nazareth* te Leyden te wonen, mits hare bezittingen medebrengende, en de lasten, die op het klooster staan, af te doen. Het verzoek tot die verplaatsing was gegrond, omdat de zusters, wegens armoede, geenen *Priester of Biechtvader konden aanstellen of betalen;* ook hadden zij in een jaar geene missen, sermoenen enz. gehoord. Zij moesten nu te Leyden al de zielmissen, waarvoor zij te Vlaardingen reeds betaald waren, doen.

O. Met het groot rood zegel van PHILIPS.

De confirmatie dezer verplaatsing is ook gegeven door GEORGIUS VAN EGMONT, Bisschop van Utrecht, van 15 April 1557, met *zijn* zegel. *Zie over de verdere lotgevallen van dit klooster* v. MIERIS, *Beschr. van Leyden,* 1 D. bl. 119—124.

# HET KLOOSTER VAN ABKOUDE.

**KLOOSTER VAN ABKOUDE.**

Dit klooster lag ook in de Jan Vossensteeg; doch daarvan is geene verzameling van brieven aanwezig.

Het had reeds eenigen tijd bestaan, tot dat er op den 17<sup>en</sup> Maart 1429 eene overeenkomst gesloten werd, tusschen het kapittel van de *St. Pancras-kerk*, CLARA WILLEMSDR., *Mater*, en PAUWEL REYNIERSZ., Voogd der zusteren »die in den huize van DIRK WILLEMSZ. VAN POELGEEST in *Jan Vossensteeg* wonen", waarbij zij vergunning bekwamen een eigen altaar, waarop de mis enz. met geslotene deuren gevierd kon worden, in het klooster te hebben, met uitzondering van *geene klok boven het dak te stellen*. Die vergunning werd gegeven, omdat zij ver van de kerk woonden, »aangezien en gemerkt dat »ST. JERONIMUS in zijnen regel zegt, dat die heilige »vaders geleerd hebben, dat geen ding den geestelij-»ken personen meer hindert, dan veel onder het volk »te zijn."

Op den 12<sup>en</sup> Oct. 1448 hebben de zusters grootere voorregten verkregen, door eene kerk of kapel met eene klok, wegende 50 ponden, te mogen stichten. Deze overeenkomsten worden gevonden in het register *D.* van de *St. Pancras-kerk*, bl. 100 en 112.

# HET KLOOSTER SCHAGEN OF S^T KATHA- RINA-ZUSTERHUIS.

Van dit klooster, ook in de *Jan Vossensteeg* gelegen hebbende, is geene verzameling van brieven aanwezig.

Van Mieris, *Beschryving van Leyden*, 1 D. bl. 125, meldt, dat dit klooster reeds in 1437 bestond, doch in den tekst moet staan 1447; want op den 4^en Oct. 1447 hebben Deken en kapittel van *St. Pancras* met de zusteren van dat klooster eene overeenkomst gesloten, waarvan de inhoud niet veel met dien van 1503, door van Mieris aangehaald, verschilt. In die overeenkomst worden de zusters genoemd *van de 3^e orde St. Franciscus van penitencie van St. Kathrine huis, wonende in* »*die huizinge en erve die* Gheryt van Oyen *plach te wezen, gelegen in Jan Vosstege, aen die brugge.*" Zij is door het kapittel op *St. Franciscusdag* (4 Oct.) 1447, en door de Mater of zusters op den 12^en Oct. 1447 bezegeld.

Behalve deze overeenkomst is er nog eene andere van den 21^en of 28^en Mei 1466, waarin gesproken wordt van der zusteren *brouwery*, staande op de gracht aan die Marendorpszijde, alsmede van het huis van Dirk van Alkemade, waarin de zusters *nu* wonen. (Zie register D. van de *St. Pancras-kerk* bl. 112 en 123.)

**SCHAGEN OF St. KATHARINA ZUSTERHUIS.** In het register, waarin de brieven van het *Vrouwe-Gasthuis* vermeld zijn, komt, op bl. 142, een brief voor van den 15<sup>en</sup> Julij 1449, waarbij KATHERYN JACOBS, Ministra van het *St. Katharina-zusterhuis*, zeker accoord met de Gasthuismeesters maakt, ter betaling eener pacht, staande op het convent daar de zusters *nu* in wonen, en dat eertijds het eigendom van JACOB VAN BOSSCHEN was.

(Zie verder VAN MIERIS, *Beschr. van Leyden* bl. 125.)

# HET KLOOSTER S<sup>T</sup> KATHARINA.

**St. KATHARINA.** Dit klooster lag op de St. Pieters-achtergracht. Het bestond reeds in 1414; want op den 9<sup>en</sup> November van gemeld jaar hebben de zusters eene overeenkomst met de Kerkmeesters der *St. Pieters-kerk* gesloten, om in die kerk het feest van *St. Katharina* plegtig te vieren. (Zie *Memorieboek* van de *St. Pieters-kerk* bl. 90 verso.) Volgens VAN MIERIS is dat klooster in 1415 afgebrand, doch weder opgebouwd; de huizen van dat klooster werden na 1575 door eenige conventualen bewoond. In 1736 is daarmede de Akademische tuin vergroot. Er zijn geene brieven van dit klooster aanwezig.

# HET KLOOSTER ROMA OF Sᵀ HIERONY-
## MUS, TE LEYDEN.

**ROMA OF St. HIERONYMUS.** De brieven van dit klooster zijn ten getale van 140 nog aanwezig. Het blijkt niet, wanneer en door wien dit klooster is gesticht; de nonnen hebben echter eerst in de *Jan Vossensteeg* gewoond; want uit een' schepenbrief van Leyden, van *Dingsdag* na *St. Thomas* 1432 (onder *St. Michiel* vermeld), blijkt, dat zij aldaar gewoond hebben. In het register *B.* van *St. Pancras* fol. 81 verso, wordt op den 13ᵉⁿ Maart 1429 vermeld, dat de zusters, 10 of 11 jaren geleden, naar Rapenburg zijn verhuisd.

De transportbrieven beginnen met 1416 en eindigen met 1572; de twee oudste brieven zijn van 1416 en 1431, doch schijnen in lateren tijd aan het klooster gekomen te zijn; daarop volgen:

**1440.**
**1 Maart.**

GERYT VAN ASSENDELFT GERYTSZ. verkoopt aan POUWELS REYNIERSZ., ten behoeve van de zusteren van *St. Hieronymus*, een' tuin en erf op Rapenburg, gelegen naast VRANC VAN DER BOECHORST.

**1443.**
**18 Febr.**

JAN WERMBOUTSZ. verkoopt aan de zusteren en het gemeen convent van *St. Jeronimushuyse* in *Jan Vossensteeg* eene erve van 15 roeden en $2\frac{1}{2}$ voet, gelegen in JAN VAN DEN WOUDE's land, op Rapenburg.

**ROMA OF St.
HIERONYMUS.**
**1444.**
20 April.

MATHYS DIRCXZ. verkoopt aan CLAIR WILLEMSDR., *Ministra en Bewairster van St. Jeronimushuys* in *Jan Vossensteeg*, een huis met erve en kameren, gelegen op Rapenburg.

**1446.**
9 Mei.

ADRIANNA VAN DEN BERGE, Joncfr. VAN RYSWYC, geeft aan CLAIR WILLEMSDR., *Ministra* van het klooster, een erf met den muur op Rapenburg.

**1447.**
St. Katharinad.
25 Dec.

HUGE HUGENSZ., Priester, Rectoir en Confessoir der zusteren van *St. Hieronimushuys in Roma*, en CLAIR WILLEMSDR., *Ministra*, beloven de *memorie* van ALYT ENGEL, die *leydeckers* weduwe, in de *kerk* van het klooster te houden; bij gebreke daarvan, zullen de giften van ALYT ENGEL aan de *St. Anthonis-kapel* der Leprozen enz. overgaan.

O. Met het zegel van het klooster.

**1449.**
Januarij.

Brief van den Paus van Rome (NICOLAAS V), waarbij hij de zusteren op Rapenburg in zijne bescherming neemt.

O. Met een' looden zegel aan eene roode zijden staart.

**1449.**
St. Pieters-avond in Selle.
21 Febr.

De *Priorin der Regulieren van het St. Dionys-huis* binnen Amsterdam, genaamd TER LELY, verkoopt aan HUIG DAPPERSZ., poorter van Gouda, de helft van 8 morgen lands en $1\frac{1}{2}$ hont, liggende in Zwammerdam.

O. Met het zegel van het klooster.

**1473.**
4 Febr.

ROELOF BERENTSZ., *Rector*, en CLARA WILLEMSDR., *Rectrix der beslotene nonnen en zusteren van St. Jeronimushuys in Roma* binnen Leyden op Rapenburg, verklaren,

**ROMA OF St. HIERONYMUS.** dat zij alle Maan- en Dingsdagen zielmissen in de kapel zullen doen voor DIRK HILLEZ', Priester, en diens vader, moeder en vrienden.

O. Met het klooster-zegel.

1516.
5 Oct.

MAXIMILIAAN (Keizer) confirmeert den brief van Hertog PHILIPS van den 30en April 1456, waarbij hij aan de zusters van *Roma* dezelfde regten geeft, als aan die van het *St. Elisabeth's-huis* in 's Hage; inhoudende, dat zij de goederen enz. der conventualen mogen erven.

O. Met een groot, doch gebroken zegel.

1516.
24 Nov.

Testament van BARTHOLOMEUS VAN ALPHEN, 5en Pater van *Roma*, verleden voor den Notaris JOHAN DE ARA, waarbij hij de zusters van het klooster en andere personen tot erfgenamen zijner goederen benoemt.

O. (get.) JOHS. DE ARA.

(*Hy had verscheidene boeken, met name genoemd, en ook eene draaibank.*)

1517.
2 Januarij.

Handschrift van JACOB KARSTANTSZ., oud 51 jaren, Priester of Pastoor te Aarlanderveen, waar hij 22 jaren had gewoond, inhoudende, dat hij door den Pater van het *St. Katharina-klooster* was aangezocht om Pater van het klooster *Roma* te worden. Hij neemt het eindelijk aan; wordt bij zijne intrede goed onthaald; doch vindt het klooster zonder geld. Hij zegt daarin ook, dat al de kloosterlingen binnen Leyden sedert Mei 1518 jaarlijks 9 stuivers aan Leyden moesten betalen, ter reparatie der stadsmuren; dit duurde nog voort in 1534.

**ROMA OF St. HIERONYMUS.**

Betreffende deze betaling der kloosterlingen vindt men hier, even als onder de Charters van Leyden, het met de stad gemaakte accoord van 7 Januarij 1519, ingaande met Mei 1518. (Bezegeld met het stads zegel.)

O. 2 halve vellen schrift.

1548.
20 Maart.

Schoutenbrief van Leyderdorp, waarbij Jacobus Cabbeliau, wonende te Gent, als man van Jonkv. Margreta, Gillis de Ruelynsdr., wed<sup>e</sup>. van Pieter van Coeyeghem, aan Claes Oom Jansz. eene erfpacht van 11 gl. verkoopt, gevestigd op twee boomgaarden in Leyderdorp.

Deze erfpacht is den 15<sup>en</sup> Nov. 1550 door Gerrit Jacobsz. Heereman, Pater van *Roma*, gekocht.

De goederen van dit klooster zijn ten behoeve der Universiteit aangewend.

Nog is bewaard gebleven een folio-register, op papier, waarin de losrentebrieven van het klooster zijn geboekt; alsmede een geschreven boekje in 8°, bevattende 50 kapittelen, beginnende: »*Dit syn* Richardus *woerden* » *seer merckelic eñ stichtlic op Cantica Canticorum; eñ dat* » *eerste capittel, hoe men ruste in Gode soect ende van be-* » *gheerte meerre.*"

Op het eerste blad staat, dat dit boek der zusteren van *Roma* toebehoort.

—————

# HET KLOOSTER DER WITTE NONNEN,
## JACOBINESSEN- OF PREDICARESSEN.

WITTE NON-
NEN.

Van dit klooster, op Rapenburg gelegen, is geene verzameling van brieven in het Archief aanwezig, omdat deszelfs gebouw en andere bezittingen aan de Leydsche Hoogeschool gekomen zijn.

Er zijn geene zekere berigten in het Archief voorhanden, dat dit klooster in het jaar 1400 door MARGARETHA VAN KLEEF, tweede gemalin van Hertog ALBRECHT VAN BEIJEREN, zoude zijn gesticht. Intusschen bestond het reeds in 1450.

Er is slechts een brief aanwezig, van 12 Sept. 1471, waarbij ALYT WILLEMSDR., *Priorinne, en al de zusteren des kloosters der Predikaer-orde binnen Leyden*, bekennen ontvangen te hebben, van MARGRIET HUGHENDR., wed<sup>e</sup>. van GHYSBRECHTS VAN DER GOUWE, 10 rijns. gl., jaarlijksche renten, staande op het klooster der *Barnarditen te Warmond*, om daarvoor, na haren dood, zielmissen te doen; het zegel, in roode was, is bijna geheel verloren.

Het zal iedereen bevreemden dat dit klooster niet genoemd wordt in de overeenkomst van den 7<sup>en</sup> Januarij 1519 (onder de Charters van Leyden), waarbij 8 kloosters der stad zich verbinden, om jaarlijks van elke non 9 stuivers te betalen, tot herstelling der wallen.

**WITTE NON-NEN.**

In 1453 heeft de regering van Leyden aan de *Jacobinis-sen*, wonende in JAN VAN DEN WOUDE's huis, op Rapenburg, vrijdom van bier-accijns gegeven. (*Vroedsch. Resol.* bl. 34.)

Van dit klooster, dat in 1581 voor de Hoogeschool werd ingerigt, is nog aanwezig de verhuring van zeker erf, achter het klooster, aan Mr. FREDERIK VERHORST en Mr. JOHAN VAN OLDENBARNEVELD op den 6en January 1577; doch op den 15en Febr. 1577 is het aan Mr. GERARD HOGEVEEN, afgestaan. Op den 1en Febr. 1607 is dit erf, van stads wege, aan SAMUEL FERNANDO VISSER verkocht.

Zie verder VAN MIERIS, *Beschryving van Leyden*, bl. 128, en *Oudheden van Rynland*, bl. 214.

# HET KLOOSTER DER CELLEBROEDERS.

**KLOOSTER DER CELLEBROEDERS.**

Dit klooster lag op de Cellebroeders-gracht, en bestond reeds in 1421.

De brief van Schout, Schepenen en Rade van Leyden, waarbij die Broeders worden toegelaten, is van den 22en Januarij 1421, en gedrukt bij van Mieris, *Beschrijving van Leyden*, bl. 134.

Men vindt dien brief ook vermeld in het *Stedeboek van Leyden*, bl. 129, zijnde eene verzameling van allerlei acten. De oorspronkelijke brieven van dat klooster berusten in het Gereformeerd Weeshuis te Leyden, alwaar ook het merkwaardig door Jan van Hout opgestelde *relaas* zijner bevinding in genoemd klooster, ten jare 1576, bewaard wordt. Eene kopij daarvan is in het Archief der stad. Dit klooster is in 1592 voor het *Staten-Collegie* ingerigt.

Zie van Mieris, *Beschr. van Leyden* 1 D. bl. 134—148.

# DE ABDY VAN EGMOND.

De reden waarom zich eenige stukken dezer Abdij in het Archief der stad bevinden, ligt in eene *Resolutie* der Staten van Holland van den 19en Junij 1578, waarbij de Magistraat van Leyden belast werd eenige *tienden* en *landen* van *Egmond*, onder Rijnland gelegen, ten behoeve der Leydsche Hoogeschool te verkoopen.

Uit het testament van den voormaligen Rentmeester der Abdij, Jacob Blondeel, van den 25en April 1591, was gebleken dat Gerrit Boot, te Weesp wonende, nog eene kist met papieren dier Abdij onder zich had. Deze kist werd toen door den Rentmeester van de Universiteit naar Leyden gebragt, en in tegenwoordigheid der Schepenen geopend. Sedert dien tijd zijn de zich daarin bevindende stukken op het Archief gebleven. (Zie *Gerechtsdagboek* der stad van 9 Mei 1591, en mijn opstel daarover, in den *Kronyk van het Historisch Genootschap* te Utrecht, van 1849, bl. 165).

Tot deze verzameling behooren:

1. Een perkamenten register in 8⁰, van *ontvangsten* en *uitgaven* der Godshuisrenten van *Egmond*, door Willem van Rollant, van *St. Laurensdag* 1344 tot *St. Laurensdag* 1345.

Op bl. 61 wordt gesproken van eene reis naar Dordrecht, wegens het *verlies van een Evangelieboek.*

2. Een papieren register in 8° van de Godshuisrenten van *Egmond*, door DIRK, *den Klerk*, van 1351—1352.

3. Een perkamenten register in 8°, over idem, van
1359—1360.

4. Een dito, door JAN BOEN of BOENEN, van 1383—1384.

5. Een dito, door DIRK PIETERSZ. BOSSCHEN, over de
jaren 1470, 1479, 1480, 1485.

6. Een perkamenten register van den jare 1487,
over de verhuringen der Gasthuislanden van Kennemerland en Rijnland, door Hr. ALBRECHT VAN WELY, *Religioes*
en Gasthuismeester te *Egmond*. Het eindigt met 1494.

7. Een dito register, op papier, van WILLEM MEES,
van 1520.

8. Een dito van 1536, onderteekend door WILLEM VAN
DER GOES, Abt, en CRISPYNX; als getuigen komen voor:
AERNT DE MONTE, *Kelner*, en JACOB VAN DER BURCHT.

9. Een dito in 8°, rekening en bewijs die MEES
HEYNRICKZ. doet van de *Memorie* en *kostery* tot *Egmond*,
van het jaar 1506.

(get.) HEYNRICUS WYTENHORST, Abt.

10. Kopij, op papier, uit het *Meelboek*, betreffende
de grootte der landen van den Ban van Petten en Nol-
mer, door JACOB MATHYSZ. VAN DE CAMP in 1548 afgeschreven.

11. Rekening, op papier, van WILLEM VAN SONNEVELT,
Rentmeester der Abdij, van 1556—1557.

12. Rekening in folio, van Mr. THOMAS BRANDELING,
Advocaat en Rentmeester van *Egmond*, van 1 Januarij
1561 tot 31 Dec. 1561. Met vele handteekeningen, o. a.
van GODEFROY VAN MIERLO, Bisschop van Haarlem.

13. Verklaringen, op papier, in folio, van de gedebourseerde gelden door Dirk van Theylingen, Rentmeester der Abdij.

14. Rekening in folio, van Hendrik van der Stryp, van 1567—1570.

(get.) G. v. Mierlo en H. van der Stryp.

15. Drie registers in folio, van voorwaarden, waarop de *tienden* der Abdij te *Egmond*, Heilo, Heemskerk, Alkmaar, Oestdom, Linnen en Beverwijk, door Rutgar Rutgarzoon, *Kelner*, zullen worden verkocht.

16. Een register in folio, waarin eenige giftbrieven van 1510 vermeld zijn.

17. Een register in folio, getiteld: *Reizen*, over de jaren 1570, 1571 en 1572.

18. Een register in folio, bevattende de onkosten wegens het maken en stellen van eenen achtkantigen watermolen te Petten, in den Nollemerban.
Deze molen is door Claes Wybrants, van Alkmaar, voor *f* 936 gemaakt. Het geheele bedrag beliep 1887 gl. 8 st. *min één duit*, (waaronder de gekochte landen en sloten in 1572 niet begrepen zijn.)

19. Verklaring van onderscheidene roeden, gereduceerd tot Honbosscher maat, door Mr. Simon Nuesz., van Edam, Landmeter van Rijnland in 1570.

20. Maanboek van de Vroonhuren, door Jacob Blondeel, Vroonmeester van *Egmond*, in 1570.

21. Voorwaarden van de verhuring der Abdij's tienden in 1571.

22. Proces tusschen den Abt van *Egmond* en Jacob van Duivenvoorde, Ridder; met vele handteekeningen, o. a. van Willem van der Goes, Abt. — 5 Dec. 1553.

**ABDY VAN EGMOND.**

23. Een folio register, op papier, bevattende de giften, die in 1344 en 1450 aan de Abdij zijn gekomen. Het schrift is van 1600. Hierin vindt men veel over het geslacht MATHENESSE.

24. Een maanboek van 1580; op het eerste blad zijn eenige Latijnsche verzen geschreven.

25. Inventaris der roerende goederen in de Abdij gevonden, opgemaakt door G. VAN MIERLO, Vicaris-Generaal der Abdij,

(get.) JOHANNES HUESDEN, Prior, en JACOB BLONDEEL. — 26 Januarij 1570.

Men vindt daarin zilver, kaarten en boeken vermeld.

26. Resolutie der Staten van Holland van den 19en Junij 1578, waarbij de *tienden* enz. van *Egmond*, in Rijnland gelegen, door de regering van Leyden zullen worden verkocht. De Deurwaarder van het Hof, YSBR. STARK, moest daarvan eene lijst maken. Leyden committeerde daartoe DIRK GERRIT SMALING.

Kopij, van 17 Junij 1587.

# DE ABDY VAN LEEUWENHORST.

**ABDY VAN LEEUWEN-HORST.**

Bij eene dispositie van den Minister van Binnenlandsche Zaken zijn in 1862 door den Rijks-archivaris, aan de stad Leyden eenige doubletten der rekeningen dezer Abdij, in *bruikleen* afgestaan, zijnde:

Rek. van WILLEM BERTOEN, van den Oogst van 1460—1467, 1470.

» » JAN DUYCKER, van den Oogst van 1470—1473.

» » EWOUT WILLEM BERTOENSZ., van den Oogst van 1475—1478.

» » JAN WAT, van den Oogst van 1482.

Onder de abdis ADRIANA VAN ROEDEN, 1497—1525.

» » » ELISABETH VAN BAEXEM, 1527—1529.

» » » GHYSBERTA V. WAARDENBURG, 1530—1533; 1535; 1538; 1540.

» » » JOHANNA VAN DER DOES, 1558; 1560; 1564—1569.

» den Rentmeester ADRIAAN MOURYNSZ., 1574; 1579—1582; 1584; 1587—1592; 1595; 1598—1599; 1607; 1609—1618.

» den Rentmeester WILLEM SCHOTERBOSCH, 1621—1622.

# DE ABDY VAN RYNSBURG.

---

Even als de rekeningen van LEEUWENHORST, heeft de stad Leyden van het Rijks-archief in *bruikleen* de volgende rekeningen ontvangen, als:

Rek. van Hugo van Zwieten, 1479.

» » Adriaan van der Does, 1495.

» » Dirk van Kessel, $\begin{cases} 1573—1576; \ 1578; \ 1582, \\ 1593; \ 1595—1597. \end{cases}$

» » Gerard van Poelgeest, 1600.

» » Philip Jacob van den Boetselaar, 1684—1687.

» » Willem van Wassenaär, 1719—1723.

» » Wigbold van der Does, 1724.

# KAARTEN VAN EENIGE KLOOSTERS.

**KAARTEN VAN EENIGE KLOOSTERS.**

*Kaartboek*, op perkament, gemaakt door JACOB VAN BANCHEM, landmeter van Rijnland, van alle landen eertijds den Conventen van *Roomburg (Rodenburg), Marienpoel, Barnaerdyten, Elf^m maechden*, die daar leggen in den Ambachte van Soeterwoude, Voorschoten, Wassenaer, Valckenburch, Catwyck, Voorhout, Hasersoude, door last ende ten versoucke van de Gecommitteerde Raden van de Staten van Hollant ende Westvrieslant, in wat ambachte dat elck syn geleegen, bij wat persoon elck sijn gecoft, en hoe yder partie apart is belent, gemeeten ter halver slooten, wel verstaende, daer het lant den Heerweegen belent is, gemeeten de heele slooten, ende vierdalve voeten gemeeten in schouber vaerten. Begonnen in de maent van Januarij *vyftienhondert twee en tneegentich*, ende volleynt op ten xv^en April A° 1593.

*Kaartboek*, op perkament, van de landen, bij de Staten van Holland tot oprechtinge en dotatie van seker Studenten Collegie (Collegium Theologiae), door Hare E. Gecommitteerden gedaen vercopen, toegecomen hebbende de conventen van *Marienpoel*, de *Barnarditen tot Warmondt*, de *Elfdusent maechden* aldaar, ende den Convente van *Roomburch*. Door Hare E. last gemeten

**KAARTEN VAN EENIGE KLOOSTERS.**

bij mij Mr. Symon Aerntsz. van Bruningen, gesworen lantmeter van Rynlandt, in den jare xv$^c$ t'weentnegentich. (Bevindt zich in het bovenstaande.)

*Kaartboek*, op perkament, gemaakt door Jan Pietersz. Dou, landmeter, van de landen, competerende het *Kapittel ten Hooglande* (St. Pancras), waaronder die der *Memoriën* en *Getijden*, gelegen in Rijn- en Delfland.

Dato 28 Oct. 1631.

# BLADWIJZER OP DE CHARTERS VAN LEYDEN.

**19***

# VERBETERINGEN.

―――――

| Bladz. | 9 staat: *St. Victord.* 9 Oct. | lees: *St. Victoravond.* 9 Oct. |
| " | 191 " *Zaturdag na St. Victord.* 20 Sept. | " *Zaturdag na St. Victord.* 17 Oct. |
| " | 205, n⁰. 23 staat: 8 Januarij. | " 1 Augustus. |
| " | 208 staat: 11 Maart 1400. | " 11 Junij 1400. |

# INVENTARIS

van het

# ARCHIEF DER GEMEENTE LEYDEN.

# INVENTARIS

VAN HET

# ARCHIEF DER GEMEENTE LEYDEN,

BEVATTENDE

## HARE REGISTERS EN BESCHEIDEN VAN ALGEMEENEN AARD,

ALSMEDE

DIE VAN HET BELEG EN ONTZET IN 1574.

OPGEMAAKT DOOR

### Jhr. W. J. C. RAMMELMAN ELSEVIER,

ARCHIVARIS VAN LEYDEN EN LID VAN DEN HOOGEN RAAD VAN ADEL.

## TWEEDE DEEL.

GEDRUKT BIJ J. C. DRABBE, TE LEYDEN.

# VOORBERIGT.

Het Tweede Deel van den Inventaris van Leyden's Archief, dat thans het licht ziet, bevat eene naauwkeurige opgave, niet alleen van al de aanwezig zijnde registers, maar ook van al de stukken betreffende het beleg en ontzet der stad in 1573—1574, alsmede de losse stukken van algemeenen aard.

Tot dat einde heb ik dezen Inventaris in drie hoofdstukken verdeeld, waarvan het eerste hoofdstuk de voornaamste stukken van algemeenen aard, en in chronologische orde gerangschikt, bevat. In het tweede hoofdstuk vindt men al de stukken van het beleg en ontzet van 1573—1574, voor zoo verre zij niet in verschillende registers voorkomen, vermeld. Eindelijk bevat het derde hoofdstuk al de stedelijke registers van onderscheidenen aard. Dit laatste hoofdstuk heb ik weder in onderdeelen moeten verdeelen, zoo als: de stukken betreffende *Kerkelijke zaken*, *Rederijkers*, *Burgelijken stand*, en *Beschrijvingen van Leyden*. Achter dezen Inventaris heb ik eenen bladwijzer, op de namen van personen en zaken, gevoegd.

Bij de bearbeiding van dezen Inventaris heb ik niet in alle bijzonderheden kunnen treden, waartoe het Archief anders ruimschoots de gelegenheid aanbiedt, moetende dit aan de navorschers of belanghebbenden, die het Archief wenschen te raadplegen, overlaten; dit wordt gemakkelijker gemaakt door de registers die ik van al de stukken gemaakt hebt, en welke met alphabetische registers, op namen en zaken, voorzien zijn.

In dezen Inventaris zijn niet opgenomen de stukken betreffende de heerlijkheden, zoo als: Leyderdorp, Zoeterwoude, Oegstgeest, Leydschen Dam, Stompwijk en Tedingerbroek, ook niet de *Kaarten, teekeningen, schilderijen, penningen, zilverwerk* enz., alsmede de gedrukte keuren en publicatiën.

Hoe de toestand van het Archief in 1734 was[1]), leert men het best kennen uit het verslag van Mr. D. van Royen, secretaris van Leyden, voorkomende in het Notulenboek A, gehouden op de Kamer van de HH. Burgemeesteren, bl. 1, waarin hij o. a. zegt *"*dat door het uitspuyen of overzetten van den *"*voorgevel van het Raadhuis, welke tegen het oude gebouw *"*voorheen aangemetseld, en met ingelaschte stutten en ankers *"*aan de moerbalken vastgemaakt was, in de muren en zolders *"*eenige reten waren gekomen, zoodat bij regenachtig weêr het *"*water doorlekte, zonder dat een geruimen tijd de oplettend-*"*heid dit kwaad had weten te voorkomen, als wanneer ik *"*zag dat de kasten en de laden, waarin de boeken stonden *"*en de handvesten nederlagen, tegen de bloote en hier en daar *"*gespletene muren waren geplaatst, zoodat het eenige behulp *"*tegen muizen en rotten (van wier verderfelijk knagen de ver-*"*gruisde papieren en francijnen, in meerdere kwantiteit als ik *"*verwacht had, de slechte bewijzen gaven) bestond in het zet-*"*ten van vallen en sprenkels, een niet toereikend middel tegen

---

[1]) Door het instorten van den St. Pieterstoren in 1512 (waar de Charters bewaard werden), zijn misschien eenige stads-documenten verloren geraakt; doch ongetwijfeld heeft de brand van het stadhuis in 1481 (veroorzaakt door het aangaan van het buskruid, dat onder het stadhuis bewaard werd) eenige schade aan de stads-papieren berokkend, af te leiden uit de rekening van Mr. Floris Oem van Boshuyzen, alwaar op bl. 3 en 4 gewag gemaakt wordt van eene toen in den brand beschadigde stads-rekening.

„eene ziekte van zoo een waardig lid van stads wezen, als „zijn de behoudenis en het gebruik van stads oude brieven, „stukken en handvesten; doch het is mij niet mogelijk uit te „drukken met welke gevoelige aandoening ik bevonden heb, dat „door het lekken en het knagen der muizen en rotten het meest „beschadigd waren de registers en aanteekeningen door den „secretaris Mr. PIETER VAN GROENENDIJK gehouden."

Aan de zorg en de bemoeijingen van Mr. D. VAN ROYEN en zijne opvolgers hebben wij het te danken, dat veel van het Archief is bewaard gebleven, waarvan thans de stukken worden medegedeeld.

Jhr. W. J. C. RAMMELMAN ELSEVIER.

# INHOUD.

# HOOFDSTUK I.

REGISTERS EN BESCHEIDEN VAN ALGEMEENEN AARD.

**Sluizen in Rijnland.**
**1374.**

Een perkamenten register in 4°, groot 30 bladz., bevattende de aanbestedingen voor het herstellen van eenige sluizen in Rijnland, door de H. Heemraden van Rijnland; met vermelding van de namen der aannemers en der dorpen die daarin moesten betalen, loopende over de jaren 1374 en 1375.

**Placaten.**
**1446.**

Vier registers, op papier geschreven, bevattende oude Ordonnantiën en Placaten, van 1446 tot 1593.

Behalve deze geschrevene placaten, bevinden zich op het Archief de gedrukte Placaatboeken der Staten van Holland en West-Vriesland en die der Staten-Generaal.

**Dagvaarden.**

1. Een stuk, groot 6 bladz., genaamd: *Proposicie, gedaen by mynen Here van Champuans, Ridder, Cancelier van onsen genad. Here Ertshartoghe Phs. van Oestenryc, in een generael dachvaert van alle de Staten van den landen onses Genad. Here.*

1

Dagvaarden.

De dagvaard is denkelijk te Mechelen gehouden in den jare 1492, omdat daarin voornamelijk gehandeld wordt over den vrede met Frankrijk, nadat HENDRIK VII, Koning van Engeland, zich met KAREL VIII, Koning van Frankrijk, verzoend had. De vrede tusschen den Koning van Frankrijk en MAXIMILIAAN van Oostenrijk is in 1493 te Senlis geteekend. (Wagenaar, *Vaderl. Historie*, 4e D. bl. 294.)

2. Memorie van de Gedeputeerden der zes groote steden van Holland, om hun rapport te doen, aangaande den dagvaard die alhier te Mechelen geweest is; z. j., doch betreft de bovengenoemde zaak.

3. Een folio-register, op papier geschreven, bevattende de *Dagvaarden* door de Staten van Holland gehouden, sedert October 1530 tot November 1555.

In dit register worden de zaken breedvoeriger vermeld, dan in de gedrukte Resolutiën der Staten van Holland en West-Vriesland.

4. Dagvaard, te Mechelen, in Junij 1530 gehouden, betreffende den Zeeuwschen tol, zijnde een omstandig verhaal van hetgeen de Hollandsche Gedeputeerden daar beraadslaagd hebben; groot 26 bladz.

5. Vijf registers van *vacatiegelden* voor de Leydsche afgevaardigden ter dagvaard, van 1621—1794.

Men leert hieruit slechts de namen der afgevaardigden kennen, en wat zij verteerd hebben.

6. Een folio-register A, genaamd *Credentialen* van de Gedeputeerden, van 1788—1792.

Resolutiën der Staten van Holland, en der Generaliteit.

Geschrevene Resolutiën der Staten van Holland en West-Vriesland, van 1578—1667.

**Resolutiën der Staten van Holland, en der Generaliteit.**

Geschrevene Secrete Resolutiën, van 1651—1665.

Gedrukte Resolutiën der Staten van Holland, van 1524—1793.

» Secrete Resolutiën van Holland, van 1653—1674.

» Resolutiën der Staten-Generaal, van 1701—1793.

» Staatsbesluiten der Bataafsche Republick, van 1801—1805.

**Punten van Beschrijving der Staten van Holland. 1586—1590.**

Een paket met brieven van Beschrijving der Staten van Holland en West-Vriesland, aan de burgemeesters van Leyden, over de jaren 1586, 1587, 1588, 1589 en 1590.

Op de meeste dier Beschrijvingsbrieven heeft de Secretaris JAN VAN HOUT het besluit der Vroedschap vermeld, waarnaar zich de Gedeputeerden van Leyden moesten gedragen.

**Brieven der Gedeputeerden. 1602—1745.**

1. Een paket met brieven, door de Gedeputeerden ter dagvaard aan de regering van Leyden geschreven, loopende over de jaren 1602, 1603 en 1604.

Hierin vindt men berigten over den dood van ELISABETH, Koningin van Engeland; over het beleg van Sluis; over het voorstel van Graaf SIMON VAN DER LIPPE, om het schilderstuk van Mr. LUCAS VAN LEYDEN, voorstellende het *laatste oordeel*, van de regering van Leyden te koopen; over de uitgave van de geschiedenis der Nederlanden, door JEAN FRANÇOIS LE PETIT, enz.

2. Een paket, over de jaren 1619—1622; welke brieven zeer vergaan zijn.

3. Een paket, over de jaren 1634 en 1635.

1 *

**Brieven der Gedeputeerden.**
**1602—1745.**

4. Een paket, van 12 Nov. 1652 — 7 Nov. 1653; handelende meest over zeezaken.

5. » » van Nov. 1658 — Nov. 1659.

6. » » van 1712—1717, door Mr. JOHAN VAN DEN BERG uit Brussel geschreven.

7. » » van 1727—1745, doch zeer onvolledig.

**Buitenlandsche Agent-**
**schappen.**

1. Een paket met brieven van den Heer JOHAN MEER-MAN, gedurende zijne Ambassade in Engeland aan de Staten van Holland geschreven, van Nov. 1667 — Julij 1688.

2. Eenige brieven (kopijen) van de jaren 1656 en 1657, door onze verschillende buitenlandsche agenten aan de Staten van Holland geschreven.

3. Gedrukte missiven of *nouvelles*, van onze buiten-landsche agenten, van 1736—1759.

**Gecommitteerde Raden.**
**1597—1744.**

Verscheidene stukken van de Gecommitteerde Raden der Staten van Holland, van 1597—1744.

Zij zijn thans chronologisch gerangschikt, en in een afzonderlijk register beschreven, voorzien van een' bladwijzer op namen en onderwerpen.

**Couranten of Nieuwe**
**tijdingen.**
**1598—1602.**

Twee geschrevene registers in folio, genaamd: *Loopende nieuwe tijdingen:*

Het 1e, van Aug. 1598 — Aug. 1600.

Het 2e, van Sept. 1600 — Dec. 1602.

Hierin komen verscheidene brieven voor; alsmede tijdingen uit Rome, Venetië, Duitschland enz.

1. Besluit der Staten van Holland en West-Vriesland om Rotterdam, dat op den 19en Novemb. 1488 door Jhr. FRANS VAN BREDERODE was ingenomen, te belegeren. Hiertoe werd tot eene algemeene wapening besloten, zoodat men, op elke 20 schilden, die men in de loopende tienjarige bede betaalde, één man moest leveren, die 8 grooten 's daags verdiende. Over de maand December 1488 moesten 2438 man geleverd worden.

2. Namen der Sloten enz., die men in Holland en elders van garnizoen moest voorzien; kopij van omstreeks 1489.

3. »Articulen bij den Heere PHILIPS van Cleve en die van Gend, overgegeven mijnen Genadigen Heer den Roomsch Koning en Aartshertoghe PHILIPS, zijnen zoon, roerende van de pays van Heer PHILIPS, Gend en Sluis; met het antwoord daarop bij mijne genadige Heer gegeven."

Het antwoord is door MAXIMILIAAN gegeven uit Mechelen, den 15en Maart 1491 (1492).

Volgens Wagenaar, *Vaderl. Historie*, 4e D. bl. 292, is dit verdrag op den 13en Oct. 1492 geteekend.

4. Een stuk, groot 4 bladz., genaamd: *Memoriael voer Heer* JOHAN VAN ZUYLEN ENDE NYEVELT, *Ritter*, *ende* BAERNT VAN DUYNEN, *aengaende de Heere* VAN MONTFOORT.

Het bevat 18 artikelen, waarin men het gedrag van den Heer JAN VAN MONTFOORT, sedert het overlijden van Hertog KAREL van Bourgondië, zoekt te regtvaardigen, en moet dus omstreeks 1490 zijn opgesteld.

.

5. Staat van den gemeene lande van Holland en West-Vriesland, gemaakt den 17<sup>en</sup> Julij 1497. Het is de kopij van een Charter van PHILIPS van Bourgondië, ter regeling der finantiën van Holland en West-Vriesland, omdat de Gedeputeerden hem te kennen gegeven had- den »de groote en zware schulden der steden, veroor- zaakt door de los- en lijfrenten die zij in 1482 en 1483 uitgegeven hadden, ter zake van den Utrechtschen oorlog, bedragende 15340 ponden." Na eene commissie ingesteld te hebben, regelt hij deze zaak.

6. Staat, door den Stadhouder en de Raden van Holland gemaakt, in bijzijn der Gedeputeerden van de groote steden van Holland en West-Vriesland, van ver- schillende schulden waarin Holland en West-Vriesland vervallen waren.

Dato 25 Dec. 1498.

Sententie van het Hof van Holland, waarbij eenige leden der Leydsche regering, te 's Hage, in de her- berg *de Ster*, gegijzeld werden, omdat de stad hare quote voor oorlogskosten weigerde te betalen.

Dato 5 Maart 1511 (1512).

Eenige extracten uit de Vroedschaps-resolutiën van Leyden, over de jaren 1516, 1531, 1539, 1542, 1544, 1545, 1562, 1567, door den Secretaris JAN VAN HOUT in 1564 en 1568 geauthentiseerd.

Zij handelen meest over de grafelijke beden.

Instructie of ordonnantie voor het Hof van Utrecht, door Keizer KAREL V den 8<sup>en</sup> Sept. 1531 uitgevaardigd,

**Hof van Utrecht.
1531.**

getrokken uit een register, berustende op de griffie van het Hof te Utrecht.

**Wederdoopers.
1535.**

Eenige stukken over de Wederdoopers, waarin o. a. voorkomt een brief van den Kastelein van Woerden, aan de Burgemeesters van Leyden geschreven, hen waarschuwende, dat in het huis van Jan Boeckelsz., genaamd de *witte lelie*, vele wederdoopers zich hadden verschuild, om Leyden met hunnen aanhang te over-rompelen. Maatregelen daartegen genomen; briefwisse-ling daarover met de steden Gouda, Deventer, Dord-recht enz. Verhaal wegens den aanval der wederdoo-pers op Amsterdam.

De meeste dezer stukken zijn door mij in den *Navor-scher* geplaatst.

**Zoutnering van Reimers-waal en Ter Goes.
1550.**

Een paket met beëedigde verklaringen van de regeer-ders van Reimerswaal en Ter Goes, dat het zout, in die steden *gebraden* of gemaakt, van eene goede hoe-danigheid is; uit de helft der XVIe eeuw.

De zegels van Reimerswaal zijn meest vergaan; doch die van Ter Goes zijn beter bewaard gebleven.

**Opdragt van Vriesland aan Philips II.
1555.**

Eene kopij, waarbij Philips II, Koning van Spanje, verklaart dat zijn vader, Keizer Karel V, hem deze landen heeft overgedragen op den 25en Oct. 1555. Hier-op volgt de overdragt enz., door de Gedeputeerden van Vriesland.

De kopij is door Jan van Hout, Secretaris van Ley-den, afgeschreven, die er eenige testamenten, in Vriesland gemaakt, heeft bijgevoegd, uit de helft der XVIe eeuw.

Een paket met stukken over de Wassenaarsche tollen, waaronder de Gouwsche sluis behoorde, met kopijen van Charters, beginnende met 15 April 1253. Hierbij is eene alphabetische lijst der goederen, waarvoor gelden betaald moesten worden bij het passeren der sluis.

Deze stukken hebben gediend in het proces van Jacques Cabbeljau, die in 1591 een groot aantal schapenvellen door de Gouwsche sluis naar Leyden had vervoerd, zonder daarvoor iets te betalen.

Over deze zaak heeft de Secretaris Jan van Hout een handschrift nagelaten, genaamd: *Verbael nopende de tollen.*

Eenige stukken over het beplanten der duinen met *helm*, van 1521—1568; met eene opgave hoeveel morgen door de dorpen jaarlijks moesten beplant worden, zoo als: Wassenaar, Katwijk, Noordwijk, Heems tee, Hillegom, Lisse enz.

Eenige door Jan van Hout, Secretaris van Leyden, geschrevene stukken, bestaande in:

*a.* Afschrift uit de prognostiek van Cypriaan Leonitius a°. 1561, waarin hij zaken voorspelt die in 1573—1574, en 1583—1584, moesten voorvallen.

*b.* Over de komeet van 10 November 1574, met latijnsche verzen op den Aartshertog Matthias, *Belgica* enz.

*c.* Eene teekening van de gezigten, die den 17en Oct. 1570 door Johannes Hoza, priester in het klooster van Osnabrug, te Maagdenburg rondom de maan zijn gezien.

Om de maan ziet men eene *hand*, een' *bezem* en een *kruis.*

Eisch van Haarlem,
na het beleg.
1577—1581.

Een pakct, waarvan het hoofd luidt: *Cort receuijl van tgeenen die van Haerlem in November 1577, in de Vergaderinge van de Staten, tot Leyden, waeren eyschende, en wat daerinne verhandelt is.*

Het betreft de belofte der Staten, aan Haarlem gedaan, dat de onkosten voor het krijgsvolk, bij het begin van het beleg, door het gemeene land betaald zullen worden. Het eindigt met 24 April 1581, zijnde *Contract ende accord gemaect tusschen die van Haerlem, Zijne Excellentie ende de Staten.*

Duitsche orde.
1577.

Brief van den landkommandeur der *Duitsche orde*, te Utrecht, over de aangeslagene goederen dier orde, in Holland en Zeeland, alsmede het inkomen dier *orde*, hier te lande.

15 Feb. en 13 Oct. 1577.

Onderhandelingen met Don Johan van Oostenrijk.
1577.

1. »Rapport des Seigneurs ELEN, évêque d'Arras, Messire BUCHO AYTA, archidiacre d'Ipres, les Seigneurs DE CHAMPAIGNY DE ZWEVEGEN et le Pensionnaire ADOLF DE MEETKERCKEN, de leur besoigne de Huy, avec Monseigneur Don JUAN D'AUTRICHE."

Dit rapport is den 30en Januarij 1577 aan de Staten-Generaal, toen te Brussel vergaderd, overgegeven.

2. Een door JAN VAN HOUT afgeschreven register, genaamd: *Cort verhael van de handelingen tusschen Don JOHAN DAUSTRIA en de Generale-Staten.*

Op bl. 2 wordt gezegd, dat Don JOHAN van Oostenrijk »een bastaard-zoon was van Keizer KAREL V, verwekt bij eene Nederlandsche vrouw, zich nog te Brussel ophoudende; doch dat de gemeene faam

Onderhandelingen met Don
Johan van Oostenrijk.

ging dat zijne moeder op vele plaatsen verhaald heeft, dat zij dien zoon bij eenen van 's Keizers fouriers had gewonnen, en hem, *gelijc gemenclicken der hoeren aert is,* Zijne Majesteit tot eenen vervalschten vader zoude hebben gegeven."

In dit verhaal of rapport komen brieven voor van den Prins van Oranje, geschreven aan de Gedeputeerden, om zich voor Don JUAN te hoeden; alsmede afschriften der onderschepte brieven aan RODA, een priester, geschreven.

3. Afschriften van memoriën en brieven aan de Generale Staten, betreffende de fortificatiën van het land, 1578—1583.

Hieronder 2 brieven van MARNIX van St. Aldegonde.

4. Rapport van den Graaf van SWARTSENBURG en den Heer MARNIX van St. Aldegonde, wegens hunne onderhandelingen met Hertog JOHAN CASIMIER, om hem te bewegen met zijne troepen het land niet te verlaten.

Het rapport is onderteekend door DIRICK DE BRIE en JAN VAN WARCK, gedeputeerden ter Staten-Generaal. Antwerpen den 20en Oct. 1578.

5. Instructie voor JOHAN VAN NASSAU, Gouverneur van Gelderland, JACQUES TAFFIN, en NICOLAAS BRUYNINCK, om eenige zaken, van wege den Prins van Oranje, op de vergadering, die den 15en Nov. 1578 te Gorinchem zal gehouden worden, voor te dragen.

Propositiën, door JOHAN VAN NASSAU in die vergadering gedaan, om de finantiën enz., van den Staat op eenen beteren voet in te rigten. Gedaan te Gorinchem den 25en Nov. 1578.

Officieren in dienst.
1580.

Een stuk, getiteld: *Recueil exhibé* par Mons<sup>r</sup> le Prince d'Orange, *suivant la requisition* que Messieurs les *Etats-Généraux* lui ont fait, sur la repartition des gens de guerre, que chacune des Provinces aura à payer suivant les quotes.

Dato 4 Janv. 1580.

Het is eene merkwaardige opgave van de namen der meeste hoofdofficieren en kapiteinen, die toen te velde of in versterkte plaatsen lagen.

Geconfiskeerde goederen.
1580.

Instructie, in het fransch, voor de Commissarissen, door de Staten-Generaal gedeputeerd, om te handelen, wegens het confiskeeren der goederen van de Spaansch-gezinden, en van hen, die zich van de Unie hadden afgescheiden.

Dato 9 Janv. 1580.

Prins Willem I wil het land verlaten.
1580.

Een Rapport van Reinier Cant, gedeputeerde ter vergadering der Staten, waaruit blijkt, dat Prins Willem I hem uitdrukkelijk gezegd had, het land liever te zullen verlaten, indien Holland weigert de verhoogde quote van ƒ 106,000 ter maand te betalen of op te brengen, en dat het verderf dezer landen alsdan aan Holland te wijten zal zijn.

Dato 1 Julij 1580.

Antwerpsche leening.
1580.

Verzoek der Staten-Generaal, te Antwerpen vergaderd, om van de burgers en kooplieden aldaar eene som van ƒ 150,000 te leenen.

De kooplieden bevonden zich daardoor zeer bezwaard, zeggende, dat zij hunne in het vorige jaar voorgeschotene gelden, nog niet terug hadden ontvangen.

Antwerpsche leening.
1580.

De Staten dringen hierop aan, en beloven aan die kooplieden hun geld te zullen teruggeven, uit de opbrengst der convooijen en licenten.

Dato 6 Julij 1580.

Hierbij de kopij eens briefs van Prins WILLEM I, betreffende dat onderwerp, met verzoek om gelden, ten einde in Groningen en Vriesland met zijne troepen te kunnen handelen.

Dato 10 Julij 1580.

Lastbrief der Vier Leden
's lands van Brugge.
1580.

Kopij van den lastbrief der *Vier Leden 's lands van Brugge* en de Graafschappen van Vlaanderen, waarbij zij, op verzoek van Prins WILLEM I, eenige leden naar de vergadering der Staten-Generaal, die te Antwerpen zal gehouden worden, zenden, ten einde alle middelen aan te wenden, ter verkrijging van eenen beteren staat van zaken.

Gend den 26en Sept. 1580.

Onder de gedeputeerden komen voor:

Jhr. JACQUES CABELIAU, Schepen van Gend.
LOURENS DE VLEESHOUWERS, Over-Deken.
Jhr. PH. DE GRUYTER, Heer van Axpoel.
Jhr. CHARLES VUYTENHOVE, Heer van Hoogenaer.
LIEVEN HELLINCK.
Mr. JACQUES DE SOMERE, Pensionaris van Gend.
Mr. NICOLAAS CASEMBROOT, Pensionaris.

De Hertog van Anjou.
1580.

Kopij van eenen franschen brief aan Prins WILLEM I, uit Kortrijk den 19en Dec. 1580 geschreven, en onderteekend: *Votre bon Cousin* FRANCHOYS. Hij zegt aan den Prins te hebben geschreven door den Heer ANTONIE VAN SILLI, Graaf DE LA ROCHEPOT. Hij doet dit nu door kapitein LA TOUR, en schrijft, dat de Koning,

De Hertog van Anjou.

zijn broeder, zekere vredes-artikelen had goedgekeurd; maar dat zijn neef, de Maarschalk DE COSSÉ, besloten had een legerkorps bij Kamerijk te vereenigen.

Instelling van den
Landsraad.
1581.

Door de Staten-Generaal wordt een Landsraad ingesteld, bestaande uit 30 personen; ten einde goede correspondentiën te houden, en de oorlogszaken beter te besturen.

Bij deze opgave echter telt men 32, in plaats van 30 leden.

Deze Raad werd bij provisie voor een half jaar ingesteld, en zonder praejudicie over de verdere onderhandelingen met den Hertog VAN ANJOU.

Delft den 18en Januarij 1581.

Verder zouden hierbij behooren eenige stukken betreffende het bestuur dezer landen; zoo als, *zaken van justitie, finantiën, vergadering der Staten* enz.

Er is nog een concept aanwezig, voor de instelling van den Landsraad, van den 17en en 18en Mei 1575.

Aartshertog Matthias.
1581.

Kopij van eenen brief, uit naam van den Aartshertog MATTHIAS, aan de Staten-Generaal geschreven, om de rest van zijn tractement te mogen hebben, alsmede de voldoening van *f* 50,000, hem levenslang toegestaan.

De brief is onderteekend door ELBERTUS LEONINUS, ANTOINE DE LALAING en JAN VAN ASSELIERS.

De Resolutie der Staten, om hem eene lijfrente van *f* 50,000 te geven, is van 30 Julij 1581.

Vergadering der Staten-
Generaal.
1582.

Een belangrijk stuk over de vergaderingen der Staten-Generaal, te Antwerpen gehouden, van 29 Januarij tot 2 Mei 1582, waarin vele gewigtige voorstellen zijn gedaan, die op de eerstvolgende vergadering behandeld zullen worden.

Afschrift van den brief, door MARNIX van St. Aldegonde den 11<sup>en</sup> Febr. 1583 aan de Staten van Holland
geschreven, betreffende zijn pensioen van ƒ1200 's jaars,
dat hem werd ingehouden. In dezen belangrijken brief
geeft hij een omstandig verhaal van zijne aan den
lande bewezene diensten.

Hierbij is de kopij van den brief des Prinsen van
Oranje, aan de Staten van Holland geschreven,
ter aanbeveling van het verzoek van MARNIX.

Antwerpen den 17<sup>en</sup> Febr. 1583.

Een fransch opstel, genaamd: »Déclaration des causes
quy ont mené mons<sup>r</sup>. le Cardinal DE BOURBON et
les pairs, princes, prelatz, seigneurs, villes et
communaultez Catholiques de ce Royaume de Fran-
ce, de s'armer contre ceux qui veullent pervertir
la religion et l'estat."

Peronne 30 Mars 1585.

(get.) CHARLES, Cardinal DE BOURBON.

1. De Staten-Generaal der Vereenigde Nederlanden
wenschen ELISABETH, Koningin van Engeland, te ontvangen als beschermster van het Christelijk geloof enz.,
onder redelijke conditiën, die daarop volgen.

's Gravenhage den 4<sup>en</sup> Junij 1585.

2. Artikelen voor de Gedeputeerden der Vereenigde
Nederlanden, gaande naar ELISABETH, Koningin van
Engeland, betreffende de bescherming dezer Provinciën.

's Gravenhage den 6<sup>en</sup> Junij 1585

3. Instructie voor de Gedeputeerden, reizende naar Engeland, bij de Koningin.

Men vroeg eerst 10000 man infanterie, en 2000 man kavalerie; doch het werd verminderd tot 5000 man infanterie, en 1000 man kavalerie.

's Gravenhage 6en Junij 1585.

4. »Articles du traité et accord provisionel, fait et conclu entre Messieurs les députés de Sa Majesté la reine d'Angleterre et ceux des Etats Généraux des Provinces Unies des Pays-Bas, pour le secours de la ville d'Anvers."

Nonezuch (?) le 2 Août 1585 (Engelsche stijl).

5. Kopij van het Tractaat, gesloten tusschen de Gedeputeerden der Vereenigde Nederlanden en de Kroon van Engeland, om de Nederlanden met geld en troepen bij te staan, tegen den Koning van Spanje.

Gesloten te Nonezuch (?) den 10en Aug. 1585.

6. Instructie door de regering van Leyden gemaakt, waarnaar PIETER ADRIAANSZ. VAN DER WERFF, Burgemeester, en JAN VAN HOUT, Secretaris van Leyden, zich zullen hebben te gedragen, gaande naar den Graaf VAN LEYCESTER, Gouverneur-Generaal der Vereenigde Nederlanden.

Dato Leyden 30 Mei 1586.

7. Oorspronkelijke Commissie, in het fransch, op perkament, door de Staten-Generaal aan de Gedeputeerden gegeven, ten einde aan ELISABETH, Koningin

Hulp van Elisabeth,
Koningin van Engeland.

van Engeland, de Souvereiniteit der Nederlanden op
te dragen.

Onder de Gedeputeerden worden vermeld: JOHAN,
Heer van Schagen, WILLEM VAN ZUYLEN VAN NYVELT,
JOOST DE MENIN, NICASIUS DE SILLA, J. VALCKE en
V. VAN CAMMINGA.

Gegeven te 's Gravenhage den 12en Januarij 1587.

Het zegel der Staten is verloren gegaan.

Staten-Generaal.
1583—1586.

1. Een register in folio, genaamd: *Tractaat en handelingen der Staten-Generaal*, van 10 Januarij 1579 tot
aan de komst van den Graaf VAN LEYCESTER.

2. Een register, » daerinne gehouden werden alle
stucken van de Heeren Staten-Generael overgesonden,
beroerende de regering van het Gemeene Land, daerop in den Breeden Raed alhier, resolutiën werd genomen; om welcke stucken te vinden, wert telkens op
den cant van het Vroedschapsbouc anwijzing gedaen
tot de bladeren van dien, door mij JAN VAN HOUT"; van
17 Sept. 1583—13 April 1584.

Hofhouding van Leycester.
1586.

Twee registers, getiteld:

1. *Rolle van de hofgezinne van zijnder Excellentie
VAN LEYCESTER.*

De titels en functiën van het personeel VAN LEYCESTER
zijn in het hollandsch en engelsch gesteld.

2. *Foerneringen van huysen van de suite van Zijne
Excellentie, de Grave VAN LEYCESTER, gedaen binnen dezer
stadt Leyden, volgens Resolutie der Heeren Staten*, van
den 26en Dec. 1586.

**François Draeck,**
**Admiraal.**
**1586.**

Concept eener Vroedschaps-resolutie van Leyden, waarin verklaard wordt, dat de stad niet in staat is, eenige gelden op te brengen tot uitrusting eener vloot van 25 oorlogschepen naar Oost-Indië, onder Admiraal DRAECK, volgens Resolutie der Staten van Holland van den 27en Dec. 1586, ten einde de Spanjaarden aldaar te beoorlogen.

> In dit stuk wordt o. a. gezegd, dat Leyden gedurig met zulke lasten gekweld wordt; dat zij eene binnenlandsche stad is, niet aan de zee gelegen, en reeds met groote schulden belast is, niet wetende hoe verder zelve huis te houden.

**Oost-Indische reis.**
**1595.**

Journaal eener reis naar Oost-Indië met drie oorlogschepen, genaamd: *Pinas, Hollandia* en *Amsterdam*.

. Zij zijn den 2en April 1595 uit Texel uitgezeild.

> Men vindt hierin het gevangen nemen van CORNELIS HOUTMAN, en den moord aan GILLIS VALCKENIER gepleegd, vermeld.

> Een dergelijk journaal is ook op de Bibliotheek der Leydsche Hoogeschool aanwezig, en is gedrukt in het werk, genaamd: *Oost- en West-Indische Voyagiën.*

**O en W. Indische**
**Compagnie.**
**1604—1765.**

1. Een register, met losse stukken, over de O. I. Compagnie, en eenige Engelsche tractaten van koophandel, van 1604—1741.

> Dit is een belangrijk register wegens den handel in peper en andere artikelen, met opgave der uitgezeilde schepen.

2. Benoemingen van Bewindhebbers der West-Indische Compagnie van wege Leyden, ressorteerende onder de kamer van Amsterdam, van 1622—1741.

O. en W. Indische
Compagnie.

De eerste Bewindhebber voor Leyden was de Hoogleeraar A. E. VORSTIUS, 1622.

3. Vier kwitantieboeken van eenige Oost-Indische
actiën, ter kamer van Middelburg, op naam der stad
Leyden, en ten lijve van verscheidene personen. Van
1670—1765.

Manufacturen te
Middelburg.
1595.

Besluit der regering van Middelburg, om binnen die
stad *drie heerlijke Manufacturen van saaijen en grof-
greinen op te rigten*, zoo als die te Hondschoten.

Aan de Vlamingers, die zich te Middelburg wilden
vestigen, zouden eenige voorregten gegeven worden, o. a. *het poorterschap, vrijdom van accijnsen
en vrijstelling van de wacht.*

Aan ieder zou *f* 100 of *f* 50, voor het eerste jaar,
en *f* 25 voor het tweede en derde jaar, gegeven
worden.

Middelburg den 14<sup>en</sup> Januarij 1595.

Het besluit is door JAN VAN HOUT, Secretaris van
Leyden, geauthentiseerd.

De 40<sup>e</sup> penning.
1599.

Een register, grootendeels door JAN VAN HOUT, Secretaris
van Leyden, geschreven, aangaande de heffing van den
40<sup>en</sup> penning van alle verkocht wordende roerende goederen, volgens placaat der Staten van Holland, ter voort-
zetting van den oorlog met Spanje.

Volgens dat placaat waren de Secretarissen der steden en dorpen belast om daarvan naauwkeurige
registers te houden; doch bij het waardeeren of
verkoopen dier roerende goederen, waaronder ook
lijf- en losrenten behoorden, stuitte men op vele
zwarigheden.

De 40e penning.

Ten einde nu alles op eenen gelijken voet berekend zoude worden, gelastten de Staten van Holland, op den 18en Januarij 1599, dat JAN VAN HOUT, Mr. SYMON FRANSZ. VAN DER MERWEN en Mr. LUDOLF VAN CEULEN de reductie tegen den penning 16 op eenen generalen voet zouden brengen, opdat die alom mogt worden ingevoerd, tot het ontvangen van den nieuwen impost van den 40en penning, volgens placaat van den 22en Dec. 1598.

Tot dat einde verzocht JAN VAN HOUT nog de hulp van Mr. MATHYS WINTENS, fransch schoolmeester, en JAN PIETERSZ. DOU, gezworen wijnroeijer.

Hierop verscheen een werk, dat op de drukkerij van het Stadhuis is gedrukt, onder den titel van:

*Corte onderrichtinghe, dienende tot het maecken van de reductie van de jaer-custingen tot gereede penninghen, om dienvolgens te eysschen den veertichsten penning op alle vercochte of vervreemde onroerende goederen, volgens placaet der Heeren Staten, van den 22en Dec. 1598. Gedrukt op het Raedhuys der Stadt Leyden in den jare 1599.*

In dat register heeft JAN VAN HOUT verscheidene rekenkundige voorstellen, op deze zaak betrekkelijk, opgelost. Ook de berekening van het zilver, dat bij de *once* verkocht wordt; waaruit wij zien dat hij toen reeds een duidelijk begrip had van het *tientallig stelsel*, en daarom verlangde, dat het *trooisch gewigt* in 10 gelijke deelen verdeeld zoude worden, uithoofde van het gemak in de berekening.

In dat register heeft JAN VAN HOUT ook eene merkwaardige berekening der lijfrenten, ten gevolge van een voorstel van Mr. ROMBOUT HOGERBEETS, ge-

2*

De 40<sup>e</sup> penning.

schreven, waarin hij zegt, al de *thesauriers-rekeningen* van Leyden te hebben nagezien, om den sterftijd, na verloop van eenige jaren, te bepalen, en komt tot het besluit dat HOGERBEETS hem *spaansche rijgen* verkoopt.

Spaansche krijgsgevangenen.<br>1601.

1. Afrekening met eenige spaansche soldaten, die, na den slag van Nieuwpoort in 1600, als krijgsgevangenen naar Leyden zijn vervoerd geworden.

2. Brieven, in het spaansch en italiaansch, over de bovengenoemde soldaten, geschreven.

Intogt van Vorstelijke persunen te Leyden.<br>1613—1618.

Een paket met stukken over de komst van Vorstelijke personen te Leyden; ofschoon niet volledig, vindt men daarin o. a.:

1. De komst van den Keurvorst van den Paltz en zijne gemalin, de Prinses van Groot-Brittanje, met een groot gevolg naar Duitschland reizende, op den 19<sup>en</sup> Mei 1613.

   Daaronder treft men aan Mr. DATHENUS, Secretaris, en SIMON STEVIN.

2. De komst van Prins MAURITS en FREDERIK HENDRIK, 1618.

3. Die van den Prins van Oranje (Stadhouder), reizende van 's Gravenhage naar Amsterdam, 13 Junij 1660.

In de registers der *vrolijke maaltijden*, die met 1515 beginnen, treft men veel over dat onderwerp aan.

Weeshuis te Sluis.<br>1604.

Rekwest van FRANÇOIS CLOET en JOB DU RIEU, predikant te Sluis, in Staats-Vlaanderen, om binnen Leyden eene

Weeshuis te Sluis.

collecte te mogen houden, volgens Resolutie der Staten van Holland, tot oprigting van een Weeshuis aldaar.

Volgens eene daarbij liggende opgave, heeft die collecte te Leyden opgebragt 2083 gl., 5 st., 10 p.

Mr. R. Hogerbeets.<br>1617—1625.

1. Kopij van een geschrift van wijlen Mr. ROMBOUT HOGERBEETS, tot gedachtenis voor zijne kinderen opgesteld. Uit Loevestein den 25en Oct. 1619.

Het begint met zijne aanstelling als pensionaris van Leyden in 1617, en eindigt met zijne komst op Loevestein.

Dit handschrift is bij BRANDT, *Hist. der Reformatie*, gedrukt; WAGENAAR, *Vaderl. Hist.*, haalt het dikwijls aan.

2. Kopij van een rekwest van de kinderen van HOGERBEETS aan de regering van Leyden, tot bekoming van het achterstallig tractement huns vaders, die in 1625 op het huis *Ter Weer* overleden was.

Hierbij eene memorie, dat HOGERBEETS niet zonder last gehandeld heeft, van 28 Mei 1618; alsmede eene correspondentie der Vroedschap over de Waardgelders en het opstellen der Kerkorde door POLIANDER en COLONIUS in 1618, waarnaar HOGERBEETS gelast was te handelen en te spreken.

Zie hierover *Inventaris van het Archief van Leyden*, I D. fol. 146.

Protestanten in Nieuw-<br>Hanau, en<br>Catharina Belgia.<br>1620.

1. Een hollandsche brief van H. PELSER, Secretaris van Nieuw-Hanau, aan de Burgemeesters van Leyden, waarin hij een treurig tafereel van den Paltz en van Hanau ophangt. Hij zendt HANS FOQUIER, Burgemeester, en PHILIPS BENOIT, lid des Raads, naar Leyden.

om gelden voor de ongelukkige Protestanten in Duitschland in te zamelen. Dato 1 Dec. 1620.

2. Een fransche brief van CATHARINA BELGIA (dochter van Prins WILLEM I), Gravin van Hanau, aan de Burgemeesters van Leyden, waarin zij haren dank betuigt
voor het goed onthaal, onlangs in die stad ondervon-
den. Zij, de mildheid der Hollanders en hun mede-
lijden in het lot der armen kennende, doet thans een
beroep, in het belang der godsdienstoefening te Hanau,
om eenige gelden daarvoor te mogen collecteren.

Nieuw-Hanau den 30en Nov. 1620.

Heimelijke opvoeding van
Tancredo de Rohan te
Leyden, in 1645.

Notariële acte, in het fransch, door de Prinses MAR-
GARETHA DE BETHUNE, weduwe van HENRI DE ROHAN,
Pair van Frankrijk, te Parijs verleden voor CLAUDE
CHAPERON en LEGER GUENICHOT, van 8 Julij 1645, waar-
bij zij JOHAN RONDEAU, genaamd ROBIN, als gemagtigde
aanstelt, om haren weggevoerden zoon, TANCREDO DE
ROHAN, in de Nederlanden op te zoeken.

Hierbij is een belangrijk verzoek van bovengenoemden ROBIN aan de regering van Leyden, om dien
zoon TANCREDO, heimelijk ten huize van WELTER
POTHEUCQ te Leyden opgevoed, terug te mogen halen.

Dato 3 Aug. 1645.

Die zoon was er besteed door een' fransch edelman,
genaamd DE SAUFESTAT, Kapitein in dienst dezer landen, en te Geertruidenberg in garnizoen liggende.

Uit die stukken blijkt tevens, dat zeker Franschman,
GEORGE LA COSSE, pogingen aanwendde om TAN-
CREDO heimelijk weg te voeren.

23

**Maliebaan te 's Hage en Utrecht. 1637.**

1. Reglement voor de Maliebaan te 's Hage, zonder datum; die daarin wilde spelen, moest 3 schellingen betalen.

2. Een dito, van Utrecht, van 16 Oct. 1637.

**Vervalsching der boter. 1652.**

Een belangrijk vertoog over de noodzakelijkheid om de geverwde boter uit gansch Holland te weren, omdat die met *Orleaan* geverwd wordt; met aanwijzing der middelen om dat misbruik tegen te gaan.

Dato 20 Oct. 1652.

**Brieven uit Brazilië. 1638—1648.**

1. Brief van Jacob Abrahamsz., aan Graaf Maurits van Nassau, Gouverneur van Brazilië, waarin hij zegt, den last volbragt te hebben, om de maan-eclips te observeren, en zendt hem 200 stukken violet-hout met het schip Scheveling.

Dato 15 April 1642.

2. Brief over eene maan-eclips, die op Maandag den 14en April 1642 in Zuid-Amerika is waargenomen.

Oliande den 29en April 1642.

3. Twee brieven van George Marcgrafe de Liebstad, uit St. Salvador en het *nieuw kasteel Maurits* geschreven, van 15 Mei 1638 en 18 Mei 1639, over eenige astronomische waarnemingen.

4. Een brief, met latijnschen en portugeeschen tekst, van G. de Marcgrafe, uit *Mauricius*, den 6en Febr. 1640 aan Jan de Laet te Leyden geschreven, waarin over Graaf Maurits van Nassau en G. Piso gesproken wordt. Ook een brief aan den Hoogleeraar Golius, van 4 Oct. 1638.

Cardinaal de Richelieu.
1636.

Een zonderling MSS., groot 8 bl. in 8°, geschreven met franschen en duitschen tekst, getiteld: L'ambassadeur chimérique, ou le chercheur de duppes du Cardinal DE RICHELIEU, augmenté par l'auteur JEAN SIRMOND, 1636.

Op het eerste blad leest men: »L'ambassadeur ne parlera dans tout son voyage ny en bien, ny en mal du Roy, parceque, sa majesté, qui ne scait rien de cette ambassade, le pourrait désavouer. Il s'accommodera à la créance de tous les princes, républiques et peuples, et fera semblant d'estre de la relegion ou secte de tous ceux avec lesquels il traitera."

Invasie der Franschen in
1672.

1. Twee registers met besluiten, brieven, placaten enz., betreffende de verdediging van Holland in het algemeen en Leyden in het bijzonder, ten tijde der fransche invasie, 1672—1674.

2. Brief van HENDRIK VERDUYN, Advocaat te Amsterdam, aan de regering van Leyden, waarin hij zegt, dat HUGO RUYSCH, Hoogleeraar in de wiskunde, en BERNARD DE ROY, Ingenieur te Utrecht, in 1674 schriftelijk hadden aangetoond, dat Utrecht zich tegen den vijand door innundatiën kan verdedigen, zonder dat Holland hierdoor schade zal lijden.

Dato 6 Maart 1701.

Credentiaal der Stad
Groningen.
1677.

Een stuk, waarin de regering van Groningen zich over het verkorten harer privilegiën beklaagt, zeggende o. a. dat de *Ommelanden* haar zeer bemoeilijken door de procedure in de zaak van Jhr. OSEBRAND JAN RENGERS VAN SLOCHTEREN; dat daardoor geene landdagen zijn

Credentiaal der Stad
Groningen.
1677.

gehouden, de finantiën in de war komen, en de benoeming van gemelden VAN SLOCHTEREN, in commissie ten landdage, strijdig is met de privilegiën.

Zij verzocht aan Leyden, als een voornaam lid der Staten, hare belangen voor te staan, vooral dat de *bestelling der Provinciale regering* van *Stad en Lande* spoedig vastgesteld en de stad in hare oude privilegie gehandhaafd worde.

Dato Groningen den 15<sup>en</sup> Mei 1677.

Vrede van Nymegen.
1678.

Eene belangrijke missive van Mr. PIETER BURGERSDYK, afgevaardigde ter vergadering van H. H. Mog., aan de Burgemeesters van Leyden, over het verbond tusschen onze Republiek en Engeland gesloten, waarin hij o. a. meldt, dat COLBERT tegen onzen gezant VAN BEVERNINGH in scherpe bewoordingen was *uitgebarsten*, wegens het gesloten tractaat met Engeland.

Dato 's Hage den 6<sup>en</sup> Aug. 1678.

Johannes Rothe, schrijver
van blaauwboekjes.
1676—1679.

Twee brieven van JOHANNES ROTHE, schrijver van blaauwboekjes tegen Prins WILLEM III; de een aan de Burgemeesters van Leyden, de andere aan het Hof van Holland, waarin hij zegt, dat hij uit het land is gebannen, doch spoedig weder zal komen, met zich medebrengende het oordeel Gods, die hier alles met vuur, pest en hongersnood zal verteren.

Dato Embden den 16<sup>en</sup> Sept. 1679.

De Staten van Holland hadden *f* 3000 uitgeloofd om hem te vangen, en *f* 2000 voor hem, die den boekdrukker wist aan te wijzen, bij wien die boekjes gedrukt werden.

Hij is tot 1691 te Amsterdam in het tuchthuis opgesloten geweest. (Zie WAGENAAR, *Vaderl. Hist.*, XIV<sup>e</sup> D. fol. 419.)

Memorie van Beverningh,
Fagel en Halewyn
1676.

Afschrift eener belangrijke memorie van de Heeren
H. Beverningh, Gasp. Fagel en C. Halewyn, aan Prins
Willem III overgegeven, betreffende de privilegiën der
Steden, vooral van Leyden, in het verkiezen der Ste-
delijke regeringsleden en de magt die daaruit voortspruit.

Dato 20 Januarij 1676.

Hertog van Marlborough.
1705.

Een brief, gedrukt te 's Gravenhage bij Etienne Foul-
que in de Pooten, van den Hertog van Marlborough,
waarin hij aan de Staten van Holland kennis geeft,
verhinderd te zijn geworden om den vijand slag te
leveren bij Over- en Neer-Ische, en met te weinig
magt bekleed te zijn in het belang van het land.

Geschreven in het kamp van *Basse-Wavre* den 19en
Aug. 1705.

Bibliotheek van Ds. D.
Flud van Giffen.
1702.

1. Correspondentie betreffende de bibliotheek van
wijlen Ds. David Flud van Giffen, Predikant te Dordrecht, die te Leyden onder sequester lag ten huize
van den Hoogleeraar S. van Til.

2. Resolutie der Staten van Holland, van 22 Dec.
1702, om de charters en brieven enz. dier bibliotheek
door de regering van Leyden te doen nazien, of daaronder eenigen waren dienstig voor het land.

3. Titels der boeken, waarin die Charters geschreven zijn.

4. Memorie, gemaakt over de 9 deelen in 4°, van
het MSS. van wijlen Mr. Amelis van Roosendael, in
1594 van wege Gouda ter Staten-Vergadering gedeputeerd.

Bibliotheek van Ds. D. Flud van Giffen. 1702.

5. Brief van den Pruissischen Ambassadeur te 's Hage, waarin hij schrijft, dat de Koning van Pruissen die bibliotheek voor 1000 ducaten had gekocht.

Dato 15 Januarij 1703.

6. Gedrukte Catalogus dier bibliotheek, 1703.

Govert Goes, Gezant in Denemarken. 1710.

Eenige brieven van Robert Goes, onzen agent in Denemarken, wegens zijne handelingen aan het Deensche Hof, tijdens den oorlog tusschen Zweden en Denemarken. Dato Koppenhagen, den 11en—25en April 1710. Hierbij is een opstel van dien agent getiteld: *Réflections sur la situation des affaires entre le Dannemercq et la Suède*, waarin hij den oorlog met Zweden als zeer nadeelig voor Denemarken beschouwt.

Weeshuis te Delft. 1712.

Verscheidene stukken van Maurits François van Nassau, die zijn huis te 's Gravenhage aan het Gereformeerd Weeshuis te Delft, doch tevens aan zijne dienstmeid of eene uitkeering in geld, had vermaakt. Hierover is een proces ontstaan, waarvan de uitslag niet vermeld wordt. Onder die stukken vindt men een rekwest van Jhr. Hendrik van Nassau aan Prins Frederik Hendrik en diens antwoord van den 19en Mei 1629, verzoekende teruggave der orgineele hypotheeksacte der Heerlijkheid Roosendaal, waarbij Prins Willem I die Heerlijkheid tot onderpand gegeven heeft voor ƒ 95,000 aan Hendrik Hendriksz. van Nassau, grootvader van den rekwestrant.

Hierbij is ook het testament van Maurits François van Nassau.

Eed bij procuratie, door J. van der Meer. 1712.

Brief van J. van der Meer, envoyé te Milaan, aan de Burgemeesters van Leyden, waarin hij verzoekt, om

Eed bij procuratie, door
J. van der Meer.
1712.

zijnen eed, als gekozen lid der Vroedschap, bij procuratie te laten doen.

Hij had reeds te vergeefs aan H. H. Mog. verlof gevraagd om in zijn vaderland terug te komen, redenen waarom hij tot genoemd verzoek is overgegaan.

Dato Milaan 2 April 1712.

Rapport van Leyden en Dordrecht, over twee gevangene personen, genaamd AART VAN WAYENODE en CA-
REL GOOSSAART.

Zij waren bedienden; de eerste van den Heer DE
WITT, Gedeputeerde van Dordrecht, en de tweede
van den Heer CRUCIUS, Gedeputeerde van Leyden.
Zij hadden van hunne meesters *de secrete papieren
van den Staat ontroofd, en met eenige vreemdelingen
accoord gemaakt, om tegen contant geld bij de
maand* die papieren af te leveren.

Dato 8 Febr. en 6 Mei 1729.

Eene belangrijke briefwisseling tusschen FRANS VON
STERNECK, Heer van Spolheim (wonende te Offenburg),
en de Burgemeesters van Leyden, over de jaren 1751
en 1752, betreffende FRANS PAUL BECK, geboren te
Straatsburg, die door zijne regering, en later door
onze Republiek gevonnisd is geweest; uit de galeijen
heeft weten te ontsnappen, en zich waarschijnlijk in
1752 te Leyden bevond. Hij had een schandelijk geschrift in de Hoogduitsche taal tegen onze Republiek
en de Hollanders opgesteld, waarin de Leydsche Hoogleeraar SCHWARTZ de behulpzame hand gehad heeft, met
oogmerk dat geschrift in druk uit te geven.

Dit handschrift was toevallig in handen van den
Heer van Spolheim gekomen, die, uit liefde voor

ons Vaderland, den druk heeft weten te beletten, en het nu aan de regering van Leyden gaf.

Uit een toen ter tijd ingesteld onderzoek bleek, dat hij wel te Leyden geweest was, maar nu te Amsterdam bij zekeren Labadist woonde.

Een gedrukt stuk, genaamd: *Deductie der redenen op welke de Provincie van Friesland fundeert haar verzoek en praetentie, om in hare quote in de Generaliteits lasten verligt te worden.*

Uit de daarbij behoorende stukken blijkt, dat deze *Deductie* in 1770 is opgesteld.

1. Overeenkomst met de Bewindhebbers der O. I. Compagnie en de regering van Leyden, waarbij bepaald wordt, dat binnen Leyden jaarlijks voor ƒ 70,000 aan lakens ten behoeve der Compagnie zal verwerkt worden; doch dat de Compagnie zich niet meer dan voor ƒ 100,000 verbindt.

Dato 26 April 1772.

2. Aanteekening uit eenen brief van de Hooge regering te Batavia, aan de regering der XVII te Amsterdam, over den toestand en de opbrengsten dier Kolonie.

Dato 24 Oct. 1778.

3. Een paket met brieven en andere documenten, betreffende den Levantschen handel; hieronder brieven van de Consuls WARNERUS en COLYER, van 1668—1678.

In de stukken van de Gecommitteerde Raden komt veel over den Levantschen handel voor, ook van lateren tijd.

Een stuk, genaamd: *Kort begrip van de Kerkelijke ordre der Joodsche gemeente binnen Leyden*, bestaande uit 10 artikelen (z. d.).

Hierbij is de eed dien de Joden moesten afleggen, wegens aangifte van roerende en onroerende goederen, alsmede eene verklaring van een paar Joden uit 's Hage en Nymegen, dat alle jaren twee diakenen gekozen worden, dato 5 Maart 1720.

Een extract uit de Vroedschaps-resolutie van 9 Julij 1737, waarbij bepaald werd, dat door het vertrek van Berend Salomons Cohen, de 28 huisgezinnen, door hem opgegeven, in de stad mogen blijven; dat *geene nieuwe joden in de stad mogen komen, en voor het toekomende van het poorterschap uitgesloten zullen zijn*; dat in plaats van genoemden Cohen tot opziener benoemd wordt Moses Prins, enz.

Verder twee naamlijsten van Joden binnen Leyden wonende, van den jare 1745 en 1764.

1. Punten, welke bij de aanstaande inspectie der rivierwerken, van 1771—1784 gemaakt, in aanmerking zullen komen.

2. Kort berigt van den tegenwoordigen staat der deliberatiën tusschen de belanghebbende Provinciën, omtrent 's lands rivieren, naar een MSS. van S. Bruining, Inspecteur van 's lands rivieren.

Eene gedrukte memorie in het hollandsch en fransch van den Ridder York, Ambassadeur van Engeland, den 21en Februarij 1777 aan de Staten-Generaal overgegeven, inhoudende klagten over het gedrag van den heer de Graaf, Gouverneur van het eiland St. Eustacius.

31

**Klagten over den Gouverneur van St. Eustacius 1777.**

Antwoord daarop, door de Staten aan Lord SUFFOLK gedaan, van 28 Maart 1777.

Missive van Lord SUFFOLK, te kennen gevende dat zijne regering voldaan is over het gegeven antwoord. Dato 10 April 1777.

**Staten van Oorlog. 1703—1745.**

Eene volledige reeks van de geschrevene *Staten van Oorlog*, van 1703—1745.

**Servies- en logiesgelden. 1650—1786.**

Lijst waarnaar het servies- en logiesgeld voor de *Militie* betaald wordt, van 1650—1786. De maand werd gesteld 32 dagen te hebben.

**Dienstneming in 1794.**

Eene publicatie, getiteld: *Voor Godsdienst, Vrijheid en Vaderland*, waarbij alle burgers en landzaten opgeroepen worden om dienst te nemen ter bescherming van het vaderland, volgens resolutie van Zijne Hoogheid. Dato 4 Aug. 1794. Het handgeld was bepaald op *f* 20, en de soldij op $3\frac{1}{4}$ gl. in de week. De uniform is hierbij tevens opgegeven.

Er zijn verscheidene documenten over de inkwartiering van fransche troepen in dienst der Bataafsche Republiek, op het archief aanwezig; o. a. van het 5° regiment fransche huzaren, dat te Leyden in 1796 in garnizoen lag. Ook de rekeningen betreffende het inhalen der fransche troepen; alsmede eene lijst, *des prisonniers des troupes de la République française pendant le moi de Ventose* 1795.

**Terugkomst der uitgewekene Hollanders in 1796.**

Eene verzameling van stukken betreffende de burgers die in 1787 het vaderland hadden verlaten, en zich te St. Omer en elders hadden gevestigd.

terugkomst der uitgewe-
kenene Hollanders in
1796.

Den 31<sup>en</sup> Mei 1796 nam de Nationale Vergadering, representeerende het volk van Nederland, een besluit om die uitgewekenen, toen *Batavieren* genoemd, gelegenheid te geven weder in het vaderland terug te keeren, met opwekking aan de natie om die *braven* met gelden te ondersteunen.

Ten gevolge daarvan ontstond te Leyden eene commissie, bestaande uit den Heer VAN DE KELDER, als president, en de Heeren KOPS en NOORDZIEK, als leden.

Het notulenboek dier commissie begint met 31 Junij 1797 en eindigt den 30<sup>en</sup> Julij 1799; verder treft men daarin verscheidene rekwesten dier uitgewekenen, en eene lijst der personen die geregtigd waren om hulp en bijstand te genieten, met overlegging van hunne doopacte enz.

Onder die teruggekeerde Batavieren, wat Leyden aangaat, treft men slechts één protestant aan; de overigen behoorden tot de Roomsche godsdienst.

# HOOFDSTUK II.

BELEG EN ONTZET VAN LEYDEN 1573—1574.

Beleg van Leyden.

Alvorens de verschillende bescheiden mede te deelen, die op het Archief over dat merkwaardig beleg aanwezig zijn, zal het niet ondienstig zijn eenige gebeurtenissen vroeger op te halen of in herinnering te brengen, zoo als:

a. *Beeldstorm* te Leyden. In de Vroedschapsboeken der stad vindt men op den 26en en 28en Augustus 1566 een omstandig verhaal van den beeldstorm, zoowel der kerken en kloosters binnen de stad gelegen, als van die daar buiten. Ook een besluit van den 2en Junij 1568, om zich te verzetten tegen de Commissarissen van den Hertog van Alva, die de schuldigen door anderen, dan door de Schepenen van Leyden wilden doen vonnissen.

Behalve het verhaal van den beeldstorm en de gevolgen daarvan, zoo als die in de Vroedschapsresolutiën vermeld staan, is er nog eene kopij aanwezig van een *verhaal van den beeldstorm te*

3

*Leyden, door een' priester van de St. Pancras- of Hooglandsche kerk, die er oog- en oorgetuige van geweest is.* Zie MOLL, *Kerk. Archief.* 1863.

Men vindt tevens in die Vroedschaps-resolutiën het verzoek der protestanten, om binnen Leyden eene collecte te mogen houden, ten einde in staat gesteld te worden den Koning van Spanje 3 millioen guldens aan te bieden ter verkrijging van vrije uitoefening van Godsdienst. Het doen der collecte is echter door de Leydsche regering van de hand gewezen.

*b.* Klagt van ARENT DIRICKSZ., Commandeur en Pastoor der St. Pieterskerk, aan de regering van Leyden, dat de burgers het *heilig eerwaardig Sacrament met toortsen* weigeren te dragen. Dit oorspronkelijke stuk van 10 Junij 1569, is nog aanwezig. Zie den *Navorscher* XII bl. 331.

*c.* Het bouwen eener gereformeerde kerk in 1567, buiten de *Witte poort*, ter plaatse waar het Leprozenhuis had gestaan, en wel ten gevolge van het bekende *Compromis*, waarbij de Hertogin VAN PARMA de vrije uitoefening van Godsdienst toestond. Na eenige weken gestaan te hebben, veranderden de zaken, en kreeg Mr. ANTONIS CORNELISZ., stads-timmerman, op den 7en Mei 1567 den last die kerk af te breken.

Eerst in 1575 heeft genoemde Mr. ANTONIS eene naauwkeurige rekening wegens de afbraak dier kerk bij de regering van Leyden ingeleverd, welke rekening, met nog andere stukken over deze zaak, aanwezig is.

*d.* Het overslaan der regering ten gunste van den Prins van Oranje, op den 24en Junij 1572, toen

Mr. Jan Eylof van Groeningen, op last van Adriaan van Zwieten (Gouverneur van Gouda), hier ter stede een vendel voetknechten had opgerigt.

Bij deze gelegenheid diende Jan van Hout hem als klerk.

Een omstandig verhaal van de verdiensten van genoemden Mr. Jan Eylof, gedurende dien tijd, is door Jan van Hout geschreven; doch een naauwkeuriger berigt over hem vindt men in het *Getuignisboek* van 1 Julij 1588. Zie den *Navorscher* XIII. bl. 328.

e. »Inventaris in 4°., groot 12 fol., van de goederen die door de vreemde soldaten, binnen Leyden in garnizoen gelegen hebbende, geroofd, en weder bij de Burgemeesters en hunne helpers op het Stadhuis in bewaarnisse gebragt zijn." Deze goederen zijn aan de eigenaars teruggegeven.

De inventaris begint met den 13en Aug. 1572 en eindigt den 22en Dec. 1572, op welken dag, ten huize van Jonkhr. C. van Goudriaan, Heer van Assendelft, uit de gestolene goederen van den Bisschop Nicolaas de Terra Nova, een bed met toebehooren, ten behoeve van den Graaf van der Marck, is gebragt.

f. Rekening wegens het verblijf van den Graaf van der Marck en anderen, te Leyden, 1572—1573.

Deze rekening komt gedeeltelijk overeen met die, welke onder n°. 9, hierna, vermeld zal worden.

Na het vermelden dezer voorafgaande stukken, volgen nu de registers en andere documenten, betreffende het Beleg en Ontzet der stad. Ik moet hierbij aanmerken, dat men in de Vroedschaps-resolutiën te vergeefs

3*

iets over het Beleg vermeld zal vinden. Dat er toen vergaderingen door de Vroedschap gehouden zijn, is aan geene bedenking onderhevig. In een rekwest van den Secretaris JAN VAN HOUT, waarin hij een omstandig verhaal van zijne vermeerderde werkzaamheden doet, zegt hij, dat de Vroedschaps-resolutiën (minuut) sedert 1572 aan een' koppel zijn geregen, en dat hij die nu in het Vroedschapsboek heeft overgeschreven; doch over het Beleg wordt in die resolutiën niet gesproken. Slechts in de *Aflezings-* of *Publicatieboeken* komen de besluiten, gedurende het Beleg afgekondigd, voor. Hiervan heeft de Hoogleeraar J. VAN VLOTEN ruimschoots gebruik gemaakt, bij de uitgave van zijn werk over het Beleg en Ontzet van Leyden.

1. Aflezing- of Publicatieboek van Leyden, letter C, beginnende den 24<sup>en</sup> April 1570 en eindigende den 20<sup>en</sup> October 1574.

2. Idem D, van 21 October 1574 tot 9 Sept. 1578.

Deze registers bevatten de verschillende ordonnantiën, resolutiën en notificatiën, ten tijde van het Beleg en Ontzet der stad uitgevaardigd.

Behalve deze oorspronkelijke registers, zijn daaruit eenige kopijen genomen, en voorhanden, van 19 November 1570 tot 4 October 1574.

3. Extracten uit de gedrukte resolutiën der Staten van Holland en West-Vriesland, van 1574—1581, betreffende het Ontzet van Leyden.

Hieronder is eene resolutie van den Prins van Oranje en van de Staten van Holland, binnen Rotterdam vergaderd, tot bescherming van den Lande en Ont-

zet van Leyden, van 24 Junij 1574. Zij komt in
de gedrukte resolutiën der Staten niet voor; doch
Bor, bl. 508, vermeldt daarvan den korten inhoud.

4. Kopijen van 7 brieven, door Don FERNANDO DE
LANNOY, Graaf de la Roche, Gouverneur van Henegouwen, Holland, Vriesland en Utrecht, aan Don LOUIS DE
REQUESENS, Gouverneur-Generaal der Spaansche Nederlanden, in het jaar 1574 geschreven. Zij bevatten vele
klagten over de slechte handelingen van Don FRANCISCO
VALDEZ gedurende de belegering van Leyden, en die
daarin beschuldigd wordt de stad tot zijn voordeel te
willen laten plunderen.

Een dier brieven komt voor bij ORLERS, *Beschrijving
van Leyden*, bl. 499.

Deze oorspronkelijke brieven berusten op 's Rijks Archief te Brussel.

5. Twee brieven, door den Admiraal BOISOT aan JO-
HAN VAN DER DOES, Heer van Noordwijk, geschreven,
dd. 22 en 26 Sept. 1574. Zij zijn uit het fransch vertaald, en in de vorige eeuw door CORNELIS VAN ALKE-
MADE aan de stad ten geschenke gegeven.

Deze vertaling is beter dan die, welke bij ORLERS
voorkomt.

6. *a.* Rekening van GHYSBRECHT HENRICXZOON, over het
*papieren geld*, dat bij het eerste beleg geslagen is geweest, ter somma van 14690 £ en
10 schell. Gesloten den 9en Junij 1579.

*b.* Rekening van HUYCH CLAESZ. GAEL, GERRIT
WIGGERSZ. en DIRCK VAN KESSEL, Rentmeester
van Rijnsburg, als gecommitteerden van die

van den Gerechte tot het munten van het *papieren geld*, te weten, de stukken van 20 St. en van 5 St., volgens acte van 10 Dec. 1573.

Daaruit blijkt, dat toen voor 8000 gl. aan stukken van 20 stuivers, en voor 7009 gl. en 5 stuivers aan stukken van 5 stuivers zijn geslagen.

Afgerekend den 3en Mei 1574. Zie hierover den *Navorscher* XII bl. 302.

c. Rekening van het zilver, dat aan Dominicus Gherytsz. Doe en Claes Ghysbrechtsz. Coopal, goudsmeden, van stadswege is geleverd, en van de zilveren penningen door hen daarvan gemunt.

Het zilver woog 27 mark, 2 oncen en $8\frac{1}{2}$ engels; hiervan zijn gemaakt 137 stukken met den stempel van den gulden, waarvan 50 *vier* mark wogen; alsmede 398 stukken met den stempel van de *oorden*, waarvan 100 *vier* marken wogen. Dato 14 April 1574.

7. Rekening van Ghysbrecht Henricxzoon, over het *kopergeld*, dat bij het eerste beleg is geslagen geweest, en den 30en Maart 1574 en volgende dagen, bij zekere gecommitteerden van stadswege daartoe gesteld, weder is opgenomen. De ontvangsten bedroegen 4066 gl. 4 ß. Gesloten 9 Junij 1579.

8. Rekening van de weduwe en erfgenamen van Ghysbrecht Henricxzoon van der Dues, van het bewind bij den voorschreven Ghysbrecht Henricxzoon, van der stede wege gehad, zoo van rogge, rijst, haring enz., bij tijden van het eerste besluit (beleg) tot Delft gekocht, en tusschen de beide belegeringen ingekomen;

van tarwe en rogge, verstrekt tot betaling van het *papieren-* en *kopergeld* enz. Gesloten den 31en Oct. 1583.

9. Rekening van JAN VAN HOUT, Secretaris van Leyden, die hij uit naam en van wege de genoemde stad aan de Staten van Holland doet, van 23 Junij 1572 tot 31 Dec. 1574.

Deze rekening, genaamd de *Groote Rekening*, is zeer belangrijk; doch niet gesloten of geteekend.

10. Rekening van HUYCH CLAESZ. GAEL en JAN DIRCXZ., thesauriers van Leyden, van 11 Nov. 1572 tot 10 Nov. 1573. Gesloten den 2en Julij 1585.

11. Rekening van JOOST WILLEMSZ. (PORSMAN), *thesaurier ordinaris*, en QUIERYN CLAES GARBRANTSZ., *thesaurier extraordinaris* van Leyden, van 10 Nov. 1573 tot 10 Nov. 1574. Gesloten den 14en Aug. 1585.

12. Rekening van CORNELIS VAN NOORDEN, thesaurier van Leyden, van 14 Oct. 1574 tot 11 Nov. 1575. Gesloten den 11en Maart 1587.

13. Rekening van CATRYN VAN DER GRAFT JACOBSDR., wede. van GERYT AELBRECHTSZOON VAN QUACKENBOSCH, wezende de ontvang, bij hem in den jare 1575 gehad, van penningen uit de accijnsen dezer stede geligt en uitgegeven tot betaling van het koren enz. Gesloten den 21en Junij 1588.

De rekeningen 6—12 bevatten vele bijzonderheden over het beleg der stad.

14. Rekening van JAN VAN BROUCHOVEN, Burgemees-

ter van Leyden, van zekere administratie, die hij gehad heeft, in zaken dezer stede, van 1572 en 1573.

Hierin komt voor de ontvang van het goud- en zilver, uit de kloosters en kerken gehaald; alsmede de namen van de personen, die op den 2en Januarij 1573 den brand van den Stadhuistoren hebben gebluscht. Gesloten den 12en Januarij 1575.

15. Rekening van ARENT DIRCX, over geleverde boter en kaas.

1. Aan de voerlieden, gelegen hebbende in het *Abcouder-Zusterhuis*, te Leyden.

2. Aan de gevangenen, die aan de fortificatiën der stad hebben gewerkt.

3. Aan de soldaten, liggende in de kerken en kloosters der stad.

4. Aan de soldaten, liggende op de galeijen, in de Meren, en in de schansen aan Ter Wadding. Gesloten den 13en Junij 1573.

16. Rekening van GHERRIT AELBRECHTSZ. (QUACKENDOSCH) over geleverde rogge, tarwe, boonen en gerst, a°. 1574. Gesloten ter Rekenkamer den 6en Mei 1578.

17. Rekening van GHYSBRECHT HENRICXZ., als gecommitteerde van Leyden tot opzigt en uitrusting van zekere oorlogschepen tot ontzet van Haarlem sedert Januarij 1573, alsmede van *plempen*, *schouwen* en *schuiten*, toegerust ten tijde van de 1e en 2e belegering van Leyden, om daarmede den vijand afbreuk te doen. Gesloten den 11 October 1574.

18. Aanstelling van JOORIS (GEORGE), Vrijheer van Montigny en Noyelles enz., tot Gouverneur van Leyden, in plaats van Jonkhr. CORNELIS VAN GOUDRIAAN, Heer van Assendelft.

Door Prins WILLEM I te Delft gegeven op den 10<sup>en</sup> April 1573; zijnde eene door J. VAN BROUCHOVEN gecollationneerde kopij.

19. Aanstelling van Mr. DIEDERICK VAN BRONCHORST, Raad in het Provinciaal Hof van Holland, tot Commissaris, van wege den Prins van Oranje, ten tijde van het beleg in 1574.

Behalve zijne aanstelling, vindt men onder deze stukken nog:

1. Zijn testament van 6 Sept. 1574, waarbij hij JAN VAN HOUT, Secretaris van Leyden, en FOY VAN BROUCHOVEN, Bailluw van Rijnland, tot executeurs van dat testament aanstelt.

2. Onkosten zijner begrafenis. — Hij stierf 6 Sept. 1574 en werd in de Pieterskerk begraven.

3. Kwitantiën van het werkloon bij het maken van een *bastion* bij de Rijnsburgsche- en Wittepoort.

4. Inventaris zijner nagelatene goederen, waaronder eenig wapentuig was.

5. Kwitantiën van den (italiaanschen) beul, Jo. FRANC. DELPOGIO, wegens executie van spaansche soldaten, op den 6<sup>en</sup> Julij 1574.

Hij liet bij zijne weduwe, AGATHA VAN HOOGESTEIN, geene kinderen na. Zijne goederen kwamen op zijne schoonzuster CORNELIA VAN HOOGESTEIN, wed<sup>e</sup>. van CORNELIS COOPER.

20. *Register, bevattende de namen der hoofden van huisgezinnen en het getal personen bij hun inwonende*, ten tijde van het beleg, dienende ter regeling der uit-deeling van levensmiddelen.

Opgemaakt den 7<sup>en</sup> Aug. 1574. Het getal inwoners bedroeg toen ruim 12000 personen.

21. Aanstelling van Mr. ANDRIES ALLERTSZ., tot Kapi-tein van een vaandel voetknechten, dat hij binnen Ley-den moest oprigten, ten dienste van het gemeene Land.

Gegeven door J. VAN WYNGERDEN, A. VAN ZWIETEN, A. DUVENVOORDE, JAN VAN DER DOES VAN NOORTWYCK en L. BLIENBURCH, Commissarissen der Staten van Holland, op den 15<sup>en</sup> October 1573; geteekend P. BUYS; en door JAN VAN HOUT, Secretaris der Stad, op den 31<sup>en</sup> Oct. 1573, voor kopij authentiek uit-gegeven. Deze Mr. ANDRIES sneuvelde bij eene schermutseling te Leyderdorp, en is in de Pieters-kerk begraven, waar zijn grafzerk nog aanwezig is.

22. Kwitantiën voor ontvangene soldijen, onderteo-kend door Mr. ANDRIES ALLERTSZ., JAN VAN DER DOES, Mr. DIRK BRONCHORST, CLAES JANS, WILLEM VAN DORP, WILLEM VAN BLOYS TRESLONG, a°. 1574.

23. Overeenkomst tusschen de regering van Leyden en de kapiteinen van het krijgsvolk, liggende binnen de stad, waarop de soldaten bij de burgers zullen gehuis-vest worden, van 17 Dec. 1573.

Dit stuk, in het fransch geschreven, is zeer bescha-digd; doch onderteekend door GUILLAUME DE BLOYS TERLON (TRESLONG), MONTIGNY en anderen.

24. Monsterrol van het vaandel van Kapitein JACOB

BOLLICK of BOLCK, sterk 300 man, liggende binnen Leyden.

Onderteekend door C. VAN ASSENDELFT, JAN VAN DER DOES, CORNELIS VAN RYSWYK en JACOB BOLLICK, op den 19en November 1572.

25. Acte in het fransch, verleend bij Prins WILLEM I, houdende bepaling omtrent de betaling der fransche troepen, die in Holland gekomen waren ter verdediging van het land; met bepaling, dat Leyden, hiermede geen genoegen nemende, andere middelen moet voorslaan om er in te voorzien. Door den Prins onderteekend; doch zonder jaartal. Vergelijk n°. 23.

26. Commissie, door WILLEM, Grave VAN DER MARCK, Vrijheer van Lumey enz., verleend aan JACOB VAN DUVENVOORDE, om het kasteel van Woerden, waarop ADRIAAN DUYCK kastelein was, met levensmiddelen en amunitie te voorzien. Gegeven in het veldleger voor Schoonhoven den 20en Oct. 1572.

Met diens handteekening en opgeplakte zegel.

27. Eenige brieven over de fortificatiën van Woerden, door den Graaf VAN DER MARCK, JACOB VAN DUVENVOORDE en ADRIAAN DUYCK geschreven; alsmede verklaring van de Ridderschap, over het gedrag van den Graaf VAN DER MARRK, van 1573 en 1574.

28. Ordonnantie van betaling, ter somma van 12 ponden, door de Burgemeesters op den 17en Julij 1574 verleend, ten behoeve van POUWELS POUWELSZ. VLIECHUUT, van Leymuyden, PHILIPS DIRKXZ. VAN DER GOUDE en DIRCK MAERTSZ. VAN DER GOUDE, die de eerste, tweede en derde waren geweest bij het innemen eener schans, door den vijand buiten de Rijnsburgerpoort opgeworpen.

29. Ordonnantie van betaling, ter somma van 20 ponden, ten behoeve van eenige personen, wegens premiën in het veroveren van de schans aan de Boschhuizerbrug; en van 2 ponden 8 schellingen, wegens het binnenbrengen van 2 *hoofden*, in deze schermutseling van de vijanden afgeslagen. Dato 29 Julij 1574.

30. Kopij authentiek eener acte van zekerheid, door de regering van Leyden verleend, ter voldoening van het aangeslagen en in het gemeen gebragte *mout* binnen deze stad zijnde, *ten langste binnen den tijd van eene maand, na dat deze stad metter hulpe Gods geopend en van der belegge ontlegerd zal wezen.* Dato 11 Aug. 1574.

31. Zes schuldbekentenissen, door de Burgemeesters van Leyden op den 27en Aug. 1574 afgegeven, ter zake van *mout* en *meel*, door eenige brouwers, *in de noot deser stede, ten behoeve ende tot onderhout van de scamele ende ongeproviandeerde gemeente*, geleverd.

32. Rekening van Symon Symonsz. van Heemskerk, van de ontvangst der wekelijksche contributie, waarop de inwoners bij het tweede beleg der stad gezet waren, alsmede van de uitgaven tot fortificatie der stad, het slechten van de hooge Rijndijken en het vellen van de boomen enz. om de stad. Gesloten ter Rekenkamer van Leyden den 26en Aug. 1579.

Volgens deze rekening kon men van dien wekelijkschen en hoofdelijken omslag bevrijd worden, door zelf 3 dagen in de week aan die fortificatiën te werken.

Eerst was de Secretaris Jan van Hout met die administratie belast geweest, doch heeft er daarna voor bedankt.

33. Rekening van Hendrik van Brouchoven, die hij den Burgemeesters van Leyden doet, van de somma van 1200 ponden, van 40 groot, die hij uit naam der stad, in October 1574, voor den tijd van 3 maanden, geleend had van Sr. Alexander van Haulteyn, Kapitein van de Guarde van Zijne Excellentie. Gesloten den 2en Maart 1575.

Naar inhoud dezer rekening, geschiedde deze leening kort na het ontzet der stad, die in zoodanigen soberen staat was, dat zij geene gereede penningen wist te fourneren, benoodigd tot betaling van den maaltijd aan den Admiraal Boisot en andere Kapiteinen, die zich verdienstelijk hadden gemaakt bij het ontzetten der stad; alsmede tot betaling van drie *gouden ketenen*, waarmede Boisot, de Vice-Admiraal en de Admiraal van Zierikzee beschonken werden.

De maaltijd kostte 53 $\mathcal{L}$; en de drie gouden ketenen, door Jan Lucasz. Wassenaar gemaakt, 586 $\mathcal{L}$ 10 ß, wegende te zamen 24 oncen.

34. Rekening van Franchoys van Lantscroon, van de administratie, die hij, als *toeziener* en *superintendant*, over de fortificatie der stad gehad heeft, volgens zijne commissie, hem door den Prins op den 25en April 1573 verleend.

Hierin komt voor het maken van de bolwerken aan de Witte-, Hoogewoerds- en Zijlpoort.

35. Register van de beesten, zoo als kalveren, schapen, lammeren, varkens, koeijen en paarden, die zich in het begin van Sept. 1574 binnen Leyden bevonden. Alsmede opgave van het getal dier geslagte beesten, en ontvangst der verkochte huiden.

36. Rekening van ontvangst, wegens koren, rogge en tarwe, waarop de steden van Dordrecht, Delft en Rotterdam gequotiseerd zijn geweest, ten tijde van de overgave van Haarlem; doch die binnen Leyden in zekerheid zijn gebragt, »omdat men aldaar den eersten aenstoot en belegering van den viant verduchtende was."

37. Kwitantie van den scherpregter, voor het executeren met den koorde van een' *engelschman* en *twee spaansche* soldaten, die buiten de Rijnsburgsche poort gevat waren. Het vonnis is den 11<sup>en</sup> en 13<sup>en</sup> Julij 1574 voltrokken.

Een der Cellebroeders, met name Jan Arentsz, heeft hen in de laatste oogenblikken met de »*heilige schrifture*" getroost, waaraan hij 3 gulden verdiende. Deze gelden zijn betaald door Andries Schot, ontvanger der geconfiskeerde goederen in Rijnland.

38. Kwitantie wegens betaalde soldij aan de soldaten van de Kapiteinen Willem van Dorp, Durand de Raynal en Leon Dutrain, met de onderteekening dier kapiteinen, a°. 1574.

39. Staat van de goederen, welke in het proviandhuis waren gebleven, volgens den inventaris van den 28<sup>en</sup> Julij 1573; bestaande in *beschuit, vleesch, gedroogde visch, boter, gort, kaas, brood, haring, azijn* en *amunitie.*

40. Brief van de Raden van Zijne Excellentie, onderteekend Geniets, waarin zij toestaan, dat Leyden 1050 Carolus-guldens voor 3 weken zal betalen aan de 100 ruiters, aldaar in garnisoen liggende. Tevens melden zij, dat de vijand het voornemen heeft de stad in

te nemen, met aanbeveling een streng toezigt op alles te houden. Dato 18 Januarij 1574.

Hierbij is een extract uit eenen brief, door S. Pynsen aan zijnen vader, Bailluw van Wassenaar, op den 5en Januarij 1574 uit Utrecht geschreven, waarin gezegd wordt, dat de vijand, bij vriezend weder, *Overschie* en *Delfshaven* hoopt in te nemen.

41. Rekening van Gerryt Jacobsz., als collecteur van het molengeld of gemaal van Leyden, over den jare 1574, na doode van Joost Willemsz. Porsman (Dedel); benevens uitgave wegens het vermalen van koren ten tijde van het beleg.

42. Rekening van Foy van Brouchoven, wegens voorgeschotene penningen ten behoeve van onderscheidene zieke en gekwetste soldaten. Gesloten den 31en Oct. 1574.

43. Rekening van Kapitein Marnau en Cornelis Franchois van Bodegem, van zekere gelagen, ten huize van Cornelis Claesz. van Aecken, waard in den Wissel te Leyden, verteerd, van 20 Junij tot 30 Junij 1573.

44. Uitgaaf, door Andries Schot, Rentmeester van de geannoteerde en geestelijke goederen binnen Leyden en Rijnland, van zoodanig krijgsgeweer als ten behoeve van de gemeene zaak uitgereikt is geweest, aan het vrijwillig vendel schutters, die tot ontzet van Haarlem waren aangenomen, en waarover Mr. Andries Allertsz., zaliger, hopman gesteld was, op last van de Burgemeesters van Leyden gedaan. Afgerekend in 1575, ter somma van 73 £ 3 ß. Vergelijk n°. 21.

45. Rekening van geleverde kaarsen, door Floris

JANSZ. VAN ZONNEVELT, in het logement van den Prins van Oranje en van den Graaf VAN DER MARCK, op last van de regering van Leyden.

Van den 6<sup>en</sup> tot den 13<sup>en</sup> November 1572 zijn er 145 ponden kaarsen geleverd, ter somma van 18 gl. $2\frac{1}{2}$ st.

46. Gecollationeerde kopij, in 1593 uitgegeven, van eene op den 7<sup>en</sup> Maart 1575 voor den Notaris S. L. VAN DER WUERT gepasseerde verklaring over het loffelijk en verdienstelijk gedrag en de betoonde dapperheid, gedurende het beleg, van den Hopman CLAES DIRCXSZ. VAN MONTFOORT.

Deze verklaring werd gegeven door:

1. Jhr. JOHAN VAN DER DOES, Heer van Noordwijk, Superintendant en Commissaris binnen Leyden, oud 29 jaren.
2. Jhr. AELBERT VAN RAEPHORST, Kapitein der schutterij, oud 28 jaren.
3. FOY VAN BROUCHOVEN, Dijkgraaf en Bailluw van Rijnland, oud 33 jaren.
4. JAN PAETS VAN SANTHORST, Vroedschap, oud 47 jaren.
5. PIETER ADRIAANSZ. VAN DER WERFF, Overste-wacht-meester der schutterij, oud 47 jaren.
6. PIETER HENDRIKSZ. VAN WASSENAAR, Schepen, oud 48 jaren.
7. PIETER OOM PIETERSZ., Schepen, oud 48 jaren.
8. ARENT DIRKSZ. VAN GRUTHUYSEN, Kolonel der Burgerij, oud 52 jaren.
9. GHYSBRECHT HENDRIKSZ., Vroedschap, oud 48 jaren.
10. JAN VAN HOUT, Secretaris, oud 32 jaren.

47. Verzoek van JAN MEESZ. VAN ASSENDELFT, Chirurgijn te Leyden, aan den Prins van Oranje, om zich

voor Schepenen te Leyden te verantwoorden, beschuldigd wordende uit de stad te hebben willen vlugten.

Hij had namelijk zijne vrouw, die te Alphen gelogeerd was, willen terugbrengen; doch zij was, na de overgave van Haarlem, bevreesd geworden, en had zich toen naar Gouda begeven, van waar haar man haar weder te Alphen bragt; doch te Alphen komende, werd hij door Kapitein DE VRIES gevangen genomen, en op den huize Endegeest gebragt. Hieruit is hij naar Leyden ontvlugt, en verlangt thans dat de Schepenen van Leyden deze zaak mogten onderzoeken.

Het appointement is geteekend door:
GUILL. DE NASSAU, dd. 16 Julij 1573.
JOORIS, Vrijheer tot Montigny, dd. 1 Aug. 1573.
JAN VAN HOUT, Secretaris, dd. 13 Aug. 1573.

48. Verhoor van drie Leydsche burgers, JACOB THOMASZ., brouwer, CLAES JANSZ. BRANDT en LENAERT SIMONSZ. DOU, die in 1573 verstandhouding met den vijand gehad hebben om Leyden bij verrassing te overrompelen. Zij waren op den huize *Rosendaal*, bij Haarlem, vergaderd geweest, alwaar Jhr. VAN MATHENESSE WYBISMA, aanlegger van het complot, hun het plan openbaarde dat zij zouden uitvoeren.

Zij hadden reeds de sleutels van de Hooge-Woertspoort nagemaakt; doch de Hopman Mr. ANDRIES ALLERTSZ., die daar de wacht had, ontdekte het complot. Zij werden gevangen genomen; maar op hun verzoek, door den Prins van Oranje op den 16en Maart 1573, op vrije voeten gesteld, onder bijvoeging dat hij liever »clementie dan rigueur" gebruikte, mits dat zij ieder *f* 600 aan de stad zouden betalen.

4

49. Journaal, door eenen Ritmeester van Leyden, gedurende het beleg in 1574, dagelijks bijgehouden. Het is door van Mieris, naar het oorspronkelijke, dat zich weleer in handen van den geleerden P. Scriverius bevond, afgeschreven. Later was de Heer A. de la Court daarvan eigenaar. De geschiedschrijver Bor, in zijne Nederlandsche Oorlogen, noemt op bl. 507, als schrijver van dit Journaal, den Ritmeester Carel van Dam; doch uit eene aanteekening van Adriaan Westphalen, voorkomende op het eerste blad van het Repertorium der Charters van Leyden n°. 1, blijkt, dat Jhr. Jan van Duvenvoorde daarvan de schrijver is geweest; want te dier plaatse zegt hij: »Hierin is oock het belech van Leyden door de Spanjaert gedaen, en dagelijx met de eigen hand raer bescreven door Jan van Duvenvoorde, toen Capetein en fraije (vrije) gues daer binnen, naderhant Admiraal van de Watergeuzen, en soo voort."

Zie *Alg. Konst- en Letterbode*, n°. 28, a°. 1861.

Eene andere kopij van dit Journaal is door Cornelis van Alkemade, in het midden der vorige eeuw, aan de stad ten geschenke gegeven.

50. Beschrijving van het Beleg van Leyden (denkelijk door een' Vlaming of Roomschgezinde). Kopij van Mr. D. van Alphen, groot 34 fol.

51. Beschrijving van het 2e Beleg van Leyden; kopij uit een oud handschrift, berust hebbende onder Mr. D. van Alphen, groot 4 fol.

52. Dagverhaal van Gasparus de l'Agarge, een geestelijke, behoorende tot het gevolg van Gillis de Barlaimont, Heer van Hierges, over het voorgevallene bij Zalt-Bommel en omstreken, alsmede den slag op de

Mokerheide. Achter dit dagverhaal, groot 40 fol., bevinden zich korte aanteekeningen over het Ontzet van
Leyden in 1574.

De tekst is geschreven in het latijn en hollandsch.
Hiervan bezit de Akademische Bibliotheek te Leyden eene kopij.

53. Kopij van een rekwest van WOLPHERT ADRIAANSZ.,
scheepmaker van Zoeterwoude, aan den Prins van
Oranje, om belooning voor zijne, als piloot, bewezene
diensten aan den Admiraal BOISOT, in het ontzetten
van Leyden. Dato Junij 1577.

54. Attestatie van eenige personen uit Zoetermeer
over het bedrijf van genoemden WOLPHERT ADRIAANSZ.

55. Berigt van de regeerders van Leyden aan de
Staten van Holland, omtrent gemelden WOLPHERT ADRI-
AANSZ. Dato 14 Nov. 1577.

56. Besluit der Staten van Holland om gemelden
WOLPHERT ADRIAANSZ. eene gratificatie van $f$ 36, en een
jaarlijksch pensioen van $f$ 36 te geven. Dato Nov. 1577.

Zie hierover *Navorscher* XII bl. 293.

57. Afschrift van het Diploma, door de regering van
Leyden aan WILLEM CORNELISZ., speelman, gegeven, ten
einde zich te mogen noemen VAN DUYVENBODE, en tot
zijn wapen te gebruiken „eenen silveren schilt, hangende in eenen crans van eycken bladeren, daerinne co-
mende twee rode slotelen, bourgons-cruys gewijze over
den anderen gestelt, en tusschen elcke quartier een
blaeuwe duyve." Dato 3 Oct. 1578.

Hij is den 10en Nov. 1616 in de Pieterskerk begraven, alwaar zijn wapenbord nog aanwezig is.

4 *

Hij was de persoon, aan wien de duiven, die als boden tijdens het beleg gebruikt zijn geworden, toe-behoorden. Deze duiven, acht in getal, zijn later opgezet, en op het stadhuis bewaard geweest.

Volgens ORLERS, *Beschrijving van Leyden*, bestonden die nog in 1641; doch thans zijn zij niet meer voorhanden.

Zie verder *Navorscher* VII bl. 326.

58. Eene publicatie van 3 November 1576 (en eene daarbij behoorende rekening), waarbij ieder opgeroepen wordt zijne vorderingen in te dienen ten laste van eenige kapiteinen, bevelhebbers en soldaten, thans in dienst van den lande zijnde, en wel binnen *zes* dagen na deze afkondiging.

Uit deze rekening leert men de namen van een groot aantal officieren en soldaten kennen, die in 's lands- en stadsdienst zijn geweest, alsmede de namen van verscheidene engelsche en schotsche kapiteinen. Men vindt daarin o. a. de namen van de kapiteinen: TRILLO, NOYELLES, HELLINCK, STUWAERT, SMIT, Jhr. JOHAN VAN DER DOES, RUYCHAVER, GERRIT VAN EG-MOND, BEECK, MATHYS CAERS, CHRISTOFFEL VAN TEY-LINGEN, MICHIEL, DANIEL VAN NECK, PHILIP VAN TON-GERLO, THOMAS NEUTHON, EDUARD PREST, GERRIT VAN DER LAEN, SCHENCK, BATENBURCH, MARINUS BRANT en JAN VAN DER HORST (beiden Admiralen op de Haarlemmermeer) BOOM, PRUYS, Jhr. JAN BOCSTEL, ANDRIES PUTMAN, THALING, JOHM NESBIT, ROBERT MAISTRETON, TOENTGEN KES, MOER, HECTOR, WIL-LEM, EDMESTON, CAMBEL, ALBERT VAN EGMOND, JAN VAN DUVENVOORDE, Admiraal, TRESLONG, SCHETTER, enz.

Op het eerste blad komt de naam voor van EEWOUT

Cornelisz. Nootdorp, kapitein van een *Vrijbuiters-schip* op de Haarlemmermeer.

Deze rekening is door de regering van Leyden op den 24en Dec. 1576 aan de Staten van Holland opgezonden.

59. Een paket, behelzende de opgave der goederen, die door de Leydsche Vrijbuiters zijn prijs gemaakt, alsmede de ontvangst dier verkochte goederen.

Onder de namen der Vrijbuiters vindt men kapitein Andries Allertsz., die bij het eerste beleg te Leyderdorp sneuvelde.

*Zie Navorscher* XII bl. 168.

Vele personen hadden de stad verlaten, en werden *glippers* genoemd. Hunne goederen, in, en buiten de stad, werden buit gemaakt en verkocht. Deze rekeningen loopen over den jare 1573.

60. Zeventien *refereinen*, in 1578 geschreven, op de verlossing en het ontzet van Leyden door onderscheidene Kameren en Rederijkers.

Eenige dier refereinen zijn door den Secretaris Jan van Hout gemaakt en afgeschreven.

61. Leydsche lierzang van Jan van der Does, Heer van Noordwijk, aan Jan van Hout, Secretaris van Leyden; uit het latijn vertaald door den Heer Johan de Stoppelaar, groot 24 bl.

Hierbij ligt de verklaring van eenige namen in de 2e ode van het 2e boek der *Poëmata* van Janus Dousa, gedrukt te Leyden in 1575, en vervolgens aldaar, met vele vermeerderingen, herdrukt in 1579; alsmede een zeldzaam portretje van Janus Dousa, door C. van Alkemade aan de regering van Leyden ten geschenke gegeven.

62. Verzoek der Schouten, Ambachtsbewaarders en boeren van Schieland, aan de Staten van Holland, om den IJsseldijk, die op verscheidene plaatsen was doorgestoken tot ontzet van Leyden, weder te doen stoppen.

Advies der Staten om de gaten van den IJssel- of Zeedijk, behalve het gat bij Gouda, op 's lands kosten te doen stoppen. Dato 11 Nov. 1574.

Appointement van den Prins van Oranje, op genoemd advies, met bepaling dat het werk door Dijkgraaf en Heemraden van Schieland zal worden aanbesteed. Dato 11 Nov. 1574.

CORNELIS VAN ALKEMADE bezat het oorspronkelijke stuk, waarvan hij in 1733 eene kopij aan de regering van Leyden ten geschenke gaf.

63. Omstandig verhaal van het huwelijk van FRAN- CISCUS VALDEZ en MAGDALENA MOENS, afkomstig uit den boedel van Fiscaal MOENS, omstreeks 1728.

Dit verhaal was in 1659 opgesteld, en in 1728 het eigendom geworden van C. VAN ALKEMADE, die het vervolgens aan de regering van Leyden ten ge- schenke gaf. Het bedoelde verhaal is ten deele gedrukt in het werk van JOHANNES ALDERKERK, *de wonderdaden des Allerhoogsten Gods, inzonder- heit kragtdadig gebleken in het vermaarde Ontzet der Stadt Leyden.* Leyden bij ABR. KALLEWIER 1734.

64. Sommier verhaal van hetgeen PIETER ADRIAANSZ. VAN DER WERF, geboren te Leyden in 1529 en aldaar overleden 5 Januarij 1604, zoo vóór, gedurende, als na de belegering der voornoemde stad, tot welzijn van

de gemeene zaak en christelijke religie, volgens authen-
ticke bewijzen, heeft uitgevoerd.

Kopij uit de vorige eeuw van Mr. D. van Alphen,
waarvan de Hoogleeraar te Water gebruik gemaakt
heeft tot de levensbeschrijving van van der Werf.

Men vindt daarbij zijn geslachtsregister, en eenen staat
van de door hem in 1570, op last van den Prins
van Oranje, ingezamelde gelden tot bestrijding van
den vijand. Ook zijn portret en een latijnsch ge-
dicht ter zijner eere, alsmede eene lofrede op
hem, door Daniel Deutz, J. U. D., in het genootschap *Concordia et Libertate*, te Amsterdam, ten
jare 1781 uitgesproken.

65. Acte van Burgemeesteren en Regeerders van
Leyden, waarbij aan Mr. Carel Anthony Wetstein het
burgerschap van Leyden geschonken wordt, uit erkentenis van zijn dichtstuk, getiteld: *Leida ab Obsidione
Hispanorum liberata.* Dato 9 Sept. 1774.

Het is in 1771 te Leyden gedrukt bij H. Mostert en
P. Delfos.

66. Eene zelfde acte, waarbij aan Nicolaas Simon
van Winter en Lucretia Wilhelmina van Merken, ech-
telieden, het burger- of poorterschap wordt geschonken, omdat de laatste aan de regering van Leyden
haar tooneelstuk, getiteld: *Het beleg der stad Leyden*,
had opgedragen. Dato 8 Sept. 1774.

Dit tooneelstuk is in 1774 te Amsterdam bij Pieter
Meijer gedrukt.

Er zijn in het archief geene andere geschrevene bronnen gevonden, die meer licht over dat Beleg kunnen verspreiden. De brieven, aan, en door den Commissaris Bronchorst geschreven, zijn er bij zijn overlijden wel geweest, doch worden bij zijne overige stukken niet meer gevonden.

Wijlen de Hoogleeraar L. G. Visscher heeft op het Provinciaal archief van Utrecht twee brieven (kopijen) gevonden, door Johan van der Does aan Prins Willem I, tijdens het Beleg van 1574, geschreven.

De eerste geeft eenige tot dusverre onbekende bijzonderheden nopens het ronde en edele karakter van Janus Douza en den goeden geest der schutterij, maar tevens van de wankelmoedigheid der Leydsche Magistraatspersonen, bepaaldelijk in het stuk van onderhandeling met den vijand.

De tweede heeft wel eenige betrekking tot den toestand van Leyden tijdens het Beleg, maar loopt toch meer bijzonder over een later verschil, tusschen de plaatselijke regering en Johan van der Does ontstaan. Deze twee brieven zijn gedrukt in de *Kronijk van het Historisch Genootschap* te Utrecht, 1846, bl. 150—161.

Na de vermelding dezer handschriften, zou hier gevoegelijk de opgave der op het Stadhuis aanwezig zijnde oudheden, betreffende het Beleg, kunnen gevoegd worden; doch zij komen reeds voor in den gedrukten *Catalogus van Oudheden en bijzonderheden, betreffende het Beleg en Ontzet der Stad Leyden in het jaar 1574*, welke bij gelegenheid der viering van het vijfde halve eeuwfeest, op het Raadhuis der Stad Leyden, op den 4en, 5en en 6en October 1824 zijn ten toon gesteld.

Verder kan ik niet onvermeld laten, dat er zeer vele nederlandsche gedichten, op het Beleg en Ontzet der

Stad betrekking hebbende, aanwezig zijn, die misschien poëtische, maar in allen gevalle geene historische waarde hebben, omdat men daaruit niets leert, wat niet reeds algemeen bekend is.

In de Stads-bibliotheek bevinden zich nog de volgende werken, die uitsluitend over dat Beleg handelen, zoo als:

1. *Corte Beschrijvinghe van de strenghe Belegheringhe ende wonderbaerlicke Verlossinghe der Stadt Leyden in Hollandt enz. Delft,* 1574. (De schrijver, hier niet genoemd, was JAN FRUYTIERS.)

2. ORLERS, *Beschrijving van Leyden,* a°. 1614. Met bl. 327 begint het verhaal van het Beleg.

3. ORLERS, idem a°. 1641, bl. 444.

4. *Oorspronkelijke Beschrijving van de vermaarde belegering en 't ontzet der stad Leyden enz.,* door ADRIANUS SEVERINUS, 4e druk, Leyden 1757.
Ook de 5e druk, z. j.; doch waarschijnlijk 1777.

5. *De Oude Leydsche patroon, of derden Octobers banket,* gedrukt in 1630, en nu op nieuw uitgegeven door J. ROEMER, Christen-Leeraar te Leyden. Leyden bij H. VAN OORDE, 1833. De Hoogleeraar R. FRUIN gist dat HUGO GAEL de opsteller van dit stuk is (*Alg. Konst- en Letterbode,* n°. 28, a° 1861); doch waarschijnlijker is het LOURIS HUGENZ. GALL, Burgemeester van Leyden, geweest.

6. *Het vijfde halve eeuwfeest over het Ontzet der Stad Leyden in den jare* 1574, door J. ROEMER. Leyden bij C. C. VAN DER HOEK, 1824.

7. *Letterkundig en beoordeelend overzicht der geschiedenis van het Beleg en Ontzet der Stad Leyden,* door N. C. KIST, Hoogleeraar te Leyden, a°. 1849. Uit de werken

van de Maatschappij der Nederlandsche Letterkunde, Dl. VII.

In dit belangrijk Overzicht vindt men al de werken, die over het Beleg handelen, zeer naauwkeurig beschreven.

8. Over het muntwezen ten tijde van het Beleg, door Jhr. W. J. C. RAMMELMAN ELSEVIER. Overgedrukt uit de *Kronyk van het Historisch Genootschap* te Utrecht, aⁿ. 1848.

9. Beleg en Ontzet van Leyden, door J. VAN VLO-TEN. Leyden 1853.

10. Dagverhaal van hetgeen er in de belegering van Leyden is voorgevallen, van den 27en Mei tot den 3en October 1574, geplaatst achter den *Vreugdezang op het tweede eeuwfeest van Leydens Verlossing*, door een' lief-hebber der dichtkunde, onder de zinspreuk: *Assiduitas perficit.* Amsterdam bij AREND FOKKE SIMONSZ. 1774.

11. Eindelijk kan ik niet onvermeld laten: *Discours du siege, que les Espaignolz ont tenu deuant la ville de Leyden en Hollande etc.* Imprimé 1575.

Ofschoon dit zeldzaam werk niet in het stads-archief, maar wel in de bibliotheek van de Maatschappij der Nederlandsche Letterkunde te Leyden, aanwezig is, heb ik het niet ondienstig geacht dit boekske hier aan te halen. Zie hierover het werk van den Hoogleeraar N. C. KIST, onder n°. 7, boven vermeld. Het blijkt, dat FRUYTIERS dit *discours* enz. gebruikt heeft tot het schrijven van zijn boek, onder n°. 1 vermeld.

# HOOFDSTUK III.

## STEDELIJKE REGISTERS.

*Privilegieboeken.*

A. Het oudste perkamenten register, bevattende de Charters, Handvesten en Privilegiën van Leyden, is omstreeks het jaar 1400 geschreven geworden, en heeft 164 bladzijden.

In dit register is geen ouder Privilegie bekend, dan dat van 1266, vermeld in het 1e Deel van den Inventaris van het Archief van Leyden; doch daarin is men niet chronologisch te werk gegaan, want op bl. 1 komt voor het Charter van 1306; op bl. 2, dat van 1268; op bl. 21, dat van 1266 enz. Het eindigt op bl. 164 met een Charter over de *Cessionnanten*, van 30 Julij 1501.

AA. Een register, op papier geschreven, bevattende eenige afschriften van Charters van vroegeren en lateren tijd. Vooraan is een alphabetisch register op het onderwerp. De tijdsorde, waarin die Charters moesten voorkomen, is hier, even als in A, niet in acht genomen.

Het is groot 247 bl., en begint met een Charter van 1 Mei 1306, zijnde eene confirmatie van een vroeger Privilegie. Van bl. 219 tot 233 loopen de Privilegiën en Handvesten van het Hoogheemraadschap van Rynland, van 1255 tot 1506 geschreven met de hand van JAN VAN HOUT, Secretaris van Leyden. Het eindigt met een Charter van EDUARD, Hertog van Gelre, waarbij hij aan KATHARINA, oudste dochter van Hertog ALBRECHT VAN BEYEREN, tot lijftogt geeft het land van de Veluwe, aº. 1368, op *Allerheiligen dag;* met eene beschrijving der 46 zegels, die aan dat Charter hebben gehangen, en waarvan het oorspronkelijke op den 3en Aug. 1603 berustende was bij Jhr. CORNELIS VAN ZALLAND. Het is waarschijnlijk afkomstig van den Secretaris JAN VAN HOUT, die er aanteekeningen bijgevoegd heeft.

AAA. Een register in 4º., groot 279 bl. Vooraan vindt men de geteekende wapens van Holland en Leyden. Het heeft tot hoofd:

*Taefel en corte inhoudt van de voornaemste Privilegiën, Octroijen, Handvesten en Accoorden der Stad Leyden.*

Van bl. 1—27 loopt de korte inhoud der Handvesten in tijdsorde vrij geregeld door, van 1366 tot 1594.

B. Een folio-register, op papier geschreven, doch ongepagineerd, beginnende met het Charter van 1290, des *Zaturdags na den achttienden dag van Paasschen,* en eindigende met 3 Dec. 1514.

C. Een folio-register, op papier geschreven, beginnende met een Charter van 14 Junij 1515, en eindigende met 22 Junij 1590.

De registers B en C bevatten slechts de afschriften van de oorspronkelijke en nog aanwezige Charters der Stad. Zij zijn, op last der stads regering, door PIETER BAILLY, een schoonschrijver, afgeschreven. Zie hierover mijn opstel over de *Drukkerij op het Raadhuis te Leyden*, in de werken van de *Maatschappij van Nederl. Letterkunde te Leyden* a°. 1859.

D, E, F, G, H. Verder heeft men nog de registers

D, van 17 Dec. 1589 — 26 Junij 1614, groot 378 bl.

E, » 4 April 1614 — 3 Nov. 1656, » 331 »

F, » 5 Nov. 1657 — 7 Maart 1733, » 339 »

G, » 1732 — 29 Nov. 1753, groot 606 bl.

Hierin zijn vele rapporten door den Secretaris Mr. D. VAN ROYEN opgesteld; o. a. over den oorsprong van den *Franschen Courant (Gazette de Leyde)*, van LA FOND en LUZAC.

H, van 1754—1844, groot 133 bl.

Behalve deze Privilegieboeken, waarin de Charters in *extenso* zijn afgeschreven, zijn er nog 6 registers, genaamd *Repertorium* of *Inventaris der Charters*, vermeldende den korten inhoud dier. Privilegiën, waarvan die van wijlen den Hoogleeraar KLUIT eene voorname plaats inneemt.

N°. 1. Een Keurboek in folio, op perkament geschreven, groot 91 bl., van den jare 1360.

Volgens het oudste Charter van Leyden, van 1266, werd aan de stad het regt gegeven om keuren te maken.

Keurboeken.

Dit Keurboek zal dus de keuren bevatten die tusschen 1266 en 1360 zijn gemaakt.

Het is in 7 hoofdstukken of boeken verdeeld, als:

Het 1<sup>e</sup> boek handelt over: *huis* en *erve; brand* en *wateren; platen* en *straten; nieuwe stegen* en *straten.*

» 2<sup>e</sup> » » » het *Gerecht,* de *Vroedschap, Poorters en dat daartoe behoort.*

» 3<sup>e</sup> » » » *Vierschaar, Pandingen* en *Schepenbrieven.*

» 4<sup>e</sup> » » » *Wapen, Vechtelic* en *Vrede.*

» 5<sup>e</sup> » » » *Godshuizen, Gasthuizen* en *School.*

» 6<sup>e</sup> » » » *Neringen, Markt, Ambachten* en *Boeverij.*

» 7<sup>e</sup> » » » *Wolle, Draperie, Volders* en *Laken te verkoopen.*

Van deze keuren heeft Mr. D. van Alphen, Griffier van Leyden, in 1780 een afschrift gemaakt, doch hij gebruikte daartoe een Keurboek van 1406, afkomstig uit den Huize van Wassenaar, getiteld: Ung registre des ordonans de Leyde, et du droit qle vicote pr lors des amendes avoit.

N°. 2. Een Keurboek in 4°, op perkament, even als n°. 1, verdeeld in 7 hoofdstukken. Aan het 7<sup>e</sup> hoofdstuk ontbreken de artikelen 17—59. Artikel 60 is gemaakt in Junij 1406.

N°. 3. Een Keurboek, op perkament, groot 66 bl. Vooraan is de inhoud vermeld, niet volgens de 7 hoofdstukken, maar met doorloopende nommers, zijnde 180 artikelen.

Op bl. 45 verso, is eene keur van 1392, gemaakt *in die weke na sinte Martijnsdage in den winter.*

Op bl. 52 verso, eene keur van 1397 op *St. Bavoavond.* Hierin bevinden zich de keuren der Draperie die in 1396 gemaakt zijn, waaruit men leert, dat dit Keurboek na 1397 is afgeschreven.

N°. 4. Een Keurboek in folio, op perkament, groot 71 bl., van den jare 1406, met eenige ampliatiën.

Het is ook verdeeld in 7 hoofdstukken, waarvan de inhoud vooraan staat.

N°. 5. Een Keurboek in folio, op perkament, groot 72 bl., van den jare 1420; doch met eenige bijvoegingen tot den jare 1479.

Over den jare 1420 is het met dezelfde, doch later met eene andere hand geschreven.

N°. 6. Een Keurboek in 4°., op papier geschreven, denkelijk van 1508.

Het is geschonden, daar de tekst eerst met bladzijde 29 begint, en met bl. 99 eindigt.

N°. 7, 8, 9. Deze Keurboeken zijn van den jare 1508, en keurig op perkament geschreven. Zij verschillen veel met de vorige keurboeken, zoo wel ten opzigte van den inhoud, als van het aantal artikelen. De twee eerste boeken zijn in folio, het andere in 4°.

N°. 10. Een Keurboek in 4°., op papier geschreven, van den jare 1545, groot 101 bl.

Ofschoon het in 1545 gemaakt is, zijn daarbij ampliatiën gevoegd tot het jaar 1579.

N°. 11. Een folio-register, op papier geschreven, groot 70 bl., getiteld: *Costumen en Keuren van Leyden.*

Het is door den Secretaris JAN VAN HOUT afgeschreven, naar eene kopij van PIETER MEES, schoolmeester te Leyden, in 1550. De kopij van PIETER MEES behoorde later aan Mr. HUBERT MEREVIN, in zijn leven *Licentiaat* in de Regten en burger van Leyden.

Deze *Keuren en Costumen* verschillen veel van de overige Leydsche keuren, en schijnen op last van Keizer MAXIMILIAAN ontworpen te zijn.

JAN VAN HOUT gaf zijne verwondering te kennen, nooit zoo iets in het Leydsche archief gevonden te hebben, en zegt in de voorrede: »Ik houde het daarvoor dat 't zelve het werk is van zeker gequalificeerde persoon, dewelke omtrent de tijden van Keizer MAXIMILIAAN gecommitteerd is geweest omme te maken den staat dezer stede; oordeelende uit den stijl, een Vlaminger te zijn, alom gebruikende de Vlaamsche taal en manier van schrijven."

Er is hierin veel over het regt en de wijze van procederen.

N°. 12. Er zijn in het archief geene gedrukte *Burgerlijke Keuren* vóór den jare 1583 aanwezig. Zij bestonden slechts in handschrift, zoo als die achtervolgens reeds vermeld zijn.

Eerst in 1583 heeft men een nieuw Keurboek gemaakt, dat in dat jaar op het *Raadhuis te Leyden is gedrukt.*

Hiervan bestaan verscheidene exemplaren, o. a. een folio-register, waarin de Secretaris JAN VAN HOUT vele belangrijke aanteekeningen heeft geschreven. Het is groot 454 bladen. Op het laatste blad heeft JAN VAN HOUT eene uitboezeming geschreven, over *zijn lang* of *korter leven*, die van de vrome en christelijke stemming zijner ziel getuigt.

Behalve de gedrukte Burgerlijke Keurboeken van 1583, verscheen daarvan in 1658 een vermeerderde herdruk bij FRANC. HACKES en PIETER LEFFEN te Leyden. Hiervan zijn verscheidene exemplaren in het archief aanwezig, waarin Keuren en Resolutiën tot 1764 zijn geschreven.

De Keuren en Ordonnantiën der gilden komen in deze Burgerlijke Keuren niet voor; maar zijn opgenomen in het register dat ik van de gilden gemaakt heb.

N°. 13. Een register, op papier geschreven, bevattende de *Keuren* en *Ordonnantiën* van Delft en Haarlem, aangaande de Regtsvorderingen.

Naar het schrift te oordeelen, is dit register in 1500 geschreven.

Een, op perkament geschreven, register, bevattende oude keuren der *Draperie*.

Op den omslag staat geschreven:
*Cueren vande engelsche wolle.*
Op het eerste blad staat:
*Dit is tbeghin van der Draperie.*

In dit register komen eenige Keuren voor, die in 1415, 1438, 1442, 1444 en 1445 gemaakt zijn, en tevens belangrijk zijn omtrent den handel met den *Stapel van Calais*.

In het Keurboek n°. 3 vindt men, op bl. 56, vermeld, dat de Keuren op de *Draperie* in 1396 vernieuwd zijn; terwijl daarin tevens de *oude* en
*nieuwe* Keuren zijn opgegeven, met de letters *0*
en *N*.

Behalve dit register, zijn er nog twee anderen, mede
op perkament, bevattende de Keuren die in 1415
en 1541 zijn gemaakt.

De gedrukte Keuren der Draperie zijn van lateren
tijd, toen hierin eene groote verandering gekomen is.

Eene schoone verzameling van Brieven en Charters,
betreffende de draperie te Leyden, alsmede de contracten en correspondentiën met de *Konstapels* en andere
kooplieden van den Stapel te Calais, wegens den wol-
en vellenhandel. Het oudste stuk is uit Calais, van 29
Oct. 1407. Zij zijn in het latijn geschreven, doch met
de daarbij gevoegde hollandsche vertaling. Eenige dier
Charters, met de hollandsche vertaling, komen ook
voor in een register van allerlei zaken, genaamd: het
*Stedeboek*.

Het zegel van den Stapel te Calais stelt een schaap
voor, een' stok met vellen in de pooten houdende, te midden van eenige balen wol.

Hierin is nog een schoon stuk blaauw laken van den
jare 1531; alsmede eene verklaring, op perkament
geschreven, dat in 1538 te Parijs, het Leydsche
laken door een' burger van Leyden werd nagemaakt, waaraan valsche zegels of loodjes der Leydsche draperie gehecht waren.

Hierbij kunnen gevoegd worden eenige stukken over

Stapel te Calais en Leyd-sche Draperie.

den Stapel te Dordrecht, o. a. een gedrukt boekje in 4°, genaamd:

Moderatie van Stapel,

waarin men de afbeeldsels onzer Graven vindt, die Privilegiën enz. aan den Stapel te Dordrecht hebben gegeven, beginnende met Hertog ALBRECHT VAN BEIJEREN a°. 1393, en eindigende met Hertog KAREL VAN BOURGONDIë, a°. 1468.

Keuren der Vlaamsche Draperie.

Een folio-register, op perkament geschreven, bevattende de Keuren der *Vlaamsche Draperie*, of die van Warveke (Werveecke), ten tijde van JAN HEULE, Heer van Lichtervelde. Het is van de XVᵉ eeuw, en heeft waarschijnlijk toebehoord aan den Hoogleeraar BONAVENTURA VULCANIUS, wiens naam op het eerste blad geschreven staat.

Uitgang der Volders te Leyden.

Een belangrijk register betreffende het wegloopen der Leydsche Volders naar Gouda, genaamd: *de Uitgang naar Gouda*. Hierin zijn de grieven der Volders, en hunne briefwisseling met de regering van Leyden, tijdens hun verblijf te Gouda, opgenomen. Nadat aan die Volders eenige punten waren toegestaan, en hun werkloon geregeld was, zijn zij teruggekeerd, kregen remissie van straf, bij brieve van MAXIMILIAAN van 16 Januarij 1478 (hofstijl), en deden vervolgens den eed van getrouwheid. Hunne namen staan op het laatste blad van het register vermeld.

Bij ORLERS, *Beschrijving van Leyden*, bl. 553, wordt van dien *Uitgang* ook melding gemaakt, alsmede in het *Stedeboek* van Leyden, zijnde een register waarin verschillende stukken uit de XIVᵉ en XVᵉ eeuw voorkomen.

5*

Keuren der Weeskamer.

Een register, op perkament geschreven, groot 7 bl., bevattende de Keuren van de Weeskamer te Leyden, die den 9en Maart 1475 gemaakt zijn. Op het laatste blad vindt men eene ampliatie van 22 Nov. 1566.

Uit de oude Keurboeken kan men opmaken, dat de Weeskamer, of wat daartoe behoort, eerst omstreeks het jaar 1400 is opgerigt, en dat vóór dien tijd de goederen der weeskinderen door de Burgemeesters werden beheerd. De gedrukte Keuren der Weeskamer zijn van 1583, en van lateren tijd.

Behalve dit handschrift, zijn er nog twee belangrijke registers, meerendeels door Mr. D. van Roijen, Secretaris van Leyden, geschreven, bevattende resolutiën enz. omtrent de Weeskamer, over de jaren 1733, 34, 35.

Keuren der Gebuurten.

In vroegere tijden was de stad in *bonnen*, en deze weder in *buurten* of *gebuurten* verdeeld, die allerzonderlingste namen droegen. Zij zijn bij Orlers, *Beschrijving van Leyden*, vermeld.

Over deze gebuurten is een Keurboek aanwezig, door Jan van Hout geschreven, waarbij hij vele aanteekeningen gevoegd heeft, betreffende de vergrooting der stad enz. Op bladz. 35 van dit handschrift vindt men een Buurt-reglement van 17 Nov. 1473, waarin zich de Heer der Gebuurte noemt, Johan van der Laen, *bij der Gratie Gods, Palsgraaf van der Steenschuur*. Vóóraan is een gedrukte platte grond van Leyden gevoegd, gegraveerd door Pieter Bast, en in 1600 aan de regering van Leyden opgedragen.

Nog is er voorhanden een register in 4°., genaamd:

Keuren der Gebuurte.

*Blaffard der Gebuurte van den Prins van Letterijk,* van 1621—1674; zijnde ontvangsten en uitgaven.

Deze Keuren der Gebuurten zijn in 1580 gedrukt; terwijl in 1593 op de *drukkerij van het Raadhuis* gedrukt is de *Generale Ordonnantie op al de Gebuurten.* Er zijn nog latere gedrukte Keuren der Gebuurten aanwezig. Behalve deze Keuren, zijn omtrent de *Gebuurten* nog aanwezig verscheidene rekeningen van *ontvangst* en *uitgaaf,* van 1796—1804; registers van in- en uitgaande personen bij de *Gebuurten,* van 1704—1808, alsmede een kistje met bescheiden van lateren tijd, en een zilveren *zandlepel.*

Poortersboeken.
1364—1811.

Er zijn 10 folio-registers, op papier geschreven, bevattende de namen der ingeschrevene Poorters, beginnende met 1364, en eindigende den 8en Aug. 1811. Hunne namen komen ook voor in de Thesaur. Rekeningen. Zij zijn ook merkwaardig uithoofde der verschillende *watermerken* van het papier die daarin gevonden worden, alsmede der namen van de Engelschen (Puriteinen) die daarin, van 1607—1625, voorkomen.

Volksregisters.
1574, 1581, 1597, 1622.

1. Een, op papier, geschreven register, bevattende de namen der hoofden van huisgezinnen en het getal personen bij hen inwonende, ten tijde van het Beleg; opgemaakt door de verschillende bonmeesters op den 7en Aug. 1574, en dienende tot regeling der uitdeeling van levensmiddelen.

Het getal zielen in die 17 *bonnen* bedroeg toen ruim 12000.

2. Een folio-register, op papier geschreven, bevattende de namen van al de personen die in September

1581 te Leyden woonden, zelfs studenten, met vermelding hunner geboorteplaats en den tijd hunner inwoning alhier.

Het is in Bonnen verdeeld; zoodat men zien kan hoeveel personen in elk huis toen woonden.

3. Een langwerpig register, bevattende de namen en het getal personen, die niet in de verschillende Bonnen waren opgeschreven, volgens eene stedelijke publicatie van den 10en April 1597. Het zijn meest *Vlamingers*, die daar met vrouw en kinderen voorkomen.

4. Een folio-register, van 1622, genaamd: *Quohier van het Hoofdgeld*. Hierin komen ook al de namen der personen voor, die in elk huis woonden, en het is gemaakt tot betaling van het hoofdgeld.

In 1716 zijn er ook registers gemaakt ter betaling van het zoogenaamde *familiegeld*.

Daar het hoofdgeld ook ten platten lande betaald moest worden, is er ook een folio-register aanwezig van al de dorpen van Rijnland, waarin men de namen en het getal personen leert kennen, die toen in Rijnland woonachtig waren.

Deze registers beginnen met 1449, op *St. Martijnsavond in den winter*, en eindigen met 15 Januarij 1795.

Na de Staatsomwenteling, worden die registers genoemd:

*Notulen van den Provisionelen Raad*, van 19 Januarij 1795 tot 19 Mei 1795.

*Notulen van de Municipaliteit*, van 19 Mei 1795 tot 7 Januarij 1803.

*Resolutiën van den Raad*, van 10 Januarij 1803 tot 2 Februarij 1808.

Vroedschapsboek.

*Resolutiën der Vroedschap*, van April 1808 tot Januarij 1816.

*Resolutiën of deliberatiën in den Raad*, van 1 Januarij 1816 tot op dezen tijd.

Op deze Resolutiën is een bladwijzer, van 11 November 1796 tot 21 Mei 1797.

In deze registers vindt men een omstandig verhaal van den beeldstorm in 1566, en van de daarop volgende gebeurtenissen; doch van het Beleg in 1573 en 1574 niets, ontbrekende daarin de notulen van 1572—1577, juist op het tijdstip van de inneming van den Briel.

De kladnotulen der Vroedschap beginnen met 1787 en eindigen met 1810.

Hierbij kan gevoegd worden een register, bevattende Octrooijen voor de stemhebbende steden, tot benoeming of bestelling van de Magistraat, a°. 1650.

In Leyden moesten de Schepenen 28 jaren oud of daarboven zijn; de Burgemeesters van Dordrecht 36, en de Vroedschap 26 jaren.

Gerechtsdagboek.
1567—1574—1795.

Het oudste *Gerechtsdagboek* begint met 16 Mei 1567 en eindigt den 30en Dec. 1574. De besluiten, daarin voorkomende, zijn door J. van Brouchoven en Jan van Hout onderteekend. Het is groot 174 bl. en bevat veel over de voormalige kloosters hier ter stede, zijnde meestal klagten der kloosterlingen over de verwoesting en den achteruitgang hunner kloosters. Op bl. 137 vindt men de aanstelling van de predikanten Pieter Cornelis, uit den Briel, Adriaan Jansz. den Taling, eertijds pastoor te Homade, en Claas Jansz. Verschoot, van Wijk te Duurstede, van dato 25 Julij 1573.

**Gerechtsdagboek.**

Hierop volgt eene volledige reeks, beginnende met 15 Oct. 1574, door JAN VAN HOUT genoemd:

*Journael van alle besongen van den nieuwen Bur-*
*gemeestren, Schepen en Vroedschappen.*

Tot den 8en Januarij 1795 (Deel 5 C) dragen die registers den naam van *Gerechtsdagboeken;* doch na dien tijd van:

*Requesten gepresenteerd aan den Provisionelen Raad*
*der Gemeente Leyden of Dispositiën op Reques-*
*ten,* tot op dezen tijd.

**Burgemeestersdagboek.**
**1587—1774.**

Deze registers beginnen met den 15en November 1587 en eindigen met 1774. Zij zijn meest van finantiëelen aard, zoo als o. a. lijf- en losrenten, betalingen aan het krijgsvolk enz.

Men vindt hierin ook de consenten, aan personen verleend, om buiten de stad begraven te worden; dit is in zoo verre belangrijk, omdat de registers van het buiten begraven eerst met de helft der vorige eeuw zijn aangelegd.

**Burgemeesteren- en Ge-**
**rechtsdagboek van pu-**
**blieke zaken.**
**1620—1795.**

Deze registers zijn onder verschillende benamingen bekend; zoo als: *Burgemeestren- en Gerechtsdagboek van publieke zaken; Burgemeester-Resolutiën; Notulen van Burgemeestren Kamer.*

Zij beginnen met den 19en November 1620 en eindigen met 12 Januarij 1795; ontbrekende hieraan letter R, 1740—1742.

De notulen of besluiten over de jaren 1668—1742 zijn niet compleet. De Secretaris Mr. D. VAN ROIJEN heeft eenige *leesbare kladnotulen* van zijne twee voorgangers verzameld en laten overschrijven, zoodat er verscheidene jaren ontbreken, terwijl eenige notulen daarenboven nog kort en gebrekkig zijn.

Genoemde VAN ROIJEN heeft daarover een rapport uitgebragt om zijne voorgangers te verontschuldigen;
doch door hunne handelwijze is veel verloren geraakt.

Daarop volgen:

1. *Notulen van het Comité van Algemeene Veiligheid*,
   2 Dl. van 19 Januarij 1795 tot 17 Mei 1796.
2. *Notulen van het Committé van Algemeen Belang*,
   3 Dl. van 19 Mei 1796 tot 7 Januarij 1803.
3. *Notulen van den Burgemeester (Wethouders)* van 10
   Januarij 1803 tot op dezen tijd.

Hiervan bestaan 2 folio-registers, op papier geschreven.
A is groot 286 bladz., beginnende met 3 Januarij
1574, zijnde de aanstelling van GOBBE FLORISZ. tot
wisselaar, en eindigende 21 Febr. 1628. Het
bevat de aanstellingen van eenige predikanten,
professoren en notarissen. Ook komt daarin veel
over de nagelatene goederen der weezen voor, enz.

B is groot 117 bladz., beginnende met 11 April 1628
en eindigende met 22 Mei 1772, bevattende slechts
de benoemingen van notarissen.

Uit die twee registers leert men de namen kennen
van al de notarissen, die, van 1574 tot 1772, te
Leyden zijn benoemd.

Een folio-register, op papier geschreven, groot 247
bladz., bevattende de *lijf- en losrenten* die de stad, van
1612 tot 1672, heeft uitgegeven.

Er zijn nog andere registers van lijfrenten, van vroegeren tijd aanwezig; ook komen die lijfrenten voor
in de oude Thesauriers-rekeningen, die hier, van
1392 af, voorhanden zijn, en die later vermeld zullen worden.

Quist-goed.
1446—1806.

Een folio-register, op papier geschreven, genaamd: *Register van Quist-goed*, van 6 Sept. 1446 tot 24 Januarij 1806, zijnde besluiten over personen, die onder curatele of onder stads-voogdij gesteld zijn.

Op het eerste blad treft men eene opgave aan der *Hanzesteden* die hollandsche lakenen op de markt van Deventer mogten brengen. Achteraan zijn eenige afschriften van grafelijke Charters, betreffende Leyden.

Stedeboek.
1374—1550.

Dit 4°.-register is gedeeltelijk op perkament en gedeeltelijk op papier geschreven, en bevat eene verzameling over vele stedelijke zaken; zoo als: *Voogdijen, schutterij, groote school, leden der Vroedschap, stapel van Calais* enz.

Het begint met 1374 en eindigt met de helft der 16e eeuw.

Dienstboek.
1515—1813.

Hiervan bestaan de volgende registers:

1. Die der *smalle diensten*, van 1515—1564, zijnde één deel, op papier geschreven.

2. Een register, op papier geschreven, genaamd: *Aanneemboek*, van 1532—1611, bevattende de aanstelling van verschillende personen, zoo als: *organist, chirurgijn, secretaris, predikant* enz.

Dit register schijnt te zijn zamengesteld of ingebonden uit de hier en daar verspreide stukken.

3. Verscheidene registers, genaamd *Dienstboek*, van 1500—1813, waarin al de benoemingen voorkomen, zoo wel der *smalle diensten, neringen, vroedschap, diakenen, ouderlingen* enz.

4. Registers der verkiezingen van Burgemeesters en

**Dienstboek.**

Schepenen van Leyden, van 10 November 1647 tot 10 November 1774.

Daarbij nog een register J, in losse bladeren, loopende van 18 Julij 1775 tot 10 November 1794, bevattende 298 bladzijden.

**Wapens der Vroedschap.**

Een folio-register, bevattende de namen en wapens der Vroedschap, van 1449—1772, door GYSBERT VAN RYCKHUYSEN, bode der stad, geteekend.

Hij heeft dit register, volgens testament, in 1772 aan de stad vermaakt, en had het voornemen om er de namen en wapens hunner vrouwen bij te voegen; doch dit plan heeft hij niet ten uitvoer gebragt. Intusschen komen in dit register vele aanteekeningen omtrent Leidsche familiën voor.

Dit wapenboek is in 1758 en 1785 ook gedrukt, waarvan in de stads-bibliotheek een exemplaar aanwezig is dat tot 1795 met de pen is voortgezet.

**Rekwesten.**
**1674—1810.**

Deze registers worden genoemd: *Afgeslagen rekwesten*, en *Rekwesten van Beambten der stad*.

Ofschoon er vele rekwesten in de *Gerechtsdagboeken* en andere stads-registers voorkomen, waarop besluiten zijn genomen, heeft men hier vereenigd:

1e. *Afgeslagene rekwesten*, van 1674—1805. Van 1674 tot 1733 is daarin eene groote gaping.

2e. *Rekwesten van Beambten der Stad*, van 1745—1810, zijnde 16 Deelen in folio.

**Aflezingsboeken.**
**1505—1860.**

Deze verzameling, genaamd *Aflezings- of Publicatieboeken*, is zeer belangrijk, omdat vele der gedrukte Publicatiën niet meer aanwezig zijn.

Aflezingsboeken.

Zij beginnen met 3 Mei 1505, en loopen geregeld door, tot op dezen tijd; dat is: van letter A tot letter N N N.

Missiven-registers.
1581—1858.

1. Van deze registers bestaat eene geregelde collectie sedert 1581.

Het zijn concept- brieven, door de regering van Leyden aan verschillende collegiën gezonden, zoo als: aan de Staten van Holland, aan het Hof van Holland, aan de Gedeputeerden of den Pensionaris van Leyden enz.

Sedert de invoering van den 100$^{en}$ en 200$^{en}$ penning, vindt men in die registers vele brieven aan de steden geschreven, wegens overschrijvingen, erfenissen enz.

Zij beginnen met 16 April 1581 en eindigen 30 Dec. 1858, of tot op dezen tijd.

2. Een register van *ingekomene missiven*, groot 68 bladz., van 15 Nov. 1587 tot 4 Mei 1588.

Het zijn niet de oorspronkelijke brieven, maar slechts de afschriften, door G. Tryssens gemaakt.

Zij handelen meest over finantiën en krijgszaken.

3. Een paket brieven, door de regering van Leyden aan Mr. Rombout Hogerbeets, Pensionaris van Leyden, geschreven, van 8 Nov. 1590 tot 15 Maart 1593.

4. Twee registers met *Secrete missiven*.
1$^{e}$. Van 13 Junij 1623 tot 14 Maart 1661. Op dit register heeft de Secretaris Mr. D. van Roijen een alphabetisch register gemaakt, dat vóóraan staat.
2$^{e}$. Van 14 Oct. 1661 tot 12 Aug. 1739.

Missiven-registers.

5. Een paket met brieven, aan de regering van Leyden geschreven van 1723—1741.

6. Eenige registers van *ingekomen stukken en missiven*,
van 1809 tot op dezen tijd. Hieronder zijn 5 registers
met brieven aan den Maire der stad geschreven, van
Januarij 1812 tot Dec. 1813.

Van 1814—1824 zijn daarvan geene registers, omdat
de brieven toen bij de Notulen gevoegd werden.

Eedboek.
1483.

Er bestaan verscheidene eedboeken, waarvan de oudste een perkament register is, beginnende met den eed
van MAXIMILIAAN, als momber en voogd van Hertog
PHILIPS VAN BOURGONDIë.

Een ander register, mede op perkament geschreven,
begint met den eed van Keizer KAREL V, bij zijne
inhuldiging te Leyden op den 14en Mei 1515; daarop volgt de eed dien de steden van Holland hem
doen; eindigende met den eed der leertouwers in
1541. Verder nog eenige eedboeken van 1638—
1838, en afschriften van eeden van vroegeren tijd.

Latijnsche School.
1597.

Van deze school, die in de 14e eeuw den naam van
Groote School, en na 1574 dien van *latijnsche* of *tri-
viale school* droeg, zijn geene vroegere registers aanwezig dan:

1e. Van 1597—1639; dit register is defect; want daaraan ontbreken bl. 1—97. Hierin komen ook de
titels der boeken voor, die als prijzen aan de
leerlingen gegeven zijn.

2e. Van 1640—1651.

3e. Van 1651—1680 (get. A).

4ᵉ. Van 1680—1749 (get. B).

5ᵉ. Van 1750—1865 (get. C).

De namen der leerlingen zijn, van 1772—1783, aanwezig.

Alles wat deze *Groote School*, vóór 1574 betreft, heb
ik zooveel mogelijk verzameld, en getrokken uit
*Charters*, *Privilegieboeken*, *Vroedschaps-Resolutiën*,
*Aflezingsboeken*, *Thesauriers-rekeningen* en het *Stedeboek*.

Op het Archief zijn daarvan de volgende registers
aanwezig.

1ᵉ. Negen folio-registers, bevattende de *Resolutiën der
Curatoren* van de Leydsche Universiteit, van 28 Dec.
1574—1681.

Na dien tijd zijn daarvan geene registers meer aanwezig. Eene complete collectie dier Resolutiën bevindt zich in het Archief van den Secretaris dier
Universiteit.

2ᵉ. Twee folio-registers, betreffende het *Staten-Collegie* (Coll. Theologiæ), van 2 Aug. 1593 tot 11 Aug.
1614; alsmede een alphabetisch register op de Resolutiën van het *Staten-Collegie*, aᵒ. 1596.

3ᵉ. Eenige registers, bevattende de namen der studenten, professoren enz. van 1582—1601.

4ᵉ. Kladnotulen van het *Staten-Collegie*, ten tijde van
Mr. Nicolaas Zeijst, Pensionaris van Leyden en Secretaris der Universiteit, van 9 Febr. 1596 tot 11 Aug.
1614, groot 33 bladz.

5ᵉ. Eenige registers in folio, genaamd: *Rolle van den
Recentie, gedaen by den Rector Magnificus*, van 1667
tot 1746.

Hoogeschool en Staten-Collegie.

6e. Veertig registers, bevattende de namen van personen, bij wie de studenten inwoonden die vrijdom van stedelijke accijnsen genoten, van 1696—1746.

7e. Een gedrukt register, getiteld: *Berigten rakende de Universiteit*, aº. 1696.

8e. Verscheidene afrekeningen wegens het onderhouden der Bursalen, en stukken over de voormalige Beurzen.

9e. Een groot aantal oorspronkelijke brieven, aan- en door de Regenten van het *Staten-Collegie* geschreven; ook van de Bursalen, sedert 1595. Hiervan heb ik twee registers gemaakt, van 1595—1617.

Thesauriers-rekeningen. 1392—1815.

Deze rekeningen beginnen met *St. Martijn in den Winter* (11 Novemb.) en eindigen met *St. Martijns-avond* (10 Novemb.) van het volgende jaar.

De eerste *thesauriers* komen voor onder den naam van *poortmeesters* en ˙*homans*. Eerst in 1430 dragen zij den naam van Burgemeesters; doch tot 1463 worden zij somtijds nog *poortmeesters* genoemd.

De oudste *thesauriers-rekening* begint met November 1391, eindigt met November 1392, en is met de letter II geteekend, zoodat er vroegere rekeningen bestaan hebben, die nu niet meer aanwezig zijn. Hierin wordt o. a. vermeld, dat ALYT VAN POELGEEST op St. Mauriciusdag (22 Sept.) 1392 is vermoord, waardoor de Leydsche *schutters* door Hertog ALBRECHT VAN BEIJEREN naar 's Hage ontboden werden.

Hierop volgt de rekening van 1399—1400, waarin belangrijke posten voorkomen wegens het voornemen om *Stavoren* te ontzetten. Daar er vele oude *thesauriers-rekeningen* ontbreken, volgt hier eene opgave van de aanwezig zijnde rekeningen, te weten:

| a°. 1392. | a°. 1469—1476. | a°. 1546—1548. |
|---|---|---|
| 1400. | 1481. | 1556. |
| 1413. | 1484—1488. | 1559—1565. |
| 1420. | 1490. | 1568. |
| 1424. | 1493—1494. | 1570. |
| 1425. | 1496—1500. | 1572—1590. |
| 1426. | 1502—1509. | 1592—1593. |
| 1427. | 1511—1516. | 1596—1602. |
| 1430. | 1518—1523. | 1605. |
| 1434. | 1525—1527. | 1608. |
| 1449. | 1529—1530. | 1611—1815 |
| 1452. | 1532—1534. | enz. |
| 1460—1467. | 1536—1543. | |

Tot deze verzameling behooren:

1ᵉ. De *blafferd-rekeningen*, waarvan de oudste die van 1471 is; daarop volgen die van 1500, en loopen, op eenige uitzonderingen na, geregeld door, tot 1815 en latere jaren.

2ᵉ. De registers der *lijf- en losrenten*, beginnende met 1503. De vroegere en latere lijf- en losrenten zijn echter ook in de *thesauriers-rekeningen* vermeld; alsmede de dag van overlijden eens persoons die lijfrenten op de stad had.

3ᵉ. De kwitantiën of bescheiden dier rekeningen, zijnde eene belangrijke verzameling, omdat zij in vele gevallen de zaken breedvoeriger vermelden. Zij beginnen met 1486, en zijn vrij compleet.

4ᵉ. Rekening van de *Vestmeesteren*; hiervan zijn slechts

*drie* registers, van 1515, 1571 en 1578. In de *Thesauriers-rekeningen*, vóór den jare 1574, worden de uitgaven voor de vesten en diergelijken vermeld. Na 1574, komen zij in de rekeningen van den *Thesaurier-extraordinair* voor.

Behalve vele geschiedkundige zaken, vermelden die rekeningen ook het verhandelde op de *dagvaarden*.

Rekeningen van den thesaurier-extraordinair en fabrijkmeester.
1574—1802.

Behalve den gewonen *Thesaurier*, bestond er sedert 1574 nog een *Thesaurier-extraordinair*, belast met het *Vest-* en *Vroonmeesterschap*.

Op den 16en Mei 1638 is de benaming van *Thesaurier-extraordinair* afgeschaft, en daarvoor iets anders in de plaats gesteld, onder den naam van: *Fabrijk en Opziener van Stadswerken*. Dit heeft geduurd tot 1787, in welk jaar deze rekeningen in tweeën gesplitst zijn, onder den naam van: 1e. *Rekeningen van Gecommitteerden tot het werk van fabricatie*, en 2e van: *Gecommitteerden tot bezorging van plantsoen en straten*.

De *fabrijkmeester* was tevens belast met de uitgaven en ontvangsten van den *trekweg* tusschen *Leyden* en den *Leydschen Dam*, waarvan de rekeningen ook afzonderlijk aanwezig zijn.

Deze verschillende rekeningen beginnen met 12 Junij 1574 en eindigen met 1802, ontbrekende daarin die van 1575 tot 1601.

Tot deze verzameling behooren:

1e. De kwitantiën of bescheiden van 1574—1802.

2e. Blafferden, van 1655—1780.

3e. Notulenboeken, over het plantsoen, van 30 Julij 1787 tot 26 Maart 1801.

6

Rekeningen van den the-
saurier-extraordinair en
fabrijkmeester.

Notulenboeken, over fabricatie, van 18 Julij 1787 tot 8 Januarij 1803.

Notulenboeken van de *Kamer van fabricatie* van 1803—1840, met verscheidene daartoe behoorende resolutiën van Burgemeester en Wethouders.

Ordonnantie- of mandaat-
boeken.
1582—1804.

In deze registers vindt men de ordonnantiën of man-daten, op den *Thesaurier*, om gelden uit te betalen. Het nazien dezer registers is gemakkelijker dan die der *Thesauriers-rekeningen*, omdat deze over het algemeen zeer dik en onhandelbaar zijn.

Zij beginnen met 13 November 1582 en eindigen met 1804, ofschoon zij tot op dezen tijd zijn voortgezet.

Registers van verhuring,
verpachting en aanbe-
steding.
1573—1828.

Deze registers, alleen de stad aangaande, beginnen met 1573, en eindigen met 1828.

Tot deze verzameling behooren:

1e. Verkoop- en verhurings-registers van landen, hui-zen en molens, van 1647—1771; ontbrekende 1668—1726.

2e. Voorwaarde van verkoopingen, van 1703—1807.

3e. Voorwaarde van verhuring en verpachting van stads-eigendommen, van 1797—1834.

4e. Bestekken en onderhoud van stads-werken, van 1772—1826.

Verpachting der accijnsen.
1398—1738.

In de *Thesauriers-rekeningen* komen de ontvangsten van de verpachtingen der stedelijke accijnsen voor; doch niet de voorwaarden, waarop zij verpacht werden. In het archief zijn de volgende stukken daarover aanwezig:

1e. Register van ontvangst en uitgaaf over de ver-schillende stads-accijnsen, van 1398 en 1399, door AREND JACOBSZ.

Hierin komt eene vereffening voor, wegens den accijns, toen *Stavoren* in 1399 door de Hollanders bezet was, en waarover men belangrijke posten in de *Thesauriers-rekening* van 1399—1400 vindt.

2e. Verpachtingen der accijnsen in 1477, 1506 en 1520.

3e. Verpachtingen der accijnsen van 1534—1572, met eene opgave van de opbrengst van die der wijnen, sedert 1515.

4e. Extracten uit de *Thesauriers-rekeningen* over de stedelijke accijnsen, van 1450—1574. Hierbij zijn extracten uit de *oude keur- en verhuurboeken*, die op den 26en April 1526 zijn geauthentiseerd, ten gevolge eener procedure, hangende voor den Hove van Holland.

5e. Verpachting van het gras in 1660, en van het gemaal in 1734.

6e. Memorie over het verpachten der stads-accijnsen, en wat de rantsoenen van dien voor de armen hebben opgebragt, van 1685—1738.

7e. Een register over de verpachting van de *asch* enz., volgens resolutie der Vroedschap a°. 1729.

8e. Lijst van hetgeen elk der bonnen jaarlijks betaalt wegens het weghalen van de *asch*, en het diepen der grachten (z. d.).

Zij betaalden daarvoor jaarlijks *f* 3586, 10 st.

Tot deze verzameling behooren:

1e. Notulen van de Commissie van finantiën en onderstand, van 21 Januarij 1795 tot 30 Dec. 1802.

2e. Notulen van het Groot Comité van finantiën, van 22 Junij tot 20 November 1795.

6 *

Commissie van finantiën.

3e. Notulen der Municipaliteit (finantiën), van 7 Aug. 1798 tot 7 Januarij 1803.

4e. Notulen van den Raad, in Comité vergaderd, van 11 Novemb. 1796 tot 6 Novemb. 1801.

5e. Opheffing van de stedelijke Commissarissen van finantiën. Dato 19 Aug. 1811.

———

## Bijzondere rekeningen.

Van n⁰. 1 tot n⁰. 41.

Voogdijrekening van Blys-
hier's kinderen.
1397—1410.

1. Rekening der *Poortmeesters* (Thesauriers) Huge Claesz. van den Burch, grootvader, en Jan Claesz. Blyshier, oud-oom, als voogden over Ermtruid, Katryn en Lysbeth, dochters van Jan Jacobsz. Blyshier, die te Schoonhoven is overleden; van 1397—1410.

Idem, kinderen van Dirk
van Poelgeest.
1406—1409.

2. Rekening en bewijs van Dirk Willemsz., als rentmeester van de kinderen van Dirk van Poelgeest die voor het slot te Gorinchem gesneuveld is.

Die kinderen waren Alyt, Jan, Jacob en Gerrit.

Men vindt daarin den volgenden post:

Aen Huuchtgen, voir Jan's *donaet te scriven*, 6 ß, 6 d.

Deze rekening is in 1409 door de Schepenen van Leyden nagezien en goedgekeurd.

Heervaart naar Zeeland,
Woudrichen, Gorinchem,
's Hage en Delft.
1407—1408.

3. Rekening van eene *heirvaert* of *reyse*, van Leyden naar:

a. Zeeland, op begeerte van den Graaf, gesloten *Vrijdag na St. Jacob*, 1408. Gerrit de Bruin was toen poortmeester.

b. Woudrichem, op *Donderdag na St. Luciedag*, 1407; door Ysbrant Strevelant Jan Vosz.

*c.* Woudrichem, op *Zondag na XIII<sup>den</sup> dag* (Januarij) 1407. Ieder schut trok toen uit op zijn daggeld, gedurende 25 dagen, onder hopman PIETER GERRITZ. BUTENWECH.

*d.* Gorinchem, gaande over Gouda, alwaar toen de stads bannier lag, a°. 1408.

*e.* 's Hage en Delft, ingaande den 4<sup>en</sup> Oct. 1418, gedurende 4 dagen, waarbij allen moesten medegaan die boven de 20, en onder de 60 jaren oud waren. Die naar Delft had plaats op *St. Victordag* (18 Sept.) 1418, en duurde 20 dagen, waarbij omtrent 400 schutters waren.

4. Rekeningen van de betalingen van Kersavond a°. 1432, van de lijfrenten, de Grafelijkheid in Vlaanderen, Braband en Mechelen aangaande, waarvoor de 5 groote steden, Haarlem, Delft, Leyden, Amsterdam en Gouda, borgen waren gebleven. Hierbij 2 registers in 4°, over de Bede, aan den Graaf verschuldigd, door JAN VAN BEKENSTEYN en JAN VAN BERKEN, a°. 1432—1433.

Zie over deze lijfrenten: *Inventaris van het Archief van Leyden;* I<sup>e</sup> Deel, bl. 38.

5. Hiervan bestaan twee rekeningen, als:

*a.* Van eene heervaart, van Leyden naar Utrecht en Deventer, op last van Hertog KAREL VAN BOURGONDIË.

De schutters trokken uit den 31<sup>en</sup> Julij 1456, en kwamen den 16<sup>en</sup> September 1456 terug.

*b.* Van eene heervaart naar Deventer. Uit Leyden vertrokken den 9<sup>en</sup> Sept. 1456, en teruggekeerd den 27<sup>en</sup> Sept. 1456.

Deze rekeningen zijn den 10<sup>en</sup> Junij 1457 gesloten.

Rekening van Jan Philipsz.
1457—1467.

6. Vijf kladrekeningen van JAN PHILIPSZ., van hetgeen hij van de Burgemeesters ontvangen heeft, begonnen op *St. Martijnsdag* 1457, gedurende tot wederzeggens toe. Zij loopen over de jaren 1457, 1461, 1465, 1466 en 1467.

Oorlogschepen.
1477.

7. Rekening van onkosten, door Leyden uitgegeven, om het *kleine oorlogschip* te herstellen, van 10 Nov. 1477 tot 18 Mei 1479.

Leyden had toen twee oorlogschepen uitgerust, een groot en een klein, geschikt om de binnen-wateren te beschermen, want men voer daarmede ook op de Haarlemmermeer.

Beleg van Nuyts.
1476.

8. Rekening van de kapiteinen en ruitergezellen, die van Nuyts naar Leyden teruggekomen waren, om aldaar af te rekenen.

De kapiteins waren: DIRK VAN POELGEEST, GYSBR. VAN RAEPHORST en FLORIS VAN ALKEMADE. Zij waren op eigen gezag, van Nuyts naar Leyden vertrokken, omdat zij geene betaling kregen, hun door Leyden beloofd.

Inneming van Leyden door Reinier van Broekhuizen.
1481.

9. Rekening van NANNE PAIDZE, JAN BERENDRECHT en JAN WILLEMSZ. DE BRUYN, als Thesauriers van Leyden, ten tijde dat REINIER VAN BROEKHUIZEN Leyden had ingenomen, van 22 Januarij 1481 tot 17 April 1481.

Het is een belangrijk register, waarin alles voorkomt, betreffende die overrompeling, door mij geplaatst in de werken van het *Hist.-Genootschap* te Utrecht 1852.

Oorlog met Utrecht.
1481.

10. Rekening van hetgeen Leyden, met de steden van Woerden, Oudewater, het bailjuwschap van Noord-

Oorlog met Utrecht.

wijk, het kwartier van Rijnland daarin begrepen, gezet zijn te gelden in de wapening ter cause van de
reductie van Utrecht, Amersfoort en Montfoort.

Deze belangrijke rekening is te 's Hage gesloten in het
klooster der Jacobijnen op den 16en Novemb. 1495,
en geteekend door Wassenaar, Naaldwyk, Mr. Jan
van Schoonhoven, Philips Ruychrock en Gerrit van
Berkenroode.

11. Rekening van hetgeen de stad Gouda, Rotterdam, Schiedam en de dorpen van Schieland, schuldig
geweest zijn op te brengen, tot reductie van Utrecht,
(z. d.).

12. Rekening van Claes Jan Claesz. en Claes Hugenz., gecommitteerden van wege Maximiliaan, om spoedig de omslagen van Rijnland en Woerden te ontvangen,
welke in 1482 waren toegestaan, ten einde Utrecht te
beoorlogen.

Overgegeven aan de Staten en Gecommitteerden ter
audientie van 's lands Rekenkamer, den 27en April
1495.

13. Rekening der stad Leyden, van de *wapening*
over de vijf maanden als: Mei, Junij, Julij, Aug. en
Sept. 1490. Gesloten te 's Hage op den 12en Januarij
1490 (h. s.), onderteekend door Adolf van Nassau,
Egmont en Wassenaar.

Reductie Rotterdam.

14. Rekening van Leyden, wegens de reductie van
Rotterdam en Sluis, waarin verklaard wordt de portie
die Leyden daarvoor betalen moet, en de betaling die
zij reeds gedurende 17 maanden gedaan heeft, a°. 1499.

Schout-ambacht.
1486—1585.

15. Er zijn geene oudere rekeningen van den Schout, dan die van:

JAN VAN LOCHORST, van 1486—1489, zijnde geteekend n°. 18, zoodat er van vroegere dagteekeningen geweest zijn.

ADRIAAN VAN POELGEEST, van 1490—1499.

JACOB VAN BUSSCHUYSEN, van 1500—1502.

FOY VAN BROUCHOVEN, van 1582—1585.

Men vindt hierin de namen van hen die beboet zijn, enz.

Pondgeld.
1485—1489.

16. Twee rekeningen »van de pontgelden en van de besterften," zijnde ontvangsten van vertrekkende poorters, erfenissen, enz., over de jaren 1485 en 1489. Deze gelden worden ook in de *Thesaurs-rekeningen* verantwoord.

Burgemeesters-rekening.
1493—1494.

17. Rekening van HEYNDRICK FLORIJSZ., Burgemeester van Leyden, 1493, en van JACOB HEERMAN, 1494. Hierin veel over den moeijelijken toestand van het land, en de plaats gehad hebbende *dagvaarden*.

Reizen naar Calais.
1490.

18. Rekeningen van WILLEM BOSCHUYSEN, Ridder, JAN CONNINX en JACOB SIMONSZ., van alle koopmanschappen, die zij van der stede wege gedaan hebben in den, Stapel van Calis (Calais), en aldaar in 1490 gekocht hebben. Gesloten 28 Nov. 1503, en onderteekend JACOB VAN ALMONDE en FLOYS VAN WYNGAERDEN.

Loterij.
1504, 1518, 1596.

19. *a.* Rekening van WILLEM COULSTER, JACOB SYMONSZ. en PIETER PAEDZE, lootmeesters van de loterij, gehouden binnen Leyden in Augustus 1504, volgens octrooi van Hertog PHILIPS VAN BOURGONDIË van 27 Januarij 1503. Deze reke-

ning is zeer beschadigd; doch men vindt daar-in vele *deviezen* of *spreuken*, waarmede de loten voorzien waren. Deze loterij geschied-de om de stads schulden te betalen.

*b.* Een register of rekening van eene binnen Ley-den gehoudene loterij, ter aflossing der stads-schulden, volgens octrooi van Keizer KAREL V, van den 27en Oct. 1518.

Men vindt daarin de voorwaarden, waarop die loterij, bestaande in prijzen van zilver, zal plaats hebben, met vermelding der namen van hen, die prijzen getrokken hebben.

Dit register is ook merkwaardig, wegens de daarin voorkomende *rijmpjes*, *hollandsche* en *latijnsche* spreekwoorden, die op de lo-ten stonden.

*c.* Stukken, betreffende het houden eener loterij ten behoeve van het St. Katharina-Gasthuis te Leyden, volgens Resolutie der Staten van Holland van den 13en Maart 1593, en zonder nadeel van Enkhuizen en Rotterdam, die ook eene loterij op til hadden.

Het plan dezer loterij, door JAN VAN HOUT, Secretaris van Leyden, geschreven, is van 16 April 1596.

Daarbij is ook het gedrukte billet van eene loterij, door de stad Middelburg, in 1596 uitgeschreven, waarvan elk lot 6 stuivers kostte.

De registers van de loterij voor het St. Katha-rina-Gasthuis zijn ook in het St. Caecilia-Gasthuis te Leyden aanwezig. De gedrukte lijst der getrokkene prijzen is op het archief.

20. Rekening van Floris Oem van Wyngaerden, over achterstallige schulden der stad, sedert den dood van Hertog Karel van Bourgondië in 1477. Gesloten te 's Hage den 19en Maart 1518.

Het is eene belangrijke rekening, met vele bijzonderheden, over stads- en 's lands finantiën.

21. Rekening van eenen algemeenen omslag in de verschillende bonnen of wijken der stad, ter bestrijking der tegenwoordige wapening van het gemeene land, of zetting, gedaan a°. 1528, om renten op het gemeene land van Holland te koopen. Dato 7 Aug. 1528.

22. Rekening over de achterstallige losrenten in Braband, a°. 1530. Dit staat in verband met die van 1431, n°. 4. bl. 85.

23. Twee rekeningen van den Xen penning, over de huizen binnen deze stad, van 1559 en 1564.

Heeft betrekking op het Octrooi van 1553, betreffende de *Exuegelden* en den Xen *penning*.

24. Rekening van de zetting, den omslag, de taxatie en het weekgeld, opgesteld bij consent en goeddunken van den Gerechte, Vroedschap en Rijkdom van Leyden.

Volgens Orlers, *Beschrijving van Leyden*, IIe Deel, fol. 555, werden »*de huizen op weekgeld gesteld, elk naar zij groot zijn*" en duurde van 22 Januarij tot 30 Mei 1567.

25. Rekening van Dirk Gerritsz. Smaling en Quiryns Garbants, als Gecommitteerden tot den koop van gra-

Koren voor de armen.

nen, in den duren tijd, tot onderhoud der armen, volgens Vroedschaps-resolutie van 24 Sept. 1565.

Capitale Impositie.
1566.

26. Rekening van de Capitale Impositie, volgens Vroedschaps-Resolutie van den 15<sup>en</sup> Dec. 1566, om bij de poorters en inwoners dezer stad gecollecteerd te worden.

Sparendamsche dijk.
1566.

27. Rekening van JAN VAN BROUCHOVEN, rentmeester van Rijnland, betreffende het bevisschen der sluizen en duikers van den Sparendamschen dijk. Dato *St. Jansdag* 1566.

Rekening der afgebrokene Protestantsche kerk.
1567.

28. Na het bekende *compromis* tusschen de Hertogin VAN PARMA en de verbondene Edelen, werd aan de belijders der gereformeerde religie vrije uitoefening van godsdienst vergund.

In dezen toestand besloten de gereformeerden te Leyden eene eigene kerk te bouwen. De grond, daartoe door de regering afgestaan, was die van het voormalige Leprozenhuis, buiten de Wittepoort (bij het paardenwed).

Met de bouwing dier kerk werd in het begin van Januarij 1567 een' aanvang gemaakt, zoodat daarin reeds den 2<sup>en</sup> Februarij kon worden gepredikt. Zij was 180 voeten lang, 80 voeten breed, en had *f* 2100 gekost.

De personen die zich met deze zaak hadden ingelaten, waren CORNELIS SYMONSZ., genaamd de *bijbelschipper*, HUYCH DIRKZ. VAN BANCKEN, JACOB PIETERSZ. DE VRIES, en SYMON VRANCKENSZ. VAN SCHILPEROORT, die, met PIETER ADRIAANSZ. VAN DER WERF, op den 16<sup>en</sup> September 1567 werden ingedaagd, als *hoofden, auteurs en consistorialen van de nieuwe religie en comotie.*

Van hooger hand werd echter last gegeven, die kerk

Rekening der afgebrokene
Protestantsche kerk.

weder af te breken, waarmede acht dagen na Paaschen
1567 een begin gemaakt werd. Om de zaak bij het
afbreken te behartigen werd door den reeds genoemden van BANCKEN, uit naam der overigen (die absent of
voortvlugtig waren), op den 7<sup>en</sup> Mei 1567 eene acte gepasseerd, waarbij hij aan den stads-timmerman, Mr. AN-
TONIS CORNELISZ., den last opdroeg de materialen der
af te breken kerk te verkoopen, en daarvan rekening
en verantwoording te doen.

Het bleek later dat die timmerman nog geene verantwoording had gedaan; daarom gelastte de Leydsche
regering op den 21<sup>en</sup> Julij 1575 die rekening in te leveren, waaruit wij leeren, dat de verkochte materialen
hadden opgebragt 843 ₤, 6 deniers, en de uitgaven
wegens de slooping 859 ₤, 16 ß, 3 deniers.

Intusschen waren nog eenige schuldeischers opgeko-
men, die materialen enz. hadden geleverd welke niet
betaald waren. Om een einde aan de zaak te maken,
besloot de regering van Leyden op den 5<sup>en</sup> April 1578
de overige schulden te betalen; doch hieraan niet geheel voldaan zijnde, wendde zich CORNELIS SYMONSZ.,
de bijbelschipper, aan den Hove van Holland, die hem
in het ongelijk stelde.

Eindelijk nam de regering van Leyden op den 5<sup>en</sup>
April 1583 het besluit, de overige schulden ter somme
van f 100 af te doen. Zie verder Navorscher VI, bl. 287.

Reis naar Engeland voor
de draperie.
1578—1581.

29. Rekening van GYSBERT DIRKZ. GOOL, van eene in
1578 volbragte reis naar Engeland, tot bekoming van
octrooi om aldaar wol, vellen enz. te koopen, en ze
naar Holland te mogen vervoeren. Gesloten den 17<sup>en</sup>
Januarij 1579.

Dit was het gevolg der Vlaamsche draperie-nering,
die zich hier toen had gevestigd.

**Reis naar Engeland voor de draperie.**

30. Rekening van FRANS REIJERSZ., ontvanger der Vlaamsche Hal, daartoe in 1578 aangesteld. Gesloten den 23<sup>en</sup> Maart 1581.

**Leening in 1576.**

31. Rekening der leening, volgens Resolutie der Vroedschap van 16 Junij 1576, over de bonnen of wijken omgeslagen, om daarmede Leyden's quote te betalen, in de *f* 100,000. Hiervan zoude worden gekort, hetgeen Leyden voor het Vendel van Kapitein TRILLO reeds betaald had. Op het schutblad leest men de volgende, door JAN VAN HOUT gemaakte, dichtregelen.

> Die van de Karlen (Carolus gulden) wil
> Pruven en smaecken t'zuet,
> De hartheid van de schil
> Hij eerstmael craecken muet.

**Verponding. 1581.**

32. Register of rekening van de Verponding, over de burgers dezer stad omgeslagen, volgens Resolutie der Vroedschap, van 12 Sept., 10 Nov. en 16 Dec. 1581.

**Bier-accijns. 1581.**

33. Rekening van LAURENS HUYGENSZ. GAEL, als erfgenaam van zijnen broeder CLAES, voor de ontvangsten die hij gehad heeft, voor den tijd van 18 maanden, van Oct. 1578 tot Maart 1581, wegens de pacht van den impost van 4 st. op elk ton bier. Gesloten 19 Maart 1590.

**Zout- en olie-accijns. 1584—1590.**

34. Rekening van CORNELIS DIRCZ., kruidenier, van hetgeen hij gecollecteerd heeft van den impost van *f* 5 op de 100 pond zout en olie. Gesloten den 1<sup>en</sup> Nov. 1590.

**Leening. 1585.**

35. Rekening van SYMON THOMASZ. VAN SWIETEN, van zekere leening onder de vermogendste burgers van Ley-

Leening.

den omgeslagen, volgens Resolutie van de Vroedschap, van 13 Julij 1585, om hare quote te betalen in de *f* 300,000, bij anticipatie opgebragt moetende worden, ter bestrijding van den vijand.

Leening voor het ontzet van Antwerpen.
1585.

36. Rekening der Commissarissen, die op den 23en Julij 1585 de collecte hebben gedaan van de *capitale impositie*, in plaats der *willige leening*, om die van Antwerpen te ontzetten.

Ruiters van Leycester.
1587.

37. Rekening van PIETER JORYSZ. VAN CORTEVELT en JACOB WILLEMSZ. VAN DER BURCH, wegens inkoop van haver, hooi enz., en uitbetaling daarvan gedaan aan de ruiters van den Graaf VAN LEYCESTER, in 1587 te Leyden in garnizoen liggende. Gesloten 15 Maart 1590.

Leening en quotisatie.
1588.

38. Rekening die de Burgemeesters en Regeerders van Leyden aan de Staten van Holland doen, van de leeningen en quotisatiën die zij voor de gemeene zaak in 1584 en 1585 hebben opgebragt. Uit de voorrede blijkt, »dat de uitdeelingen van de abdijen van Rijnsburg en Leeuwenhorst vele armen naar Leyden hadden gelokt; doch de inkomsten der abdijen, aan het gemeene land vervallen zijnde en geene aalmoezen daaruit meer gegeven wordende, zijn die armen te Leyden en tot grooten last voor de burgers gebleven.” Gesloten 1 Aug. 1588. Zie den *Navorscher* VII. bl. 67.

Rogge-rekening.
1587.

39. Rekening van HENDRIK EGBERTS VAN DER HAL en LAURENS HUYGENSZ. GAEL, betreffende hunne ontvangsten van de verkooping van stads-rogge, volgens acte van de Burgemeesters van 12 Mei 1587.

»Door geruchten dat de Sond gesloten was, verhoogden de bakkers het brood op eene gevoelige wijze;

Rogge-rekening.

doch daar er goede tijding gekomen was wegens het ontsluiten van de Sond, bepaalden de Burgemeesters, dat de bakkers het zuiver roggebrood van *acht* pond niet hooger dan 3 stuivers en 1 blank mogten verkoopen. Ten einde de bakkers daartoe te noodzaken, verkocht de stad hare rogge voor 50 stuivers de zak, van 2 achtendeel.

Spaansche armade.
1588.

40. Rekening van SYMON THOMASZ. VAN SWIETEN, van de leening tot equipage en subsidie voor de admiraliteit (tegen de Spaansche armade), het bezetten van de havens van Duinkerken, Nieuwpoort en andere plaatsen, waar de Hertog VAN PARMA zeilrée lag. Bewilligd den 17en Aug. 1588. Deze leening had te Leyden opgebragt ƒ 11326.

Caugeanterie(grofgreineu).
1597.

41. Rekening van JACQUES DU WERCHYN, die ƒ 1600 van de stad geleend had, tot oprigting van de *Cangeanterie met* 5 *gewannen*, volgens resolutie van die van den Gerechte van 1 Sept. 1597. Afgerekend den 24en Aug. 1603.

---

Pandschap van de goederen van het Klooster Engelendaal.
1576—1590.

1e. Liquidatie van de 4 leeningen in 1572, 1573 en 1576, binnen Leyden gedaan, waardoor de stad van de Staten van Holland de landen van het klooster Engelendaal, onder Leyderdorp, in pandschap heeft verkregen. De liquidatie had plaats tusschen 1582 en 1590.

2e. Voorwaarden van de verkooping dier landen door de Staten van Holland in 1590.

3e. Grondkaart dier landen, door JAN PIETERZ. DOU, in 1590 gemaakt.

100en penning.
1594.

Rekening van den 100en penning, van de verkochte huizen en erven binnen Leyden, komende tot last van

# 96

**100en penning.**

den kooper, door den Secretaris Jan van Hout in 1594 geschreven, en den 29en Aug. 1596 door de regering van Leyden goedgekeurd en gesloten.

**Leening in 1599—1600.**

Vier rekeningen eener leening over Leyden en de dorpen van Rijnland, volgens Resolutie der Staten van Holland en West-Vriesland, van den 26en Feb. 1599 en eene »*Instructie, waernaer de Commissarissen opt maken van de Capitale leeninge, naer advenant van de twee honderste penningen van de waerde van alle roerende en onroerende goederen, enz. van den ingezetenen der landen van Hollant ende West-Vrieslant, zoo in de steden, als ten platten lande, derzelver panden gegoet ofte gestaet, int Capitael tot drie duizent ponden, van veertich grooten tpont, of te meer, zullen procederen.*"

Deze leening, die volgens taxatie geschiedde, diende tot het weren van den oorlog, en moest opgebragt worden in de maanden April en Julij 1599, alsmede in die van April en Julij 1600, telkens een vierde gedeelte. Hiervoor verkreeg men obligatiën op het gemeene land.

De ingezetenen van Leyden moesten toen opbrengen *f* 62438, en de dorpen van Rijnland *f* 49135.

Op deze rekening van Leyden heeft Jan van Hout het volgende versje geschreven:

Begint van jongs wat goets te leeren,
Want als fortuynevat wil keeren,
En van u is haer soete gonst drijvende,
Tot 's levens eynde toe, is de const blijvende.

Uit de rekening van 1600 blijkt, dat in het geheel is opgebragt door Leyden *f* 118452, en de dorpen van Rijnland *f* 96637—10 st., dus te zamen *f* 215089—10 st.

Leening in 1602.

De Staten van Holland en West-Vriesland hadden, na vele deliberatiën, geconsenteerd tot het uitschrijven eener Capitale contributie of leening, *op denzelfden voet als de voorgaande van 1599, doch slechts voor éénen keer,* omdat het land in hoogen nood verkeerde, en de belegering van Ostende vele gelden had verslonden.

De inzameling dezer gelden geschiedde op den 2en Junij 1602. Hierin contribueerde Leyden *f* 46195—10 st. en Rijnland *f* 42529—10 st.; makende te zamen eene som van *f* 88725.

Schoorsteen- of haardste-dengeld.
1606—1628.

Een folio-register, genaamd: *Schoorstienbouck over de stadt Leyden ende Vryheijt van dien,* van den jare 1606.

Dit schoorsteengeld diende tot onderstand van den oorlog, en werd geheven volgens ordonnantie der Staten-Generaal van 30 Mei 1606.

Uit deze ordonnantie volgde, dat men voor elken schoorsteen 30 stuivers moest betalen; in het belang der minvermogenden echter, bepaalde Leyden, dat voor elken schoorsteen van huizen, die in de verponding beneden 20 stuivers waren aangeslagen, moest betaald worden 15 st.; die van 20 tot 39 st., betaalde 20 st.; en die van 2 tot 3 gulden, betaalde 25 st.; boven de 3 gl. betaalde men voor elken schoorsteen 30 stuivers.

In Leyden waren toen 12858 haardsteden of stookplaatsen. In 1628 bedroeg het schoorsteengeld voor Leyden *f* 18522.

1000en penning.
1621—1660.

Rekeningen van de heffing van den 1000en penning binnen Leyden, volgens Resolutie der Staten van Holland en West-Vriesland van den 10en Febr. 1621.

7

Hierbij is de Instructie voor de Commissarissen en hunne verdere handelingen gevoegd. Ieder, die geene *f* 2000 rijk was, werd in deze *impositie* of *contributie* vrijgesteld; doch die meer bezat, betaalde éénen gulden voor elke *f* 1000. De vrijdom werd slechts verleend aan den Prins van Oranje (MAURITS), Prins HENDRIK VAN NASSAU, den Prins VAN PORTUGAL, Graaf ERNST CASIMIER VAN NASSAU, Stadhouder van Vriesland, alsmede aan de Godshuizen.

In het jaar 1621 betaalde Leyden hierin *f* 25944, en de dorpen van Rijnland *f* 24583.

In 1622 hebben de Staten van Holland nog den *dubbelden duizendsten penning* van alle roerende en onroerende goederen geheven, waarin Leyden *f* 47229 moest contribuiren.

De registers van den 1000en penning, zoowel over Leyden als over de dorpen van Rijnland, zijn van de jaren 1621, 1622, 1626, 1654—1660 aanwezig.

Op den 24en Sept. 1622 hadden de Staten van Holland en West-Vriesland een besluit genomen tot heffing van een *hoofdgeld* in de steden en ten platten lande, ten einde het krijgsvolk te betalen en het beleg van Bergen op Zoom af te weren.

Hiertoe moest elk hoofd *één' gulden* betalen, hetzij jong of oud, arm of rijk.

Leyden had bij deze gelegenheid vrijdom voor 15000 hoofden verzocht; met veel moeite werd haar den vrijdom voor 10000 hoofden toegestaan; moetende echter de gegoeden voor die vrijgestelde armen betalen. Den 27en Februarij 1623 besloot de regering van Leyden, dat de dienstmeiden, die niet

*f* 24 in het jaar verdienden, van het Hoofdgeld
verschoond werden, en dat zulks ten laste van de
stads-kas zoude komen. Men heeft toen de bevolking opgeschreven, waarvan te Leyden *twee* registers bestaan, één van de stad en één van geheel
Rijnland. Daaruit blijkt, dat Leyden eene bevolking had van 44745 zielen (de studenten daaronder begrepen), en Rijnland 49528 zielen.

200<sup>en</sup> penning.
1623—1793.

Op den 21<sup>en</sup> Februarij 1623 namen de Staten van
Holland en West-Vriesland een besluit tot het heffen
van den 200<sup>en</sup> penning van alle roerende en onroerende
goederen, en wel op gelijken voet, zoo als het met
den 1000<sup>en</sup> penning had plaats gehad. Hierin betaalde
Leyden voor het jaar 1623 eene som van *f* 97368;
terwijl de geheele ontvangst over Leyden, Rijnland en
de Edelen, 206,502 gl. 19 st. bedroeg.

> Van deze heffing bestaat eene volledige administratie,
> zoo wel Leyden, als de dorpen van Rijnland be-
> treffende, en loopende van 1623—1793.

> In 1628 had deze heffing voor Leyden opgebragt
> *f* 90755, en voor de dorpen van Rijnland *f* 93010.

500<sup>en</sup> penning.
1627.

In Julij van het jaar 1627 hebben de Staten van
Holland en West-Vriesland ook de heffing bevolen van
den 500<sup>en</sup> penning van alle roerende en onroerende
goederen, *tot teghenstandt van den algemeynen viant,
ende bescherminghe vanden selven Lande, jeghens het groot
ende extra-ordinaris ghewelt twelck hij bij den anderen
hout, ende daghelykx is vermeerende.*

> Hiervan bestaan twee registers, één van Leyden en
> één van de dorpen van Rijnland, van den jare
> 1627.

**7 ·**

Het blijkt daaruit, dat Leyden toen *f* 27834, en de dorpen van Rijnland *f* 39210 moesten betalen.

Behalve eenige registers der zoogenaamde *restanten*, zijn er ook brieven en staten van overschrijvingen van eenige steden, o. a. van Amsterdam, van 1675 tot 1680. Verder nog quohieren en rekeningen van de stad, wegens de personele liquidatie van den 100en en 200en penning van de tractementen, van 1723—1804, alsmede een quohier van *tweemaal* den 200en penning over Leyden en de dorpen van Rijnland van 1682.

Collaterale successie. 30en en 20en penning. 1622—1806.

Over deze heffing bestaan de volgende registers:

1e. Staat en verklaring van hetgeen ter Secretarie der Stad Leyden ontvangen en ingekomen is, ten behoeve van het gemeene Land van Holland en West-Vriesland, ter zake van den 30en penning van zekere onroerende goederen, door eenige personen binnen Leyden overleden, ten behoeve van hunne erfgenamen van ter zijde nagelaten, volgens placaat van den 22en Dec. 1598, en nadere verklaring van den 4en Maart 1599.

Het eerste register, van den 30en penning, geteekend n°. 2, begint met 1622 en eindigt bl. 214 met het jaar 1639. Op bl. 218 begint de verantwoording van den 20en penning met 1635, eindigende met 1648. — Hieraan ontbreken de registers n°. 1 en n°. 3.

2e. Het daarop volgende register van den 20en penning, geteekend n°. 4, begint met 1663; de overige registers, tot het jaar 1734, dragen den naam van registers van den 20en penning. Van 1735—1806 dragen zij den naam van: registers van den 10en, 15en en 20en penning.

Collaterale successie.
30$^{en}$ en 20$^{en}$ penning.

3$^e$. Staat van ontvangst van den 20$^{en}$ penning van 1642—1743.

4$^e$. Een register met kopijen van testamenten, volgens placaat van de Staten van Holland en West-Vriesland van den 30$^{en}$ Julij 1624, betreffende de goederen, die bij testamenten, codicillen, huwelijksche voorwaarden of andere contracten gemaakt, zijn subject restitutie, van 1622—1732.

5$^e$. Een register, bevattende de Resolutiën der Staten van Holland en West-Vriesland, alsmede de Instructiën voor de Commissarissen enz. over den 1000$^{en}$, 200$^{en}$, 500$^{en}$ en andere penningen, van 1621—1631.

6$^e$. Vier registers getiteld: *Notulen gehouden bij de Heeren Commissarissen tot behandeling van het werk van de personeele quotisatie over de Stad Leyden en het ressort, onder derzelver verpachting behoorende.*

Daaronder behooren een alphabetisch register, op de namen van de personen gesteld, en eenige liassen van overschrijvingen, van 1745—1751.

40$^{en}$ penning.
1659—1805.

1. Rekeningen van den 40$^{en}$ penning van verkochte vaste goederen, van 1659—1805.

2. Registers van transporten van roerende en andere goederen, geteekend A—I, van 1650—1810. In het eerste register is eene stedelijke keur tegen *frauduleuse transporten of andere bedriegelijke acten*, van 21 Maart 1650.

3. Memorialen van den 40$^{en}$ penning, geteekend D D tot Q Q Q, van 1655—1806. Het eerste register D D wordt genoemd: 28$^e$ memoriaal van den 40$^{en}$ penning,

en begint met den 20<sup>en</sup> Maart 1655. Vooraan is eene waarschuwing der Staten van Holland en West-Vries-land, van 27 Sept. 1656, gelastende, dat, »soo wan-neer eenige der voorsz. vaste goederen, schepen, cus-tinghbrieven, ende alles anders, den veertichsten penningh subject zijnde als vooren, ghetransporteert ofte verkocht werden op termijnen, over denselven veertichsten pen-ningh, die daervan volgens de ghewoonlycke ordre gherect sal werden betaelt, niet meer rabath jegens den penningh twintich, maer alleen naer advenant den penning vijf en twintich sal werden geprofiteert."

4. Twee registers of memorialen van den 40<sup>en</sup> pen-ning van de *auctiën* (boekverkoopingen), van 1 April 1745 tot 4 Dec. 1805.

5. Een register of memoriaal van den 40<sup>en</sup> penning van *schepen* en *schuiten*, van 1 Oct. 1748—1805.

1. Staat en verklaring van hetgeen ter secretarie der stad Leyden ingekomen en ontvangen is, van den 80<sup>en</sup> penning van alle verkochte onroerende goederen binnen Leyden, van 1673—1804.

2. Memorialen van den 80<sup>en</sup> penning, van 1673—1799.

Volgens octrooi van de Staten van Holland en West-Vriesland van den 20<sup>en</sup> Dec. 1672, werd aan Ley-den toegestaan het heffen van *een oortje op den gulden of den* 80<sup>en</sup> *penning* der binnen Leyden ver-kocht wordende onroerende goederen, even als zulks op den 11<sup>en</sup> Julij 1645 aan Amsterdam, Rotterdam en 's Gravenhage gegund was.

Familiegeld.
1674 en 1716.

1. Quohier van het familiegeld ten laste van de in-gezetenen van Leyden, over hunne dagelijksche win-sten, neringen en lucrative professiën, gemaakt en gesloten bij de heeren ARENT MUYS VAN HOLY en SIEU-WERT LAKEMAN (in plaats van den heer Mr. ANDRIES VOSSEN, pensionaris van Enkhuizen) en JACOB VAN DER MAES, Burgemeester van Leyden. Dato 29 Oct. 1674.

Uit dit register blijkt, dat Leyden dagelijks moest opbrengen 182 gl. 15 st. of 66693 gl. 15 st. in het jaar.

2. Een Quohier van het familiegeld over de dorpen van Rijnland, volgens Resolutie der Staten van Holland en West-Vriesland van den 22en en 23en Dec. 1673. Gesloten den 29en October 1674.

Hieruit blijkt, dat de gezamenlijke dorpen van Rijn-land dagelijks moesten opbrengen 240 gl. 4 st. of 87673 gl. in het jaar.

3. Twee Quohieren van het familiegeld over Ley-den, van den jare 1716. Het Quohier van de dorpen van Rijnland ontbreekt.

4. Een register met stukken, betreffende de invoe-ring van de *personeele taxatie* volgens Resolutie der Sta-ten van Holland en West-Vriesland van 7 Maart 1742 [1]).

Verponding.
1632—1809.

1. Deze registers zijn niet volledig, want men heeft daarvan slechts, a°. 1632, 1644, 1657 en 1668; daarop volgt eene geregelde verzameling van 1710—1809. Hier-

---

[1]) In 1727, 1728 en 1730 droeg zij den naam van *familiegeld*, doch de naam werd nu veranderd om het eenmaal verkeerd behan-delde *familiegeld* in 1715 en 1716.

Verponding.

in wordt vermeld wat de eigenaar voor ieder huis moest opbrengen.

2. Rekeningen van den ontvanger der verponding, van 1649—1791. Hierin wordt slechts de hoofdsom, in elke *bon* of *wijk* opgebragt, vermeld.

3. Rekeningen van de Extra-ordinaris verponding van 1687—1805.

4. Bordereelen van restanten der verponding van 1702—1720; 1738—1794.

5. Quohier van de combinatie en splitsing der ver-ponding, van 1734—1789.

6. Staat van de veranderingen in het Quohier der verponding, van 1745—1748.

7. Dagboek van ontvangst, van 1753—1805.

8. Rolle van aangifte der verponding van 1742.

9. Twee registers, genaamd: *Haagsche Quohier*, van 1745, enz.

10. Verbaal van Commissarissen tot de Quotisatie, volgens de wet van den 30en van Lentemaand 1808.

Vergrooting der stad en nieuw getimmerde huizen.
1598—1667.

1. Register van namen van eigenaars der huizen, getimmerd op de erven, in de vergrooting der stad getrokken, a°. 1623.

2. Quohieren van nieuw gebouwde huizen, van 1633—1667.

3. Quohieren van vrijdom van gebouwde huizen, van 1654—1666.

4. Voorstel tot vergrooting der stad aan de Zijlpoort in 1598, door den Secretaris JAN VAN HOUT geschreven, alsmede eene teekening dier vergrooting.

5. Redenen vóór en tegen de vergrooting der stad, behandeld in de vergadering der Vroedschap van 23 Maart 1669. Hierbij zijn de resolutiën over de vergrooting der stad in 1611, 1644 en 1659, gevoegd.

6. Registers van schuld- en rentenbrieven, wegens de vergrooting der stad in 1644 en 1659.

Hierbij kan gevoegd worden:

7. Een register, genaamd: *Ommeslach van tstellen van de schotdeuren in Marendorp om twater uyt te malen en te verversschen* a°. 1599, waarin ook vele rekwesten en resolutiën voorkomen. Toen werd reeds over het stinken der grachten geklaagd.

8. Rekening van GERRIDT LENAERTSZOON, aangaande het vernieuwen der Zijlbrug, a°. 1607.

9. Rekening wegens het diepen van de Mare, volgens Commissie van den 29en Mei 1603.

10. Rekening van DIRK GERRITSZ. VAN HOGEVEEN c. s., als *diep- en platingmeesters*, wegens het diepen van de Uiterstegracht, volgens hunne commissie van 12 Oct. 1611.

11. Rekening van CLAES CLAESZ. VAN DORP en JORIS

Donkeregracht.

VERBURCH, *diep- en molenmeesters* van de Voldersgracht, wegens de *Donkeregracht*, van de jaren 1641, 1657 en 1664, alsmede van de *Goot* onder de Pieteskerkstraat.

Buiten-getimmerden.
1343—1808.

1. Verscheidene stukken over de Buiten-getimmerden (in de zoo genaamde vrijheden der stad), met eenen inventaris over de buiten-neringen in die vrijheden, beginnende met de privilegiën van 1343—1581.

2. Een folio-register met verscheidene octrooijen, brieven enz. betreffende de buiten-neringen, van 1476 tot 1529.

3. Een folio-register, op perkament geschreven, groot 39 bladen, bevattende een gewijzigd octrooi van Keizer KAREL V, over de buiten-neringen, van 11 Dec. 1540.

De commissie, om over deze zaak een onderzoek in te stellen, was opgedragen aan CORNELIS ZUYS en WILLEM WILLEMSZOON, Raden in den Hove van Holland.

4. Een register, genaamd: Inspectie der buiten-getimmerden en nering, binnen 500 roeden onder Leyderdorp en Zoeterwoude, van 1665—1670.

5. Vier registers, zijnde rekeningen der Buiten-getimmerden, van 1661—1808.

6. Dertien registers betreffende de Buiten-getimmerden, beginnende met de metingen van SYMON FRANSZ. VAN MERWEN, van 1580—1803. Hierin komen vele verzoeken voor.

Ramen en Staken.
1646—1810.

1. Zes registers van de erkentenis van de *Ramen*, *Staken* en *Droogplaatsen* binnen en buiten Leyden, van 1646—1810.

2. Dagboek van de Ramen en Staken, van 1750—1803.

3. Rekeningen van *recognitiën* voor de *Ramen* en *Staken* binnen en buiten Leyden, van 1658—1805. Een Blafferd-rekening van 1781—1811.

Negotiatiën en liberale gift.
1646—1814.

1. Sommatie-billetten betreffende de groote leening van 1646 en 1648.

2. Stukken betreffende de Capitale leening van 1672 en 1674, en de anticipatiën van 1683 en 1689.

3. Rekening en dagboek van den 50<sup>en</sup> penning, alsmede van de liberale gift in 1747. De liberale gift van Leyden bedroeg ƒ 14150.

4. Rekening der negotiatie van ƒ 80000 volgens resolutie der Vroedschap van 6 Februarij 1749.

5. Rekening der negotiatie van ƒ 100,000 volgens resolutie der Vroedschap van 1 Sept. 1789, benevens de uitgelotene obligatiën.

6. Stukken over de negotiatie à 6%, volgens publicatie van de Representanten van het Volk van Holland, van 17 Julij 1795.

7. Quotisatie van de geldheffing van 30 Maart 1798.

108

Negotiatiën en liberale gift.

8. Lijst der restanten genomen uit het register der geldleening van 3 millioen, volgens de wet van 30 Maart 1808.

9. Billetten van inschrijving in de geldleening van 6 millioen à $4^0/_0$ in 1809.

10. Een folio-register A, genaamd: *Registratieboek der fransche effecten*, begonnen in den jare 1793.

11. Kwitantiën van den franschen *achterstand*.

12. Afgeloste obligatiën in 1784, wegens de geldleening van 1773.

13. Een register bevattende de acten, benoodigd tot het ontvangen van ingeschrevene kapitalen in Groot-Bretagne, gerigt aan het Hof van Canterbury van 1814—1857.

14. Register en Inventaris van alle losrenten, obligatiën en andere renten gevende effecten, welke der gemeente Leyden in eigendom toebehooren, alsmede van de zoodanige welke tot de fondsen behooren die ter rekenkamer geadministreerd worden. Opgemaakt in 1802.

Roijeermeesters. 1607—1808.

Zes registers van comparitiën der Roijeermeesters, van 1607—1808.

Deze waren belast met het nazien der rekeningen. Zie hierover ORLERS, *Beschrijving van Leyden*, bl. 667, die hunne namen, van 1579—1641, opgeeft.

## Stukken van het Vroon.

1. Nadat de Vroonwateren in 1583 aan de stad ge-komen zijn, is de Secretaris JAN VAN HOUT begonnen de registers aan te leggen, waarin de Charters enz., betreffende het Vroon, werden afgeschreven.

Alles wat nu het Vroon betreft, vindt men verhaald in de registers A, B, C en D.

2. Een register in 8°, wegens de meting der Vroon-wateren in 1595, door J. P. Dou.

3. Registers der verhuringen, door de vroonmees-ters, van 1774 tot 1806, gedaan.

4. Rekeningen van het Vroon, van 1588—1811 en latere jaren, benevens verscheidene blafferden van 1634 tot 1801.

Alle vroegere ontvangsten en uitgaven van het Vroon worden in de *Thesauriers-rekeningen* gevonden.

Geteekende kaarten van het Vroon.

5. Kaart van de *Hemmeer*, door JAN PIETERSZ. DOU, landmeter, van 13 Febr. 1623.

6. Kaart van het *Zweyland*, de *Kever* en de *Eymers-poel*, met de wijze van bedijking, ten verzoeke van de Huiszittenmeesters, door J. P. Dou, van 18 Dec. 1622 en 1 Aug. 1623.

7. Kaart van de *Hanepoel*, door idem, van 6 Oct. 1633.

8. Kaart van de *Cleypoel* of *Jan Seroens-poel*, door idem, van 6 Oct. 1633.

9. Kaart van de *Braassemmer-meer*, met de wijze van bedijking, ten verzoeke van Huiszittenmeesters, door idem, van 24 Dec. 1622 en 1 Aug. 1633.

10. Kaart van de *Rijpwetering of Coppoel*, door idem, van 6 Oct. 1633.

11. Kaart van de *Lyckerpoel*, door idem, van 6 Oct. 1633.

12. Kaart van de landen tusschen de *Rijpwetering*, *Braassemmer-meer*, *Lycksloot* en *Lyckerpoel*, en de wijze om deze landen te bepolderen, van Dec. 1631.

13. Kaart van het eiland *Abenes*, door J. P. Dou, van 28 Julij 1637, en op last der Burgemeesters in 1712 door Antony van Velsen gecopiëerd.

14. Kaart van de herstelde schei- of grenspalen van de Vroonwateren tusschen Haarlem en Leyden, door Antony van Velsen, van 27 Mei 1713 en 29 Oct. 1725.

Zie het Verbaal hierover in het Vroonregister letter C.

15. Concept ter bepoldering van de *Oude-Wetering*.

16. Twee kaarten, wegens het stellen der palen op Vijfhuizen en Nieuwerkerk, tot scheiding der Vroonwateren tusschen Haarlem en Leyden, door Claes Vis, van 28 Sept. 1729.

17. Vier kaarten (figuratief) van het Groote Leydsche-meer, die waarschijnlijk gediend hebben tot de voorgestelde bedijking in 1742.

18. Gedrukte kaart, genaamd: »*Kaerte van Suyt-Hollants Grootste Deel* enz. waerin mede te sien is hoe

Geteekende kaarten van het Vroon.

eertijts de Haerlemermeer ende de Leytsemeer van een gescheyden waren, ende geen gemeenschap en hebben gehat met de Spieringmeer; ock hoe men met de wagen konde rijden van Haerlem door *Vijfhuisen* en *Nieuwerkerk* naar Amsterdam en Utrecht, mede van Hillegom over de Vennip (alwaer men aen t'Veer met een schouwe wierde overgezet) ende rijden konde door Aelsmeer enz. naer Amsterdam."

Deze kaart is in 1591 door den landmeter Pieter Bruynsen, wonende te Haarlem, gecopiëerd naar eene kaart van 1531, en toen (1591) door Claes Jansz. Visscher in druk uitgegeven. In 1724 is deze kaart op last der Burgemeesters van Leyden op nieuw gedrukt door Pieter van der Aa, waarvan de koperen plaat ook nog aanwezig is.

Het is onbekend waar de geteekende kaart van 1531 zich thans bevindt.

De Vennip.

19. Over dit eilandje, in het thans drooggemaakte Haarlemmer-meer gelegen hebbende, zijn verscheidene stukken aanwezig, die alle geïnventariseerd zijn; daartoe behooren:

*a.* De verleibrieven van 1393—1552.

*b.* De koop van *de Vennip* door de Stad Leyden in 1552, en de verleibrieven op de Burgemeesters sedert dien tijd.

*c.* Aanstelling van de schouten door de Burgemeesters van Leyden, sedert 1576.

*d.* Thijnsen, morgengelden, verponding enz. sedert 1559.

*e.* Meting van de Vennip en Hillegom, door Simon Meesz. van Edam, in 1544, en van Simon Fransz. van Merwen, in 1588.

*f.* Kaart van de Vennip, door S. F. van Merwen in 1588 geteekend, en door J. P. Dou in 1607 gecopiëerd.

*g.* Rekeningen van de Vennip, voorkomende in die van het Vroon, sedert 1588.

*h.* Afdruk van het Zegel van de Vennip.

*i.* Teekening van een zilveren lampet en schotel, door de Burgemeesters aan Mr. David van Roijen, Secretaris van Leyden, vereerd, en door Hieronimus van der Mey, kunstschilder, geteekend.

Hij ontving dit in 1735, uithoofde van zijn geschiedkundig opstel over het Vroon, voorkomende in register D van het Vroon, van 4 Januarij 1735.

*k.* Gedrukte keuren van het Vroon, van 1606—1809.

De vroegere keuren, over het visschen, baggeren enz. in de Vroonwateren, staan in de Vroonregisters vermeld.

## Trekvaarten op Delft, Haarlem en Utrecht.

1. De registers of resolutieboeken van deze trekvaart beginnen met het jaar 1636, toen de weg aangelegd werd, en loopen tot 1850 en latere jaren.

Het eerste register A bevat echter ook eene verzameling van oude stukken over de vaart, genaamd: *den Vliet,* loopende van Leyden naar den Leydschen Dam, en van daar naar Delft. Het oudste daarin voorkomende stuk is van 17 Mei 1435, zijnde eene overeenkomst tusschen de stad Leyden en Willem

Delftsche Trekpad.

VAN NAALDWYK over den tol aan den Leydschen Dam. Hierin is ook het *Verbaal aangaande den trekweg tusschen Leyden en den Leydschen Dam, van 25 Aug. 1636.*

2. Een paket met bestekken en brieven betreffende die trekvaart.

3. De rekeningen van Leyden, betreffende dat pad, beginnen met 1637 en eindigen met 1836, of tot op dezen tijd.

De eerste wordt genoemd: *Rekening van den nieuw gemaakten trekweg tusschen Leyden en den Dam;* en de tweede, van 1638: *Rekening van het inkomen van den tol en de gabellen van den trekweg tusschen Leyden en den Dam.* De derde rekening begint met 1648; de overige rekeningen loopen tot op dezen tijd.

4. De rekeningen van Delft, betreffende dat pad, beginnen met 1648 en eindigen met 1790.

5. Blafferden, van 1769—1805. Deze staan ook naast de rekeningen van den Thesaurier-extraordinair.

6. Bescheiden of kwitantiën van 1638, 1648, 1652, 1659—1684, 1702, 1704—1837.

7. Keuren voor de schippers op Delft, van 1638 tot 1817.

Haarlemmer Trekvaart. 1650—1850.

1. De registers of resolutieboeken betreffende, deze trekvaart, beginnen met 1650 en eindigen met 1850, dat is: van letter A tot Q.

In het eerste register A vindt men ook zeker contract over het *Mallegat,* loopende van Noordwij-

8

kerhout tot in de ringsloot van den Lisserpoel, van
5 Mei 1595, alsmede het octrooi voor de trekvaart
van Haarlem op Amsterdam, van 4 April 1631.

In dat zelfde register treft men het oorspronkelijke
rekwest aan, waarbij eenige Leydsche kooplieden
in 1650 aan de regering van Leyden verzoeken
om de trekvaart tusschen die stad en Haarlem te
laten maken, omdat hunne reizen, over het Meer
naar Haarlem, met vele bezwaren verbonden waren. De onderhandeling over deze zaak begint op
bl. 5, en is van den 27en Julij 1655.

2. Notulenboek van de trekvaart tusschen Haarlem
en Leyden, van 30 Aug. 1655 tot 10 Aug. 1665.

3. Begrooting der landen, tot de Haarlemmervaart
afgesneden, door Joris Gerstecoorn, landmeter, van
1656—1657.

4. Uitspraak en taxatie over de landen enz. tot het
maken dezer vaart, door de Gecommitteerden van het
Hoogheemraadschap van Rijnland gedaan, alsmede octrooijen, consenten en resolutiën van 1656 en 1657.

5. Geteekende kaart van de vaart tusschen Leyden
en Haarlem door de landmeters J. Gerstecoorn en Andries van der Walle, a°. 1656.

Er zijn nog andere kaarten van deze vaart op het
Archief aanwezig.

6. Verscheidene gedrukte keuren over het veer tusschen Leyden en Haarlem, van 1609—1807, waaronder
die van de hier behandelde trekvaart.

Haarlemmer Trekvaart.

7. Rekeningen betreffende deze vaart; van de Stad Leyden: van 1656—1835.

Rekeningen betreffende deze vaart; van de Stad Haarlem: van 1658—1810.

8. Duplicaat-rekeningen, van 1766—1771.

9. Blafferden, van 1692, 1766—1771, 1794, 1799—1805.

10. Particuliere rekeningen der trekvaarten, met de documenten, van 1809—1839.

11. Bescheiden of kwitantiën, van 1657, 1660 en 1662—1834.

12. Keuren enz. van het veer tusschen Haarlem en Leyden, van 1669—1801, waaronder die van de trekvaart sedert 1657.

Trekpad van Leyden op Woerden en Utrecht. 1664—1850.

1. Ontwerp van een rekwest om octrooi te hebben tot het maken van een trekpad tusschen Leyden, Woerden en Utrecht (z. j., denkelijk 1663).

2. Eene, op perkament, geschrevene overeenkomst tusschen de regering van Leyden en Utrecht, tot het maken van het trekpad (z. j.).

3. Verdrag tusschen de regering van Leyden, Utrecht en Woerden, ter eener, en den Heer van Warmond en Gerard van Poelgeest, ter andere zijde, over het maken van hoofden en schouwen om paarden over te zetten, alsmede over het maken van twee huizen voor de schouwen, het dragen der onkosten enz. Dato 20 April 1664.

8 *

4. Overdragten van landen tot het maken van het pad, getrokken uit de registers van gemeld pad, a°. 1664.

5. Lijst der gehoefdslaagden in den Rijn, buiten de Hoogewoertspoort, van 1667.

6. Gedeelte van de groote kaart van Rijnland, gediend hebbende tot het formeeren van het plan om dat pad te maken; alsmede eene kaart van den loop van de Utrechtsche trekvaart, van Woerden tot Utrecht.

7. Verscheidene brieven, besluiten enz. van de Staten van Holland en West-Vriesland, wegens de tollen langs den Rijn en de commercie in het algemeen.

8. Beklag der schippers, dat zij door de marktschippers zeer worden benadeeld, en dat het verplaatsen van de herberg te Woerden, waar de schuiten aanleggen, zeer nadeelig is (z. j.).

9. Registers, bevattende resolutiën enz. over dit trekpad, van 1614—1850, dat is: van letter A—S.

Ofschoon het pad in 1664 is aangelegd, vindt men in register A oudere stukken, o. a. een van 29 Oct. 1614, zijnde eene keur van het Hoogheemraadschap van Rijnland over het maken van een zandpad buiten de Hoogewoertspoort.

10. Rekeningen betreffende dit pad, van wege de stad Leyden: van 1664—1830.

Rekeningen betreffende dit pad, van wege de stad Utrecht: van 1665—1817.

Rekeningen betreffende dit pad, van wege de stad Woerden: van 1664—1819.

Trekpad van Leyden op Woerden en Utrecht.

**11.** Blafferden, van 1685—1688, 1728—1734, 1772, 1799—1804.

**12.** Schippers-rekenboeken, bevattende het getal der overgevoerde personen, van 1716—1739.

**13.** Bescheiden of kwitantiën, van 1664—1837.

**14.** Verscheidene gedrukte keuren over gemeld veer.

Veerschuiten en Veer-schepen.
1609—1837.

Behalve de reeds genoemde Delftsche, Haarlemsche en Utrechtsche trekvaarten, tot gemak voor reizigers, en het vervoeren van goederen gemaakt, bestonden er nog verscheidene andere veeren en vervoermiddelen waarvoor keuren gemaakt zijn, die thans alle zijn gecatalogiseerd, zoo als:

Van Leyden, op 'sHage, Delft en Rotterdam, van 1615—1733.

» » » Dordrecht, van 1620—1756.

» » » Middelburg, Walcheren en andere Zeeuwsche plaatsen, van 1602—1808.

» » » Gorinchem, 'sBosch, Wezel, Breda en Maassluis, van 1650—1816.

» » » Kampen, Deventer, Zwol, Hoorn en Enkhuizen, van 1683—1837.

» » » Gouda, van 1768—1837.

» » » Amsterdam, genaamd: *groote schipperij* of *Kaagveer*, van 1609—1742.

Stads-jacht.
1698—1808.

**1.** Aanbesteding van een te maken stads-jacht, door Jacob Byl, Mr. Scheepstimmerman te Amsterdam, voor ƒ 2000, volgens resolutie der Vroedschap van 23 en 26 Aug. 1698.

Stads-jacht.

2. Correspondentie tusschen de heeren KAROLUS CRU-
SIUS en J. J. HINLOOPEN over het maken van gemeld
jacht, alsmede over de onkosten wegens het maken
van eenen Amsterdamschen *boeijer* voor de stad Leyden.

Hierbij is een reglement voor den schipper ZACHARIAS
BARON en diens knecht, dienende op gemeld jacht,
van 3 Nov. 1710.

3. Rekeningen van het stads-jacht, van 1732—
1795, in een paket. Zij betreffen alleen de ontvangsten, met het jacht verdiend, door het te verhuren
om er pleiziertogten mede te doen en lijken te vervoeren.

4. Specificatie, met de kwitantiën, der schafting,
gehouden in het stads-jacht bij het doen der rekening
van het Utrechtsche trekpad, van 1733—1746.

5. Reglement op de vrachtloonen van het stads-
jacht, van 21 Aug. 1766 en 23 Mei 1808..

Wagen- of voerliedenveer.<br>1613—1815.

Er bestaan verscheidene gedrukte keuren en ordonnantiën voor de voerlieden of het wagenveer, van
1613—1815, zoo als:

1. Ordonnantie op de voerlieden van Leyden naar
  's Hage, van 11 April 1613.

2. Ordonnantie op het wagenveer tusschen Leyden
  en Haarlem, van 26 Maart 1633.

5. Ordonnantie voor de voerlieden, op Haarlem,
  Amsterdam, Delft en Utrecht, van 2 Januarij 1648.

6. Ordonnantie op de vrachtwagen van Leyden op
  Haarlem, van 23 Maart 1652.

<small>Wagen- of Voerliedenveer.</small>

7. Vrachtloonen voor het rijden met koetsen binnen Leyden of in den omtrek, van 30 Dec. 1806.

8. Ordonnantie op het rijden der pak- en postwagens, van 28 Nov. 1815, enz.

<small>Posterij.<br>1667—1792.</small>

Over de posterijen kan men nalezen wat VAN MIE-RIS daarvan in zijne *Beschrijving van Leyden*, bl. 479, zegt.

Op het archief zijn daarvan de volgende stukken.

1. Aanstelling van NICOLAAS CLIGNET tot postmeester binnen Leyden, van 6 Januarij 1667 en eene andere van 9 Julij 1668. Hij stierf den 7en Oct. 1727.

2. Eene gedrukte memorie, betreffende de posterij op Engeland, van 1668, waaruit men o. a. leert, dat de post op Engeland, vóór dien tijd, over Antwerpen ging, onder directie van den Graaf VAN TAXIS, postmeester-generaal der Spaansche Nederlanden.

3. Verzoek van ABRAHAM DU MOULIN, bode van Leyden op Antwerpen, te kennen gevende dat de regering van Antwerpen aan die van Leyden verzocht had om de verordening op de postboden te handhaven, en dat hem zulks schadelijk voorkwam, omdat de Graaf VAN TAXIS de posterijen op Frankrijk en Engeland in handen heeft (z. j., denkelijk a°. 1674).

4. Concept omtrent de posterij, waarnaar men zich zoude kunnen gedragen, als het postmeestersambt vacant werd, volgens resolutie der Vroedschap van 2 Nov. 1723.

5. Instructie waarnaar ROBERT DE NEUFVILLE, gecommitteerd tot Post- en Bodemeester, zich naauwkeurig zal hebben te gedragen (z. j., doch vóór 1727).

Posterij.

6. Eene missive der Staten van Holland om de na-men der postmeesters, en de accoorden met hen aangegaan, op te geven, alsmede de opbrengst dier posterijen van 1738—1747. Dato 1749.

7. Secrete resolutie der Vroedschap van 10 Julij 1747 over de posterij binnen Leyden, waaruit blijkt, dat de stad hare posterij ter beschikking gesteld had van Z. H. den Prins van Oranje.

Hierover is een rapport uitgebragt door Mr. DAVID VAN ROIJEN, Secretaris der stad, van 16 Mei 1751.

8. Register van ontvangst en uitgaaf, wegens de posterijen, ambt-obligatiën en 100en penning, van 1735 tot 3 Nov. 1792.

Droogmakerijen.
*Swijnsmeer*, *O.- en W.-Broeksche-polder*, *Binnen-wegsche-polder*, *N.- en Z.-Plas*, *Starrevaartsche- en Gelderwoudsche-polder.*

1567—1759.

1. Rekwest van JARICH VAN TJEPMA, rentmeester der Vroonlanden van Noord-Holland, en BARTOLOMEUS VAN TEYLINGEN, schout van Alkmaar en bailjuw van Nyen-burg, aan PHILIPS II, om, tot bedijking van het *Swijns-meertje* (onder Haringcarspel, en waartoe octrooi ver-leend was) eenige morgen lands, genaamd de *hofweide* en der grafelijkheid toekomende, te mogen verkrijgen. Toegestaan uit Antwerpen den 4en Julij 1567.

2. Verscheidene stukken betreffende den Oost- en Westbroekschen polder onder Zoeterwoude, van 1640 tot 1642.

3. Voorwaarden, waarop de *Binnenwegsche-polder* of Segevaert (Seghwaert) zal worden bedijkt, waartoe Rot-terdam verlof gegeven heeft. Zie over de droogmaking van dien polder, het door de Staten van Holland en West-Vriesland op den 30en Julij 1700 verleende Octrooi, alsmede een vroeger van 16 Aug. 1698.

Droogmakerijen.
*Swijnsmeer*, *O.- en W.-
Broeksehe-polder, Binnen-
wegsche-polder, N.- en Z.-
Plas , Starrevaartsche- en
Gelderwoudsche-polder.*

4. Vertoog aan de regering van Leyden, door Jacob de Mulder, wegens een verbeterd en vermeerderd concept tot droogmaking van de *Noord-* en *Zuidplas*, waartoe door de Staten van Holland op den 30en Julij 1700 octrooi verleend was.

5. Octrooi der Staten van Holland tot droogmaking van den *Starrevaartschen-polder*, met het groot zegel dier Staten, van 3 Febr. 1736.

Daar de stad Leyden, als ambachtsheer van Zoeterwoude, de administratie dier droogmakerij op zich heeft genomen, bevinden zich op het Archief al de leggers, protocollen, boeken, rekeningen, charters en verdere documenten van dezen drooggemaakten polder, die alle zijn gecatalogiseerd.

6. De stad Leyden heeft ook de droogmaking van den *Gelderwoudschen-polder*, onder Zoeterwoude, op zich genomen. Men heeft daarvan:

*a.* Rekeningen van dien polder, van 1759—1796.

*b.* Uitgaafboek » » » , van 1759—1779.

*c.* Ordonnantie- of betaalboek tot het droogmaken van den Gelderwoudschen-polder onder Zoeterwoude, van 24 Sept. 1759.

*d.* Dagboek van uitgaaf en ontvangst van dien polder, van 1770—1779 enz.

Haarlemmermeer.
1740—1758.

Een folio-register, getiteld: *Stukken rakende de exoneratie te Katwijk in de Noordzee, alsmede de bedijking en droogmaking van de Haarlemmermeer*, van 1740—1758.

In de registers van het Hoogheemraadschap van Rijnland vindt men vermeld, dat Ant. de Hoogh reeds

*Haarlemmermeer.*

in 1617, en Mr. Pieter van der Linden in 1624, verzocht hadden om de Haarlemmermeer droog te maken.

*Waterloozing te Katwijk. 1741.*

Een folio-register met stukken van het Hoogheemraadschap van Rijnland, betreffende de *Waterloozing bij Katwijk in de Noordzee* voorheen geëffectueerd, benevens eene belangrijke memorie daarover van Mr. D. van Roijen, Secretaris van Leyden, van 1741. Zie over deze waterloozing in 1408 en latere jaren *Navorscher* XIV, bl. 293.

*Waterverversching van Leyden. 1591—1827.*

1. Twee folio-registers, geteekend A en B, en genaamd: *Stukken rakende de verversing van de wateren van Leyden*, van 1591—1711.

2. Memorie van C. Alenson, in 1709 overgegeven, waarbij hij eenige middelen opgeeft om de stads-grachten te Leyden steeds met versch water te voorzien.

3. Berigt van de Hoogleeraren de Volder en Senguerdius, over de door C. Alenson voorgestelde middelen om de stads-grachten steeds met versch water te voorzien.

4. Reflexiën van C. Alenson op het berigt van de Hoogleeraren de Volder en Senguerdius.

   *a.* Concept van de Heeren de Moor en Nispert om de stad steeds met versch water te voorzien.

   *b.* Extract uit het register der deliberatiën, wegens de verversching der stads-grachten, van 10 April 1827.

*Hoogheemraadschap van Rijnland. 1253—1795.*

1. Een folio-register A, met eenige afschriften van privilegiën, keuren, vonnissen enz. betreffende het

Hoogheemraadschap van Rijnland, bijeenverzameld door JAN VAN HOUT, Secretaris van Leyden, beginnende met 1253.

2. Een folio-register, chronologisch gerangschikt, met afschriften van eenige privilegien van het Hoogheemraadschap van Rijnland, getrokken uit het bovengenoemd register A.

3. Register van keuren, vernieuwd bij Dijkgraaf en Hoogheemraden, van 3 April 1595.

4. Een folio-register met allerlei extracten, betreffende het Hoogheemraadschap van Rijnland, door JAN VAN HOUT.

5. Een folio-register getiteld: *Nopende het Dijkgraaf- en Heemraadschap van Rijnland*, door JAN VAN HOUT.

6. Een folio-register getiteld: *Bewerp van de keuren van het Waterschap van Rijnland*, geschreven a°. 1595, met kantaanteekeningen.

7. Elf folio-registers genaamd: *Notulen van het Hoogheemraadschap van Rijnland, of registers van de stukken van Rijnland*, van 1498—1795.

Hierbij behoort een register, bevattende eene chronologische opgave van de stukken van het Hoogheemraadschap van Rijnland, voorkomende in de negen registers van dat collegie, dat is: van 1498 tot 12 Dec. 1743.

8. Een folio-register, op perkament, bevattende de oorspronkelijke accoorden, tusschen de stad en het

Hoogheemraadschap van Rijnland gesloten, beginnende met 1550 en eindigende met 28 Nov. 1595.

9. Gedrukte keuren van Rijnland, sedert 1610.

1. Rekeningen van de morgengelden van Rijnland, van 1545—1793.

2. Rekeningen wegens den Rijndijk, van 1570—1587.

Rekeningen der raming voor de jaarlijksche onkosten voor den Sparendamschen- en Slaperdijk, van 1541—1789.

Het St. Barbara-convent, gelegen op het Rapenburg en op den hoek van de Voldersgracht, is, na opheffing der kloosters, aan de stad gekomen, en vervolgens tot een logement voor Prins WILLEM I en andere voorname personen ingerigt, nadat het ook korten tijd te voren als Akademie-gebouw gebruikt was geworden.

Hiervan zijn de volgende stukken:

1. Kwitantiën wegens de herstellingen aan het Prinsenlogement, van 1578—1581.

2. Inventaris van de nieuw gekochte goederen voor het Prinsenlogement, ten behoeve van LOUISE DE COLIGNY, wed. van Prins WILLEM I, en door haar eigenhandig op den 11en Maart 1585 onderteekend.

3. Inventaris der goederen, die boven genoemde weduwe uit het logement had medegenomen, en door haar uit Vlissingen den 8en Julij 1585 onderteekend.

4. Besluit der Burgemeesters van 18 April 1601, om al de meubelen van het logement op den

Prinsenlogement.

zolder te brengen, omdat de Graaf Justinus van Nassau verlangd had zijne eigene meubelen daarin te gebruiken. De inventaris, toen door Jan Dirksz. van Noortsant, bode met de *roede*, gemaakt, is van 12 Mei 1601.

5. Verzoek van Hendrik Schoutens, om na het vertrek van den Heer van Sonsfelt naar Cleef, dit logement te bewonen, met de daarbij door de Burgemeesters gevoegde conditiën, van 20 Oct. 1611.

In de *Gerechtsdagboeken van publieke zaken* vindt men veel over dat logement, en de personen die het bewoond hebben, vermeld, o. a. Elisabeth, dochter van Jacobus VI, Koning van Engeland, en gemalin van Frederik, Koning van Boheme. Van haar heeft de stad den grooten zilver-vergulden beker ten geschenke ontvangen. Volgens van Mieris, *Beschrijving van Leyden*, bl. 406, is het Prinsenlogement in 1667 vernietigd, en de grond toen aan bijzondere personen verkocht.

Logement der Leydsche Gedeputeerden te 's Hage. 1639—1799.

Volgens den gedrukten *Inventaris van het Archief der Gemeente Leyden*, 1e. D. bl. 149, had de stad in 1639 een huis op het *Buitenhof* te 's Hage, van Hendrik Schrassert voor ƒ 17400 gekocht, en het doen inrigten tot een logement harer gedeputeerden. Hierover is nog aanwezig:

1. Instructie voor den kastelein Michiel Sax, van 5 Dec. 1711.

2. Inventaris der meubelen en boeken van genoemd logement, onder bewaring van M. Sax, a°. 1714.

3. Reglement op de verteeringen der Gedeputeerden in dat logement (z. d.).

Logement der Leydsche
Gedeputeerden te 's Hage.

4. Verkoop- of transportbrief van genoemd logement door de stad aan ROBERT CAMPBELL voor *f* 14500. Dato 19 Maart 1799. De onkosten voor het onderhoud van het logement vindt men in de stadsrekeningen.

Pesthuis, thans het *militair detentiehuis*.
1635—1814.

1. **Extract uit het register der *Willekeuren* van Amsterdam, letter H, fol. 200, van 4 Julij 1602, betreffende de heerschende pest of haastige ziekte, denkelijk door Leyden gebruikt bij de oprigting van een pesthuis in 1635.**

2. Ontwerp, door die van den Gerechte vastgesteld, betreffende de drapiers, volders, verwers en persers, in geval van pest (z. d.).

3. Eene geschrevene ordonnantie, waarnaar de gezonde personen, in tijden van pest, zich zullen hebben te gedragen (z. d.).

5. Rapport, op last der regering van Leyden ingesteld, wegens het *pestwater* van Dr. VAN DAM uit Utrecht, van 18 Oct. 1635. Het is onderteekend door OTTO HEURNIUS, EW. SCREVELIUS, J. WERKHORST, H. VAN DELMANHORST, H. FLORENTIUS en DAMIANUS WEYSSENS, met vermelding der wijze, waarop het pestwater moest gebruikt worden.

6. Rapport en advijs der doctoren over den toestand der bieren, die te Leyden gebrouwen worden, en of die gezond of ongezond zijn. Onderteekend door FRANC. GOMARUS, J. ELEMAN en D. DE DIEU (z. d.).

7. Memorie voor de regering van Leyden, waarbij

het nut aangetoond wordt tot oprigting van een *pesthuis* (z. d.).

8. Legaten en vrijwillige giften, aan het nieuwe pesthuis vermaakt, in November en December 1635, bedragende *f* 812. Later bedragen die bijna *f* 50,000.

9. Verzoek der pestmeesters om de stad in 6 kwartieren te verdeelen, waarin elk der pestmeesters en hunne handlangers ten dienste der gemeente zullen staan, om geene verwarring te veroorzaken. Dato 2 Oct. 1635.

10. Rekening van ontvangst en uitgaaf van het nieuwe pesthuis, van 1635—1799.

11. Rekening der moeders van het pesthuis, van 1641—1715; en de blafferden, van 1667—1738.

12. Memoriaal van 1635.

13. Register, van de in het pesthuis bestede personen, van 1636—1655.

14. Inventaris van den inboedel en de goederen van het pesthuis, van 1666—1735.

15. Register der verkochte goederen, van 1666 en 1667.

16. Obligatiën van het pesthuis, van 1657—1799.

17. Notulenboek, van 1754—1799.

18. Kwitantiën, duplicaat-rekeningen, inventarissen enz., van 1650—1811.

*Pesthuis, thans het militair detentiehuis.*

19. Resolutiën der Vroedschap en daartoe betrekking hebbende stukken, om het pesthuis aan het Rijk te verhuren voor *f* 1000 'sjaars, en het voor een militair hospitaal in te rigten, nadat dat van Honslaarsdijk was opgeheven, van 1802—1814. Het is bekend dat de stad het vervolgens aan het Rijk heeft afgestaan, die het nu tot een *militair detentiehuis* heeft ingerigt.

20. Geteekende kaart van den plattegrond van het nieuwe pesthuis buiten de Morschpoort, door Jan Pietersz. Dou, van 22 Oct. 1637.

21. *a.* Eene schilderij, voorstellende de toen regerende regenten, door J. Potheuk, 1658.

*b.* Eene schilderij, voorstellende eene aan de pest stervende vrouw, door Theod. van der Schuur, 1682.

Deze schilderijen zijn nu op het stadhuis gebragt.

22. Namen der regenten van het pesthuis, van 1641—1791.

*Gravestein of het Werkhuis.*
*1595—1817.*

1. Reglement op het eten of schaften in het tucht- of werkhuis, op Gravestein (z. d., doch denkelijk van 1595).

2. Onkosten voor de gevangene of geëxecuteerde personen op Gravestein, onder Mr. Cornelis Paets, hoofd-officier der stad, van 10 Nov. 1681 tot 10 Nov. 1684.

Zij werden tegen 7 stuivers 's daags den persoon onderhouden, *»als van ouds."*

2. Instructie en reglement voor den cipier van Gravestein, van 10 Maart 1699, en een vroeger stuk tot

opheldering van eenige punten van dit reglement, van den jare 1697.

3. Rekeningen van ontvangst en uitgaaf van het *werkhuis* op Gravestein, van 1671, en van 1703—1810, alsmede de kwitantiën, van 1704—1786.

De ontvangsten werden van herbergiers, brandewijn- en tabaksverkoopers enz. geheven.

4. Rekening van het werkhuis *Laus Deo*, van 1796—1809; kwitantiën van 1796—1803, alsmede twee re- gisters van personen die in het werkhuis gewerkt hebben.

5. Stukken betreffende de oprigting en bouwing van een werkhuis, bij de Wittepoort, waar de stads-stallen gestaan hebben, van 1800—1817.

Het is later in eene kaserne herschapen. Hierbij een belangrijk rapport over het werkhuis te Amsterdam.

1. Hiervan bestaan slechts drie folio-registers, be- vattende de rekeningen, van 1727—1775.

2. Namen der regenten van het arme-kinderhuis, van 1724—1774; het was vóór 1724 aan de Aalmoe- zeniers of Huiszittenmeesteren en Diakenen toevertrouwd. In 1774 is het met het Heilige Geest- of Weeshuis ver- eenigd, en zijn de kinderen op den 18en December 1776 in het Weeshuis gebragt. In 1782 is dit Kinderhuis tot een *oude arme-mannen- en vrouwenhuis* ingerigt. Se- dert 1816 dient het tot een militair *invalidenhuis*.

Minnen- of arme oude
mannen- en vrouwenhuis.
1782—1850. 1. Verbaal van gehoudene conferentiën in 1782 tot oprigting van een *Minnen- of oude mannen- en vrouwen-*

Minnen- of arme oude mannen- en vrouwenhuis.

*huis*, waartoe reeds aanzienlijke legaten gegeven waren, o. a. door Mr. NICOLAAS VAN DE VELDE, Oud-Burgemeester, en Mr. JOHAN VAN DER MARCK, Hoofdofficier van Leyden, met eene berekening van inkomsten en uitgaven.

2. Een paket met verscheidene stukken, betreffende de oprigting van dit *oude mannen- en vrouwenhuis*, in het voormalige arme kinder- of houwhuis, afkomstig van Mr. D. VAN ALPHEN.

3. De rekeningen, sedert de oprigting van dit huis, volgens resolutie der Vroedschap van 4 Nov. 1782, zijn van 1783—1850, en later aanwezig.

In het jaar 1783 bedroegen de ontvangsten *f* 27300, 18 st, 2 p., en de uitgaven *f* 27120, 17 st., 12 p.

In 1784 waren de ontvangsten *f* 13991, 19 st., 8 p., en de uitgaven *f* 13827, 15 st., 6 p.

Dit huis is 1816 tot een militair *invalidenhuis* ingerigt, terwijl de oude mannen en vrouwen vervolgens naar een ander huis op de Heerengracht zijn overgebragt.

Het tegenwoordige *Gereformeerd Minnenhuis*, dat in 1826 door de stad is opgerigt, is geheel iets anders dan het hier behandelde.

Weeshuis (Gereformeerd). 1671—1850.

1. Rekeningen van het arme-weeshuis, van 1671, en van 1698—1750; en van 1752—1834, onder den naam van het Heilige Geest- of Armen-Weeshuis.

2. Rekeningen van Vrouwen Regentessen van het Heilige Geest- of Armen Wees- en Kinderhuis, van 1797—1850.

3. Rekeningen der kraammoeders, van 1802—1850.

4. Kopij van het testament van Pieter van Leyden, Kanonik van de St. Pieterskerk te Utrecht en te Middelburg, en Pastoor van de kerk te Zoeterwoude, van *Dingsdag vóór Sint Martijndag in den Winter* a°. 1316, waarbij hij o. a. bepaalt, dat het Weeshuis een half of één pond zal ontvangen, telkens als zijn steenen huis, op den hoek van de Choorsteeg, op eenen anderen overgaat.

5. Kopij uit den oorspronkelijken brief van het Weeshuis, waarbij de regering van Leyden de Cellebroeders in hare bescherming neemt, onder voorwaarde, dat hunne woning, die zij van Willem van Alcmade Florisz. en Floris Paidzenz. in erfpacht hebben, aan het Weeshuis zal komen, in geval het onbewoond bleef. Dato 22 Januarij 1421.

6. Kopij uit den oorspronkelijken brief, waarbij Paus Sixtus aan de Cellebroeders verlof geeft een kloktoren, kerkhof enz. te mogen hebben. Dato 9 Junij 1472.

7. Onderzoek naar de zich nog te Leyden bevindende Cellebroeders; inspectie hunner woning, opgave hunner middelen enz., door Jan van Hout, Secretaris van Leyden, van 14 Junij 1577. Het gevolg hiervan was, dat het huis en de goederen aan het Weeshuis zijn gekomen.

8. Rekwest der Weesmeesteren aan de regering van Leyden, waarin zij zich beklagen dat het huis der Cellebroeders, waaraan zij veel ten koste hadden gelegd, door eenen hoogleeraar van het collegie der theologie bewoond wordt, die de overige vertrekken tot zijn eigen voordeel verhuurt, zonder dat het Weeshuis daarvan iets trekt. Dato 21 Aug. 1586.

9*

9. Inventaris van de goederen van wijlen Meester PHILIPS VAN HENEGOUWEN, door de executeurs in den jare 1527 aan de Weesmeesteren overgeleverd. Hierin worden schepenen-brieven vermeld van 1323, 1345, 1360 enz.

10. Afschrift van hetgeen op een bord in de Hooglandsche kerk gestaan heeft, ten gevolge van het legaat, door ISAAC JANSZ. DE MEY, in 1648, aan het Huiszittenhuis vermaakt, waarbij dat huis aan ieder weeskind op den 1en Mei van elk jaar een *tarwe tuitbol*, en aan ieder provenier in het Elisabeths-gasthuis een pint wijn moest geven.

11. Eenige aanteekeningen betreffende het weeshuis, van 1697—1736, getrokken uit de registers van gemeld huis.

12. Extracten uit de notulenboeken van het weeshuis, wegens eenige privilegiën van dat huis, van 1682—1743.

13. Contract tusschen de regenten van het armeweeshuis en arme-kinderhuis, wegens het innemen van verlatene kinderen, van 3 Junij 1727.

14. Namen der regenten van het weeshuis, van 1491—1557, met vermelding der abuizen die daarover bestaan; ook de namen der regenten, die bij ORLERS, *Beschrijving van Leyden*, van 1597—1609, en 1631, niet vermeld zijn.

15. Ordonnantie, waarnaar zich de aangestelde *omgaanders* zullen hebben te reguleeren, van 2 Julij 1691; alsmede *provisionele instructie* voor de meesters van het arme-weeshuis, van 2 Julij 1691.

Weeshuis (Gereformeerd).

16. Extracten uit het notulenboek der Burgemeesters van Leyden, van 1773—1776, betreffende de combinatie van het wees- en arme-kinderhuis.

17. Extracten uit de resolutiën der Staten van Holland, betreffende de weeshuizen, van 1733—1766.

18. Geschrevene nieuwjaars-wenschen der Leydsche weesdochteren, van 1749—1756, en een gedrukte van 1773 door KAREL DE PECKER.

19. Een paket met verscheidene stukken over *dit weeshuis*, door VAN MIERIS en VAN ALPHEN verzameld. Het belangrijkste hieronder is echter de *Inventaris van het Archief van het weeshuis*, in 1750 en 1751 in orde gebragt, en in 1752 aan de » *vergadering*" overhandigd.

20. Consideratiën en advijs op het decreet van den provisioneelen Raad der Gemeente Leyden, genomen in deszelfs buitengewone vergadering van den 15en Dec. 1795, het *Eerste jaar der Bataafsche Vrijheid*.

Dit stuk, groot 25 bladen, handelt over het stedelijk tekort, het oude mannen- en vrouwenhuis, de gast- en weeshuizen enz., met een voorstel om al de weezen der verschillende kerkgenootschappen in één gesticht te plaatsen.

Weeskamer.
1598.

Het Archief der Weeskamer is thans niet meer hier ter stede, maar naar het Algemeen Depôt te 's Hage overgebragt. Behalve de verschillende keuren, is daarvan nog aanwezig:

1. Resolutiën van den Gerechte, aangaande de vervreemdingen van onroerende goederen van weeskinderen, consenten tot belastingen, verkoopingen

enz., van goederen, Godshuizen toebehoorende, en dispositiën op verzoeken van den kerkeraad, van 1598—1805, zijnde 34 registers.

2. Rekeningen van geliquideerde boedels, van 1733—1737; van J. VERSCHOTEN en M. VAN OVERBEECK, 1655; en F. W. DOORNIK 1795.

1. Rekeningen van het Huiszittenhuis, 1671, 1719—1850.

2. Rekeningen van de Armen-Bakkerij, 1751—1850.

3. Liquidatiën wegens de armen, van 1716—1754.

4. Rekeningen van het verbakken van koorn, van 1631—1700.

5. Rekeningen van Hop- en Gruitgeld, van 1653—1735.

6. Dagboek van het Huiszittenhuis, van 1717—1718.

7. Notulenboek der Commissarissen, van 1753—1786.

8. Register van obligatiën van het Huiszittenhuis, van 1717.

9. Register over de Negotiatie voor de Bakkerij, a°. 1753.

10. Sloten van Rekeningen wegens de *vijf fondsen* en bakkerij, a°. 1774.

11. Een folio-register met twee rapporten, getiteld:

*Huiszittenhuis.*

*Provisioneel rapport van de Heeren Commissarisseu van de groote Vroedschap*, hebbende, ingevolge hare resolutie van den 3en Julij 1753, gebesoigneert over de verbetering in de administratie en menage van het Huiszittenhuis enz. Het eerste rapport is van 20 Dec. 1753, en het tweede van 10 Junij 1754.

*R. Cath. armen.*

1. Een folio-register, genaamd: *Blaffert der Roomse arme-goederen*, volgens octrooi van den 13en Julij 1737.

2. Twee rekeningen der Roomsche armen, van 1743—1771, en 1772—1793.

3. Rekeningen der R. C. armen en weezen, van 1802—1834, en latere jaren.

4. Bij deze collectie behooren twee folio-registers, genaamd: *Register van de Roomsche Kerken*, van 1730—1793; handelende over kerkelijke zaken dier gemeente, zoo als benoemingen der priesters enz.

*Luthersche armen.*

5. Rekeningen der Evangelisch-Luthersche armen; daaronder die van het wees-, oude mannen- en vrouwenhuis, van 1802—1834.

De rekeningen voor de armen dier gemeente worden thans niet meer bij de regering ingeleverd.

*Israëlitische armen.*

6. Rekeningen van deze gemeente, van 1816—1850 en latere jaren.

*Passantenboek.*

7. Een passantenboek, behoorende bij de rekeningen van het Huiszittenhuis, van 1803—1834; uitgaafboek voor de passanten, van 1823—1824.

Domicilie van onderstand.<br>1743—1820.

1. Een paket, bevattende de namen van personen, die van elders komende, hier poorters zijn geworden; met verklaring dat zij, tot armoede vervallende, door hunne borgen zullen worden onderhouden, van 1743—1784.

2. Twee registers, genaamd: *Admissie- en Readmissie*, van 1805—1813, en een paket, van 1812—1820.

3. Een folio-register, genaamd: *Vergadering der Acten van Cautie*, van 1716—1737. Dit betreft de borgstelling der poorters.

Armgelden.

1. Over de ontvangene gelden voor de armen, door de stad geheven, bestaan de volgende rekeningen:

a. Van 1652—1772, in folio.

b. Van 1691—1803, in quarto.

c. Extraordinair armgeld, van 1761—1811.

d. Wegens verkochte huizen en erven, van 1804—1809.

2. Rapport wegens den finantiëlen staat der gesubsidicerde stichtingen of godshuizen van den jare 1795.

3. Notulen over de zaken der armen, van 1803—1804, en eenige bescheiden tot de rekening van 1807 behoorende.

4. Behalve deze registers, bestaan er nog andere stukken over de armen en de bedelarij. Hiertoe behoort een belangrijk rapport van den Secretaris JAN VAN HOUT, dat hij in 1577 in de vergadering der Vroedschap heeft voorgelezen, doch te lang om in het

Armgelden.

Vroedschapsboek te worden opgenomen. Hierin be-schrijft hij den toestand der armen te Leyden, en stelt belangrijke verbeteringen voor, enz.

5. Plan eener vereeniging van al de armen dezer stad, en eene algemeene bedeeling dier armen. Bedenkingen daartegen door de regenten der gereformeer-de gasthuizen aan den *Sous-Prefect* van het Arrondissement Leyden (z. j., denkelijk 1805).

Hofjes.

In de *Beschrijving van Leyden*, door VAN MIERIS, wor-den al de stichtingbrieven der verschillende hofjes dezer stad breedvoerig vermeld.

Op het archief bevinden zich ook de kopijen dier stichtingen en wat daartoe behoort. Verder is daarvan aanwezig:

1. Rekeningen van het *Woudendorps-hofje*, van 1730—1845.

2. Rekeningen van het *Jerusalems-hofje*, van 1732—1848.

3. Rekeningen van het *Catrijn Jacobs-hofje*, van 1732—1845.

4. Rekeningen van het *Sions-hofje*, van 1735—1848.

De stichtingbrief van dit hofje komt ook voor in een register, op perkament geschreven, bevattende andere stichtingen. In dat register is ook het tes-tament van LUCAS JANSZ. VAN WASSENAAR, den 19en Nov. 1629 te 's Gravenhage voor den notaris PIE-TER DIERT gepasseerd, waarbij hij $f$ 4000 aan de nazaten van den beroemden schilder Lucas van Leyden, *zijn oud-oom van vaderszijde*, vermaakt; d. i. die den schilder in éénen graad het naast bestaan. In 1634 heeft eene familie de Hoey van Schiedam zich als regthebbende opgeworpen, waarvan vele stukken in de notariële protocollen dier stad te vinden zijn.

5. Opdragt van het hofje *Emaus* of *Bethanie*, ten behoeve van het Huiszittenhuis, van 7 Junij 1709.

De niet volledige rekeningen beginnen met 1791 en eindigen met 1848.

6. De op perkament geschreven fundatiebrief van het *St. Anna-hofje*, op de Hooigracht, van 7 Aug. 1507, waarvan het stadszegel verloren is.

De rekeningen zijn van 1594—1596, 1600—1603, 1623—1624, 1628, 1630 en 1664—1682, aanwezig.

7. Rekening van het *St. Janshofje*, van 1584—1599.

1. Rekeningen van der armen beurzen, van J. van Broechoven, van 1645—1829.

2. Rekeningen van de beurzen van de Heeren Riemersma en Hugetan.

3. Dagboek van penningen, gelegateerd door bovengenoemde Heeren voor eenige armenscholen, van 1772—1811.

Over den oorsprong van de Bank van Leening heeft van Mieris, in zijne *Beschrijving van Leyden*, reeds veel vermeld. Op het Archief bestaan daarover de volgende stukken:

1. Registers der stadsbank van Leening, van 1703—1838.

2. Staten der Bank, van 1819—1841.

3. Bescheiden of kwitantiën, van 1738—1838.

4. Memoriën, octrooijen enz. van de Bank van Leening te Amsterdam, Rotterdam, Haarlem en 's Hage, van 1652.

5. Ordonnantie of reglement voor de Bank van Leening van Rotterdam en Haarlem, van 1652, 1661 en 1750, alsmede van Delft, van 1708.

6. Reglement voor de ingebragte goederen en panden, van 18 Febr. 1727.

7. Instructie voor den Kassier, van 4 Oct. 1725 en 18 Febr. 1727.
   »         »    » Boekhouder, van 18 Mei 1733 en 3 Nov. 1785.
   »         »    » Taxateur van juweelen en paarlen enz., van 3 Nov. 1785.

8. Nota van eene verkooping van juweelen, die den 3en Junij 1732 te Haarlem zal plaats hebben.

9. Historisch berigt en staat van de stadsbank van Leening binnen Leyden, van 11 Junij 1799, waaruit men leert dat deze *Lombard* reeds vóór 1400 bestaan heeft.

10. Pièce relative au mont-de-piété, a°. 1811.

11. Tafelen van interest à $4\frac{1}{2}\%$, à $6\%$ en à $9\%$, alsmede tegen 4 duiten het pond vlaamsch in de week.

12. Reglement op de stadsbank van Leening, van 25 Mei 1829.

Hiervan bestaan vijf folio-registers, van 1651—1817; alsmede de bescheiden, van 1618—1666, en van 1725—1805.

In het register, genaamd: *Stedeboek*, komt veel voor, betreffende de schutters, zoo als: de namen der schutters en hunne Kapiteinen (hoofdman), van 1402—1535. Ook hun reglement van 1445, door mij geplaatst in de *Berigten van het Historisch Genootschap* te Utrecht, a°. 1852. Verder zijn nog aanwezig:

1. Rekening van Deken en Hoofdmannen van de St. Sebastiaans-schutterij, van 1569—1572, door den Secretaris JAN VAN HOUT op den 30en Oct. 1578 gesloten.

2. Notulenboek der schutterij, van 1586—1797; en het Secrete-notulenboek van 1785.

3. Rekeningen der schutterij, van 1602—1801, en latere jaren; kwitantiën van 1748—1797.

4. Rekeningen van wachtgelden en wachtboeten, van 1753—1794.

5. Rollen van beëedigde noodschutters van onderscheidene jaren.

6. Inventaris van stukken, op den Doelen bewaard wordende, van 1626.

7. Rekening van ontvang en uitgaaf, betreffende den Doelen, van 1748.

8. Lijst der tot de wapenen goedgekeurde schutters van 1797.

9. Gedrukte naam- en dagregister van de Heeren Kapiteinen, Luitenants en verdere officieren van de acht Vaandelen Burgeren der stad, van 1770—1786. Namen van de manhafte krijgsraad van de schutterij op het schrikkeljaar 1788. Op den 9<sup>en</sup> Nov. 1702 was reeds verlof aan HENDRIK VAN DAMME gegeven om die boekjes te drukken.

10. Provisioneel wachtreglement voor de gewapende burgerij van Leyden, van 3 Maart 1795.

11. Verscheidene besluiten omtrent de schutterij, sedert den 2<sup>en</sup> van Bloeimaand 1809. Volkswapening en Landstorm, 1813—1815.

1. Rekeningen van de artilleriemeesters, van 1650—1794, met eenige kwitantiën.

2. Inventaris van de artillerie-kamer, van 27 Sept. 1783 en 11 Sept. 1790.

3. Wachtregisters, van 1753—1790.

4. Inventarissen der voorhanden zijnde wapenen op de artillerie-kamer, van 1719—1790. Hierbij eene lijst van afgeleverde geweren, bandeliers, sabels en degens door JAN WOLTERING, bedienaar der artillerie, aan den Kolonel J. WILLER, van 20 Januarij 1791.

5. Rekening van ontvang van fournitures en stalhuur, van 1801—1805.

Artillerie.

6. Behalve deze stukken zijn er nog verscheidene kwitantiën over soldijen, geleverd schroot, artillerie-zaken enz., van 1536—1668.

Waardgelders, Stads-soldaten en Ruiterij.
1584—1815.

1. Monsterrollen van de soldaten door de stad aangenomen, volgens resolutie der Staten van 9 Febr. 1584; waarbij hun reglement, hunne verrigtingen in vele plaatsen en brieven van Prins MAURITS.

2. Afrekening dier soldaten in 1587.

3. Monsterlijsten en soldijrekeningen, van 1591.

4. Hierbij kunnen nog gevoegd worden acht rekeningen van ANT. VAN DUEREN, vrijvechtmeester, als overste wachtmeester der stad tot het bezetten der wachten, volgens publicatie van 25 Oct. 1578; zij loopen tot den 28en Febr. 1579.

5. Gedrukt reglement op het houden van de ordre onder het krijgsvolk binnen Leyden in garnizoen liggende, waarnaar de officieren zich hebben te gedragen. Leyden bij JAN PAETS JACOBSZ., a°. 1618.

6. Een paket behelzende de namen der karabiniers, kurassiers en garde van de Staten van Holland, in garnizoen te Leyden, met eenige rekwesten dier troepen, waarin zij o. a. zeggen, dat het niet mogelijk is om met 13 stuivers daags hunne paarden en zich zelve te onderhouden, a°. 1665.

7. Een folio-register, getiteld: *Krygsraetboeck van de ruyterye der stad Leyden*, a°. 1672—1674.

Deze ruiterij werd door eenige voorname ingezetenen

Waardgelders, Stads-sol-
daten en Ruiterij.

van Leyden opgerigt, tijdens de fransche invasie in 1672. Men vindt daarin ook de namen der officieren met hun geteekend familie-wapen. Twee daarvan zitten geharnast te paard. Ook eene teekening, voorstellende een exercitie-plein buiten de stad, door A. BEELDEMAKER geteekend in 1672.

Het loopt van 5 Aug. 1672 tot 23 April 1674.

8. Vonnis van den franschen militairen krijgsraad van den 29en April 1813, op last van den Generaal MOLITOR tegen verscheidene personen geslagen. In het fransch, gedrukt bij HERDINGH & DU MORTIER.

Men had daarbij het voornemen om Leyden van de Franschen te bevrijden. Deze treurige geschiedenis is bekend onder den naam van *drie schoft oranje*.

9. Rekening en verantwoording van de Commissie die zich in 1815 belast heeft ter inzameling van gelden voor de vrijwiligers, uitgetrokken ter verdediging van het vaderland. Hierbij de stukken betreffende het op te rigten *Invalidenhuis*.

10. Drie registers van gepensioneerde militairen, van 1810, 1813 en 1815.

Binnenwacht.
1633—1797.

Drie ordonnantieboeken van de Binnenwacht der stad Leyden, gemerkt A, B en C, van 1633—1797.

## Schepenbank.

Schepenbank.

De hier te vermelden stukken behoorden bij de arrondissements-regtbank geplaatst te zijn. Bij de overbrenging zijn de volgende stukken, om bijzondere redenen, op het archief gebleven:

1. *Zoenboek*, waarvan de titel is: *Dit siin die zoenen die ghemaect siin bi den gherechte van Leyden sider Sinte Jacobsdach in der jare van tseventighen*, van 1370—1390.

*Zoenboek*, van 1435—1443.

» , van 1502—1551.

Er zijn op het Archief nog andere *zoenboeken*; doch zij hebben alleen betrekking op tractaten van vrede enz., met vorsten en steden.

2. *Vredeboek*, 5 Deelen in 8°, van 1493, 1496, 1497 en 1500.

3. *Correctieboeken*, van 1390—1427, 1448—1489, 1507, 1511, 1514, 1518, en eene geregelder collectie van 1519 tot 12 Nov. 1768.

4. *Borgtogt voor Correctiën*, van 1500—1574, 2 Deelen in 8°.

5. *Kenningboeken*, in folio, met lederen banden, van 1434—1542, en van 1553—1578.

6. *Wedboeken*, genaamd: *Protocol dat stonde int houte bouck dat men nu hiet twedboec*, van 1477—1563.

Hieraan ontbreken eenige registers.

7. *Dingboeken. a.* Poortdingboek, van 1443—1453; en van 1476—1482.

*b.* Willecoren van Poortdingen, van 1529—1535.

*Dingboeken. c.* Dingboek, van 1563—1646.

     *d.* Groot-dingboek, van 1647—1810.

8. *Criminele vonnissen.*

*a.* Een folio-register met criminele vonnissen van 1533—1584. Men vindt hierin veel over de vonnissen der wederdoopers, beeldstormerij en bannelingen onder ALVA.

De latere vonnissen zijn bij de Arrondissements-Regtbank.

*b.* Crimineel klagtboek, van 1699 en 1701.

9. *Civiel vonnisboek,* van 1491—1554; en van 1565—1685.

10. *Getuigenisboek,* van 1581—1807. Dit zijn merkwaardige registers, waaruit veel voor de historie en over personen te putten is.

11. *Krakeelboek (Civiel),* van 1577—1779.

12. *Vredemakersboek,* van 1598—1810.

13. *Confessieboek (Civiel),* van 1678—1748, 1791—1795, 1801—1803.

14. *Civiele zaken (Minuten van),* van 1675—1808.
   »    »   *(Rollen van),* van 1747—1764.

15. *Inbrengboek,* van 1561—1809.

16.  *a. Schattingboek van huizen,* van 1520—1613.
   *b. Menuytboeck van Schattingen,* van 1599—1796.

10

17. *Pandingboek*, van 1564—1569, en 1574—1580; zijnde 2 deelen in 8°.

18. *Schuldboek van curateelen*, van 1578—1808.

19. *Processen* (*Staten van ongefondeerde*), van 1675—1740.

20. *Verhooren*, van 1649—1687, zijnde één folio-register met kopijen van brieven.

21. *Landwinning.* Een register in folio, bevattende al de adviezen die bij de Burgemeesters werden ver-leend op verzoek van landwinningen, door den Hoofd-officier, achtervolgens de resolutiën, mitsgaders andere voorvallende zaken, van 1593—1607.

Het is door JAN VAN HOUT, met het volgende versje op het schutblad, geschreven.

Ziet d'ongerechtige daer staen
Syn pracht en trotsicheyt siet aen,
Al tglinteren schijn, u oogen laet verblinden,
Verbeyt mer eenen cleynen tyt,
Syn pracht en trots hy werd haest quit,
So zeer ooc dat van hem geen moet, men zal bevinden.

22. *Procuratieboek*, van 1569—1591; 3 deelen in 8°.
     »       (*Groot*), van 1581—1795, 12 dee-len in folio.
     »       »    *ad Lites*, van 1591—1676, 3 deelen in folio.

23. *Donatiën.* Een register in folio, bevattende tes-tamenten, huwelijksche voorwaarden, boedelscheidin-gen, donatiën *inter vivos*, van 1618—1726.

24. *Gemeenelands-middelen* (Allerhande minuten be-treffende de), van 1698—1735.

*Gemeenelands-middelen* (Registers van), van 1736—1805.

    »     »     (Rolle van), van 1576—1810.

    »     »     (Verpachting van), van 1583—1638.

Hierover zijn vele processen met de pachters gevoerd.

25. *Zoeterwoudsche polders.* Vier rekeningen van die polders, van 1614—1618.

26. *Kerk te Warmond.* Rekeningen van de kerk te Warmond, van 1652—1665.

27. *Desolate boedels.* Deze collectie is zeer uitge-breid. Men heeft daarvan:

*a.* Borgtogtboek en kwitantiën van preferentiën, van 1599—1807.

*b.* Borgtogtboek niet uit preferentie voortspruitende, van 1556—1811.

*c.* Afgesprongene preferentiën, van 1750—1753.

*d.* Allerhande instrumenten en documenten ter griffie gebragt, tot justificatie en betaling der desolate boedels, van 1753—1785.

*e.* Geaccordeerde boedels, van 1713—1738. Groot-boek, van 1696—1796.

*f.* Inventarissen en rekeningen van desolate boedels, van 1658—1810.

28. *Huizen bij executie verkocht.* Deze registers wor-den genoemd: *Schuld-*, *Schatting-* en *Verkoopboeken van*

**10***

*huizen* (bij cxccutie). Hiervan bestaan eenige registers in quarto en in folio, als: ˵

In quarto van 1395—1417, 1421—1433, 1448—1455, 1484—1494, 1498—1508, 1509—1536, 1536—1546.

In folio, van 1466—1482, 1482—1519, 1558—1559, 1563—1564, 1570—1574, en van 1563—1574, genaamd: *Kwaadboek.*

29. *a.* Het oudste register is genaamd: *Memorie van cope van huysen ende erven voor de Schepenen ingebragt*, van 1540—1559. Daarop volgt eene geregelde reeks, van 1560—1811.

*b.* Protocollen van schuld- en rentebrieven, spruitende uit koop van huizen, gronden en erven, van 1598—1803.

*c.* Protocollen van schuld- en rentebrieven, quitantiën en transporten, *niet* spruitende uit koop van huizen en erven, van 1593—1808.

*d.* Registers van transporten, schuld- en rentebrieven, van 1682—1811.

*e.* Extra-ordinaire opdragten, van 1703—1805.

*f.* Kustingbrieven bij overstelling, van 1722—1792, en van 1803—1810. Ook eenige *voorwaarde-boeken*, sedert 1612.

30. *a.* Hiervan bestaan 24 registers in groot folio. Zij zijn in 1580 aangelegd en tot 1809 voortgezet, bevattende gedurende dat tijdperk al de overgangen en hypotheken van elk huis. Aan den kant is het jaar en den datum dier overgangen vermeld; kunnende dus de oorspronkelijke acten van verkoop of transport gemakkelijk in de reeds hierboven aangehaalde opdragtbrieven gevonden worden.

Bon-registers.

*b.* Hierbij behooren twee registertjes die de bladzijden aangeven waar de straten en stegen,
in bovengenoemde *bon-registers*, te vinden zijn.

*c.* Molenregister. Het bevat de overgangen der
molens die op de wallen der stad staan of
gestaan hebben. Men vindt die overgangen
ook vermeld in het laatste bon-register.

*d.* Oude bon-register, genaamd: *Vetus;* alsmede
die geteekend zijn met de letters A, B, C,
AA, BB, CC, DD, EE.

Recognitiën en concessiën

31. Vier registers met concessiën die de stad toegestaan heeft aan eigenaars van panden, waarvoor zij
recognitiën betalen.

Hierbij behooren drie registers met alphabetische
bladwijzers, waarbij kunnen gevoegd worden de
vijf registers van verbalen van verkoopingen, verhuringen en verpachtingen, van 1812—1855; alsmede de negen deelen, genaamd: *Cadastrale leggers.*

Straat- en grachtboek

32. Omstreeks 1580 en 1587 heeft Jan van Hout,
Secretaris van Leyden, twee registers doen maken van
den platten grond van Leyden, met aanwijzing der
breedte van de huizen en de namen hunner bezitters.
Het eene betreft de straten, en het andere de grachten.

Merkwaardige verhooren
en vonnissen.

33. *a.* Extracten uit de Memorialen van het Hof van
Holland, betreffende Leydsche zaken en per-
sonen, uit de XVᵉ eeuw, afkomstig van van
Mieris.

*b.* Afschriften van de verhooren en sententiën
van eenige pastoors en anderen, ten tijde
van den Hertog van Alva. Zij zijn in 1613

door Mr. Romb. Hogerbeets uit de registers van het Hof van Holland afgeschreven, en bestaan in:

c. Examen gedaan op de Requestkamer, den 10en Januarij 1566 (s. c.) over den persoon van Arnoldus Dirksz. Vos, pastoor in de Lier (bij Delft), oud 67 jaren.

d. Artikelen om daarop gehoord te worden Heer Arent Vos, eertijds pastoor in de Lier.

e. Examen gedaan op de examinatie-kamer op de Voorpoort te 's Hage, den 24en Maart 1567 (s. c.) bij Mr. Boudewyn Jacobsz. en Lieven van Arkel, Commissarissen, in presentie van den Procureur-Generaal; zijnde antwoorden van den Heer Arent Vos.

f. Artikelen om daarop te hooren Mr. Adriaan Jansz. van Berkou, oud 40 jaren, eertijds pastoor van IJsselmonde en nu gevangen te Dordrecht. Examen gehouden op de Vuyl-poort binnen Dordrecht bij de Commissarissen Jan van Lezanen en Engelbert van Oyen-brugge, op den 10en Julij 1568.

g. Sententiën tegen Arent Vos, pastoor in de Lier; Sybrand Jans, pastoor te Schagen; Adri-aan Jansz. van Berkou, pastoor te IJsselmonde; Wouter Symons, van de Karmeliter-orde en priester. Zij werden tot den brandstapel ver-wezen, dato 30 Mei 1570.

h. Extracten uit het register van justitie van Amsterdam, over de verhooren van Herbert Jans, Alphert Hendriksz., Pieter Jansz. de With, Jan Hendriks, kuiper, alias Jan mitte

WYTE, PIETER JANSZ., Secretaris van Brandwijk, ADRIAAN ADRIAANSZ. VAN BRANDWIJK en
SEBASTIAAN GOVERTS.

*i.* Een folio-register, groot 45 bladen, bevattende de verhooren en vonnissen van COSMO DE
PESCARENGIS, MAULDE, VOLMAER en anderen,
die te Leyden zijn geëxecuteerd, wegens
hunnen voorgenomen aanslag op Leyden in
1587, ten tijde van LEYCESTER. Hunne vonnissen zijn op de drukkerij van het stadhuis
gedrukt.

*k.* Een folio-register, genaamd: Extra-ordinarys
Besoingne in der zaecke crimineel tegens LAU-
RENS CORNELZ. en BARBARA DE COCQ, (beschul-
digd van overspel), 1598.

*l.* Idem, in de zaak van PIETER SANGUIN, deurwaarder van het Hof, en zijne vrouw MARIA
HYLENNES JOOSTDR. (beschuldigd van overspel),
1598.

*m.* Een folio-register met stukken, betreffende
ABRAHAM GOSSAAR, knecht van Mr. KAREL
CRUSIUS, gedeputeerde van Leyden, die de
staatspapieren van zijnen heer had ontvreemd
en verkocht, a°. 1729.

Een register bevattende de namen van eenige binnen Leyden *genaturaliseerde* personen, volgens Placaat
der Staten van Holland van 18 Julij 1709. Dit geschiedde slechts ten voordeele van hen, die om de
godsdienst naar deze landen gevlugt waren.

De Regering van Leyden hield alle jaren eenige offi-
ciële maaltijden, en ofschoon de uitgaven daarvan in

Vrolijke maaltijden.

de *Thesauriers-rekeningen* voorkomen, heeft men daarvan afzonderlijke registers gehouden. De uitgaven voor
maaltijden bij bijzondere gelegenheden, zoo als: de
komst van voorname personen enz. zijn hier ook vermeld. Deze drie registers loopen van 1554—1722,
doch zijn niet voltallig. Eerst met 1580 zijn zij regel-
matiger aangelegd.

Paspoorten voor het ver-
voeren van onroerende
goederen.
1580—1807.

Deze registers loopen van 1580—1807. Vooraan is
een lastbrief van Prins WILLEM I, die den 28en Dec.
1580 te Leyden is afgekondigd, betreffende het vervoeren van goederen en het verblijf van vreemdelingen
met die goederen te Leyden.

Broodzetting en graanboek.
1620—1790.

Hiervan bestaan drie registers, van 1620—1790,
waarin men over die jaren de prijzen der granen kan
leeren ·kennen, zoo als zij toen op de markten van
Amsterdam golden. Daarbij is tevens de broodzetting
van Amsterdam, Rotterdam en Leyden aangewezen.

## Registers van den Burgerlijken Stand.

Huwelijken.
1575—1811.

1. De huwelijks-aanteekening-registers (ten Raadhuize) der Gereformeerden, beginnende met 1575 en
eindigende met 1811.

2. Die der niet-Gereformeerden (of dissenters), van
1592—1811. Zij trouwden op het Raadhuis. In het
eerste aanteekening-register van 1575 komen zij ook
voor; doch daar is de letter S bijgevoegd, om aan te
toonen dat zij op het stadhuis zijn getrouwd.

<table>
<tr><td>Huwelijken.</td><td>

3. Huwelijks- of Proclamatie-registers der kerken.

*a. Pieters-kerk*, van 1585—1795.

*b. Hooglandsche-kerk*, van 1597—1793.

*c. Mare kerk*, van 1658—1796.

*d. Loots- of Ooster-kerk*, van 1726—1795.

*e. Vrouwe-kerk*, van 1646—1795, in het Hollandsch.

*f. Vrouwe- (Waalsche) kerk*, van 1604—1811, in het Fransch.

*g. Gasthuis-kerk*, van 1638—1738, ontbrekende de jaren 1669, 1670 en 1711.

*h. Engelsche-kerk*, van 1754—1801; hierin vermelding der huwelijken en doopelingen.

*i. Hoogduitsche-kerk*, van 1663—1736.
</td></tr>
</table>

R. Cath. Huwelijken.

*k.* Kerk op de Appelmarkt, van 1665—1798; hierin ook de namen der gedoopte kinderen.

Kerk in de Bakkersteeg, van 1662—1811; met gedoopten.

Kerk op het Utrechtscheveer; hierin zijn geene huwelijken.

Kerk in de St. Jorissteeg, van 1670—1811.

» in de Kuipersteeg, van 1669—1810.

» de Zon; hierin zijn geene huwelijken.

» der Oud-Roomschen op de Hooigracht; hierin geene huwelijken.

---

## Doopboeken.

Gereformeerde doopboeken.
1599—1811.

1. Van de Pieters-kerk, van 1621—1811.

2. Van de Hooglandsche-kerk, van 1621—1811.

3. Van de Mare-kerk, van 1650—1811.

4. Van de Loots- of Ooster-kerk, van 1663—1811.

5. Van de Luthersche-kerk, van 1613—1769; met een register van kinderen die aan huis gedoopt zijn, van 1730—1811.

6. Van de Waalsche-kerk, van 1599—1811.

7. Engelsche kerk, van 1753—1801, genaamd: *Consistory Book*, waarin de huwelijken, gedoopten, aanstellingen van Ouderlingen en Diakenen, voorkomen. Het bevat slechts vier beschreven bladen.

8. Hoogduitsche-kerk, van 1644—1739.

9. Doopsgezinde-kerk, van 1737—1811. Dit register is volgens besluit van den Kerkeraad in 1781 geschreven; daarin zijn de namen uit een vroeger register van 1737 opgenomen. Het is alphabetisch ingerigt.

10. Remonstrantsche kerk, van 1663—1811.

11. *a.* Appelmarkt, van 1664—1811; hierin ook de huwelijken.

*b.* Bakkersteeg, van 1661—1811; idem.

*c.* Kuipersteeg, van 1660—1811. Hierin vindt men de namen van hen die Roomsch geworden zijn en zich verbonden hebben den 3en regel van St. Franciscus te onderhouden; ook die *bediend* zijn geweest.

*d.* Utrechtscheveer, van 1646—1811, in het latijn.

*e.* St. Jorissteeg, van 1670—1811, in het latijn.

R. Cathol. doopboeken.

*f.* De Zon, van 1654—1811; van 1654—1683 in het fransch, en van 1683—1811 in het latijn.

*g.* Oud-Roomschen, van 1694—1810.

Joodsche of Israëlitische gemeente.

*h.* Een klein register met aanteekeningen der *geborene* kinderen van de Israëlitische gemeente van 3 Febr. 1807 tot 15 Dec. 1811. Vooraan wordt vermeld dat de vroegere aanteekeningen bij de ramp verloren zijn geraakt. Hierbij behoort een grooter register waarin de namen der Joodsche familiën vermeld zijn, die geslachtsnamen hebben aangenomen, van 31 Oct. 1811 tot 26 Aug. 1813.

## Begrafenis-registers.

Begrafenis-registers. 1601—1817.

1. Er zijn geene afzonderlijke begrafenis registers der kerken gehouden. In elk register wordt vermeld, wie in de Pieters-, Hooglandsche-, Vrouwe- en Engelsche-kerk, alsmede op de bolwerken zijn begraven. Zij beginnen met 7 Januarij 1601 en eindigen 28 Dec. 1817.

Sedert de invoerig van den Burgelijken Stand wordt ter Secretarie alleen aangegeven het overlijden der personen, zonder vermelding der plaats waar zij begraven zijn; doch men is daar voortgegaan met aanteekeningen te houden waar zij begraven zijn, tot het jaar 1859.

2. *Buiten-begrafenis-registers,* van 1684—1822.

In de *Burgemeesters-dagboeken* vindt men sedert 1665 de consenten om buiten de stad te mogen begraven, zonder dat hiervan afzonderlijke registers zijn gehouden, dan van 1684 af.

3. *Pro deo-begrafenis-registers*, van 1697—1805.

4. *'s Avonds-begrafenis-register.* Hiervan bestaat slechts één register, van 26 Aug. 1692 tot 21 Oct. 1736.

5. Begrafenis-registers ten behoeve van het Gemeene Land, van 1695—1802. Volgens resolutie der Staten van Holland van 26 Oct. 1695, werden de personen, die begraven moesten worden, in vier klassen verdeeld, betalende $f$ 60, $f$ 30, $f$ 6 of $f$ 3.

6. Rijks-hospitaal. Twee folio-registers A en B, genaamd: *Registre des décédés à l'hospital militaire de Leyde, pendant l'an 1811, 1812 et le commencement de l'an 1813.* Een ander, in het Hollandsch, van 1 Maart 1814 tot 31 Dec. 1819.

7. Twee alphabetische registers op de namen der overledene personen, voorkomende in de registers n°. 27 en 28, dat is van 1775—1795. In de volgende begrafenis-registers vindt men ook alphabetische registers. Verder nog de *tienjarige* registers op de huwelijken, de geboorte en de overledenen, sedert 1811.

## Kerkelijke zaken.

Hiervan heb ik een afzonderlijk register gemaakt; doch het zal niet mogelijk zijn hier alles in een klein bestek te vermelden. Ik deel dus hier het voornaamste mede.

1. Een paket met stukken over de kerkelijke geschillen te Leyden, van 1574—1580, voornamelijk met

de predikanten PIETER CORNELIS, COOLHAAS en HACKIUS; met verscheidene oorspronkelijke brieven van Prins WILLEM I, en van eenige predikanten. Deze collectie heeft gediend tot de uitgave van de *justificatie des magistraats te Leyden*, gedrukt op het raadhuis a°. 1579.

2. Rekening van JAN VAN HOUT, wegens het drukken der bovengenoemde justificatie.

3. Een folio-register, genaamd: *Arbitrael accoord* van 1580. In dat jaar zijn de geschillen tusschen de stad en den kerkeraad bijgelegd, en eene regeling opgemaakt waaraan elk benoemd predikant zich moest onderwerpen. Vooraan vindt men de aanstelling der predikanten van 1573—1616. De eerste aangestelde predikanten zijn geweest PIETER CORNELIS, ADRIAAN JANS DEN TALING en CLAES JANS VERSTROOT. Het register is door JAN VAN HOUT geschreven.

4. Korte aanteekeningen van den Secretaris JAN VAN HOUT, van alles wat de stad Leyden gedaan heeft in kerkelijke zaken, van 20 Nov. 1578 tot 20 Sept. 1580.

5. Veertien folio-registers over kerkelijke zaken, van 12 Maart 1615 tot 31 Dec. 1804. Het eerste register, A, ontbreekt. Zij bevatten aanstellingen van predikanten, hunne tractementen en dergelijke zaken van finantiëlen aard.

6. Een register A, genaamd: *Resolutie rakende de kerkelijke zaken*, van 27 Mei 1649—1671.

7. Voorstel der regering van Leyden tot benoeming van LIBERTUS FRAXINUS, predikant te 's Hage, en DANIEL DOLEGIUS, predikant te Delft (z. j., doch tusschen 1590 en 1605).

8. Kopij wegens het bijgelegd verschil tusschen de predikanten Casp. Coolhaas en Pieter Cornelis, alsmede over het verkiezen van ouderlingen der *Oude- en Nieuwe-Consistorie*, onderteekend door Justus Lipsius, Jacobus Regius, predikant te Gent, Joh. Miggrodius, predikant te Veere, Wernenus Helmichius, predikant te Utrecht, en Jan van Hout, Secretaris van Leyden. Dato 29 Oct. 1580.

9. *a.* Voornemen der Staten van Holland om eene kerkelijke en politie ordonnantie op het stuk der religie te maken, van 18 Maart 1582.

*b.* Kerken-ordening gesteld in de nationale Synode, op-last van Leycester, gehouden te 's Hage den 22en Junij 1586.

*c.* Kerkelijke verordening van Middelburg, aan de Staten voorgelegd, a°. 1591.

*d.* Resolutiën der Staten van Holland over de Kerken-ordeningen, van 1591—1597.

*e.* Kopij in het fransch, van wege Leycester, dat de kerken-ordening, op de Synode te 's Hage gehouden, door hem is goedgekeurd en moet worden gehandhaafd; dato 16 Nov. 1586.

Hierbij aanteekeningen, door de Gedeputeerden van Leyden op die kerken-ordening gedaan, van 22 Junij 1586.

10. Rapport aan de Staten van Holland over den toestand der kerk, door de predikanten Hendrik Cornput, Arnoldus Cornelisz., Pierre Morreau en Pieter Everaerds; van 2 Oct. 1587.

11. Extract uit de acten der Synode van Zuid-Hol-

land, gehouden te 's Hage den 30<sup>en</sup> Aug. 1599, waarin gezegd wordt, dat tegen de gedrukte justificatie van Leyden een lasterlijk antwoord van Casp. Coolhaas is gevolgd; dat dit boekje door eenige gecommitteerden is onderzocht, en daarin wel harde woorden tegen de magistraat van Leyden zijn gevonden, doch geene tegen de religie strijdende zaken. Onderteekend door Adriaan van der Borre en Franciscus Lansbergen. Dato 13 Oct. 1599.

12. Vertoog aan de Staten van Holland door den Amsterdamschen predikant Pieter Plancius, wegens verbodene huwelijken en het uitgeven van schadelijke boeken, zoo als van David Jorisz. en Hendrik Nicolaasz., van 7 Febr. 1605.

13. Aanspraak, in het Hollandsch, van den Secretaris Jan van Hout, in de Waalsche gemeente van Leyden gehouden, wegens het sluiten van het huwelijk tusschen zekere weduwe en Gerson de la Quellerye, strijdende tegen de regten dezer stad. Hierin spreekt hij over het contract tusschen de regering van Leyden en den Waalschen kerkeraad, wegens de oprigting dier gemeente in 1580. Dato 12 April 1605.

14. Rekwest van de predikanten Arnoldus Corvinus, Bernardus Dwinglo en de ouderlingen der Remonstrantsche gemeente, zich aan de regering van Leyden beklagende, dat deze het prediken van Ds. And. van der Borre hebben doen ophouden, ten gevolge eener aanschrijving tot het houden van eenen dank- en bededag, waarover van der Borre zich op den preekstoel had uitgelaten. Dato 21 April 1619.

15. Stukken over de beroeping van Johan Michielsz. Middelhoven, student in het Staten-Collegie, tot predikant te Lisse, met een' merkwaardigen brief van Pieter Bertius, over dien student, a°. 1612.

16. Punten door Prins Maurits en het Hof van Holland aan de Gedeputeerden van Oudewater voorgesteld, strekkende tot accomodatie en rust van den Lande, en waarbij de predikanten Johannes Livius en Lewinus de Raadt weder naar Oudewater mogen terugkeeren, benevens eenige andere stukken over deze zaak. Dato 5 Mei 1617.

17. Verscheidene brieven van Hans van Hensberck, die door de regering van Leyden als kapitein over 150 man was aangenomen; zijn plan tot versterking van het stadhuis (de zoogenaamde arminiaansche-schans) met eene teekening der palissaden en piketpalen; ook zijn schrijven over zijne vorige militaire daden, en zijn wangedrag te Brunswijk, waarover men hem hier beschimpte, a°. 1617—1618.

18. Protest der Burgemeesters van Amsterdam, Enkhuizen, Edam en Purmerend, wegens kerkelijk zaken, die door de Staten van Holland geresolveerd waren. Dato 12 Sept. 1617.

19. Punten door de predikanten en ouderlingen der Remonstranten, eerst aan de Burgemeesters, en daarna aan die van den Gerechte voorgesteld. Dato 4 Januarij 1618.

20. Twee brieven van Anna Walker, aan de regering van Leyden, over godsdienstige zaken. Zij was

eene waarzegster en mystieke vrouw, die veel aan de Staten-Generaal had geschreven, totdat zij een besluit namen hare brieven niet meer te beantwoorden. Dato 20 Aug. 1619.

21. Een paket over de geschillen in de kerk voorgevallen, met vele resolutiën der Staten van Holland over die zaak, van 1610—1628.

22. Verzoek van den gebannen predikant JOHANNES CORVINUS, om weder in zijn vaderland te mogen terugkeeren, omdat hij de kerkdienst verlaten, en zich aan eenige Universiteiten op de regtsgeleerdheid toegelegd had. Dato 16 Sept. 1628.

23. Een paket met résolutiën der Staten van Holland, waarbij eenige Gecommitteerden belast werden om jaarlijks de *authographen of authentieke instrumenten van de nieuwe vertaling van het O. en N. Testament*, toen op het stadhuis te Leyden bewaard wordende, na te zien, beginnende met 9 Junij 1641. Deze reeks is niet voltallig, en loopt tot 1731.

Men vindt daarin o. a. eene klagt der Gecommitteerden dat zij niet overeenkomstig hunne waardigheid op het stadhuis werden ontvangen, en niet die zitplaatsen en stoelen hadden, zoo als dit in 1677 was bepaald.

24. Verhaal van het ontstaan der bovengenoemde *authographen*, aan de Staten-Generaal overgeleverd door de predikanten PETRUS CABELIAAU en JACOBUS STERMONT. Dato 3 Julij 1662 (Kopij).

25. Rapport der Leydsche predikanten JACOBUS DU

11

Bois en Samuel Althusius over het boek van Klinkha-
mer, genaamd: *Vrijheid van spreken in de gemeente*, dat
vol van Sociniaansche denkbeelden is. Dato 18 April 1655.

27. Rekwesten van eenige Remonstranten aan de
regering van Leyden, zich hevig beklagende wegens
beperking in de uitoefening hunner godsdienst, van
1666 en 1667.

28. Klagten van den kerkeraad aan de Leydsche
regering, wegens de vergunning van eene vaste plaats
tot vertooning van komediën. Dato 5 Sept. 1682.

29. Verzoek van Ds. Delaizement, gewezen predikant te La Rochelle, om hier eene vergadering van zeven
personen te stichten, even als te Haarlem, die nog van
hunne overgeblevene goederen kunnen leven, en wegens de herroeping van 't Edict van Nantes naar deze
landen zijn gevlugt. Dato 16 April 1684.

30. Missive van de Diakenen van Utrecht aan die
van de Nederduitsche en Waalsche gemeente te Leyden, waarbij zij zich verheugen dat de stad geconsenteerd heeft om de kapitalen, die zij ten laste van Utrecht
hebben, in 's lands obligatiën te beleggen. Dato 7 Mei
1703.

31. Verzoek van eenige Leydsche predikanten om
eenige preekbeurten in de week te doen vervallen,
waarbij een exemplaar is gevoegd over die verandering,
van 28 Febr. 1730.

In vroegere tijden maakte de regering van Leyden
de preekregisters op. Zij zijn in schrift voorhan-

den, van 1604—1606. In de *Gerechtsdagboeken* komen die preekbeurten vroeger voor.

32. Een paket met voordragten der Waalsche gemeente van Leyden tot benoeming van ouderlingen en diakenen, sedert 1584. De benoemingen van ouderlingen, diakenen enz. vindt men ook in de reeds aangehaalde kerkelijke registers vermeld.

33. Verhoor van BERNARDUS MUYKENS, predikant der Augsburgsche Confessie te Leyden. Hij was te 's Hertogenbosch geboren, waar hij monnik bij de Kruisbroeders geweest is. Vervolgens had hij, als predikant, de gemeente te Aken en Woerden bediend.

Het gevolg van dat verhoor leidde tot zijne uitzetting buiten de stad, met verbod om er meer te komen prediken, van 1595—1597. Zie hierover *Navorscher* VI, bl. 70.

34. Verzoek van LUCAS JANSZ., korendrager, van de Augsburgsche Confessie, om weder in dienst te komen, waaruit hij ontslagen was, omdat hij zich in de geschillen met den kerkeraad had ingelaten. Hij betoonde daarover zijn berouw. Toegestaan den 9en Mei 1675.

35. Testament van RUDOLF HEGGERUS, predikant der Augsburgsche Confessie te Leyden, van 8 Maart 1664, waarin hij verscheidene legaten aan kerken en armen bespreekt. Hij had bij zijne vrouw ISABEAU MICAULT geene kinderen, maar liet wel broeders en zusters na.

36. Verzoek van Ds. LAURENS LANGE, Luthersch predikant te Leyden, om weder in dienst te treden,

waaruit hij door de regering, om zekere redenen, was ontslagen. Dato 8 Junij 1691.

37. Een brief van Mr. J. RAVEN, waarin hij zegt, dat de regering van Leyden goed gehandeld heeft met de Luthersche predikanten te straffen, en verzoekt dat de Pensionaris hem nog andere stukken zou willen mededeelen, betreffende die predikanten. Dato 13 Junij 1695.

38. Stukken over de verschillen met den Lutherschen kerkeraad te Amsterdam, en het *onderling accoord*, van 1689—1691.

39. Verzoek van eenige Duitsche studenten aan de regering van Leyden, om hier eenen Hoogduitschen predikant te hebben. Dato 30 Sept. 1701.

40. Eenige geschrevene registers, behelzende de handelingen der *Synode van Noord- en Zuid-Holland*, van 1744—1794.

Hieraan ontbreken vele jaren.

41. Verscheidene stukken over Ds. H. VAN DER OS, predikant te Zwol, beschuldigd wegens *onregtzinnigheid in de leer;* met eenen franschen brief over deze zaak, waaruit o. a. blijkt, dat de familie VAN REGTEREN beschuldigd werd de brieven van den Prins van Oranje vervalscht te hebben, van 1750—1752.

42. Gedrukte remonstrantie van de Gedeputeerden van Noord- en Zuid-Holland aan de Staten van Holland, wegens den aanwas en de stoutigheid des pausdoms, van 1726.

Kerkelijke zaken.

Hierbij een belangrijk geschreven stuk over die re-monstrantie, waarin bevestigd wordt, wat wij thans na 140 jaren zien gebeuren.

43. Memorie wegens de *Hernhutters* en hunne leer, zoo in het algemeen, als te Zeist in het bijzonder, opgesteld voor de Classis van Utrecht, om door de Synode op de tafel van de Hoog Mog. Staten 's Lands van Utrecht gebragt te worden, onderteekend door Gysbertus Mathias Elsnerus op den 12en Junij 1750.

## Rederijkers-kamer.

Rederijkers-kamer.

Op het archief zijn de volgende stukken over de verschillende Rederijkers-kamers aanwezig:

1. *Genucht is 't al.* Inventaris van de goederen toe-behoorende den broeders dezer kamer, in 1561 opge-maakt, en door eenige rederijkers onderteekend, o. a. Pieter Adriaansz. (van der Werf), zeemtouwer. Zij waren door den schout in beslag genomen.

Eenige jaren later zijn daarbij aanteekeningen ge-voegd, wegens den toestand dier goederen en wie ze toen bezaten, waaruit blijkt, dat P. A. van der Werf voortvlugtig was.

2. *Wij Leyden Lieft.* Rekwest van eenige broeders om eene vrije kamer te mogen houden, onder de spreuk *Wij Leyden Lieft*, en blazoen *De rooden akolijen.* De regering hield dat verzoek in bedenking. Dato 9 Oct. 1597.

3. *a. Liefde is het fondament.* Deze kamer is den 17en Mei 1498 opgerigt, hetwelk bevestigd wordt door een verzoek van den 20en Junij 1630, voorkomende in de *Gerechtsdagboeken* van Leyden. Op den 1en Oct. 1578 is aan deze kamer een nieuw reglement gegeven (zie *register diversorum*).

*b.* Resolutie van de Gerechte om deze kamer te sluiten, omdat een der broeders, met name DIRK JACOBSZ. VAN DOESBURGH, een *fameux libel* overal had doen aanplakken, ten nadeele van PIETER CORNELISZ. VAN DER MERSCH (alias PIERO); met eenen inventaris der goederen van deze kamer, van 16 Sept. 1597.

Deze sluiting is later weder opgeheven.

4. *a. In liefde werkende.* Verzoek der kamer *Liefde onder 't Kruis*, en blazoen, *Witte rozen onder de doornen*, reeds vier jaren buiten de Zijlpoort bestaan hebbende, om haar blazoen en spreuk te doen veranderen in den *Samaritaan bij den Palmboom*, en *In liefde werkende*. Toegestaan den 7en April 1616.

*b.* Reglement, op perkament, voor de Rederijkers-kamer *In liefde werkende*, door de regering van Leyden op den 13en Mei 1616 gegeven. Het zegel is verloren.

*c.* Verklaring van de hoofden en regeerders der Brabantsche kamer te Amsterdam, *Wt levender jonst*, dat zij de kamer *In liefde werkende* als eene vrije en *gebaptiseerde kamer* beschouwen. Dato 28 Mei 1624. Met vele handteekeningen.

*d.* Verlof van de regering van Leyden om de kamer *In liefde werkende* van de Zijlpoort naar de Uiterstegracht te verplaatsen. Dato 28 Januarij 1627.

*f.* Verzoek der kamer *In liefde werkende*, om te mogen spelen: *De Nederlandsche troubelen, geschied door Duc* d'Alba.

Het stuk was gedurende negen jaren niet gespeeld. De regering stond dit toe, mits het in het Weeshuis geschiedde, des Zondags na de predikatie, en ook 's Dingsdags en 's Woensdags. Dato 11 Maart 1632.

*g.* Nieuw huurcontract van een vertrek in het huis waar de *Oude Zijlpoort* gestaan heeft, toebehoorende aan den boekverkooper D. J. Mergel, ten behoeve dezer kamer, dato 13 Febr. 1646. Vernieuwing van dit contract in 1649.

*h.* Verzoek van deze kamer om weer te mogen vergaderen, nadat zulks verboden was. Het wordt, onder zekere voorwaarden, toegestaan den 30en Mei 1652.

*i.* Reglement bij die van den Gerechte gemaakt op de *Kamer van Retorique, In liefde werkende*, van 16 Oct. 1649.

Dit is dus een vernienwd reglement.

*k.* Een boekje in 8°., geschreven door Pieter Cornelisz. van der Mersch (alias Piero), rederijker en bode met de Roede, met gedichten. Uit zijn nog aanwezig zijnde geschilderd portret leert men, dat hij in 1544 geboren, en in 1629 overleden is.

*l.* Drie geschreven deelen in 8°., met *nieuwjaars-gedichten, meiliederen* en andere spelen, van 1585—1627.

*m.* Verscheidene gedichten van JAN VAN HOUT, Secretaris van Leyden, overleden in 1609.

*n.* Rekening van onkosten, gevallen bij de intrede der verschillende rederijkers-kamers binnen Leyden, op den 26en Mei 1596, door JAN VAN HOUT geschreven, en wel op de gedrukte bladen van de liederen, toen gezongen.

## Ramp van Leyden.

Over deze ongelukkige gebeurtenis, veroorzaakt door het springen van een met kruid geladen schip, in 1807, bevat het Archief verscheidene stukken, als:

1. Een folio-register op de notulen van den Raad van Leyden, betreffende die ramp, van 12 Januarij 1807.

2. Generaal cohier van schade en vergoeding; alsmede speciaal cohier van schade over *f* 500 en daarbeneden.

3. Register van Inspectiën.

4. Register van vrijwillige giften.

5. Acte van afstand van eigenaars van huizen.

6. Rekeningen van de Heeren Mr. GEVERS VAN ENDE-GEEST en H. DELFOS.

7. Uiteenzetting betreffende de rekening van J. DE FREMERY.

8. Register van declaratiën.

9. Register van voorschotten en toelagen aan de werkbazen.

10. Register van opneming der schade aan huizen van particulieren, door de commissie.

11. Register van schade aan huizen, die geheel vernield of omgehaald zijn, alsmede die onbewoonbaar of gedeeltelijk vernield zijn.

12. Algemeene rekening, met een vervolg, slot, en eene suppletoire lijst.

13. Oproeping tot bekoming van schadevergoeding aan hen die slechts *f* 500 of daarbeneden gegoed zijn.

14. Kennisgeving van den Burgemeester, d.d. 12 Julij 1821, betreffende het opnemen der rekening en verdeeling der beschikbare fondsen, met een Koninklijk besluit van 25. Febr. 1822 daartoe betrekkelijk.

15. Platte grond enz. van het verwoeste gedeelte der stad.

16. Brief ter opwekking, om Leyden door liefdadige giften te ondersteunen, in het fransch en hollandsch.

17. Publicatiën betrekkelijk de ramp.

18. Eene schoone verzameling van gedichten, leerredenen enz. op de ramp, doch waarvan het aantal te groot is om hier te vermelden; intusschen heb ik ze alle gecatalogiseerd.

19. Stukken betrekkelijk de opheffing van het Koninklijk Sticht (*hospice royal*), opgerigt door Koning LODEWIJK, voor kinderen wier ouders in de ramp waren omgekomen.

Tot dat einde waren drie huizen gekocht, waarvan twee op de Oude-Vest, en het andere in de Kloksteeg, stonden.

Bij de opheffing op den 27en Sept. 1810, besloot de Hertog VAN PLAISANCE, Gouverneur-Generaal van Holland, deze huizen niet te verkoopen, maar ze dienstbaar te maken tot een Pensionaat, en eene school van lager onderwijs. De directie daarvan werd aan den Heer J. L. D. CAVALIER toevertrouwd.

Uit deze stukken blijkt, dat Koning LODEWIJK het huis in de Kloksteeg voor ƒ 11900 van den Heer VAN BEMMELEN had gekocht, waarvan de helft contant was betaald, terwijl het overige in twee termijnen (Junij 1809 en Junij 1810) zou worden betaald, of anders na verloop van die termijnen eene interest van $5\frac{1}{2}\%$ zou worden betaald.

Het huis in de Kloksteeg (of Pieterskerkhof), wijk IV n°. 809, is in 1814 aan den Heer J. H. NIEUWVEEN (Kostschoolhouder) gekomen, terwijl het thans voor de *Indische school* is ingerigt.

## Gilden.

Sedert de opheffing der Gilden zijn daarvan verscheidene stukken op het Archief gekomen. Deze collectie bestaat meest uit keuren of ordonnantiën, waarop het chirurgijns-, schilders- en lakenbereidersgild eene uitzondering maken. Over de stukken der gilden heb ik een afzonderlijk register gemaakt, bestaande uit die der:

1. Opzieners der auctiën.
2. Appelkruijers.
3. Apothekers.
4. Baaihal.
5. Beurzen (vervallene).
    » (nog in werking zijnde).
    » (waarvan geene rekening bij de regering gedaan wordt).
6. Bezemmakers.
7. Bidders.
8. Bierdragers.
9. Bierverkoopers.
10. Bontwerkers.
11. Boomgaardlieden.
12. Broodwegers.
13. Brouwers.
14. Boekdrukkers.
15. Beeldhouwers.
16. Chirurgijns; eene belangrijke verzameling.

Na de opheffing van het *Collegium chirurgicum*, het *Collegium ad res obstetricias* en het *Collegium Pharmaceuticum*, is daarvoor in de plaats gekomen eene plaatselijke Commissie van geneeskundig toeverzigt, volgens publicatie van 20 Maart 1807.

17. Droogscheerders.
18. Fraanwerkers of hozenverkoopers.
19. Fusteinwerkers.
20. Glasverkoopers.
21. Glazemakers.
22. Goudsmeden.
22. Greinhal.
23. Grofsmeden.
24. Grutters.
25. Herbergiers.
26. Hoefslagers.
27. Hozenverkoopers.
28. Jagt der stad.

Gilden.

29. Kaardemakers.
30. Kammakers.
31. Kleermakers.
32. Knoopmakers.
33. Korenhandelaars, ook molenaars.
34. Korenmeters en korendragers.
35. Koperslagers.
36. Kraankruijers.
37. Kuipers.
38. Lakenbereiders.
39. Lakenhal.
40. Lakenvolders.
41. Lakennering.
42. Linnenweverij.
43. Linnenwaart.
44. Lintierije.
45. Loodgieters.
46. Mandenmakers.
47. Messenmakers.
48. Molénaars.
49. Naaktesluis (trekkers aan de).
50. Paruikmakers.
51. Rapiermakers.
52. Rasnering.
53. Saaihal.
54. Scheepmakers.
55. Schilders.
56. Schippers op 's Hage en Delft.

57. Schipperij (groote).
58. Schoenmakers (oude en nieuwe).
59. Schoolmeesters.
60. Schrijnwerkers.
61. Slotenmakers.
62. Speelschuiten.
63. Stoeldraaijers.
64. Tabakverkoopers.
65. Timmerlieden.
66. Tinnegieters.
67. Turfdragers.
68. Vaantjeslieden.
69. Vachtenploters en Vachtenploters-knechts.
70. Vettewariers.
71. Vlasverkoopers.
72. Vleeschhouwers in de Hal.
73. Veeren (verschillende).
74. Vischverkoopers (rivier- en zee-).
75. Voerlieden.
76. Wapenvegers.
77. Warmoeslieden.
78. Warp-nering.
79. Wielmakers.
80. Wolkammers.
81. Wijnkoopers.
82. Wijnwerkers-bus.
83. Zeemtouwers.
84. Zijde-lakenkoopers.

## Beschrijvingen van Leyden.

Op het Archief zijn eenige handschriften, bevattende
de beschrijving der stad, alsmede een groot aantal aanteekeningen op onderscheidene onderwerpen enz., welke
laatste niet geschikt zijn om hier beschreven te worden. Vooreerst heeft men hier:

1. Een handschrift in 4°, genaamd: *Nieuwe beschrijving der stad Leyden*, waarvan de schrijver onbekend
is; doch VAN MIERIS heeft het gekend en gebruikt.

Het is in drie hoofdstukken verdeeld, groot 213 bladzijden, waarin veel over de kerken, kloosters en
den Burg van Leyden vermeld wordt.

2. Een handschrift in folio, groot 196 bladzijden,
behalve den bladwijzer, genaamd; *Korte inhoudt, pit
ende kerne, getrokken uyt verscheijde beschrijvingen der
stadt Leyden.*

Het is in 1742, 1745 en 1746 door eenen schrijver,
wiens naam in het handschrift onleesbaar is gemaakt, bijeengebragt; van den naam zijn alleen
overgebleven de letters ......G<sup>TS</sup>ZOON.

3. Eenige aanmerkingen van VAN MIERIS of VAN
ALPHEN op de Beschrijving van Leyden, door J. SCHRO-
DER. De beschrijving zelve ontbreekt hier.

4. Beschrijving van Leyden door Dr. CORN. TRIOEN,
in losse bladen.

5. Uittreksels uit verscheidene schrijvers, betreffende
Leyden en hare geschiedenis, van de hand van VAN
ALPHEN.

6. Vier folio-portefeuilles, bevattende aanteekeningen van F. van Mieris, betreffende Leyden, in chronologische orde gerangschikt, van 1071—1736.

7. J. Orlers, *Beschrijving van Leyden*, a°. 1641, met vele belangrijke aanteekeningen van F. van Mieris en D. van Alphen.

8. Beschrijving van Leyden door van Mieris en van Alphen, a°. 1762, met vele geschreven aanteekeningen; alsmede aanteekeningen op de handvesten en privilegiën van Leyden.

9. *Korte beschrijvinge van de stadt Leyden, van haar markten, graften, straaten, steegen, kerken en hofkens*, in 8°., groot 38 bladen.

10. Drie deelen, waarvan twee in 8°, en één in 4°, bevattende eenige aanteekeningen wegens de stad Leyden, de landen van Rijnland en de Heerlijkheden daaronder begrepen. Zij beginnen van de vroegste tijden af, en eindigen met 1771. Achteraan is een bladwijzer, chronologisch ingerigt, alsmede een bladwijzer over de onderwerpen.

11. *Het welvaren der stad Leyden*, beschreven door Mr. Pieter de La Court, in 4°. In eene daarbij gevoegde noot van Mr. D. van Alphen, a°. 1741, zegt deze, dat dit *Tractaatje* nog nooit in het licht is gegeven.

Het werk is 173 bladen groot, en in 81 hoofdstukken verdeeld, beginnende met eenen brief van Mr. P. de La Court aan Johan E. (Eleman), Vroedschap van Leyden, van 15 Sept. 1659.

Het is waarschijnlijk eene kopij. De Heer B. W. WTTE-
WAALL heeft dit werk in 1845, in het licht
gegeven.

12. Een handschrift, groot 79 bladen, bevattende
eene beschrijving van den regeringsvorm van Leyden,
van de vroegste tijden af tot 1747. Het is tusschen
1655 en 1683 door Mr. HENDRIK BROUWER geschreven,
vervolgens met aanteekeningen verrijkt geworden door
JOHAN AEGIDIUS VAN EGMOND EN RYNEGOM, en nogmaals
in 1752 door JACOB VAN DER MEER, Heer van Hogeveen.

# BLADWIJZER.

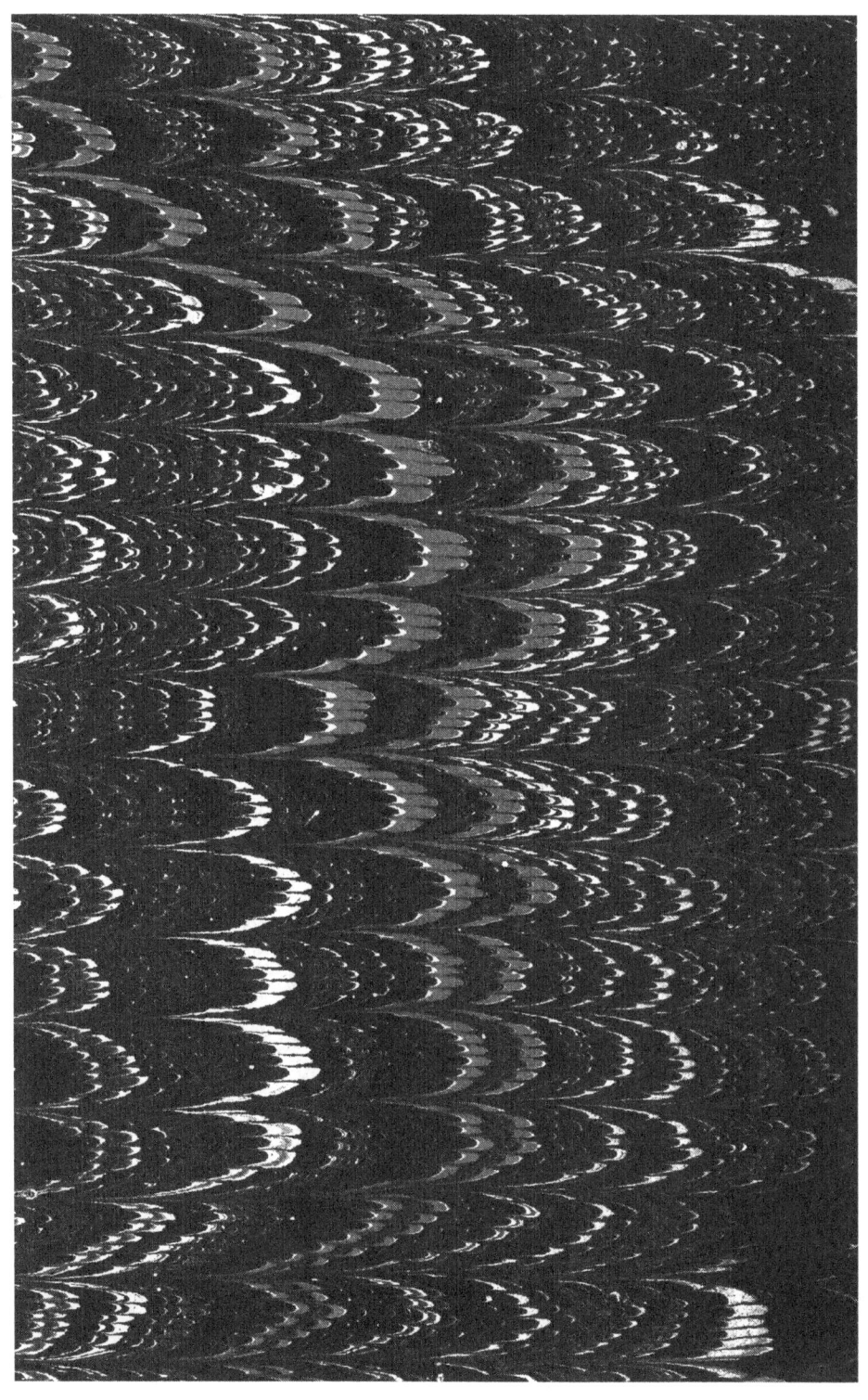

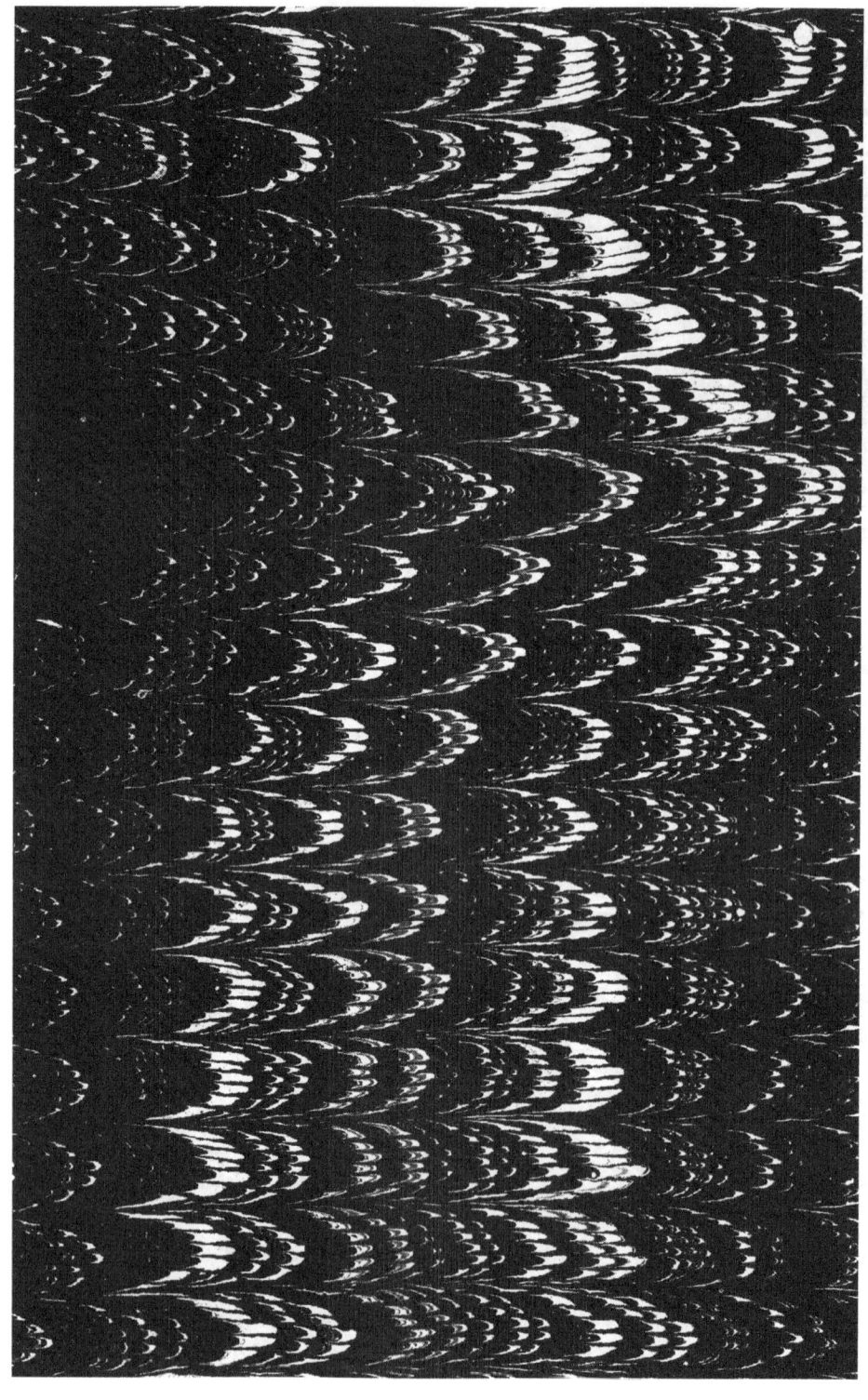

CPSIA information can be obtained at www.ICGtesting.com
Printed in the USA
BVOW10s1443270514

354582BV00022B/797/P